KB066835

HSK 인강
할인 이벤트

맛있는 스쿨  HSK 단과 강좌 할인 쿠폰

할인 코드

hsk_halfcoupon

HSK 단과 강좌 할인 쿠폰

50% 할인

할인 쿠폰 사용 안내
1. 맛있는스쿨(cyberjrc.com)에 접속하여 [회원가입] 후 로그인을 합니다.
2. 메뉴中[쿠폰] → 하단[쿠폰 등록하기]에 쿠폰번호 입력→[등록]을 클릭 하면 쿠폰이 등록됩니다.
3. [HSK 단과 강좌] 수강 신청 후, [온라인 쿠폰 적용하기]를 클릭하여 등 록된 쿠폰을 사용하세요.
4. 결제 후, [나의 강의실]에서 수강합니다.

쿠폰 사용 시 유의 사항
1. 본 쿠폰은 맛있는스쿨 HSK 단과 강좌 결제 시에만 사용이 가능합니다. 파트별 구매는 불가합니다.
2. 본 쿠폰은 타 쿠폰과 중복 할인이 되지 않습니다.
3. 교재 환불 시 쿠폰 사용이 불가합니다.
4. 쿠폰 발급 후 10일 내로 사용이 가능합니다.

*쿠폰 사용 문의 : 카카오톡 플친 @맛있는중국어jrc

전화 화상
할인 이벤트

맛있는 톡 할인 쿠폰

할인 코드

jrcphone2qsj

전화&화상 외국어 할인 쿠폰

10,000원

할인 쿠폰 사용 안내
1. 맛있는톡 전화&화상 중국어(phonejrc.com), 영어(eng.phonejrc.com) 에 접속하여 [회원가입] 후 로그인을 합니다.
2. 메뉴中[쿠폰] → 하단[쿠폰 등록하기]에 쿠폰번호 입력→[등록]을 클릭 하면 쿠폰이 등록됩니다.
3. 전화&화상 외국어 수강 신청 시 [온라인 쿠폰 적용하기]를 클릭하여 등 록된 쿠폰을 사용하세요.

쿠폰 사용 시 유의 사항
1. 본 쿠폰은 전화&화상 외국어 결제 시에만 사용이 가능합니다.
2. 본 쿠폰은 타 쿠폰과 중복 할인이 되지 않습니다.
3. 교재 환불 시 쿠폰 사용이 불가합니다.
4. 쿠폰 발급 후 60일 내로 사용이 가능합니다.

*쿠폰 사용 문의 : 카카오톡 플친 @맛있는중국어jrc

맛있는 중국어
HSK 5급
단어장

JRC 중국어연구소 기획·저
왕수인 역

맛있는 books

|역자| 왕수인

동국대학교 중어중문학과 졸업
동국대학교 일반대학원 중어중문학과(어학) 수료

씽씽중국어학원 원장
연세대학교 MBA과정 중국어 강사
SK, 아시아나 등 다수 기업체 출강 및 통역

저서　맛있는 중국어 新HSK 4급
통영상 강의　New 맛있는 중국어 2단계·3단계
　　　　맛있는 중국어 新HSK 4급

맛있는 중국어
HSK 단어장 5급

초판 1쇄 발행	2020년 4월 20일
초판 2쇄 발행	2021년 8월 30일

기획·저	JRC 중국어연구소
번역	왕수인
발행인	김효정
발행처	맛있는books
등록번호	제2006-000273호
편집	최정임 l 전유진 l 조해천
디자인	이솔잎
제작	박선희
영업	강민호 l 박희령
마케팅	장주연

주소	서울시 서초구 명달로 54 JRC빌딩 7층
전화	구입문의 02·567·3861 l 02·567·3837
	내용문의 02·567·3860
팩스	02·567·2471
홈페이지	www.booksJRC.com

ISBN	979-11-6148-041-1 14720
	979-11-6148-031-2 (세트)
정가	15,500원(암기 노트&MP3 무료 다운로드 포함)

Copyright © 2020 맛있는books

저자와 출판사의 허락 없이 이 책의 일부 또는 전부를 무단 복사·전재·발췌할 수 없습니다.
잘못된 책은 구입처에서 바꿔 드립니다.

머리말

중국어 실력은 어휘력에 의해 좌우된다고 해도 과언이 아닐 겁니다. 그만큼 중국어의 실력을 향상시키려면 어휘 학습이 중요하고, 특히 HSK를 준비하기 위해서는 각 급수의 필수 단어를 확실히 익혀야만 합격할 수 있습니다. 그렇지만 HSK 5급 필수 단어 1300개는 짧은 기간에 학습하기에는 분량이 많고, 난이도 또한 높아서 학습자들이 많이 힘들어합니다.

『맛있는 중국어 HSK 5급 단어장』은 학습자가 가장 쉽고 효과적으로 1300개 단어를 학습할 수 있도록 기획된 책입니다. 이 단어장의 학습 플랜에 따라 학습하면 30일이면 HSK 5급 단어를 완벽하게 마스터할 수 있습니다.

★ HSK 5급 필수 단어 1300개를 30개의 주제로 분류하여 주제별 학습을 통해 단어의 뜻과 활용법을 쉽게 이해할 수 있습니다. 예문 또한 최신 기출문제를 분석하여 주제별 빈출 문장으로 구성하였습니다.

★ 단어 아래 유의어나 반의어 등 관련 단어를 제시하여 연상 암기가 가능하고, 난이도가 높은 단어와 헷갈리기 쉬운 단어에는 '맛있는 단어 TIP'을 제시하여 학습의 효율을 높였습니다. 빈출 호응 표현과 출제 포인트도 정리하여 쉽고 완벽하게 시험에 대비할 수 있습니다.

★ DAY마다 단어 확인 문제와 HSK 실전 문제가 있어서 단어 학습 후에 스스로 확인 테스트를 할 수 있고, 최신 HSK 출제 경향을 반영한 미니 테스트 2회분이 수록되어 있어 부담 없이 실전 문제를 풀어볼 수 있습니다.

★ HSK 5급에는 필수 단어 1300개 외의 단어들도 많이 출제됩니다. 이런 부분까지 놓치지 않도록 최근 시험의 급수 외 빈출 단어 300개를 추가로 정리했습니다. 또한 학습자가 가장 어려워하는 쓰기 제1, 2부분을 보다 쉽게 공략할 수 있도록 빈출 구문 30개와 빈출 작문 주제 6개를 제시해 놓았습니다.

『맛있는 중국어 HSK 5급 단어장』으로 HSK 5급 필수 단어를 마스터할 수 있을 뿐만 아니라 실전 문제도 많이 풀어볼 수 있어 시험에 합격하는 데 큰 도움이 될 것입니다.

JRC 중국어연구소

차례

加把劲儿!

이 책의 특징

1 HSK 5급 1300단어 30일 완성 플랜

HSK 5급 필수 단어 1300개를 30일 만에 학습할 수 있도록 구성했습니다. 1~15day는 일상생활에서 쉽게 접할 수 있는 주제로 구성하였고, 16~30day는 취업, 금융, 미디어 등 전문 분야의 주제로 구성하였습니다.

2 주제별 단어로 연상 학습 가능

주제별로 단어를 묶어서 제시하여 연상 암기가 가능합니다. 유의어, 반의어 등 참고 단어도 함께 수록되어 있습니다.

3 HSK 최신 출제 경향의 모든 것

4 '단어 학습 → 문제 적용 → 복습'의 체계적인 구성

5 1300단어를 마무리하는 암기 노트 제공

5급 단어 1300개가 병음 순으로 정리되어 있습니다.
뜻을 가리고 단어 암기 확인용으로도 활용할 수 있습니다.

얇고 가벼워서
휴대하기 편해요.

MP3 청취하는 방법

방법①

스마트폰 QR코드 리더 앱으로 책 속의
QR코드를 스캔하면 바로 MP3를 청취할
수 있습니다.

방법②

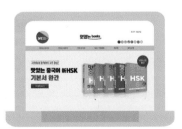

PC에서는 **맛있는북스**(www.booksJRC.com)
홈페이지에 로그인 한 후 MP3를 다운로드
하면 청취할 수 있습니다.

이 책의 구성

워밍업

중요 단어를 미리 파악합니다.

원어민의 발음 듣기!

단어 학습

HSK 필수 단어를 학습합니다.

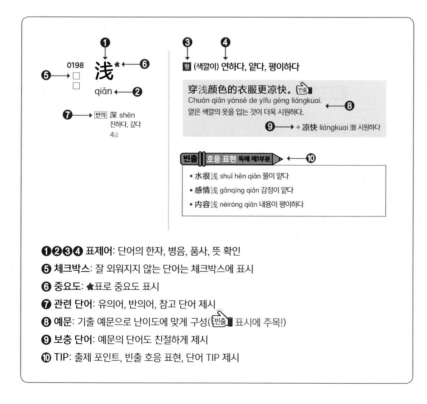

❶❷❸❹ **표제어:** 단어의 한자, 병음, 품사, 뜻 확인

❺ **체크박스:** 잘 외워지지 않는 단어는 체크박스에 표시

❻ **중요도:** ★표로 중요도 표시

❼ **관련 단어:** 유의어, 반의어, 참고 단어 제시

❽ **예문:** 기출 예문으로 난이도에 맞게 구성(빈출 표시에 주목!)

❾ **보충 단어:** 예문의 단어도 친절하게 제시

❿ **TIP:** 출제 포인트, 빈출 호응 표현, 단어 TIP 제시

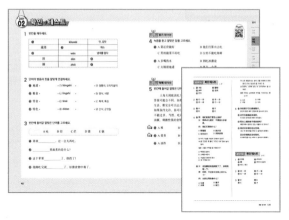

확인 테스트

다양한 단어 확인 문제와
HSK 실전 문제로 자신의
실력을 체크할 수 있습니다.

*정답 및 해석은 부록에서 확인할
수 있습니다.

꼭 알아야 할 빈출 단어

듣기&독해 영역에 자주 출제
되는 급수 외 단어를 별도로
정리했습니다.

쓰기 빈출 구문&주제

제1부분의 빈출 구문과 제2부분
의 빈출 주제를 제시했습니다.

미니 테스트

HSK 문제를 풀면서
학습한 단어를 실전에
적용해 볼 수 있습니다.

암기 노트

별책으로 제공!

30일 1300단어 학습 플랜

DAY	학습일	DAY	학습일
DAY01 주거	/	DAY16 학업	/
DAY02 음식	/	DAY17 회사	/
DAY03 가정	/	DAY18 졸업, 취업	/
DAY04 쇼핑	/	DAY19 성공, 실패	/
DAY05 패션, 의류	/	DAY20 날씨, 환경	/
빈출 단어&구문&주제 ①	/	빈출 단어&구문&주제 ④	/
DAY06 교통	/	DAY21 금융, 무역	/
DAY07 여행, 지리	/	DAY22 미디어, 인터넷	/
DAY08 시간, 명절	/	DAY23 과학, 기술	/
DAY09 건강, 신체	/	DAY24 물리, 수학	/
DAY10 운동, 경기	/	DAY25 동물, 식물	/
빈출 단어&구문&주제 ②	/	빈출 단어&구문&주제 ⑤	/
DAY11 취미, 여가	/	DAY26 공업, 농업	/
DAY12 교제	/	DAY27 역사, 전통	/
DAY13 성격, 외모	/	DAY28 문학, 예술	/
DAY14 감정, 기분	/	DAY29 법률, 정치	/
DAY15 태도, 의견	/	DAY30 국가, 사회	/
빈출 단어&구문&주제 ③	/	빈출 단어&구문&주제 ⑥	/
미니 테스트 1	/	미니 테스트 2	/

❖일러두기/ 품사 약어표

품사	약어	품사	약어	품사	약어
명사	명	양사	양	조동사	조동
동사	동	개사	개	접속사	접
형용사	형	고유명사	고유	감탄사	감
부사	부	대명사	대	성어	성
수사	수	조사	조		

HSK

5급

1300단어

START!

DAY 01

Track01

일단 뜨겁게 청소하라!
_주거

HSK 5급에 이런 내용이 나온다!

주거 관련 주제는 듣기 대화문에 이사하기, 인테리어 하기, 집안일 하기 등의 내용이 자주 출제되고, 독해 영역에 중국의 전통 민가를 소개하는 비교적 어려운 내용이 가끔 출제됩니다. 装修(zhuāngxiū 인테리어하다), 晒(shài 햇볕에 말리다), 安装(ānzhuāng 설치하다) 등의 동사는 정답으로 많이 출제되므로 꼭 기억하세요.

한눈에 파악하는 단어

집을 구한다!

屋子 wūzi 방
公寓 gōngyù 아파트
面积 miànjī 면적

인테리어 한다!

装修 zhuāngxiū
인테리어 하다
装饰 zhuāngshì 장식하다
安装 ānzhuāng 설치하다

청소한다!

灰尘 huīchén 먼지
家务 jiāwù 집안일
整齐 zhěngqí 가지런하다
晒被子 shài bèizi
이불을 햇볕에 말리다

0001 灰尘
huīchén

유의 灰 huī 먼지
5급 ⋯ p.75

명 먼지

房间很久没打扫了，有很多灰尘。
Fángjiān hěn jiǔ méi dǎsǎo le, yǒu hěn duō huīchén.
방을 오랫동안 청소하지 않아서, 먼지가 많이 있다.

0002 公寓★
gōngyù

명 아파트

小张贷款买了一套公寓。👉빈출
Xiǎo Zhāng dàikuǎn mǎile yí tào gōngyù.
샤오장은 대출을 받아 아파트를 한 채 샀다.

+ 贷款 dàikuǎn 통 대출하다 | 套 tào 양 채[집을 세는 단위]

0003 抽屉★★
chōuti

명 서랍

我把钥匙放在抽屉里了。
Wǒ bǎ yàoshi fàng zài chōuti li le.
나는 열쇠를 서랍 속에 넣었다.

+ 钥匙 yàoshi 명 열쇠

🚩 쓰기 출제 포인트

把…放在…(~을 ~에 넣다/놓다)는 쓰기 제1부분에 자주 출제되는 구문이다. 把 뒤에 주로 사물이 오고, 放在 뒤에 장소가 온다는 것을 기억해야 한다.

• 他把杯子放在桌子上了。 그는 컵을 테이블 위에 놓았다.
　　　사물　　　　장소

0004 书架
shūjià

명 책꽂이, 책장, 서가

书架上摆满了历史书。👉빈출
Shūjià shang bǎimǎnle lìshǐshū.
책꽂이에 역사책을 가득 진열했다.

+ 摆 bǎi 통 놓다, 진열하다 | 满 mǎn 형 가득하다

DAY 01
DAY 02
DAY 03
DAY 04
DAY 05
DAY 06
DAY 07
DAY 08
DAY 09
DAY 10
DAY 11
DAY 12
DAY 13
DAY 14
DAY 15

0005 锁
suǒ

명 자물쇠

我们家新换了密码锁。
Wǒmen jiā xīn huànle mìmǎsuǒ.
우리집 비밀번호 자물쇠를 새로 바꿨다.

+ 密码 mìmǎ 명 비밀번호

동 잠그다, 채우다

离开时记得把门锁好。
Líkāi shí jìde bǎ mén suǒhǎo.
떠날 때 문 잠그는 거 잊지 마라.

0006 窗帘★★
chuānglián

명 커튼

窗帘太脏了，该洗洗了。
Chuānglián tài zāng le, gāi xǐxi le.
커튼이 너무 더러워서, 빨아야 한다.

+ 脏 zāng 형 더럽다

쓰기 출제 포인트

쓰기 제2부분에 두 사람이 함께 커튼을 거는 사진이 가끔 출제된다.
작문할 때 활용할 수 있는 문장을 알아 두자.

• 我跟太太一起挂窗帘。나는 아내와 함께 커튼을 건다.
• 窗帘脏了，我把它拿下来洗洗。
  커튼이 더러워져서, 나는 그것을 떼서 세탁한다.

+ 太太 tàitai 명 부인, 아내

0007 装修★★★
zhuāngxiū

동 내장 공사를 하다, 인테리어 하다

我想把房间重新装修一下。
Wǒ xiǎng bǎ fángjiān chóngxīn zhuāngxiū yíxià.
나는 방을 새로 인테리어 하고 싶다.

+ 重新 chóngxīn 부 다시, 새로

주거

DAY
01

DAY
02

DAY
03

DAY
04

DAY
05

DAY
06

DAY
07

DAY
08

DAY
09

DAY
10

DAY
11

DAY
12

DAY
13

DAY
14

DAY
15

0008
安装***
ānzhuāng

통 설치하다, 고정시키다

把空调安装在客厅里怎么样？
Bǎ kōngtiáo ānzhuāng zài kètīng li zěnmeyàng?
에어컨을 거실에 설치하는 게 어떨까요?

+ 客厅 kètīng 명 거실

빈출 호응 표현 독해 제1부분

• 安装安全门 ānzhuāng ānquánmén 스크린도어를 설치하다
• 安装软件 ānzhuāng ruǎnjiàn 소프트웨어를 설치하다
• 安装系统 ānzhuāng xìtǒng 시스템을 설치하다

0009
盆
pén

명 대야, 화분

窗台上摆着很多花盆。 빈출
Chuāngtái shang bǎizhe hěn duō huāpén.
창턱에 화분이 많이 놓여 있다.

+ 窗台 chuāngtái 명 창턱 | 摆 bǎi 통 놓다, 진열하다

양 대야, 화분 등을 세는 단위

这盆花太重了，我们俩一起抬吧。
Zhè pén huā tài zhòng le, wǒmen liǎ yìqǐ tái ba.
이 화분은 너무 무거우니, 우리 둘이 함께 들어요.

+ 俩 liǎ 두 사람 | 抬 tái 통 들다, 들어올리다

0010
阳台*
yángtái

명 발코니, 베란다

阳台上的那盆花叫什么？
Yángtái shang de nà pén huā jiào shénme?
베란다에 있는 저 화분의 꽃은 뭐라고 불러요?

+ 盆 pén 양 대야, 화분 등을 세는 단위

0011

地毯
dìtǎn

명 양탄자, 카펫

这款地毯很软，踩上去很舒服。
Zhè kuǎn dìtǎn hěn ruǎn, cǎi shàngqu hěn shūfu.
이 카펫은 부드러워서, 밟으면 매우 편안하다.

+ 款 kuǎn 양 양식이나 종류를 세는 단위 | 软 ruǎn 형 부드럽다 |
踩 cǎi 동 밟다

0012

晒★★
shài

동 햇볕을 쬐다, 햇볕에 말리다

你把洗好的衣服拿到阳台上晒一晒。
Nǐ bǎ xǐhǎo de yīfu nádào yángtái shang shài yi shài.
너는 빨래한 옷을 베란다로 가지고 가서 햇볕에 좀 말려.

+ 阳台 yángtái 명 발코니, 베란다

> **빈출** **호응 표현 독해 제1부분**
> • 晒被子 shài bèizi 이불을 햇볕에 말리다
> • 晒衣服 shài yīfu 옷을 햇볕에 말리다
> • 脸被晒黑了 liǎn bèi shàihēi le 얼굴이 햇볕에 타다

0013

家务
jiāwù

명 가사, 집안일

他们夫妻俩轮流做家务。 빈출
Tāmen fūqī liǎ lúnliú zuò jiāwù.
그들 부부 둘은 교대로 집안일을 한다.

+ 夫妻 fūqī 명 부부 | 俩 liǎ 두 사람 | 轮流 lúnliú 동 교대로 하다

0014

隔壁★★
gébì

유의 邻居 línjū 이웃
3급

명 옆집, 이웃집

他是新搬来的，住在我家隔壁。
Tā shì xīn bānlái de, zhù zài wǒ jiā gébì.
그는 새로 이사왔고, 우리 옆집에 산다.

0015 梳子
shūzi

☐
☐

명 빗

> 梳子用完后不要乱放。
> Shūzi yòngwán hòu búyào luàn fàng.
> 빗을 사용한 후에 함부로 놓지 마세요.
>
> + 乱 luàn 🖳 함부로, 제멋대로

🚩 **듣기 출제 포인트**

梳子는 명사로 '빗'이라는 뜻이고, 梳는 동사로 '빗다'라는 뜻이다. 梳头发(shū tóufa 머리를 빗다)라는 표현도 시험에 종종 출제된다.

0016 卧室
wòshì

☐
☐

명 침실

> 我把充电器忘在卧室了。👆📱
> Wǒ bǎ chōngdiànqì wàng zài wòshì le.
> 나는 충전기를 깜빡하고 침실에 두고 왔다.
>
> + 充电器 chōngdiànqì 🖳 충전기 ㅣ 忘 wàng 🖳 잊다

0017 被子*
bèizi

☐
☐

명 이불

> 外面晒的被子是你的吗？👆📱
> Wàimiàn shài de bèizi shì nǐ de ma?
> 밖에 말리는 이불이 당신 거예요?
>
> + 晒 shài 🖳 햇볕에 말리다

0018 玻璃
bōli

☐
☐

명 유리

> 这些是玻璃杯，要轻拿轻放。
> Zhèxiē shì bōlibēi, yào qīng ná qīng fàng.
> 이것들은 유리컵이니, 살살 다루어야 한다.

DAY 01
DAY 02
DAY 03
DAY 04
DAY 05
DAY 06
DAY 07
DAY 08
DAY 09
DAY 10
DAY 11
DAY 12
DAY 13
DAY 14
DAY 15

0019 随手*
☐ ☐ suíshǒu

[유의] 顺便 shùnbiàn
~하는 김에
4급

[참고] 随身 suíshēn
몸에 지니다,
휴대하다
5급 ⋯ p.60

[부] ~하는 김에

> 出门的时候，记得随手关灯。 [반출]👉
> Chūmén de shíhou, jìde suíshǒu guān dēng.
> 외출할 때, 나가는 김에 불 끄는 거 잊지 마라.

맛있는 단어 TIP   随手와 顺便

随手와 顺便(shùnbiàn)은 둘 다 '~하는 김에'라는 뜻으로 쓰이지만,
随手는 손과 관련된 동작만 수식할 수 있다.

- 随手/顺便把垃圾扔了。 가는 김에 쓰레기를 버렸다.
- 顺便去北京旅游。(O) 겸사겸사 베이징으로 여행을 간다.
  随手去北京旅游。(X)
  旅游는 손과 관련된 동작이 아님

0020 木头
☐ ☐ mùtou

[명] 나무, 목재

> 大部分的家具都是用木头做的。
> Dàbùfen de jiājù dōu shì yòng mùtou zuò de.
> 대부분의 가구는 목재로 만든 것이다.

＋家具 jiājù [명] 가구

0021 亮**
☐ ☐ liàng

[반의] 暗 àn
어둡다, 캄캄하다
5급 ⋯ p.18

[형] 밝다, 빛나다

> 天都亮了，别睡懒觉了。
> Tiān dōu liàng le, bié shuì lǎnjiào le.
> 날이 밝았으니, 늦잠 자지 마세요.

＋懒觉 lǎnjiào [명] 늦잠

0022 暗***
☐ ☐ àn

[반의] 亮 liàng
밝다, 빛나다
5급 ⋯ p.18

[형] 어둡다, 캄캄하다

> 楼道里比较暗，你走路要小心。
> Lóudào li bǐjiào àn, nǐ zǒulù yào xiǎoxīn.
> 복도가 비교적 어두우니, 너는 걸을 때 조심해야 한다.

＋楼道 lóudào [명] 복도

DAY 01
DAY 02
DAY 03
DAY 04
DAY 05
DAY 06
DAY 07
DAY 08
DAY 09
DAY 10
DAY 11
DAY 12
DAY 13
DAY 14
DAY 15

빈출 | 호응 표현 독해 제1부분

- 光线很暗 guāngxiàn hěn àn 빛이 매우 어둡다
- 颜色很暗 yánsè hěn àn 색깔이 매우 어둡다
- 天暗下来了 tiān àn xiàlai le 날이 어두워졌다

0023 屋子 wūzi

명 방

你今天怎么把屋子打扫得这么干净？
Nǐ jīntiān zěnme bǎ wūzi dǎsǎo de zhème gānjìng?
너는 오늘 왜 방을 이렇게 깨끗하게 청소했니?

0024 歇* xiē

동 쉬다, 휴식하다

我们歇一歇吧，一会儿再搬沙发。
Wǒmen xiē yi xiē ba, yíhuìr zài bān shāfā.
우리 좀 쉬고, 잠시 후에 다시 소파를 옮기자.

＋沙发 shāfā 명 소파

유의 休息 xiūxi
쉬다, 휴식하다
2급

0025 单元 dānyuán

명 (교재 등의) 단원

我们今天学习第一单元。
Wǒmen jīntiān xuéxí dì-yī dānyuán.
우리 오늘 첫 단원을 공부한다.

명 (아파트, 빌딩 등의) 현관

他住在3号楼五单元502号。
Tā zhù zài sān hào lóu wǔ dānyuán wǔ líng èr hào.
그는 3동 5단원 502호에 산다.

듣기 출제 포인트

중국에서는 아파트 동 입구마다 번호를 붙여 单元으로 표기한다. 듣기 대화문에서 아파트의 주소를 말할 때 单元이 종종 출제되니 그 뜻을 알아 두자.

0026 手套
shǒutào

명 장갑

水很凉，洗碗的时候最好戴上手套。
Shuǐ hěn liáng, xǐ wǎn de shíhou zuìhǎo dàishàng shǒutào.
물이 너무 차가워서, 설거지할 때는 장갑을 끼는 것이 좋다.

╋ 凉 liáng **형** 차갑다 | 最好 zuìhǎo **부** ~하는 게 제일 좋다 |
戴 dài **동** (장신구 등을) 착용하다, 끼다

0027 包裹★★
bāoguǒ

명 소포, 보따리

能把包裹放在我家门口吗？
Néng bǎ bāoguǒ fàng zài wǒ jiā ménkǒu ma?
소포를 저희 집 문 앞에 놓아주시겠어요?

듣기 영역에서 包裹가 나오면 寄包裹(jì bāoguǒ 소포를 부치다), 签
收包裹(qiānshōu bāoguǒ 소포를 받다), 邮局(yóujú 우체국) 등의
관련 내용이 답으로 종종 출제된다.

0028 个性★★
gèxìng

명 개성

这里装修得很有个性。
Zhèlǐ zhuāngxiū de hěn yǒu gèxìng.
이곳은 인테리어가 아주 개성 있다.

╋ 装修 zhuāngxiū **동** 인테리어 하다

0029 盖
gài

참고 盖子 gàizi 뚜껑
瓶盖 pínggài
병뚜껑

동 덮다

昨天晚上睡觉没盖被子，着凉了。
Zuótiān wǎnshang shuìjiào méi gài bèizi, zháoliáng le.
어젯밤에 이불을 안 덮고 자서, 감기에 걸렸다.

╋ 被子 bèizi **명** 이불 | 着凉 zháoliáng **동** 감기에 걸리다

0030 总共*
zǒnggòng

유의 一共 yígòng
총, 모두
3급

부 모두, 전부

你们买这套房子总共花了多少钱?
Nǐmen mǎi zhè tào fángzi zǒnggòng huāle duōshao qián?
당신들은 이 집을 사는 데 전부 얼마를 썼나요?

＋套 tào 양 채[집을 세는 단위]

0031 招待
zhāodài

동 대접하다, 초대하다, 접대하다

等我搬完家,一定好好儿招待你。
Děng wǒ bānwán jiā, yídìng hǎohāor zhāodài nǐ.
제가 이사를 마치면, 꼭 잘 대접할게요.

＋搬家 bānjiā 동 이사하다

빈출 호응 표현 독해 제1부분

• 招待客人 zhāodài kèrén 손님을 초대하다
• 招待嘉宾 zhāodài jiābīn 귀빈을 초대하다
• 热情招待 rèqíng zhāodài 극진히 대접하다

0032 软*
ruǎn

반의 硬 yìng 딱딱하다
5급 ⋯ p.400

형 부드럽다, 연하다

这条毛巾摸起来真软。
Zhè tiáo máojīn mō qǐlai zhēn ruǎn.
이 수건은 만져보니 정말 부드럽다.

＋毛巾 máojīn 명 수건 | 摸 mō 동 (손으로) 짚어 보다, 어루만지다

0033 墙***
qiáng

명 벽, 담, 울타리

我想把墙刷成浅蓝色。
Wǒ xiǎng bǎ qiáng shuāchéng qiǎnlánsè.
나는 벽을 하늘색으로 칠하고 싶다.

＋刷 shuā 동 (페인트 따위를) 칠하다 | 浅蓝色 qiǎnlánsè 명 하늘색

0034 车库
chēkù

명 차고

买房送车库，你再考虑一下吧。
Mǎi fáng sòng chēkù, nǐ zài kǎolǜ yíxià ba.
집을 사시면 차고도 드리니, 다시 고려해 보세요.

+ 考虑 kǎolǜ **동** 고려하다

0035 平方
píngfāng

명 제곱, 평방

厨房只有五平方米，太小了。
Chúfáng zhǐyǒu wǔ píngfāngmǐ, tài xiǎo le.
주방이 겨우 5평방미터라 너무 작다.

+ 厨房 chúfáng **명** 부엌, 주방

0036 整齐**
zhěngqí

형 가지런하다, 단정하다

桌子上东西虽然很多，但是摆得很整齐。 **빈출**
Zhuōzi shang dōngxi suīrán hěn duō, dànshì bǎi de hěn zhěngqí.
탁자 위에 물건들이 매우 많지만, 아주 가지런하게 놓여 있다.

+ 摆 bǎi **동** 놓다, 진열하다

빈출 | **호응 표현 독해 제1부분** ▷

• 整齐的服装 zhěngqí de fúzhuāng 단정한 복장
• 整齐的步伐 zhěngqí de bùfá 가지런한 발걸음
• 整齐的队伍 zhěngqí de duìwu 가지런한 행렬

0037 碎*
suì

동 부서지다, 깨지다

小心，别把花瓶打碎了。 **빈출**
Xiǎoxīn, bié bǎ huāpíng dǎsuì le.
조심하세요, 꽃병을 깨뜨리지 마세요.

+ 花瓶 huāpíng **명** 꽃병 | 打 dǎ **동** 깨뜨리다

DAY
01

DAY
02

DAY
03

DAY
04

DAY
05

DAY
06

DAY
07

DAY
08

DAY
09

DAY
10

DAY
11

DAY
12

DAY
13

DAY
14

DAY
15

0038
☐
☐
铃
líng

명 방울, 종, 벨

门铃响了，可能是快递到了。
Ménlíng xiǎng le, kěnéng shì kuàidì dào le.
초인종이 울렸다, 아마도 택배가 온 것 같다.

+ 门铃 ménlíng 명 초인종 | 响 xiǎng 통 울리다 |
快递 kuàidì 명 택배

0039
☐
☐
高档
gāodàng

유의 高级 gāojí 고급의
5급 ⋯ p.65

형 고급의, 상등의

这款高档地毯是从国外买的。
Zhè kuǎn gāodàng dìtǎn shì cóng guówài mǎi de.
이 고급 카펫은 외국에서 산 것이다.

+ 款 kuǎn 양 양식이나 종류를 세는 단위 | 地毯 dìtǎn 명 카펫

빈출 | 호응 표현 독해 제1부분

• 高档餐厅 gāodàng cāntīng 고급 식당
• 高档商品 gāodàng shāngpǐn 고급 상품
• 高档设计 gāodàng shèjì 고급스러운 디자인

0040
☐
☐
装饰
zhuāngshì

명 장식(품)

墙上的装饰很独特。
Qiángshang de zhuāngshì hěn dútè.
벽의 장식이 매우 독특하다.

+ 墙 qiáng 명 벽 | 独特 dútè 형 독특하다

동 장식하다, 치장하다

这是假花，只是用来装饰的。
Zhè shì jiǎhuā, zhǐshì yònglái zhuāngshì de.
이것은 조화로, 단지 장식하는 데만 사용한다.

+ 假 jiǎ 형 가짜의

0041 捡
jiǎn

[유의] 拣 jiǎn
줍다, 선별하다
6급

[반의] 扔 rēng
버리다, 던지다
4급

동 줍다

快把地上的垃圾捡起来。
Kuài bǎ dìshang de lājī jiǎn qǐlai.
빨리 바닥 위의 쓰레기를 주워라.

+ 垃圾 lājī 명 쓰레기

맛있는 단어 TIP
捡과 拣

동사 拣(jiǎn)은 捡과 같이 '줍다'라는 뜻이 있지만, '고르다, 선별하다'라는 뜻도 있어서 이 뜻으로도 많이 쓰인다. 특히 挑三拣四(tiāo sān jiǎn sì 이것저것 까다롭게 고르다)라는 사자성어가 자주 나오니 알아 두자.

0042 漏
lòu

동 (물체에 구멍이나 틈이 생겨) 새다, 빠지다

卫生间的水管漏了。
Wèishēngjiān de shuǐguǎn lòu le.
화장실의 수도관이 샌다.

+ 卫生间 wèishēngjiān 명 화장실 | 水管 shuǐguǎn 명 수도관

0043 面积**
miànjī

명 면적

你租的房子面积大不大?
Nǐ zū de fángzi miànjī dà bu dà?
당신이 임대한 집은 면적이 넓어요?

+ 租 zū 동 임대하다

0044 剪刀
jiǎndāo

명 가위

包裹包得太结实了，得用剪刀拆。
Bāoguǒ bāo de tài jiēshi le, děi yòng jiǎndāo chāi.
소포가 너무 단단히 싸매어 있어서, 가위로 뜯어야 한다.

＋包裹 bāoguǒ 몡 소포, 보따리 | 包 bāo 동 싸다 |
结实 jiēshi 혱 단단하다 | 拆 chāi 동 (붙어 있는 것을) 뜯다

맛있는 단어 TIP

일상생활 도구

- 梳子 shūzi 빗
- 锤子 chuízi 쇠망치
- 钉子 dīngzi 못
- 指甲剪 zhǐjiajiǎn 손톱깎이
- 尺子 chǐzi 자
- 锥子 zhuīzi 송곳
- 剪刀 jiǎndāo 가위
- 螺丝刀 luósīdāo 드라이버

DAY 01
DAY 02
DAY 03
DAY 04
DAY 05
DAY 06
DAY 07
DAY 08
DAY 09
DAY 10
DAY 11
DAY 12
DAY 13
DAY 14
DAY 15

加把劲儿!

확인 ✓ 테스트

1 빈칸을 채우세요.

抽屉	chōuti	❶
❷	chuānglián	커튼
隔壁	❸	옆집, 이웃집
❹	zǒnggòng	모두, 전부
面积	miànjī	❺

2 단어의 병음과 뜻을 알맞게 연결하세요.

❶ 装饰 •   • ㉠ gōngyù •   • ⓐ 제곱, 평방

❷ 平方 •   • ㉡ zhuāngshì •   • ⓑ 장식품, 장식하다

❸ 灰尘 •   • ㉢ huīchén •   • ⓒ 아파트

❹ 公寓 •   • ㉣ píngfāng •   • ⓓ 먼지

3 빈칸에 들어갈 알맞은 단어를 고르세요.

A 个性	B 随手	C 玻璃	D 高档	E 招待

❶ 这里装修得很有_____。

❷ 这款_____地毯是从国外买的。

❸ 出门的时候，记得_____关灯。

❹ 等我搬完家，一定好好儿_____你。

도전/ HSK 5급 **듣기** 제1부분

4 녹음을 듣고 알맞은 답을 고르세요.

❶ A 刷墙面   B 换沙发

    C 装修客厅   D 买新家具

❷ A 包裹   B 扇子

    C 水果   D 剪刀

도전/ HSK 5급 **쓰기** 제1부분

5 제시된 어휘로 어순에 맞게 문장을 완성하세요.

❶ 你的   打扫得   整齐   很   屋子

_____

 ❷ 很软   衣服   摸起来   这件

_____

 ❸ 是你的   阳台上   吗   晒的被子

_____

❹ 这台空调   好   我还没   安装

_____

☑ 정답 및 해석 ⇨ 539쪽

DAY 02

Track03

내 입맛을 부탁해

_음식

HSK 5급에 이런 내용이 나온다!

음식 관련 주제에서는 음식명, 간단한 요리법, 음식의 다양한 맛, 그리고 음식 평가하기 등의 내용이 자주 출제됩니다. 营养(yíngyǎng 영양), 海鲜(hǎixiān 해산물), 蔬菜(shūcài 채소) 등의 명사는 가장 많이 나오는 단어입니다.

한눈에 파악하는 단어

식재료를 준비한다!	요리한다!	맛본다!
土豆 tǔdòu 감자	切 qiē 썰다	淡 dàn 싱겁다
辣椒 làjiāo 고추	炒 chǎo 볶다	清淡 qīngdàn 담백하다
豆腐 dòufu 두부	煮 zhǔ 삶다	臭 chòu (냄새가) 구리다
蔬菜 shūcài 채소	油炸 yóuzhá 기름에 튀기다	烫 tàng 몹시 뜨겁다
醋 cù 식초		闻 wén 냄새를 맡다
酱油 jiàngyóu 간장		嫩 nèn (음식이) 부드럽다

0045

豆腐
□
□
dòufu

명 두부

奶奶长寿的秘诀就是每天吃豆腐。
Nǎinai chángshòu de mìjué jiù shì měi tiān chī dòufu.
할머니의 장수 비결은 바로 매일 두부를 먹는 것이다.

+ 长寿 chángshòu 阌 장수하다 | 秘诀 mìjué 阌 비결

0046

口味★★
□
□
kǒuwèi

참고 胃口 wèikǒu 식욕
5급 ⋯ p.29

명 맛, 입맛

他的口味清淡，不喜欢吃太咸的东西。
Tā de kǒuwèi qīngdàn, bù xǐhuan chī tài xián de dōngxi.
그의 입맛은 담백해서, 너무 짠 음식은 좋아하지 않는다.

+ 清淡 qīngdàn 阌 담백하다 | 咸 xián 阌 짜다

0047

胃口★
□
□
wèikǒu

참고 口味 kǒuwèi
맛, 입맛
5급 ⋯ p.29

명 식욕

最近天气太热，我没什么胃口。
Zuìjìn tiānqì tài rè, wǒ méi shénme wèikǒu.
요즘 날씨가 너무 더워서, 나는 식욕이 별로 없다.

> **맛있는 단어** TIP　　　　　　　　　　　口味와 胃口
>
> 口味와 胃口는 모두 '입맛'으로 해석될 수 있지만, 口味는 '음식의 맛과 사람의 식성'을 가리키고, 胃口는 '식욕'을 가리킨다.
>
> • 这道菜很合我的口味，但是我没有胃口，不想吃。
>   이 음식은 내 입맛에 잘 맞지만, 나는 입맛(식욕)이 없어서, 먹고 싶지 않다.

0048

海鲜★★
□
□
hǎixiān

명 해산물

我做了海鲜汤，你来尝尝味道怎么样。
Wǒ zuòle hǎixiāntāng, nǐ lái chángchang wèidao zěnmeyàng.
제가 해물탕을 만들었는데, 맛이 어떤지 먹어 보세요.

+ 汤 tāng 阌 국, 탕 | 尝 cháng 阌 맛보다 | 味道 wèidao 阌 맛

DAY 01
DAY 02
DAY 03
DAY 04
DAY 05
DAY 06
DAY 07
DAY 08
DAY 09
DAY 10
DAY 11
DAY 12
DAY 13
DAY 14
DAY 15

0049 花生
huāshēng

명 땅콩

花生是我家乡的特产。👆빈출

Huāshēng shì wǒ jiāxiāng de tèchǎn.

땅콩은 내 고향의 특산물이다.

+ 家乡 jiāxiāng 명 고향 | 特产 tèchǎn 명 특산물

0050 橘子(桔子)
júzi

명 귤

这个季节卖的橘子很酸。

Zhège jìjié mài de júzi hěn suān.

이 계절에 파는 귤은 매우 시다.

+ 酸 suān 형 (맛이) 시다

0051 辣椒
làjiāo

명 고추

四川人不管做什么菜都爱放辣椒。

Sìchuānrén bùguǎn zuò shénme cài dōu ài fàng làjiāo.

쓰촨 사람들은 무슨 요리를 하든 고추 넣는 것을 좋아한다.

+ 四川 Sìchuān 고유 쓰촨성 | 不管 bùguǎn 접 ~에 관계없이

0052 闻★★
wén

참고 嗅觉 xiùjué 후각
6급

동 냄새를 맡다

你做的面包闻着真香。

Nǐ zuò de miànbāo wénzhe zhēn xiāng.

네가 만든 빵은 냄새를 맡고 있으면 정말 향기롭다.

+ 香 xiāng 형 향기롭다

독해 출제 포인트

闻은 '냄새를 맡다'라는 의미 외에 독해 영역에서 '듣다'라는 의미로도 자주 출제된다. 빈출 속담인 '百闻不如一见(bǎi wén bù rú yí jiàn 백 번 듣는 것이 한 번 보는 것만 못하다)'을 기억해 두자.

0053 零食
□
□
língshí

명 간식, 군것질

午饭和晚饭之间可以吃些零食。
Wǔfàn hé wǎnfàn zhījiān kěyǐ chī xiē língshí.
점심과 저녁 사이에 간식을 조금 먹어도 된다.

+ 之间 zhījiān 명 사이

0054 馒头
□
□
mántou

명 찐빵[소를 넣지 않고 밀가루만을 발효시켜 만든 것]

我每天早饭吃两个馒头。
Wǒ měi tiān zǎofàn chī liǎng ge mántou.
나는 매일 아침으로 찐빵을 두 개 먹는다.

0055 壶
□
□
hú

명 주전자

壶里面泡的是什么茶?
Hú lǐmiàn pào de shì shénme chá?
주전자 안에 우리는 것이 무슨 차입니까?

+ 泡 pào 동 물에 담그다, 우리다

맛있는 단어 TIP
명사&양사 壶

壶는 碗(wǎn 그릇), 盘(pán 접시), 瓶(píng 병)처럼 명사이지만 양사로 쓰이기도 한다.

• 一壶开水 yì hú kāishuǐ 끓인 물 한 주전자
• 半壶酒 bàn hú jiǔ 술 반 주전자
• 泡壶茶 pào hú chá 차를 한 주전자 우리다

0056 食物
□
□
shíwù

명 음식물

士兵们吃的食物是特别制造的。
Shìbīngmen chī de shíwù shì tèbié zhìzào de.
병사들이 먹는 음식은 특별히 만든 것이다.

+ 士兵 shìbīng 명 병사, 사병 | 制造 zhìzào 동 만들다

DAY 01
DAY 02
DAY 03
DAY 04
DAY 05
DAY 06
DAY 07
DAY 08
DAY 09
DAY 10
DAY 11
DAY 12
DAY 13
DAY 14
DAY 15

0057 蔬菜★★★
shūcài

명 채소

妈妈去市场买了很多蔬菜。👆🈺
Māma qù shìchǎng mǎile hěn duō shūcài.
엄마는 시장에 가서 채소를 많이 샀다.

╋ 市场 shìchǎng 명 시장

0058 烫
tàng

참고 麻辣烫 málàtàng
마라탕

형 몹시 뜨겁다

菜很烫，过一会儿再吃。
Cài hěn tàng, guò yíhuìr zài chī.
음식이 몹시 뜨거우니, 잠시 후에 드세요.

동 (머리를) 파마하다

这家理发店里烫头发的人真多。
Zhè jiā lǐfàdiàn li tàng tóufa de rén zhēn duō.
이 미용실에는 파마를 하는 사람이 정말 많다.

╋ 理发店 lǐfàdiàn 명 이발소, 미용실

0059 桃
táo

명 복숭아

我儿子对桃过敏。👆🈺
Wǒ érzi duì táo guòmǐn.
내 아들은 복숭아에 알레르기가 있다.

╋ 过敏 guòmǐn 동 알레르기 반응을 보이다

0060 土豆
tǔdòu

명 감자

很多人减肥时只吃土豆。
Hěn duō rén jiǎnféi shí zhǐ chī tǔdòu.
많은 사람들이 다이어트할 때 감자만 먹는다.

╋ 减肥 jiǎnféi 동 다이어트하다

0061 颗 ★★
kē

양 알, 방울[둥글고 작은 알맹이를 세는 단위]

这个葡萄太酸，他只吃了一颗。
Zhège pútao tài suān, tā zhǐ chīle yì kē.
이 포도는 너무 시어서, 그는 겨우 한 알만 먹었다.

＋ 葡萄 pútao 명 포도 | 酸 suān 형 (맛이) 시다

빈출 호응 표현 독해 제1부분

• 一颗牙 yì kē yá 치아 하나

• 一颗爱心 yì kē àixīn 하나의 사랑하는 마음

• 无数颗星星 wúshù kē xīngxing 무수한 별

0062 淡 ★★★
dàn

반의 咸 xián 짜다
4급

형 (맛이) 싱겁다

汤是不是太淡了？再加点儿盐吧。
Tāng shì bu shì tài dàn le? Zài jiā diǎnr yán ba.
국이 너무 싱겁지 않아? 소금을 좀 더 넣자.

＋ 汤 tāng 명 국, 탕 | 盐 yán 명 소금

0063 清淡 ★
qīngdàn

반의 油腻 yóunì
느끼하다
6급

형 담백하다

南方的菜相对比较清淡。
Nánfāng de cài xiāngduì bǐjiào qīngdàn.
남방 요리는 상대적으로 비교적 담백하다.

＋ 南方 nánfāng 명 남방 지역 | 相对 xiāngduì 형 상대적이다

0064 香肠
xiāngcháng

명 소시지

香肠被看做是垃圾食品。
Xiāngcháng bèi kànzuò shì lājī shípǐn.
소시지는 정크 푸드로 여겨진다.

＋ 被看做 bèi kànzuò ~라고 여겨지다 |
垃圾食品 lājī shípǐn 명 정크 푸드

0065 油炸
yóuzhá

동 기름에 튀기다

油炸食品热量很高。
Yóuzhá shípǐn rèliàng hěn gāo.
튀긴 식품은 열량이 매우 높다.

+ 食品 shípǐn 명 식품 | 热量 rèliàng 명 열량

0066 煮
zhǔ

동 삶다, 끓이다

我给爷爷煮了一碗长寿面。
Wǒ gěi yéye zhǔle yì wǎn chángshòumiàn.
나는 할아버지께 장수면을 한 그릇 끓여 드렸다.

+ 碗 wǎn 명 그릇 | 长寿面 chángshòumiàn 명 장수면

0067 冰激凌
bīngjīlíng

명 아이스크림

妈妈不让我经常吃冰激凌。
Māma bú ràng wǒ jīngcháng chī bīngjīlíng.
엄마는 내가 아이스크림을 자주 먹지 못하게 한다.

0068 过期*
guòqī

참고 变质 biànzhì
변질하다
6급

동 기한을 넘기다, 기일이 지나다

上周买的面包已经过期了。
Shàng zhōu mǎi de miànbāo yǐjing guòqī le.
지난주에 산 빵은 이미 유통 기한이 지났다.

맛있는 단어 TIP
유통 기한 관련 단어

• 保质期 bǎozhìqī 품질 보증 기간, 유효 기간
• 有效期 yǒuxiàoqī 유효 기간
• 生产日期 shēngchǎn rìqī 제조 일자

0069 臭
chòu

반의 香 xiāng 향기롭다
4급

형 (냄새가) 지독하다, 구리다

臭豆腐闻着臭，吃着却很香。
Chòudòufu wénzhe chòu, chīzhe què hěn xiāng.
취두부는 냄새를 맡으면 지독하지만, 먹으면 매우 맛있다.

+ 臭豆腐 chòudòufu 명 취두부, 발효 두부 |
闻 wén 동 냄새를 맡다 | 香 xiāng 형 향기롭다, (음식이) 맛있다

0070 点心
diǎnxin

명 간식, 과자

工作累了吧？过来吃些点心吧。
Gōngzuò lèi le ba? Guòlai chī xiē diǎnxin ba.
일하느라 힘들지? 와서 간식 좀 먹어.

0071 锅
guō

명 솥, 냄비

锅里面煮的是什么？
Guō lǐmiàn zhǔ de shì shénme?
냄비 안에 끓이는 게 뭐예요?

+ 煮 zhǔ 동 삶다, 끓이다

0072 酱油
jiàngyóu

명 간장

做这道菜的时候，不要放太多酱油。
Zuò zhè dào cài de shíhou, búyào fàng tài duō jiàngyóu.
이 음식을 만들 때, 간장을 너무 많이 넣지 마세요.

+ 道 dào 양 요리를 세는 단위

0073 梨
lí

명 배

听说吃梨对嗓子好。
Tīngshuō chī lí duì sǎngzi hǎo.
듣자 하니 배를 먹으면 목에 좋다고 한다.

+ 嗓子 sǎngzi 명 목(목구멍)

DAY 01
DAY 02
DAY 03
DAY 04
DAY 05
DAY 06
DAY 07
DAY 08
DAY 09
DAY 10
DAY 11
DAY 12
DAY 13
DAY 14
DAY 15

0074 醋* cù

명 식초

山西老陈醋是中国四大名醋之一。
Shānxī lǎochéncù shì Zhōngguó sì dà míng cù zhī yī.
산시성 라오천추는 중국 4대 유명 식초 중의 하나이다.

> + 山西 Shānxī 고유 산시성 |
> 老陈醋 lǎochéncù 고유 라오천추[산시성에서 나는 검은 식초] |
> 之一 zhī yī ~중의 하나

듣기 출제 포인트

듣기 대화문에서는 화자의 질투하는 감정을 표현할 때 관용어 吃醋
(chīcù 질투하다)를 사용하기도 한다. 이와 비슷하게 吃香(chīxiāng
환영을 받다), 吃力(chīlì 힘들다), 吃惊(chījīng 놀라다) 등 吃와 함께
쓰이는 어휘들도 출제된다.

0075 切 qiē

동 (칼로) 썰다, 자르다, 끊다

切菜时要小心，别切到手。빈출
Qiē cài shí yào xiǎoxīn, bié qiēdào shǒu.
채소를 썰 때는 손이 베이지 않도록 조심해야 한다.

0076 吐 tù

동 토하다

他刚吃完就吐了，好像食物中毒了。
Tā gāng chīwán jiù tù le, hǎoxiàng shíwù zhòngdú le.
그는 방금 음식을 먹자마자 토했어, 식중독인 것 같아.

> + 食物中毒 shíwù zhòngdú 식중독

맛있는 단어 TIP 다음자 吐

吐는 4성(tù)으로 발음할 때는 '토하다'라는 뜻이지만, 3성(tǔ)으로
발음할 때는 '뱉다, 내뱉다, 털어놓다'라는 뜻으로 쓰인다.

- [tù] 呕吐 ǒutù 구토하다
- [tǔ] 吐痰 tǔtán 가래를 뱉다
  吐舌头 tǔ shétou 혀를 내밀다
  吐真言 tǔ zhēnyán 진실을 털어놓다

36

0077 粮食 ★★★
liángshi

유의 食粮 shíliáng
식량

명 양식, 식량

姥姥经常告诉我不要浪费粮食。 🖐️반출
Lǎolao jīngcháng gàosu wǒ búyào làngfèi liángshi.
외할머니께서는 항상 나에게 식량을 낭비하지 말라고 말씀하셨다.

+ 姥姥 lǎolao 명 외할머니 | 浪费 làngfèi 동 낭비하다

맛있는 단어 TIP 粮食와 食粮

粮食는 우리 일상생활에 먹는 양식을 가리키는 말이다. 같은 의미로
食粮이라는 어휘도 쓰이나, 食粮은 주로 힘이나 에너지가 될 수
있는 정신적인 것에 비유하여 精神食粮(jīngshén shíliáng 정신적
양식)이라는 표현으로 많이 쓰인다.

0078 烂
làn

형 썩다, 부식되다, 부패하다

这个苹果烂了，快扔了！
Zhège píngguǒ làn le, kuài rēng le!
이 사과는 썩었으니, 빨리 버려라!

+ 扔 rēng 동 버리다

0079 嫩
nèn

반의 老 lǎo
(음식이) 쇠다, 굳다

형 (음식이) 부드럽다, 연하다, 말랑말랑하다

今天做的炒牛肉很嫩。
Jīntiān zuò de chǎo niúròu hěn nèn.
오늘 만든 소고기 볶음은 아주 부드럽다.

+ 炒 chǎo 동 볶다

0080 摘 ★★
zhāi

동 따다, 꺾다

这些水果是从郊外摘回来的。 🖐️반출
Zhèxiē shuǐguǒ shì cóng jiāowài zhāi huílai de.
이 과일들은 교외에서 따온 것이다.

+ 郊外 jiāowài 명 교외

DAY 01 / DAY 02 / DAY 03 / DAY 04 / DAY 05 / DAY 06 / DAY 07 / DAY 08 / DAY 09 / DAY 10 / DAY 11 / DAY 12 / DAY 13 / DAY 14 / DAY 15

0081
☐
☐

玉米
yùmǐ

명 옥수수

玉米是北方人的主食之一。
Yùmǐ shì běifāng rén de zhǔshí zhī yī.
옥수수는 북방 사람들의 주식 중의 하나이다.

+ 北方 běifāng 몡 북방 지역 | 主食 zhǔshí 몡 주식 |
之一 zhī yī ~ 중의 하나

0082
☐
☐

炒
chǎo

동 볶다

我最爱吃的菜是西红柿炒鸡蛋。
Wǒ zuì ài chī de cài shì xīhóngshì chǎo jīdàn.
내가 가장 좋아하는 음식은 토마토 계란 볶음이다.

+ 西红柿 xīhóngshì 몡 토마토

듣기 출제 포인트

요리법은 매번 시험에 꼭 출제되는 내용이다. 炒(chǎo 볶다), 煮(zhǔ 삶다, 끓이다), 蒸(zhēng 찌다), 煎(jiān 지지다, 부치다), 油炸(yóuzhá 튀기다) 등 여러 요리법을 기억해 두면 유용하다.

0083
☐
☐

叉子
chāzi

명 포크

吃西餐时要用刀和叉子。
Chī xīcān shí yào yòng dāo hé chāzi.
양식을 먹을 때는 나이프와 포크를 사용해야 한다.

+ 西餐 xīcān 몡 양식 | 刀 dāo 몡 칼

0084
☐
☐

地道*
dìdao

유의 正宗 zhèngzōng
정통의
6급

형 정통의, 오리지널의

刘师傅做的广东菜非常地道。
Liú shīfu zuò de Guǎngdōng cài fēicháng dìdao.
리우 셰프는 정통 광둥요리를 잘 만든다.

+ 师傅 shīfu 몡 기사님, 선생님[기능자에 대한 존칭] |
广东 Guǎngdōng 고유 광둥성

0085 营养 ★★★
yíngyǎng

명 영양

鸡蛋营养丰富，但每天不要吃太多。 [빈출]
Jīdàn yíngyǎng fēngfù, dàn měi tiān búyào chī tài duō.
계란은 영양이 풍부하지만, 매일 너무 많이 먹으면 안 된다.

+丰富 fēngfù 형 풍부하다

빈출 | 호응 표현 독해 제1부분

- 吸收营养 xīshōu yíngyǎng 영양소를 섭취하다
- 补充营养 bǔchōng yíngyǎng 영양소를 보충하다
- 营养成分 yíngyǎng chéngfèn 영양 성분

0086 醉
zuì

동 (술에) 취하다

他喝了三瓶啤酒也没醉。
Tā hēle sān píng píjiǔ yě méi zuì.
그는 맥주 세 병을 마셨는데도 취하지 않았다.

0087 顿 ★★
dùn

양 번, 끼니[식사, 질책 등을 세는 단위]

以前，人们一天只吃两顿饭。
Yǐqián, rénmen yì tiān zhǐ chī liǎng dùn fàn.
예전에는 사람들이 하루에 두 끼만 먹었다.

빈출 | 호응 표현 독해 제1부분

- 一顿饭 yí dùn fàn 밥 한 끼
- 挨一顿骂 ái yí dùn mà 한바탕 욕을 먹다
- 挨一顿打 ái yí dùn dǎ 한바탕 얻어맞다

0088 特色 ★★
tèsè

명 특색, 특징

这几道菜是本店的特色菜。
Zhè jǐ dào cài shì běn diàn de tèsè cài.
이 몇 가지 요리는 본점의 특색 요리이다.

+道 dào 양 요리를 세는 단위 | 本店 běn diàn 본점, 본 가게

DAY 01
DAY 02
DAY 03
DAY 04
DAY 05
DAY 06
DAY 07
DAY 08
DAY 09
DAY 10
DAY 11
DAY 12
DAY 13
DAY 14
DAY 15

확인 √ 테스트

1 빈칸을 채우세요.

❶	kǒuwèi	맛, 입맛
蔬菜	❷	채소
❸	wén	냄새를 맡다
淡	dàn	❹
摘	zhāi	❺

2 단어의 병음과 뜻을 알맞게 연결하세요.

❶ 地道 •　　　• ㉠ liángshi　•　　　• ⓐ 정통의, 오리지널의

❷ 粮食 •　　　• ㉡ língshí　•　　　• ⓑ 양식, 식량

❸ 零食 •　　　• ㉢ tèsè　•　　　• ⓒ 특색, 특징

❹ 特色 •　　　• ㉣ dìdao　•　　　• ⓓ 간식, 군것질

3 빈칸에 들어갈 알맞은 단어를 고르세요.

> A 吐　　B 切　　C 烂　　D 烫　　E 锅

❶ 菜很_____，过一会儿再吃。

❷ _____里面煮的是什么?

❸ 这个苹果_____了，快扔了!

❹ 他刚吃完就_____了，好像食物中毒了。

4 녹음을 듣고 알맞은 답을 고르세요.

❶ A 菜还没做好   B 他们打算出去吃

   C 男的做菜不好吃   D 女的不能吃海鲜

❷ A 多喝热水   B 别吃冰激凌

   C 火锅很地道   D 再点一个菜

도전! HSK 5급 **독해** 제1부분

5 빈칸에 들어갈 알맞은 단어를 고르세요.

　　人每天到底该吃几____❶____饭? 根据个人的生活习惯和身体状况，答案可能会不同。如果每天吃两餐，不会感觉到饿，也不影响工作和生活，那完全可以这么做，不过前提是要保证足够且丰富的____❷____。如果条件允许，你可以吃五六餐，但注意每次要少吃，一天吃的总量不能过多。当然，吃得也要健康一些，多选择____❸____的食物，少吃油腻、刺激性强的食物。

 ❶ A 堆   B 壶   C 顿   D 册

❷ A 营养   B 价值   C 零食   D 胃口

❸ A 油炸   B 清淡   C 过期   D 时尚

☑ 정답 및 해석 ⇨ 539쪽

DAY 03

Track05

나랑 결혼해 줄래?
_가정

HSK 5급에 이런 내용이 나온다!

가정 관련 주제에서는 가족 호칭, 가족 관계, 결혼, 아이 교육 등의 내용이 출제되는데, 특히 듣기 영역에 가장 많이 출제됩니다. 빈출 단어로는 舅舅(jiùjiu 외삼촌), 婚礼(hūnlǐ 결혼식), 孝顺(xiàoshùn 효성스럽다), 登记结婚(dēngjì jiéhūn 혼인 신고하다) 등이 있습니다.

한눈에 파악하는 단어

외가

外公/姥爷 외할아버지
wàigōng/lǎoye

外婆/姥姥 외할머니
wàipó/lǎolao

舅舅 jiùjiu 외삼촌

阿姨 āyí 이모

친가

爷爷 yéyé 할아버지

奶奶 nǎinai 할머니

叔叔 shūshu 삼촌

姑姑 gūgu 고모

0089 姑姑
gūgu

명 고모

姑姑曾经是排球教练。 👆빈출

Gūgu céngjīng shì páiqiú jiàoliàn.

고모는 이전에 배구 감독이었다.

+ 曾经 céngjīng 閈 이전에 | 排球 páiqiú 몡 배구 |
教练 jiàoliàn 몡 감독, 코치

0090 家庭
jiātíng

명 가정

原生家庭的概念现在很流行。

Yuánshēng jiātíng de gàiniàn xiànzài hěn liúxíng.

원가족의 개념이 지금 유행하고 있다.

+ 原生家庭 yuánshēng jiātíng 원가족 | 概念 gàiniàn 몡 개념

독해 출제 포인트

가정을 기준에 따라 여러 유형으로 나눌 수 있는데, 독해 영역에서는
原生家庭 외에 单亲家庭(dānqīn jiātíng 한 부모 가정), 丁克家庭
(dīngkè jiātíng 딩크 가정) 등의 개념도 종종 출제된다.

0091 舅舅*
jiùjiu

명 외삼촌

舅舅经营一家开锁公司。

Jiùjiu jīngyíng yì jiā kāi suǒ gōngsī.

외삼촌은 열쇠 회사를 경영한다.

+ 经营 jīngyíng 됭 경영하다 | 开锁 kāi suǒ 자물쇠를 열다

0092 老婆
lǎopo

명 아내, 처

老婆向公司请了三天假。

Lǎopo xiàng gōngsī qǐngle sān tiān jià.

아내는 회사에 3일의 휴가를 냈다.

참고 太太 tàitai
부인, 아내
5급 ⋯→ p.44

DAY
01

DAY
02

**DAY
03**

DAY
04

DAY
05

DAY
06

DAY
07

DAY
08

DAY
09

DAY
10

DAY
11

DAY
12

DAY
13

DAY
14

DAY
15

0093

太太
tàitai

참고 老婆 lǎopo
아내, 처
5급 ··· p.43

명 부인, 아내

张太太目前不工作。
Zhāng tàitai mùqián bù gōngzuò.
장 부인은 현재 일을 하지 않는다.

　+ 目前 mùqián 명 현재, 지금

0094

承担***
chéngdān

참고 承受 chéngshòu
견뎌 내다
5급 ··· p.392

동 맡다, 책임지다, 담당하다

父母应承担教育孩子的责任。 빈출
Fùmǔ yīng chéngdān jiàoyù háizi de zérèn.
부모는 당연히 아이를 교육하는 책임을 져야 한다.

　+ 教育 jiàoyù 동 교육하다 | 责任 zérèn 명 책임

빈출 | 호응 표현 독해 제1부분

- 承担费用 chéngdān fèiyòng 비용을 책임지다
- 承担后果 chéngdān hòuguǒ (나쁜) 결과를 책임지다
- 承担任务 chéngdān rènwu 임무를 맡다

0095

姥姥
lǎolao

유의 外婆 wàipó
외할머니

명 외할머니

姥姥不习惯住公寓。
Lǎolao bù xíguàn zhù gōngyù.
외할머니는 아파트에 사는 것이 익숙하지 않다.

　+ 公寓 gōngyù 명 아파트

0096

外公
wàigōng

유의 姥爷 lǎoye
외할아버지

명 외할아버지

外公最大的爱好就是下象棋。
Wàigōng zuì dà de àihào jiù shì xià xiàngqí.
외할아버지의 가장 큰 취미는 바로 장기를 두는 것이다.

　+ 爱好 àihào 명 취미 | 下象棋 xià xiàngqí 장기를 두다

0097 兄弟
xiōngdì

参고 姐妹 jiěmèi 자매

명 형제

我们兄弟俩长得一点儿也不像。
Wǒmen xiōngdì liǎ zhǎng de yìdiǎnr yě bú xiàng.
우리 형제 둘은 생긴 게 조금도 닮지 않았다.

+ 俩 liǎ 두 사람

0098 长辈
zhǎngbèi

参고 晚辈 wǎnbèi
후배, 손아랫사람

명 손윗사람, 연장자

请代我问候家里的长辈。
Qǐng dài wǒ wènhòu jiālǐ de zhǎngbèi.
저 대신 집안 어르신께 안부 전해 주세요.

+ 代 dài **동** 대신하다 | 问候 wènhòu **동** 안부를 묻다

0099 去世
qùshì

동 돌아가다, 세상을 뜨다

在我八岁的时候，爷爷就去世了。
Zài wǒ bā suì de shíhou, yéye jiù qùshì le.
내가 여덟 살 때, 할아버지께서 돌아가셨다.

0100 疼爱*
téng'ài

동 매우 귀여워하다, 매우 사랑하다

张奶奶十分疼爱她的小孙子。
Zhāng nǎinai shífēn téng'ài tā de xiǎo sūnzi.
장 할머니는 그녀의 어린 손자를 매우 귀여워한다.

+ 十分 shífēn **부** 매우 | 孙子 sūnzi **명** 손자

듣기 출제 포인트

疼爱는 주로 어른이나 손윗사람이 손아랫사람에게 사용하는 어휘로, 목적어는 꼭 사람이어야 한다. 손아랫사람은 손윗사람에게 敬爱 (jìng'ài 경애하다), 爱戴(àidài 추대하다) 등의 표현을 사용한다.

DAY 01
DAY 02
DAY 03
DAY 04
DAY 05
DAY 06
DAY 07
DAY 08
DAY 09
DAY 10
DAY 11
DAY 12
DAY 13
DAY 14
DAY 15

0101 孝顺★★
xiàoshùn

형 효성스럽다

他是一个孝顺的孩子。
Tā shì yí ge xiàoshùn de háizi.
그는 효성스러운 아이다.

동 효도하다, 공경하다

孝顺父母是子女的责任。
Xiàoshùn fùmǔ shì zǐnǚ de zérèn.
부모에게 효도하는 것은 자식의 책임이다.

＋子女 zǐnǚ 명 자녀 |
责任 zérèn 명 책임

0102 怀孕
huáiyùn

동 임신하다

我老婆怀孕三个月了。
Wǒ lǎopo huáiyùn sān ge yuè le.
내 아내는 임신한 지 석 달이 되었다.

＋老婆 lǎopo 명 아내, 처

0103 婚姻
hūnyīn

명 혼인, 결혼

婚姻生活中，夫妻双方需要互相理解。
Hūnyīn shēnghuó zhōng, fūqī shuāngfāng xūyào hùxiāng lǐjiě.
결혼 생활 중, 부부는 쌍방이 서로를 이해해야 한다.

＋夫妻 fūqī 명 부부 |
双方 shuāngfāng 명 쌍방, 양측 |
互相 hùxiāng 부 서로

0104 婚礼 ★★★
□
□
hūnlǐ

명 혼례, 결혼식

我和男朋友打算新年举行婚礼。🔊[빈출]
Wǒ hé nánpéngyou dǎsuan xīnnián jǔxíng hūnlǐ.
나와 내 남자친구는 새해에 결혼식을 올릴 계획이다.

+ 举行 jǔxíng 동 거행하다

🚩 쓰기 출제 포인트

쓰기 문제 중 특히 100번 문제에 결혼식이나 프로포즈 관련 내용이
종종 출제된다. 예를 들어 남자가 꽃을 들고 여자한테 프로포즈하는
사진, 결혼 현장에서 케이크를 잘라 나누는 사진 등이 있다.

• 男朋友拿着一束花向我求婚。
  남자친구가 꽃 한 다발을 들고 나에게 청혼했다.

• 婚礼上, 新郎和新娘一起给大家切蛋糕。
  결혼식에서 신랑과 신부가 같이 모두에게 케이크를 잘라 준다.

+ 束 shù 양 다발 | 求婚 qiúhūn 동 청혼하다 |
新郎 xīnláng 명 신랑 | 新娘 xīnniáng 명 신부 |
切 qiē 동 (칼로) 자르다

0105 嫁
□
□
jià

동 출가하다, 시집가다

她还没做好嫁人的准备。
Tā hái méi zuòhǎo jià rén de zhǔnbèi.
그녀는 아직 시집갈 준비가 되지 않았다.

0106 娶
□
□
qǔ

동 장가가다, 아내를 얻다

能娶到你这么好的妻子是我的福气。
Néng qǔdào nǐ zhème hǎo de qīzi shì wǒ de fúqi.
너처럼 이렇게 좋은 아내를 얻을 수 있는 것은 나의 복이다.

+ 福气 fúqi 명 복, 행운

DAY 01
DAY 02
DAY 03
DAY 04
DAY 05
DAY 06
DAY 07
DAY 08
DAY 09
DAY 10
DAY 11
DAY 12
DAY 13
DAY 14
DAY 15

0107 离婚
líhūn

동 이혼하다

他们俩离婚是因为性格不合。
Tāmen liǎ líhūn shì yīnwèi xìnggé bùhé.
그들 두 사람이 이혼한 것은 성격이 안 맞아서이다.

+俩 liǎ 두 사람 | 性格 xìnggé 명 성격 |
不合 bùhé 동 맞지 않다

0108 登记 ★★★
dēngjì

반의 注销 zhùxiāo
(등기한 것을)
취소하다

동 등록하다, 신고하다, 기재하다

哥哥上午跟他女朋友登记结婚了。 빈출
Gēge shàngwǔ gēn tā nǚpéngyou dēngjì jiéhūn le.
오빠는 오전에 그의 여자친구와 혼인 신고를 했다.

> 빈출 호응 표현 독해 제1부분

- 登记姓名 dēngjì xìngmíng 이름을 기재하다
- 登记信息 dēngjì xìnxī 정보를 등록하다
- 登记财产 dēngjì cáichǎn 재산을 신고하다

0109 吻
wěn

동 입맞춤하다, 키스하다

妈妈轻轻地吻了我。
Māma qīngqīng de wěnle wǒ.
엄마가 나에게 가볍게 입을 맞추었다.

+轻轻 qīngqīng 형 가볍다

0110 安慰 ★★★
ānwèi

형 (마음에) 위로가 되다, 마음이 편하다

儿子考上了大学，他感到很安慰。
Érzi kǎoshàngle dàxué, tā gǎndào hěn ānwèi.
아들이 대학에 합격해서, 그는 마음이 편해지는 걸 느꼈다.

+感到 gǎndào 동 느끼다

가정

DAY
01

DAY
02

**DAY
03**

DAY
04

DAY
05

DAY
06

DAY
07

DAY
08

DAY
09

DAY
10

DAY
11

DAY
12

DAY
13

DAY
14

DAY
15

동 위로하다

他又没考上大学，你安慰安慰他吧。
Tā yòu méi kǎoshàng dàxué, nǐ ānwei ānwei tā ba.
그가 대학에 또 떨어졌으니, 네가 그를 좀 위로해라.

0111 彼此**
bǐcǐ

대 피차, 서로

夫妻之间要彼此尊重。 [빈출]
Fūqī zhījiān yào bǐcǐ zūnzhòng.
부부 사이에는 서로 존중해야 한다.

＋夫妻 fūqī 명 부부 ｜ 之间 zhījiān 명 사이 ｜
尊重 zūnzhòng 통 존중하다

0112 毕竟**
bìjìng

부 결국, 어쨌든

我们毕竟是亲戚，帮忙是应该的。
Wǒmen bìjìng shì qīnqi, bāngmáng shì yīnggāi de.
우리는 어쨌든 친척이니, 돕는 것은 당연하다.

＋亲戚 qīnqi 명 친척

0113 操心**
cāoxīn

동 걱정하다, 마음을 쓰다, 신경을 쓰다

李阿姨一直为她儿子的工作操心。
Lǐ āyí yìzhí wèi tā érzi de gōngzuò cāoxīn.
이씨 아주머니는 줄곧 그녀 아들의 일을 걱정한다.

0114 公主
gōngzhǔ

참고 王子 wángzǐ 왕자
5급 ⋯→ p.451

명 공주

她把女儿打扮得像公主一样漂亮。
Tā bǎ nǚ'ér dǎban de xiàng gōngzhǔ yíyàng piàoliang.
그녀는 딸을 공주처럼 예쁘게 꾸몄다.

＋打扮 dǎban 통 꾸미다

0115 寂寞
jìmò

유의 孤独 gūdú
고독하다
6급

형 외롭다, 쓸쓸하다

一个人生活难免会寂寞。 [반출]
Yí ge rén shēnghuó nánmiǎn huì jìmò.
혼자 생활하면 외롭기 마련이다.

+ 难免 nánmiǎn 형 ~하기 마련이다

0116 陌生*
mòshēng

반의 熟悉 shúxī
익숙하다, 잘 알다
4급

형 낯설다, 생소하다

我们很久没见了，彼此感到很陌生。
Wǒmen hěn jiǔ méi jiàn le, bǐcǐ gǎndào hěn mòshēng.
우리는 오랫동안 만나지 못해서, 서로가 매우 낯설다고 느꼈다.

+ 彼此 bǐcǐ 대 서로 | 感到 gǎndào 동 느끼다

0117 保持***
bǎochí

동 유지하다, 지키다

他们分开很久了，但却一直保持联系。
Tāmen fēnkāi hěn jiǔ le, dàn què yìzhí bǎochí liánxì.
그들은 헤어진 지 오래되었지만, 계속 연락을 유지하고 있다.

+ 分开 fēnkāi 동 헤어지다 | 联系 liánxì 동 연락하다

빈출 호응 표현 독해 제1부분

- 保持健康 bǎochí jiànkāng 건강을 유지하다
- 保持稳定 bǎochí wěndìng 안정을 유지하다
- 保持距离 bǎochí jùlí 거리를 유지하다

0118 亲爱
qīn'ài

형 사랑하다, 친애하다

亲爱的爸爸妈妈，谢谢你们把我养大。
Qīn'ài de bàba māma, xièxie nǐmen bǎ wǒ yǎngdà.
사랑하는 아버지 어머니, 저를 키워 주셔서 감사합니다.

+ 养 yǎng 동 기르다, 양육하다

0119 庆祝 ★★★
qìngzhù

동 경축하다, 축하하다

大家聚在一起为爷爷庆祝生日。
Dàjiā jù zài yìqǐ wèi yéye qìngzhù shēngrì.
모두 모여서 할아버지의 생신을 축하해 드렸다.

+ 聚 jù 동 모이다

0120 体贴
tǐtiē

동 자상하게 돌보다, 자상하다

经理对妻子和孩子很体贴。
Jīnglǐ duì qīzi hé háizi hěn tǐtiē.
사장님은 아내와 아이에게 매우 자상하다.

0121 成长 ★★★
chéngzhǎng

유의 生长 shēngzhǎng
성장하다
5급 … p.413

동 성장하다, 자라다

在成长过程中，爸爸一直是我的榜样。[반출]
Zài chéngzhǎng guòchéng zhōng, bàba yìzhí shì wǒ de bǎngyàng.
성장하는 과정 속에서, 아버지는 늘 나의 롤모델이었다.

+ 过程 guòchéng 명 과정 | 榜样 bǎngyàng 명 본보기

0122 在乎 ★★
zàihu

유의 在意 zàiyì
마음에 두다
6급

동 신경 쓰다, 마음에 두다

世界上最在乎你的人就是你的家人。
Shìjiè shang zuì zàihu nǐ de rén jiù shì nǐ de jiārén.
세상에서 당신을 가장 신경 쓰는 사람은 바로 당신의 가족이다.

+ 家人 jiārén 명 가족

0123 语气
yǔqì

명 어투, 말투

她说话的语气非常温柔。[반출]
Tā shuōhuà de yǔqì fēicháng wēnróu.
그녀의 말투는 매우 부드럽고 상냥하다.

+ 温柔 wēnróu 형 부드럽고 상냥하다

DAY 01
DAY 02
DAY 03
DAY 04
DAY 05
DAY 06
DAY 07
DAY 08
DAY 09
DAY 10
DAY 11
DAY 12
DAY 13
DAY 14
DAY 15

0124
☐
☐

催
cuī

图 재촉하다, 독촉하다

每次见到姥姥，她都会催我快点儿结婚。
Měi cì jiàndào lǎolao, tā dōu huì cuī wǒ kuài diǎnr jiéhūn.
외할머니를 만날 때마다, 그녀는 나에게 빨리 결혼하라고 재촉하신다.

+ 姥姥 lǎolao 圆 외할머니

0125
☐
☐

套***
tào

图 채[집을 세는 단위]

这套公寓是我们结婚时买的。
Zhè tào gōngyù shì wǒmen jiéhūn shí mǎi de.
이 아파트는 우리가 결혼할 때 산 것이다.

+ 结婚 jiéhūn 图 결혼하다

듣기 출제 포인트

套는 公寓 외에도 家具(jiājù 가구), 教材(jiàocái 교과서), 西装 (xīzhuāng 양복) 등 세트로 되어 있는 어휘와 결합할 수 있다. 또한 듣기 영역에는 套餐(tàocān 패키지 상품)이라는 어휘도 종종 출제된 다. 手机套餐(shǒujī tàocān 핸드폰 요금제), 旅游套餐(lǚyóu tàocān 여행 패키지 상품) 등의 빈출 표현을 알아 두자.

0126
☐
☐

道理
dàolǐ

图 도리, 일리, 이치

父母应该耐心地教孩子道理。
Fùmǔ yīnggāi nàixīn de jiào háizi dàolǐ.
부모는 마땅히 인내심을 가지고 아이에게 도리를 가르쳐야 한다.

+ 耐心 nàixīn 图 인내심이 있다

0127
☐
☐

迅速
xùnsù

图 신속하다, 재빠르다

儿子迅速地为爸爸开门。
Érzi xùnsù de wèi bàba kāimén.
아들은 재빠르게 아빠를 위해 문을 열었다.

0128 体会
tǐhuì

동 경험하다, 이해하다

只有做了父母，才会体会到其中的不易。
Zhǐyǒu zuòle fùmǔ, cái huì tǐhuì dào qízhōng de búyì.
부모가 돼야만, 비로소 그것이 쉽지 않음을 이해할 수 있다.

+ 不易 búyì 형 쉽지 않다

명 (체험에서 얻은) 경험, 이해

他向大家分享了比赛的体会。
Tā xiàng dàjiā fēnxiǎngle bǐsài de tǐhuì.
그는 모두에게 시합 경험을 나누었다.

+ 分享 fēnxiǎng 동 함께 나누다

0129 挣
zhèng

유의 赚 zhuàn
돈을 벌다
4급

동 (돈이나 재산 등을) 일하여 벌다

家里只有他一个人挣钱。
Jiāli zhǐyǒu tā yí ge rén zhèng qián.
집에서 그 혼자만 돈을 번다.

0130 期待
qīdài

동 기대하다

我很期待我们俩以后的结婚生活。
Wǒ hěn qīdài wǒmen liǎ yǐhòu de jiéhūn shēnghuó.
나는 앞으로 우리 둘의 결혼 생활이 매우 기대된다.

+ 俩 liǎ 두 사람 | 以后 yǐhòu 명 이후, 앞으로

0131 各自
gèzì

대 각자, 제각기

即使是夫妻，也要有各自的私人空间。
Jíshǐ shì fūqī, yě yào yǒu gèzì de sīrén kōngjiān.
설령 부부라도, 각자의 개인 공간이 있어야 한다.

+ 即使 jíshǐ 접 설령 ~일지라도 | 夫妻 fūqī 명 부부 |
私人 sīrén 명 개인 | 空间 kōngjiān 명 공간

DAY 01
DAY 02
DAY 03
DAY 04
DAY 05
DAY 06
DAY 07
DAY 08
DAY 09
DAY 10
DAY 11
DAY 12
DAY 13
DAY 14
DAY 15

1 빈칸을 채우세요.

舅舅	❶	외삼촌
❷	xiōngdì	형제
长辈	❸	손윗사람, 연장자
怀孕	huáiyùn	❹
❺	bǐcǐ	피차, 서로

2 단어의 병음과 뜻을 알맞게 연결하세요.

❶ 陌生 •　　　• ㉠ mòshēng •　　　• ⓐ 각자, 제각기

❷ 体贴 •　　　• ㉡ gèzì •　　　• ⓑ 낯설다, 생소하다

❸ 各自 •　　　• ㉢ tǐtiē •　　　• ⓒ 자상하게 돌보다

❹ 语气 •　　　• ㉣ yǔqì •　　　• ⓓ 어투, 말투

3 빈칸에 들어갈 알맞은 단어를 고르세요.

> A 寂寞　　　B 庆祝　　　C 安慰　　　D 在乎　　　E 套

❶ 一个人生活难免会＿＿＿＿＿＿。

❷ 大家聚在一起为爷爷＿＿＿＿＿＿生日。

❸ 这＿＿＿＿＿＿公寓是我们结婚时买的。

❹ 世界上最＿＿＿＿＿＿你的人就是你的家人。

도전/
HSK 5급 **듣기** 제1부분

4 녹음을 듣고 알맞은 답을 고르세요.

❶ A 要贷款买房　　　　　　B 正在找工作

　 C 登记结婚了　　　　　　D 考上了大学

❷ A 很粗心　　　　　　　　B 很大方

　 C 很调皮　　　　　　　　D 很孝顺

도전/
HSK 5급 **쓰기** 제1부분

5 제시된 어휘로 어순에 맞게 문장을 완성하세요.

 ❶ 健康　　　才能　　　营养平衡　　　保持

_____

❷ 父母　　　讲清楚　　　道理　　　应给孩子

_____

 ❸ 精彩表现　　　同学们的　　　我　　　很期待

_____

❹ 治疗的　　　承担不起　　　他　　　费用

_____

☑ 정답 및 해석 ⇨ 540쪽

가정

DAY
01

DAY
02

DAY
03

DAY
04

DAY
05

DAY
06

DAY
07

DAY
08

DAY
09

DAY
10

DAY
11

DAY
12

DAY
13

DAY
14

DAY
15

DAY 04

Track07

장바구니에 담기
_쇼핑

HSK 5급에 이런 내용이 나온다!

듣기 대화문에 물건 사기, 결제하기, 가격 흥정하기, 상품을 평가하기, 인터넷 쇼핑 등의 쇼핑 관련 내용이 **消费**(xiāofèi 소비하다), **商品**(shāngpǐn 상품), **市场**(shìchǎng 시장), **结账**(jiézhàng 계산하다) 등의 단어와 함께 자주 출제됩니다. 또한, 독해 영역에는 소비 관념, 소비 자극 같은 사회적인 내용도 출제됩니다.

한눈에 파악하는 단어

쇼핑하기

市场 shìchǎng 시장
商品 shāngpǐn 상품
产品 chǎnpǐn 제품
玩具 wánjù 장난감
日用品 rìyòngpǐn 일용품

결제하기

柜台 guìtái 카운터
结账 jiézhàng 계산하다
优惠 yōuhuì 특혜의
收据 shōujù 영수증
发票 fāpiào 영수증
讨价还价 tǎojià huánjià 값을 흥정하다

DAY 01
DAY 02
DAY 03
DAY 04
DAY 05
DAY 06
DAY 07
DAY 08
DAY 09
DAY 10
DAY 11
DAY 12
DAY 13
DAY 14
DAY 15

0132 **收据**
shōujù

참고 发票 fāpiào
영수증
5급 ⋯ p.57

명 영수증, 수취증

请帮我开一下收据。
Qǐng bāng wǒ kāi yíxià shōujù.
저에게 영수증 좀 써 주세요.

+ 开 kāi 통 (서류를) 작성하다, 쓰다

0133 **发票**★
fāpiào

참고 收据 shōujù
수취증
5급 ⋯ p.57

명 영수증

我的发票中了50块钱。
Wǒ de fāpiào zhòngle wǔshí kuài qián.
내 영수증이 50위안에 당첨되었다.

+ 中 zhòng 통 당첨되다, 맞히다

맛있는 단어 TIP 收据와 发票

收据는 판매자와 구매자 간에 거래를 증명하는 간단한 수취증이며, 发票는 세무와 관련된 영수증이다. 구매자들의 영수증 발급을 독려하기 위해 서비스 업종 영수증(发票)에는 복권이 부착되어 있다.

0134 **柜台**★★
guìtái

명 카운터, 계산대

柜台上的商品摆放得很整齐。 빈출
Guìtái shang de shāngpǐn bǎifàng de hěn zhěngqí.
카운터 위의 상품이 매우 가지런하게 진열되어 있다.

+ 商品 shāngpǐn 명 상품 | 摆放 bǎifàng 통 놓다, 진열하다 | 整齐 zhěngqí 형 가지런하다

0135 **结账**★
jiézhàng

유의 付款 fùkuǎn
결제하다
4급

통 계산하다, 장부를 결산하다

请在这儿排队结账。
Qǐng zài zhèr páiduì jiézhàng.
이곳에서 줄을 서서 계산하세요.

+ 排队 páiduì 통 줄을 서다

0136
☐
☐

优惠
yōuhuì

형 특혜의, 우대의

这家店正在搞买一送一的优惠活动。
Zhè jiā diàn zhèngzài gǎo mǎi yī sòng yī de yōuhuì huódòng.
이 가게에서는 1+1 할인 행사를 하고 있다.

+搞 gǎo 동 하다 |
买一送一 mǎi yī sòng yī 하나를 사면 하나를 더 준다[1+1]

0137
☐
☐

讨价还价
tǎojià huánjià

성 값을 흥정하다

经过反复讨价还价，双方达成了一致。
Jīngguò fǎnfù tǎojià huánjià, shuāngfāng dáchéngle yízhì.
거듭된 흥정을 통해, 양측은 합의에 이르렀다.

+反复 fǎnfù 부 거듭해서 | 双方 shuāngfāng 명 쌍방, 양측 |
达成 dáchéng 동 도달하다 | 一致 yízhì 형 일치하다

0138
☐
☐

市场***
shìchǎng

명 시장

奶奶每天早上去市场买菜。
Nǎinai měi tiān zǎoshang qù shìchǎng mǎi cài.
할머니는 매일 아침 시장에 가서 채소를 사신다.

0139
☐
☐

玩具
wánjù

명 장난감, 완구

买这个玩具卡车给儿子怎么样?
Mǎi zhège wánjù kǎchē gěi érzi zěnmeyàng?
아들에게 이 장난감 트럭을 사 주는 게 어떨까?

+卡车 kǎchē 명 트럭

0140
☐
☐

宝贝
bǎobèi

명 귀염둥이, 보배

这些机器人都是我的宝贝。
Zhèxiē jīqìrén dōu shì wǒ de bǎobèi.
이 로봇들은 모두 나의 보물이다.

+机器人 jīqìrén 명 로봇

0141

☐
☐

播放 ***
bōfàng

동 방송하다, 방영하다

商场里播放的音乐很优美。 👆빈출

Shāngchǎng li bōfàng de yīnyuè hěn yōuměi.
쇼핑센터에서 방송되는 음악이 매우 우아하고 아름답다.

+ **商场** shāngchǎng 명 쇼핑센터 |
优美 yōuměi 형 우아하고 아름답다

빈출 | **호응 표현 독해 제1부분** ▶

• 播放**歌曲** bōfàng gēqǔ 노래를 틀다
• 播放**电影** bōfàng diànyǐng 영화를 방영하다
• 播放**节目** bōfàng jiémù 프로그램을 방송하다

0142

☐
☐

称 **
chēng

동 (무게를) 측정하다, 재다

能帮我称一下这些水果吗?

Néng bāng wǒ chēng yíxià zhèxiē shuǐguǒ ma?
이 과일들의 무게를 달아주실 수 있나요?

동 부르다, 칭하다

朋友开玩笑称他为王子。

Péngyou kāi wánxiào chēng tā wéi wángzǐ.
친구는 농담으로 그를 왕자님이라고 부른다.

+ **开玩笑** kāi wánxiào 동 농담하다 | **王子** wángzǐ 명 왕자

🚩 **쓰기 출제 포인트**

'A被称为B(A는 B라고 불린다)'라는 표현은 듣기, 독해, 쓰기
전 영역에 자주 출제되는 표현이다. 특히 쓰기 제1부분 단어 배열
문제에서는 주어와 목적어의 위치에 유의해야 한다.

• **狮子**被称为**草原之王**。 사자는 초원의 왕이라고 불린다.
   주어   목적어

+ **狮子** shīzi 명 사자 | **草原** cǎoyuán 명 초원

DAY 01
DAY 02
DAY 03
DAY 04
DAY 05
DAY 06
DAY 07
DAY 08
DAY 09
DAY 10
DAY 11
DAY 12
DAY 13
DAY 14
DAY 15

0143 商品** shāngpǐn

명 상품

新商品一推出就大受欢迎。
Xīn shāngpǐn yì tuīchū jiù dà shòu huānyíng.
신상품이 출시되자마자 큰 인기를 끌었다.

+推出 tuīchū 통 출시하다

0144 随身 suíshēn

참고 随手 suíshǒu
~하는 김에
5급 ⋯ p.18

동 몸에 지니다, 휴대하다

这款产品小，可以随身携带。 [빈출]
Zhè kuǎn chǎnpǐn xiǎo, kěyǐ suíshēn xiédài.
이 제품은 작아서, 휴대할 수 있다.

+款 kuǎn 양 양식이나 종류를 세는 단위 | 产品 chǎnpǐn 명 제품 |
携带 xiédài 통 휴대하다

0145 微笑** wēixiào

동 미소를 짓다

服务员微笑着问候客人。
Fúwùyuán wēixiàozhe wènhòu kèrén.
종업원은 미소를 지으며 손님에게 인사를 건넸다.

+问候 wènhòu 통 안부를 묻다

명 미소

他总是面带微笑。
Tā zǒngshì miàn dài wēixiào.
그는 늘 얼굴에 미소를 띠고 있다.

+面 miàn 명 얼굴 | 带 dài 통 띠다, 머금다

0146 产品*** chǎnpǐn

명 제품, 생산품

这款电子产品有防水功能。
Zhè kuǎn diànzǐ chǎnpǐn yǒu fángshuǐ gōngnéng.
이 전자 제품은 방수 기능이 있다.

+款 kuǎn 양 양식이나 종류를 세는 단위 | 电子 diànzǐ 명 전자 |
防水 fángshuǐ 통 방수하다 | 功能 gōngnéng 명 기능

0147 消费 ★★★
xiāofèi

동 소비하다

人们的消费观念发生了转变。
Rénmen de xiāofèi guānniàn fāshēngle zhuǎnbiàn.
사람들의 소비 관념에 변화가 생겼다.

＋ 观念 guānniàn **명** 관념, 생각 | 发生 fāshēng **동** 발생하다 |
转变 zhuǎnbiàn **동** 바뀌다

0148 除非 ★
chúfēi

접 오직 ~해야

除非打五折，否则我不会买。
Chúfēi dǎ wǔ zhé, fǒuzé wǒ bú huì mǎi.
50% 할인을 해야지, 그렇지 않으면 나는 사지 않을 것이다.

＋ 打折 dǎzhé **동** 할인하다 | 否则 fǒuzé **접** 그렇지 않으면

독해 출제 포인트

접속사 除非는 否则와 호응하여 쓰인다. 독해 제1부분에서 빈칸 앞뒤에 除非나 否则가 있으면 보기에 이와 호응할 수 있는 어휘가 있는지부터 먼저 확인해야 한다.

0149 必要
bìyào

형 필요하다

要理性消费，不要买不必要的东西。
Yào lǐxìng xiāofèi, búyào mǎi bú bìyào de dōngxi.
이성적인 소비를 하고, 불필요한 물건은 사지 마라.

＋ 理性 lǐxìng **형** 이성적이다 | 消费 xiāofèi **동** 소비하다

0150 老板 ★★
lǎobǎn

명 사장, 주인

他是一家乐器店的老板。
Tā shì yì jiā yuèqìdiàn de lǎobǎn.
그는 악기점의 사장이다.

＋ 乐器 yuèqì **명** 악기

DAY 01 DAY 02 DAY 03 DAY 04 DAY 05 DAY 06 DAY 07 DAY 08 DAY 09 DAY 10 DAY 11 DAY 12 DAY 13 DAY 14 DAY 15

0151 光盘
guāngpán

명 CD

我有两张多余的光盘。
Wǒ yǒu liǎng zhāng duōyú de guāngpán.
나는 여분의 CD가 두 장 있다.

+ 多余 duōyú **형** 여분의, 불필요한

듣기 출제 포인트

光盘은 듣기 영역에서 CD라는 뜻 외에 '접시를 깨끗이 비우다'라는
의미로도 출제된다. 한 공익기관에서는 음식을 낭비하지 말자는 취지
로 光盘行动(guāngpán xíngdòng 접시를 비우는 운동)을 제창했다.

0152 老百姓
lǎobǎixìng

명 백성, 국민

物价上涨增加了老百姓的生活压力。
Wùjià shàngzhǎng zēngjiāle lǎobǎixìng de shēnghuó yālì.
물가 상승이 국민들의 생활 스트레스를 증가시켰다.

+ 物价 wùjià **명** 물가 |
上涨 shàngzhǎng **동** (수위, 물가 등이) 오르다 |
增加 zēngjiā **동** 증가하다 | 压力 yālì **명** 스트레스

0153 酒吧
jiǔbā

명 술집, 바

他在这条胡同里经营一家酒吧。
Tā zài zhè tiáo hútòng li jīngyíng yì jiā jiǔbā.
그는 이 골목에서 술집을 경영하고 있다.

+ 胡同 hútòng **명** 골목 | 经营 jīngyíng **동** 경영하다

0154 抢
qiǎng

동 빼앗다, 약탈하다

刚烤好的面包一下子被抢光了。
Gāng kǎohǎo de miànbāo yíxiàzi bèi qiǎngguāng le.
갓 구운 빵을 단번에 모두 빼앗겼다.

+ 刚 gāng **부** 방금, 막 | 烤 kǎo **동** (불에) 굽다 |
一下子 yíxiàzi **부** 단번에 | 光 guāng **형** 조금도 남지 않다

DAY
01

DAY
02

DAY
03

DAY
04

DAY
05

DAY
06

DAY
07

DAY
08

DAY
09

DAY
10

DAY
11

DAY
12

DAY
13

DAY
14

DAY
15

0155 妇女
fùnǚ

명 부녀자

这款产品最受家庭妇女的喜爱。
Zhè kuǎn chǎnpǐn zuì shòu jiātíng fùnǚ de xǐ'ài.
이 제품은 가정주부들에게 가장 인기가 많다.

+ **款** kuǎn 영 양식이나 종류를 세는 단위 | **产品** chǎnpǐn 명 제품 |
家庭 jiātíng 명 가정 | **喜爱** xǐ'ài 동 좋아하다

0156 刺激***
cìjī

동 자극하다

政府推出了刺激消费的措施。 빈출
Zhèngfǔ tuīchūle cìjī xiāofèi de cuòshī.
정부는 소비를 자극하는 대책을 내놓았다.

+ **政府** zhèngfǔ 명 정부 |
推出 tuīchū 동 (신상품, 아이디어 등을) 내놓다 |
消费 xiāofèi 동 소비하다 | **措施** cuòshī 명 대책

> 빈출 **호응 표현** 독해 제1부분 ▶
>
> • **刺激大脑** cìjī dànǎo 뇌를 자극하다
> • **刺激神经** cìjī shénjīng 신경을 자극하다
> • **刺激经济** cìjī jīngjì 경제를 자극하다

0157 搞
gǎo

동 하다, 처리하다

这家超市每个月都搞促销活动。
Zhè jiā chāoshì měi ge yuè dōu gǎo cùxiāo huódòng.
이 슈퍼마켓에서는 매달 판촉 행사를 한다.

+ **促销** cùxiāo 동 판매를 촉진시키다 | **活动** huódòng 명 행사

0158 夹子
jiāzi

명 집게, 클립

这里卖夹衣服的夹子吗?
Zhèlǐ mài jiā yīfu de jiāzi ma?
여기서 옷을 집는 집게를 팝니까?

+ **夹** jiā 동 집다, 끼우다

0159 大型
dàxíng

형 대형의

公司附近新开了一家大型商场。
Gōngsī fùjìn xīn kāile yì jiā dàxíng shāngchǎng.
회사 근처에 대형 쇼핑센터를 새로 열었다.

+ 商场 shāngchǎng 명 쇼핑센터

0160 吃亏
chīkuī

동 손해를 보다, 손해를 입다

这种吃亏的生意，一定没人做。
Zhè zhǒng chīkuī de shēngyi, yídìng méi rén zuò.
이런 손해 보는 장사는 분명 할 사람이 없다.

+ 生意 shēngyi 명 장사

0161 匆忙*
cōngmáng

형 매우 바쁘다, 다급하다

他匆忙地结完账后发现忘买酱油了。
Tā cōngmáng de jiéwán zhàng hòu fāxiàn wàng mǎi
jiàngyóu le.
그는 다급히 계산을 마친 후에야 간장을 깜박하고 안 산 것을 알았다.

+ 结账 jiézhàng 동 계산하다 | 酱油 jiàngyóu 명 간장

0162 对比
duìbǐ

동 대비하다, (상대적으로) 비교하다

对比价格后，他决定上网买那件商品。
Duìbǐ jiàgé hòu, tā juédìng shàngwǎng mǎi nà jiàn
shāngpǐn.
가격을 비교한 후에, 그는 인터넷으로 그 상품을 사기로 결정했다.

+ 价格 jiàgé 명 가격 | 商品 shāngpǐn 명 상품

0163 难怪**
nánguài

유의 怪不得 guàibude
어쩐지, 과연
5급 ···› p.82

부 어쩐지, 과연

难怪那么多人排队，原来正在打折。
Nánguài nàme duō rén páiduì, yuánlái zhèngzài dǎzhé.
어쩐지 저렇게 많은 사람들이 줄을 서 있더라니, 알고 보니 세일 중이었다.

+ 排队 páiduì 동 줄을 서다 | 原来 yuánlái 부 원래, 알고 보니 |
打折 dǎzhé 동 할인하다

0164 销售
xiāoshòu

동 팔다, 판매하다

质量和诚信是销售的关键。👆반출
Zhìliàng hé chéngxìn shì xiāoshòu de guānjiàn.
품질과 신용이 판매의 관건이다.

+质量 zhìliàng 명 품질 | 诚信 chéngxìn 형 신용을 지키다 |
关键 guānjiàn 명 관건

0165 种类★★★
zhǒnglèi

유의 品种 pǐnzhǒng
품종
6급

명 종류

地下商场的商品种类多样。👆반출
Dìxià shāngchǎng de shāngpǐn zhǒnglèi duōyàng.
지하상가의 상품은 종류가 다양하다.

+地下商场 dìxià shāngchǎng 지하상가 |
商品 shāngpǐn 명 상품 | 多样 duōyàng 형 다양하다

0166 高级
gāojí

유의 高档 gāodàng
고급의, 상등의
5급 ⋯ p.23

형 (품질, 수준, 단계 등) 고급의, 상급의

这种高级沙发很适合摆在大厅。
Zhè zhǒng gāojí shāfā hěn shìhé bǎi zài dàtīng.
이런 고급 소파는 로비에 놓는 것이 적합하다.

+适合 shìhé 동 ~에 적합하다 | 摆 bǎi 동 놓다 |
大厅 dàtīng 명 로비, 홀

맛있는 단어 TIP 高级와 高档

어떤 상품의 품질을 말할 때는 高级와 高档 모두 쓸 수 있으나, 기술·능력의 수준이나 단계를 말할 때는 高级만 쓸 수 있다.

• 高级/高档餐厅 고급 식당
• 高级汉语 고급 중국어[중국어의 단계]
• 高级技师 고급 기술자[기술의 수준]

0167 实用★★
shíyòng

형 실용적이다

商品的性价比高指的是既便宜又实用。
Shāngpǐn de xìngjiàbǐ gāo zhǐ de shì jì piányi yòu shíyòng.
상품의 가성비가 높다는 것은 저렴하고 실용적임을 가리킨다.

+ 商品 shāngpǐn 명 상품 | 性价比 xìngjiàbǐ 명 가성비 |
指 zhǐ 동 가리키다

0168 押金
yājīn

명 보증금, 담보금

押金将会退到您的银行卡里。 반출

Yājīn jiāng huì tuìdào nín de yínhángkǎ li.
보증금은 당신의 은행 카드로 반환될 것이다.

+ 将 jiāng 부 장차 ~할 것이다, 곧 | 退 tuì 동 반환하다

0169 超级
chāojí

형 최상급의, 뛰어난

这里要新建一个超级大的商场。
Zhèlǐ yào xīn jiàn yí ge chāojí dà de shāngchǎng.
이곳에 초대형 쇼핑센터를 새로 건설하려고 한다.

+ 建 jiàn 동 짓다, 건설하다 | 商场 shāngchǎng 명 쇼핑센터

0170 光临
guānglín

동 광림하다, 왕림하다

欢迎光临，祝您购物愉快！
Huānyíng guānglín, zhù nín gòuwù yúkuài!
어서 오세요, 즐거운 쇼핑 되십시오!

+ 购物 gòuwù 동 쇼핑하다 | 愉快 yúkuài 형 유쾌하다, 즐겁다

0171 相对
xiāngduì

반의 绝对 juéduì
절대적이다
5급 … p.247

형 상대적이다, 비교적

同一商品在网上买相对便宜。
Tóngyī shāngpǐn zài wǎngshàng mǎi xiāngduì piányi.
동일한 상품을 인터넷에서 사면 비교적 저렴하다.

+ 同一 tóngyī 형 같다, 동일하다 |
网上 wǎngshàng 명 온라인, 인터넷

0172 紫

zǐ

참고 紫外线 zǐwàixiàn 자외선

형 자색의, 보라색의

紫色是今年的流行色。
Zǐsè shì jīnnián de liúxíng sè.
보라색이 올해의 유행 칼라이다.

+ 流行 liúxíng 통 유행하다

맛있는 단어 TIP　　　　　　　　　　색깔 단어

- 红色 hóngsè 빨간색
- 粉色 fěnsè 분홍색
- 橙色 chéngsè 오렌지색
- 绿色 lǜsè 초록색
- 蓝色 lánsè 파란색
- 灰色 huīsè 회색

- 赤色 chìsè 적색
- 黄色 huángsè 노란색
- 橘黄色 júhuángsè 주황색
- 青色 qīngsè 청색
- 黑色 hēisè 검은색
- 白色 báisè 흰색

0173 日用品

rìyòngpǐn

명 일용품

请问日用品在几楼?
Qǐngwèn rìyòngpǐn zài jǐ lóu?
실례지만 일용품은 몇 층에 있습니까?

0174 肥皂

féizào

명 비누

这块儿肥皂的香味很清新。
Zhè kuàir féizào de xiāngwèi hěn qīngxīn.
이 비누의 향기가 아주 산뜻하다.

+ 香味 xiāngwèi 명 향기 | 清新 qīngxīn 형 상쾌하고 산뜻하다

0175 赶紧

gǎnjǐn

유의 赶快 gǎnkuài 황급히, 재빨리 5급 … p.134

부 서둘러, 재빨리

售货员说就剩最后一件了, 我赶紧买下了。
Shòuhuòyuán shuō jiù shèng zuìhòu yí jiàn le, wǒ gǎnjǐn mǎixià le.
판매원이 마지막 한 벌만 남아있다고 해서, 나는 재빨리 사버렸다.

+ 售货员 shòuhuòyuán 명 판매원 | 剩 shèng 통 남다

1 빈칸을 채우세요.

收据	❶	영수증, 수취증
❷	shìchǎng	시장
❸	bōfàng	방송하다, 방영하다
必要	bìyào	❹
大型	dàxíng	❺

2 단어의 병음과 뜻을 알맞게 연결하세요.

❶ 难怪 •   • ㉠ guānglín •   • ⓐ 다급하다

❷ 销售 •   • ㉡ cōngmáng •   • ⓑ 팔다, 판매하다

❸ 光临 •   • ㉢ nánguài •   • ⓒ 광림하다, 왕림하다

❹ 匆忙 •   • ㉣ xiāoshòu •   • ⓓ 어쩐지, 과연

3 빈칸에 들어갈 알맞은 단어를 고르세요.

> A 种类   B 光盘   C 随身   D 吃亏   E 押金

❶ _____ 将会退到您的银行卡里。

❷ 地下商场的商品_____多样。

❸ 这种_____的生意，一定没人做。

❹ 这款产品小，可以_____携带。

DAY 01
DAY 02
DAY 03
DAY 04
DAY 05
DAY 06
DAY 07
DAY 08
DAY 09
DAY 10
DAY 11
DAY 12
DAY 13
DAY 14
DAY 15

도전!
HSK 5급 **듣기** 제1부분

4 녹음을 듣고 알맞은 답을 고르세요.

❶ A 篮球　　　　　　　B 文具

　 C 玩具　　　　　　　D 小汽车

❷ A 打折　　　　　　　B 开发票

　 C 找零钱　　　　　　D 换菜单

도전!
HSK 5급 **독해** 제1부분

5 빈칸에 들어갈 알맞은 단어를 고르세요.

很多人在购买商品时，往往会选择性价比高的来买。所谓性价比，是指一个商品不但非常____❶____，而且它的价格跟其他相似的商品比起来____❷____便宜。对于看重性价比的人来说，____❸____真的需要，否则他们不会买特别贵的东西。

❶ A 实用　　　B 初级　　　C 传统　　　D 详细

❷ A 万一　　　B 顺便　　　C 强烈　　　D 相对

❸ A 不然　　　B 如果　　　C 除非　　　D 此外

정답 및 해석 ⇨ 541쪽

DAY 05

Track09

오늘의 패션왕은 나야 나!

_패션, 의류

HSK 5급에 이런 내용이 나온다!

의류와 액세서리의 명칭, 의류의 재료, 품질 상태, 착용 후 효과 등은 듣기 영역의 빈출 내용이고, 쓰기 99번 문제에는 项链(xiàngliàn 목걸이), 戒指(jièzhi 반지), 耳环(ěrhuán 귀걸이) 같은 액세서리 명칭이 자주 제시됩니다.

한눈에 파악하는 단어

패션

名牌 míngpái 명품
戒指 jièzhi 반지
耳环 ěrhuán 귀걸이
项链 xiàngliàn 목걸이
服装 fúzhuāng 의류, 의상
牛仔裤 niúzǎikù 청바지

착용 후 효과

鲜艳 xiānyàn 화려하다
时尚 shíshàng 유행
时髦 shímáo 유행이다
成熟 chéngshú 성숙하다
丑 chǒu 추하다
显得年轻 xiǎnde niánqīng 젊어 보이다

0176

□
□

服装*
fúzhuāng

명 의류, 의상, 복장

一个人的服装会反映出他的性格。
Yí ge rén de fúzhuāng huì fǎnyìng chū tā de xìnggé.
한 사람의 복장은 그의 성격을 반영한다.

+ 反映 fǎnyìng 통 반영하다 | 性格 xìnggé 명 성격

0177

□
□

名牌
míngpái

명 유명 상표, 명품

名牌效应其实也有负面影响。[반출]
Míngpái xiàoyìng qíshí yě yǒu fùmiàn yǐngxiǎng.
명품 효과도 사실은 부정적인 영향이 있다.

+ 效应 xiàoyìng 명 효과 | 负面 fùmiàn 명 부정적인 면

0178

□
□

牛仔裤
niúzǎikù

명 청바지

这条牛仔裤质量很不错。
Zhè tiáo niúzǎikù zhìliàng hěn búcuò.
이 청바지는 질이 매우 좋다.

+ 质量 zhìliàng 명 품질

맛있는 단어 TIP   양사 条의 쓰임

양사 条는 동물, 항목, 가늘고 긴 것을 세는 데에 쓰인다.

- 一条河 yì tiáo hé 한 줄기 강
- 一条街 yì tiáo jiē 한 거리
- 一条毛巾 yì tiáo máojīn 수건 한 장
- 一条鱼 yì tiáo yú 물고기 한 마리
- 一条狗 yì tiáo gǒu 개 한 마리
- 一条新闻 yì tiáo xīnwén 한 가지 뉴스
- 一条规定 yì tiáo guīdìng 하나의 규정

0179 时髦
shímáo

[유의] 时尚 shíshàng
유행, 유행이다
5급 ⋯→ p.72

형 유행이다, 현대적이다

衬衫配牛仔裤依然很时髦。
Chènshān pèi niúzǎikù yīrán hěn shímáo.
셔츠와 청바지의 조합은 여전히 유행이다.

+ 配 pèi 图 조합하다 | 牛仔裤 niúzǎikù 圆 청바지 |
依然 yīrán 图 여전히

0180 时尚**
shíshàng

[유의] 时髦 shímáo
유행이다
5급 ⋯→ p.72

명 유행

每个人都有一颗追求时尚的心。
Měi ge rén dōu yǒu yì kē zhuīqiú shíshàng de xīn.
모든 사람에게는 유행을 추구하는 마음이 있다.

+ 颗 kē 图 알, 덩이[둥글고 작은 알맹이를 세는 단위] |
追求 zhuīqiú 图 추구하다

형 유행이다, 트렌디하다

这个袋子的设计简单而时尚。[빈출]
Zhège dàizi de shèjì jiǎndān ér shíshàng.
이 주머니의 디자인은 심플하면서 트렌디하다.

+ 袋子 dàizi 圆 봉투, 주머니 | 设计 shèjì 圆 디자인

0181 项链*
xiàngliàn

명 목걸이

那个女演员戴的项链闪闪发光。
Nàge nǚ yǎnyuán dài de xiàngliàn shǎnshǎn fāguāng.
그 여배우가 착용한 목걸이가 반짝반짝 빛난다.

+ 演员 yǎnyuán 圆 배우 | 戴 dài 图 (장신구 등을) 착용하다 |
闪 shǎn 图 반짝이다 | 发光 fāguāng 图 빛나다

0182 戒指
jièzhi

명 반지

这是结婚时妈妈送给我的戒指。[빈출]
Zhè shì jiéhūn shí māma sòng gěi wǒ de jièzhi.
이것은 결혼할 때 엄마가 나에게 준 반지이다.

0183 耳环
ěrhuán

명 귀걸이

这款耳环很适合你的发型。
Zhè kuǎn ěrhuán hěn shìhé nǐ de fàxíng.
이 귀걸이는 너의 헤어스타일에 잘 어울린다.

+ 款 kuǎn 영 양식이나 종류를 세는 단위 |
适合 shìhé 통 ~에 어울리다 | 发型 fàxíng 명 헤어스타일

0184 布
bù

명 천, 베

老北京布鞋销往全国各地。
Lǎo Běijīng bùxié xiāo wǎng quánguó gèdì.
라오 베이징의 헝겊신은 전국 각지로 판매된다.

+ 布鞋 bùxié 명 헝겊신 | 销 xiāo 통 판매하다 |
全国 quánguó 명 전국 | 各地 gèdì 명 각지

0185 鲜艳 ★★★
xiānyàn

형 (색이) 선명하고 아름답다, 화려하다

这件衣服颜色太鲜艳，不适合我。
Zhè jiàn yīfu yánsè tài xiānyàn, bú shìhé wǒ.
이 옷은 색깔이 너무 화려해서, 나에게 어울리지 않는다.

+ 适合 shìhé 통 ~에 어울리다

0186 休闲
xiūxián

동 한가롭게 보내다

周末，很多人来这里休闲。
Zhōumò, hěn duō rén lái zhèlǐ xiūxián.
주말에 많은 사람이 여기에 와서 한가롭게 시간을 보낸다.

독해 출제 포인트

休闲는 독해 영역에 자주 출제되는 단어이다. 休闲服(xiūxiánfú 캐주얼복, 평상복), 休闲娱乐(xiūxián yúlè 휴식하고 즐기다), 休闲度假(xiūxián dùjià 휴양과 레저), 休闲活动(xiūxián huódòng 레저 활동) 등의 빈출 표현을 통해 休闲의 뜻을 파악하자.

DAY 01
DAY 02
DAY 03
DAY 04
DAY 05
DAY 06
DAY 07
DAY 08
DAY 09
DAY 10
DAY 11
DAY 12
DAY 13
DAY 14
DAY 15

0187 模特
mótè

명 모델

模特不管穿什么，都好看。
Mótè bùguǎn chuān shénme, dōu hǎokàn.
모델은 무엇을 입든 다 예쁘다.

> **듣기 출제 포인트**
>
> 不管…什么，都… 구문은 '~무엇이든 다 ~하다'라는 뜻으로 듣기
> 대화문에 자주 나오니 반드시 익혀 두자.
>
> • 不管你说什么，我都不会听。
>   네가 뭐라고 하든 나는 다 듣지 않을 것이다.
>
> • 不管是什么天气，都得出发。 어떤 날씨든 출발해야 한다.

0188 样式
yàngshì

명 모양, 양식, 스타일

价钱还可以，就是样式太普通。
Jiàqián hái kěyǐ, jiùshì yàngshì tài pǔtōng.
가격은 그런대로 괜찮지만, 모양이 너무 평범하다.

+ 价钱 jiàqián **명** 가격 | 普通 pǔtōng **형** 보통이다, 평범하다

0189 光滑*
guānghuá

반의 粗糙 cūcāo
까칠까칠하다,
거칠다
5급 … p.74

형 반들반들하다, 매끄럽다

这种布料摸起来很光滑。 **반출**
Zhè zhǒng bùliào mō qǐlai hěn guānghuá.
이런 옷감은 만져보면 매우 매끄럽다.

+ 布料 bùliào **명** 천, 옷감 |
摸 mō **동** (손으로) 짚어 보다, 어루만지다

0190 粗糙*
cūcāo

반의 光滑 guānghuá
반들반들하다,
매끄럽다
5급 … p.74

형 까칠까칠하다, 거칠다, 조잡하다

样式很好看，就是做工有点儿粗糙。
Yàngshì hěn hǎokàn, jiùshì zuògōng yǒudiǎnr cūcāo.
모양은 예쁘지만, 가공 기술이 다소 조잡하다.

+ 样式 yàngshì **명** 모양, 스타일 | 做工 zuògōng **명** 가공 기술

패션
의류

DAY
01

DAY
02

DAY
03

DAY
04

**DAY
05**

DAY
06

DAY
07

DAY
08

DAY
09

DAY
10

DAY
11

DAY
12

DAY
13

DAY
14

DAY
15

빈출 호응 표현 독해 제1부분

- 粗糙的双手 cūcāo de shuāngshǒu 거친 두 손
- 粗糙的皮肤 cūcāo de pífū 거친 피부
- 粗糙的表面 cūcāo de biǎomiàn 거친 표면

0191 丝绸*
sīchóu

명 비단, 실크

这双手套是用丝绸做的. 빈출
Zhè shuāng shǒutào shì yòng sīchóu zuò de.
이 장갑은 실크로 만든 것이다.

+ 双 shuāng 양 쌍[짝을 이루는 물건을 세는 단위] |
手套 shǒutào 명 장갑

0192 围巾
wéijīn

명 목도리

外面特别冷, 记得戴围巾.
Wàimiàn tèbié lěng, jìde dài wéijīn.
밖이 매우 추우니, 목도리 두르는 거 잊지 마라.

+ 戴 dài 동 (장신구 등을) 착용하다

0193 灰**
huī

유의 灰尘 huīchén
먼지
5급 ··· p.13

명 먼지

你皮鞋上都是灰, 怎么不擦一擦?
Nǐ píxié shang dōu shì huī, zěnme bù cā yi cā?
네 구두 위가 온통 먼지인데, 어째서 닦지 않는 거야?

+ 擦 cā 동 닦다

형 회색의, 잿빛의

这个季节空气不好, 天空都是灰色的.
Zhège jìjié kōngqì bù hǎo, tiānkōng dōu shì huīsè de.
이 계절은 공기가 좋지 않아서, 하늘이 온통 회색이다.

+ 天空 tiānkōng 명 하늘

0194

不如***

bùrú

접 ~하는 편이 낫다

与其总在家呆着，不如去郊区玩儿。
Yǔqí zǒng zài jiā dāizhe, bùrú qù jiāoqū wánr.
항상 집에만 있기 보다는, 교외로 놀러 가는 편이 낫다.

+ 与其 yǔqí 접 ~하기보다는 | 呆着 dāizhe 동 (어떤 곳에) 있다 |
郊区 jiāoqū 명 교외

동 ~만 못하다

你的新裙子不如之前的。 빈출
Nǐ de xīn qúnzi bùrú zhīqián de.
너의 새 치마는 이전 것만 못하다.

+ 之前 zhīqián 명 ~이전

🚩 **쓰기 출제 포인트**

A不如B 형식은 쓰기 제1부분에 자주 출제된다. 不如는 동사로 쓰일
때 직접 술어로도 쓰이지만, 다른 술어와 같이 쓰이기도 한다.

• 今天天气不如昨天。 오늘 날씨는 어제만 못하다.
　　　　　　술어
• 这本书不如那本便宜。 이 책은 저 책만큼 저렴하지 않다.
　　　　술어1　　　술어2

0195

丑

chǒu

반의 美丽 měilì
아름답다
4급

형 추하다, 못생기다

美和丑的定义非常主观。
Měi hé chǒu de dìngyì fēicháng zhǔguān.
아름다움과 추함의 정의는 매우 주관적이다.

+ 美 měi 형 아름답다 | 定义 dìngyì 명 정의 |
主观 zhǔguān 형 주관적이다

0196

年纪**

niánjì

명 나이

奶奶年纪大了，不喜欢穿红色的了。
Nǎinai niánjì dà le, bù xǐhuan chuān hóngsè de le.
할머니는 나이가 들자, 빨간색 입는 것이 싫어졌다.

0197 女士
☐ ☐
nǚshì

명 여사, 숙녀

女士您好，您要怎么烫发？
Nǚshì nín hǎo, nín yào zěnme tàngfà?
여사님 안녕하세요, 어떻게 파마해 드릴까요?

+ 烫发 tàngfà 동 머리를 파마하다

0198 浅*
☐ ☐
qiǎn

반의 深 shēn
진하다, 깊다
4급

형 (색깔이) 연하다, 얕다, 평이하다

穿浅颜色的衣服更凉快。 빈출
Chuān qiǎn yánsè de yīfu gèng liángkuai.
옅은 색깔의 옷을 입는 것이 더욱 시원하다.

+ 凉快 liángkuai 형 시원하다

빈출 호응 표현 독해 제1부분 ▷

• 水很浅 shuǐ hěn qiǎn 물이 얕다
• 感情浅 gǎnqíng qiǎn 감정이 얕다
• 内容浅 nèiróng qiǎn 내용이 평이하다

0199 设计***
☐ ☐
shèjì

동 설계하다, 디자인하다

这种运动服是专门为学生设计的。 빈출
Zhè zhǒng yùndòngfú shì zhuānmén wèi xuésheng
shèjì de.
이 운동복은 특별히 학생들을 위해 디자인한 것이다.

+ 专门 zhuānmén 부 특별히

명 설계, 디자인

这款手机在设计上做了很大改进。
Zhè kuǎn shǒujī zài shèjì shang zuòle hěn dà gǎijìn.
이 휴대폰은 디자인에 있어서 많은 개선을 했다.

+ 款 kuǎn 양 양식이나 종류를 세는 단위 |
改进 gǎijìn 동 개선하다, 개량하다

DAY
01
DAY
02
DAY
03
DAY
04
DAY
05
DAY
06
DAY
07
DAY
08
DAY
09
DAY
10
DAY
11
DAY
12
DAY
13
DAY
14
DAY
15

0200 的确 ★★
díquè

유의 确实 quèshí
확실히, 정말로
4급

부 확실히, 분명히

艺术班学生的打扮的确很时尚。
Yìshùbān xuésheng de dǎban díquè hěn shíshàng.
예술반 학생들의 차림새는 확실히 매우 트렌디하다.

+艺术 yìshù 명 예술 | 打扮 dǎban 명 차림(새) |
时尚 shíshàng 형 유행이다, 트렌디하다

맛있는 단어 TIP   다음자 的

흔히 쓰이는 的의 발음은 4가지이다. 다음 표현의 발음과 뜻에 유의
하자.

• [de] 美丽的世界 měilì de shìjiè 아름다운 세상
• [dī] 的士 dīshì 택시 / 打的 dǎdī 택시를 타다
• [dí] 的确 díquè 확실히
• [dì] 目的 mùdì 목적

0201 反而 ★★
fǎn'ér

유의 反倒 fǎndào
오히려, 도리어

부 오히려, 도리어

现在简单低调的服饰反而更受欢迎。
Xiànzài jiǎndān dīdiào de fúshì fǎn'ér gèng shòu huānyíng.
현재는 심플하고 튀지 않는 의상이 오히려 더 인기 있다.

+低调 dīdiào 형 튀지 않다 | 服饰 fúshì 명 의복과 장신구

0202 背
bēi

동 (등에) 업다, 메다

她身上背着一个包，手里提着一个包。
Tā shēnshang bēizhe yí ge bāo, shǒuli tízhe yí ge bāo.
그녀는 몸에 가방 하나를 메고, 손에 가방 하나를 들고 있다.

+提 tí 동 들다

패션
의류

DAY
01

DAY
02

DAY
03

DAY
04

**DAY
05**

DAY
06

DAY
07

DAY
08

DAY
09

DAY
10

DAY
11

DAY
12

DAY
13

DAY
14

DAY
15

맛있는 단어 **TIP**   다음자 背

背는 발음이 두 개인데 1성(bēi)으로 발음할 때는 '메다'라는 뜻이고,
4성(bèi)으로 발음할 때는 동사 '외우다'와 명사 '등'의 의미를 갖는다.

- [bēi] 背书包 bēi shūbāo 책가방을 메다
- [bèi] 背单词 bèi dāncí 단어를 외우다
       后背 hòubèi (신체 부위의) 등

0203
☐
☐
顶
dǐng

양 개, 채[꼭대기가 있는 물건을 세는 양사]

您戴上这顶帽子显得很年轻。
Nín dàishàng zhè dǐng màozi xiǎnde hěn niánqīng.
당신은 이 모자를 쓰면 매우 젊어 보여요.

+ 戴 dài 동 (장신구 등을) 착용하다 | 显得 xiǎnde 동 ~하게 보이다

명 꼭대기, 최고점

不到三个小时就爬到了山顶。
Bú dào sān ge xiǎoshí jiù pádàole shāndǐng.
세 시간도 되지 않아 산 정상에 올라갔다.

+ 爬 pá 동 기어오르다 | 山顶 shāndǐng 명 산 정상, 산꼭대기

동 무릅쓰다

他顶着大雨跑回了家。
Tā dǐngzhe dàyǔ pǎohuíle jiā.
그는 큰비를 무릅쓰고 집에 뛰어갔다.

0204
☐
☐
风格***
fēnggé

명 풍격, 스타일

这两件衣服的风格差别很大。
Zhè liǎng jiàn yīfu de fēnggé chābié hěn dà.
이 두 벌의 옷은 스타일의 차이가 매우 크다.

+ 差别 chābié 명 차이

0205 银 yín

참고 黄金 huángjīn
황금
5급 ··· p.343
铜 tóng 동, 구리
6급

명 은

这条银色的项链设计得很独特。 (반의)
Zhè tiáo yínsè de xiàngliàn shèjì de hěn dútè.
이 은색 목걸이는 디자인이 매우 독특하다.

+项链 xiàngliàn 명 목걸이 | 设计 shèjì 동 디자인하다 |
独特 dútè 형 독특하다

0206 特殊* tèshū

형 특수하다, 특별하다

这件大衣是用一种特殊的材料制造的。
Zhè jiàn dàyī shì yòng yì zhǒng tèshū de cáiliào zhìzào de.
이 외투는 특별한 재료로 만든 것이다.

+大衣 dàyī 명 외투 | 材料 cáiliào 명 재료 |
制造 zhìzào 동 만들다

0207 实话 shíhuà

반의 谎话 huǎnghuà
거짓말

명 진실, 사실, 솔직한 말

说实话，这种颜色的头发不适合你。
Shuō shíhuà, zhè zhǒng yánsè de tóufa bú shìhé nǐ.
솔직히 말해서, 이런 색깔의 머리카락은 너와 어울리지 않아.

+适合 shìhé 동 ~에 어울리다

0208 成熟** chéngshú

반의 幼稚 yòuzhì
미숙하다, 유치하다
6급

형 성숙하다

姐姐平时穿的衣服都很成熟。
Jiějie píngshí chuān de yīfu dōu hěn chéngshú.
언니가 평소에 입는 옷은 모두 매우 성숙하다.

+平时 píngshí 명 평소

동 (열매나 씨가) 익다, 여물다

果园里的苹果成熟了。
Guǒyuán li de píngguǒ chéngshú le.
과수원의 사과가 익었다.

+果园 guǒyuán 명 과수원

패션
의류

DAY
01

DAY
02

DAY
03

DAY
04

DAY
05

DAY
06

DAY
07

DAY
08

DAY
09

DAY
10

DAY
11

DAY
12

DAY
13

DAY
14

DAY
15

빈출 | 호응 표현 독해 제1부분 ▶

- 条件成熟 tiáojiàn chéngshú 조건이 성숙되다
- 技术成熟 jìshù chéngshú 기술이 숙련되다
- 思想成熟 sīxiǎng chéngshú 생각이 성숙하다

0209
☐
☐
格外**
géwài

🔲 유달리, 각별히

柜台上的耳环格外吸引人。
Guìtái shang de ěrhuán géwài xīyǐn rén.
카운터 위의 귀걸이가 유달리 사람을 매료시킨다.

+ 柜台 guìtái 몡 카운터 | 耳环 ěrhuán 몡 귀걸이 |
吸引 xīyǐn 동 매료시키다

0210
☐
☐
甩
shuǎi

🔲 휘두르다, 뿌리치다, 떼어 놓다

他甩头发的动作真帅气!
Tā shuǎi tóufa de dòngzuò zhēn shuàiqì!
그가 머리카락을 휘날리는 모습은 정말 멋지다.

+ 动作 dòngzuò 몡 동작 | 帅气 shuàiqì 혱 멋지다

🎯 듣기 출제 포인트

甩는 '휘두르다'라는 뜻으로 자주 쓰이지만, 甩卖(shuǎimài 바겐세일하다, 헐값으로 팔다)와 被女朋友甩了(bèi nǚpéngyou shuǎi le 여자친구에게 차였다)라는 표현도 듣기 대화문에 종종 언급되니 그 뜻을 알아 두자.

0211
☐
☐
睁
zhēng

🔲 (눈을) 뜨다

观众们都睁大双眼欣赏时装表演。
Guānzhòngmen dōu zhēngdà shuāngyǎn xīnshǎng shízhuāng biǎoyǎn.
관중들은 모두 두 눈을 크게 뜨고 패션쇼를 감상한다.

+ 观众 guānzhòng 몡 관중 | 双眼 shuāngyǎn 두 눈 |
欣赏 xīnshǎng 동 감상하다 | 时装 shízhuāng 몡 유행 의상 |
表演 biǎoyǎn 몡 공연

0212

□
□

果然
guǒrán

🔳 과연, 아니나 다를까

> 我穿上这件衣服的效果果然不如模特。
> Wǒ chuānshàng zhè jiàn yīfu de xiàoguǒ guǒrán bùrú mótè.
> 내가 이 옷을 입으니 아니나 다를까 효과가 모델만 못하다.

+ 效果 xiàoguǒ 몡 효과 | 不如 bùrú 통 ~만 못하다 |
模特 mótè 몡 모델

0213

□
□

递
dì

🔳 전해 주다, 건네다

> 能把那款戒指递给我看一下吗?
> Néng bǎ nà kuǎn jièzhi dì gěi wǒ kàn yíxià ma?
> 그 반지 좀 제게 보여 주실 수 있어요?

+ 款 kuǎn 얭 양식이나 종류를 세는 단위 | 戒指 jièzhi 몡 반지

0214

□
□

怪不得*
guàibude

유의 难怪 nánguài
어쩐지, 과연
5급 … p.64

🔳 어쩐지, 과연

> 怪不得这么贵, 原来是纯金的。
> Guàibude zhème guì, yuánlái shì chúnjīn de.
> 어쩐지 이렇게 비싸더라니, 알고 보니 순금이었다.

+ 原来 yuánlái 뷔 원래, 알고 보니 | 纯金 chúnjīn 몡 순금

0215

□
□

宁可**
nìngkě

🔳 차라리 ~할지언정

> 她宁可饿一天, 也要瘦下来。
> Tā nìngkě è yì tiān, yě yào shòu xiàlai.
> 그녀는 하루를 굶더라도, 살을 빼야 한다.

듣기 출제 포인트

접속사 宁可 뒷절에는 항상 也要나 也不가 호응하여 쓰인다. 也要
나 也不 바로 뒤에 이어지는 내용이 화자가 강조하려는 부분이므로
화자의 태도나 뜻을 파악할 수 있는 핵심 내용이기 때문에 유의해서
들어야 한다.

패션
의류

DAY
01

DAY
02

DAY
03

DAY
04

DAY
05

DAY
06

DAY
07

DAY
08

DAY
09

DAY
10

DAY
11

DAY
12

DAY
13

DAY
14

DAY
15

0216
非★★
fēi

접두 ~이 아니다[명사나 명사성 단어 앞에 쓰여 어떠한 범위에
속하지 않음을 나타냄]

姐姐非名牌衣服不穿。
Jiějie fēi míngpái yīfu bù chuān.
언니는 명품이 아닌 옷은 입지 않는다.

╋名牌 míngpái 몡 명품

0217
何必
hébì

부 구태여 ~할 필요가 있는가, ~할 필요가 없다

都是老朋友，何必那么精心打扮呢？
Dōu shì lǎo péngyou, hébì nàme jīngxīn dǎban ne?
모두 오랜 친구인데, 구태여 그렇게 정성 들여 단장할 필요가 있을까?

╋精心 jīngxīn 톙 정성 들이다 |
打扮 dǎban 됭 단장하다

加把劲儿!

1 빈칸을 채우세요.

光滑	❶	반들반들하다, 매끄럽다
❷	qiǎn	연하다, 얕다, 평이하다
❸	shèjì	설계하다, 디자인하다
的确	❹	확실히, 분명히
成熟	chéngshú	❺

2 단어의 병음과 뜻을 알맞게 연결하세요.

❶ 反而 •   • ㉠ fǎn'ér •   • ⓐ 오히려, 도리어

❷ 风格 •   • ㉡ tèshū •   • ⓑ 풍격, 스타일

❸ 特殊 •   • ㉢ fēnggé •   • ⓒ 구태여 ~할 필요가 있는가

❹ 何必 •   • ㉣ hébì •   • ⓓ 특수하다, 특별하다

3 빈칸에 들어갈 알맞은 단어를 고르세요.

A 服装   B 宁可   C 丝绸   D 灰   E 顶

❶ 她_____饿一天，也要瘦下来。

❷ 这双手套是用_____做的。

❸ 一个人的_____会反映出他的性格。

❹ 你皮鞋上都是_____，怎么不擦一擦？

패션
의류

DAY
01

DAY
02

DAY
03

DAY
04

**DAY
05**

DAY
06

DAY
07

DAY
08

DAY
09

DAY
10

DAY
11

DAY
12

DAY
13

DAY
14

DAY
15

 **듣기** 제1부분

4 녹음을 듣고 알맞은 답을 고르세요.

❶ A 买戒指   B 办会员卡

   C 用积分换   D 买同品牌项链

❷ A 不时尚   B 适合女的

   C 做工粗糙   D 样式简单

 쓰기 제1부분

5 제시된 어휘로 어순에 맞게 문장을 완성하세요.

❶ 以前的   新发型   不如   好看

_____

❷ 颜色   裙子的   这条   鲜艳   很

_____

❸ 人们   那里是   好地方   休闲的

_____

❹ 美   西湖   风景   格外   的

_____

☑ 정답 및 해석 ➡ 542쪽

듣기&독해 꼭 알아야 할 빈출 단어 ①

급수 외

□□ 01	外卖 wàimài	배달 음식	□□ 13	赠送 zèngsòng	증정하다
□□ 02	团购 tuángòu	공동 구매를 하다	□□ 14	网店 wǎngdiàn	온라인 쇼핑몰
□□ 03	快递 kuàidì	택배	□□ 15	网购 wǎnggòu	인터넷 쇼핑을 하다
□□ 04	付款 fùkuǎn	돈을 지불하다	□□ 16	积分 jīfēn	마일리지, 포인트
□□ 05	转账 zhuǎnzhàng	계좌 이체하다	□□ 17	品牌 pǐnpái	상표, 브랜드
□□ 06	红包 hóngbāo	세뱃돈, 보너스	□□ 18	中奖 zhòngjiǎng	(복권 따위에) 당첨되다
□□ 07	开业 kāiyè	개업하다	□□ 19	彩票 cǎipiào	복권
□□ 08	优惠券 yōuhuìquàn	쿠폰, 할인권	□□ 20	性价比 xìngjiàbǐ	가격 대비 성능, 가성비
□□ 09	淘宝 táobǎo	타오바오 [중국 최대 오픈마켓]	□□ 21	免税店 miǎnshuìdiàn	면세점
□□ 10	支付宝 zhīfùbǎo	알리페이 [복합 결제 앱]	□□ 22	退税 tuìshuì	세금을 환급하다
□□ 11	硬币 yìngbì	동전, 금속 화폐	□□ 23	潮流 cháoliú	조류, 시대의 추세
□□ 12	纸币 zhǐbì	지폐, 종이 화폐	□□ 24	时装秀 shízhuāngxiù	패션쇼

25	高跟鞋 gāogēnxié	하이힐	38	手艺 [빈출] shǒuyì	손재주, 솜씨
26	拖鞋 tuōxié	슬리퍼	39	厨艺 [빈출] chúyì	요리 솜씨
27	口袋 kǒudài	주머니	40	夜宵 yèxiāo	야식
28	腰带 yāodài	허리띠	41	包间 bāojiān	(호텔, 음식점의) 룸, 별실
29	衣柜 yīguì	옷장	42	珍珠奶茶 zhēnzhū nǎichá	버블티
30	枕头 zhěntou	베개	43	蛋白质 [빈출] dànbáizhì	단백질
31	配眼镜 pèi yǎnjìng	안경을 맞추다	44	变质 biànzhì	변질하다
32	年糕 niángāo	(중국식) 설떡	45	玫瑰花 méiguīhuā	장미
33	酒精 jiǔjīng	알코올	46	伴侣 bànlǚ	반려자, 동반자, 짝
34	月饼 [빈출] yuèbǐng	월병 [중국 추석 음식]	47	求婚 [빈출] qiúhūn	청혼하다
35	粽子 zòngzi	쫑쯔 [중국 단오 음식]	48	双胞胎 shuāngbāotāi	쌍둥이
36	美食 měishí	맛있는 음식	49	小区 [빈출] xiǎoqū	주택 단지, 주거 지역
37	口感 kǒugǎn	입맛	50	充电宝 chōngdiànbǎo	보조배터리

쓰기 제1부분
꼭 알아야 할 빈출 구문 ①

1 把…放在 bǎ…fàng zài ~을 ~에 두다(놓다)

我把钥匙放在抽屉里了。 나는 열쇠를 서랍 속에 두었다.
请把包裹放在门口。 소포를 문 앞에 놓아 주세요.

+抽屉 chōuti 몡 서랍 | 包裹 bāoguǒ 몡 소포

2 被称为… bèi chēngwéi… ~라고 불리다

狮子被称为草原之王。 사자는 초원의 왕으로 불린다.
这里被称为最美图书馆。 이곳은 가장 아름다운 도서관이라고 불린다.

+狮子 shīzi 몡 사자 | 草原 cǎoyuán 몡 초원

3 请代我… Qǐng dài wǒ… 저를 대신해 ~해 주세요

请代我问候家里的长辈。 저를 대신해 집안 어른께 안부를 전해 주세요. 빈출
请代我向你的家人问好。 저를 대신해 당신 가족에게 안부를 전해 주세요.

+问候 wènhòu 동 안부를 묻다 |
长辈 zhǎngbèi 몡 손윗사람, 연장자

4 …之间要… …zhījiān yào… ~사이에는 ~해야 한다

夫妻之间要彼此尊重。 부부 사이에는 서로 존중해야 한다.
家人之间要互相理解。 가족 사이에는 서로 이해해야 한다.

+彼此 bǐcǐ 때 피차, 서로

5 …差别很大 …chābié hěn dà ~차이가 매우 크다

这两件衣服的风格差别很大。 이 두 벌의 옷은 스타일의 차이가 매우 크다. 빈출
他们兄弟俩的性格差别很大。 그들 형제 두 사람의 성격은 차이가 매우 크다.

+风格 fēnggé 몡 스타일 |
兄弟 xiōngdì 몡 형제

쓰기 제2부분
자주 나오는 주제 이사

Track13

☑ **99번 문제** 빈출 단어

- **公寓** gōngyù 몡 아파트
- **面积** miànjī 몡 면적
- **创造** chuàngzào 툉 창조하다, 만들다
- **共同** gòngtóng 閅 함께

- **贷款** dàikuǎn 툉 대출하다
- **装修** zhuāngxiū 툉 인테리어 하다
- **美好** měihǎo 혱 아름답다

☑ **100번 문제** 빈출 사진

활용 단어

搬家具 bān jiājù 가구를 옮기다
抬家具 tái jiājù 가구를 들다

활용 단어

安装灯 ānzhuāng dēng
전구를 설치하다
换灯泡 huàn dēngpào
전구를 바꾸다

활용 단어

打扫卫生 dǎsǎo wèishēng
청소하다

☑ **참고 답안** *시험에서 '이사' 주제 관련 문제가 나오면 아래 문장을 활용하세요.

		我	贷	款	买	了	一	套	公	寓	。	新	家	虽	然
面	积	不	大	,	但	是	我	们	希	望	把	它	装	修	得
漂	漂	亮	亮	的	。	我	跟	爱	人	一	起	搬	家	具	、
安	装	灯	、	打	扫	卫	生	,	忙	了	很	长	时	间	。
我	们	以	后	会	共	同	努	力	,	创	造	美	好	的	新
生	活	。													

　　나는 대출을 받아 아파트를 한 채 샀다. 새 집은 비록 면적이 크지 않지만, 우리는 집을 예쁘게 인테리어 하고 싶다. 나와 아내는 함께 가구를 옮기고, 전구를 설치하고, 청소를 하느라 오랜 시간 바빴다. 우리는 앞으로 아름다운 새 삶을 만들기 위해 함께 노력할 것이다.

89

DAY 06

Track14

올해 목표는 운전면허증
_교통

HSK 5급에 이런 내용이 나온다!

교통 관련 주제에서는 교통수단 이용하기, 교통 상황, 교통 규칙, 교통 사고 처리, 운전 시 주의 사항 등의 내용이 자주 출제됩니다. 빈출 단어로는 车厢(chēxiāng 열차 등의 객실), 驾驶(jiàshǐ 운전하다), 拥挤(yōngjǐ 혼잡하다), 执照(zhízhào 면허증) 등이 있습니다.

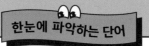
한눈에 파악하는 단어

왕초보 운전자는 필독! 🖊

YES!	NO!
携带驾驶执照 xiédài jiàshǐ zhízhào 운전면허증을 휴대하다	**疲劳驾驶** píláo jiàshǐ 졸음 운전
买汽车保险 mǎi qìchē bǎoxiǎn 자동차 보험에 가입하다	**闯红灯** chuǎng hóngdēng 신호 위반
遵守交通规则 zūnshǒu jiāotōng guīzé 교통 규칙을 준수하다	**超速行驶** chāosù xíngshǐ 과속 운전

0218 车厢
chēxiāng

명 (열차 등의) 객실, 화물칸

餐车在8号车厢。
Cānchē zài bā hào chēxiāng.
식당칸은 8호 객실에 있습니다.

+ 餐车 cānchē 명 (열차의) 식당칸

듣기 **출제 포인트**

듣기 대화문에서는 车厢 관련 내용이 나오고 '대화가 어디에서 발생했
는가(对话可能发生在哪儿?)'를 묻는 문제가 종종 출제된다. 车厢
을 들으면 火车나 地铁가 정답이 될 가능성이 높다.

0219 列车
lièchē

명 열차

列车即将到达北京站。
Lièchē jíjiāng dàodá Běijīngzhàn.
열차가 곧 베이징역에 도착합니다.

+ 即将 jíjiāng 부 곧 | 到达 dàodá 동 도착하다

0220 罚款**
fákuǎn

명 벌금, 과태료

他向警察交了200元罚款。
Tā xiàng jǐngchá jiāole liǎngbǎi yuán fákuǎn.
그는 경찰에게 200위안의 벌금을 냈다.

+ 警察 jǐngchá 명 경찰(관) | 交 jiāo 동 내다

동 벌금을 부과하다

乱扔垃圾会被罚款。
Luàn rēng lājī huì bèi fákuǎn.
쓰레기를 함부로 버리면 벌금이 부과된다.

+ 乱 luàn 부 함부로 | 扔 rēng 동 버리다 |
垃圾 lājī 명 쓰레기

DAY 01
DAY 02
DAY 03
DAY 04
DAY 05
DAY 06
DAY 07
DAY 08
DAY 09
DAY 10
DAY 11
DAY 12
DAY 13
DAY 14
DAY 15

0221 驾驶***
jiàshǐ

[동] 운전하다, 조종하다

副驾驶员要时刻注意周围情况。 [빈출]
Fùjiàshǐyuán yào shíkè zhùyì zhōuwéi qíngkuàng.
부조종사는 시시각각 주위 상황에 주의해야 한다.

+ 副驾驶员 fùjiàshǐyuán 부조종사 | 时刻 shíkè [부] 시시각각 |
  周围 zhōuwéi [명] 주위 | 情况 qíngkuàng [명] 상황

0222 滑*
huá

[형] 미끄럽다

路上很滑，你开车时要小心。
Lùshang hěn huá, nǐ kāichē shí yào xiǎoxīn.
길이 미끄러우니, 너는 운전할 때 조심해야 한다.

[동] 미끄러지다, 활강하다

他滑雪时不小心摔倒了。 [빈출]
Tā huáxuě shí bù xiǎoxīn shuāidǎo le.
그는 스키를 타다가 부주의해서 넘어졌다.

+ 滑雪 huáxuě [동] 스키를 타다 |
  摔倒 shuāidǎo [동] 넘어지다

쓰기 출제 포인트

쓰기 제2부분에는 滑와 관련된 작문 문제가 자주 출제된다. 小心地
滑(xiǎoxīn dì huá 미끄러움 주의) 표지판이 나오는 사진이나 스키를
타는(滑雪) 사진이 출제되니 활용할 수 있는 문장을 익혀 두자.

• 地上结了一层冰，非常滑。
  바닥에 얼음이 한 층 얼어서, 굉장히 미끄럽다.

• 去滑雪时，一定要注意安全。
  스키를 타러 갈 때, 반드시 안전에 주의해야 한다.

+ 结冰 jiébīng [동] 얼음이 얼다 |
  安全 ānquán [형] 안전하다

DAY 01
DAY 02
DAY 03
DAY 04
DAY 05
DAY 06
DAY 07
DAY 08
DAY 09
DAY 10
DAY 11
DAY 12
DAY 13
DAY 14
DAY 15

0223
摩托车
mótuōchē

명 오토바이

弟弟最大的愿望就是能有一辆摩托车。
Dìdi zuì dà de yuànwàng jiù shì néng yǒu yí liàng mótuōchē.
남동생의 가장 큰 소원은 바로 오토바이를 한 대 갖는 것이다.

＋愿望 yuànwàng 몡 소원

0224
卡车
kǎchē

명 트럭

前面那辆卡车装了很多东西。
Qiánmiàn nà liàng kǎchē zhuāngle hěn duō dōngxi.
앞에 저 트럭은 물건을 많이 실었다.

＋装 zhuāng 동 싣다

0225
维修
wéixiū

동 수리하다, 보수하다

路上维修汽车耽误了很长时间。
Lùshang wéixiū qìchē dānwùle hěn cháng shíjiān.
길에서 차를 수리하느라 시간을 많이 지체했다.

＋耽误 dānwu 동 지체하다

빈출 호응 표현 독해 제1부분

• 维修机器 wéixiū jīqì 기계를 수리하다
• 维修电脑 wéixiū diànnǎo 컴퓨터를 수리하다
• 维修设备 wéixiū shèbèi 설비를 보수하다

0226
汽油
qìyóu

명 휘발유, 가솔린

最近汽油又涨价了。
Zuìjìn qìyóu yòu zhǎngjià le.
최근 휘발유 가격이 또 올랐다.

＋涨价 zhǎngjià 동 가격이 오르다

0227
☐
☐

拐弯
guǎiwān

图 방향을 바꾸다, 커브를 돌다

> 请在前边的路口拐弯。[빈출]🔊
> Qǐng zài qiánbian de lùkǒu guǎiwān.
> 앞쪽 길목에서 꺾어 주세요.

+ 路口 lùkǒu 圆 갈림길, 길목

0228
☐
☐

扶*
fú

图 부축하다, 받치다, 짚다

> 奶奶腿脚不太好，我扶她过马路。[빈출]🔊
> Nǎinai tuǐjiǎo bú tài hǎo, wǒ fú tā guò mǎlù.
> 할머니의 다리 힘이 좋지 않아서, 나는 그녀를 부축해서 길을 건넜다.

+ 腿脚 tuǐjiǎo 圆 다리 힘 |
过马路 guò mǎlù 길을 건너다

쓰기 출제 포인트

쓰기 제2부분에 扶를 활용해 작문하는 문제가 자주 출제된다. 나이가 많이 든 분을 부축하여 길을 건너거나, 쓰러진 사람을 부축하는 내용이 시험에 가장 많이 나온다.

• 我把他扶到马路对面。
  나는 그를 부축하여 길 건너편으로 갔다.

• 见他倒在地上，我赶快扶他起来。
  그가 땅에 쓰러진 것을 보고, 나는 재빨리 그를 부축해 일으켜 세웠다.

+ 对面 duìmiàn 圆 맞은편 |
倒 dǎo 图 넘어지다 | 赶快 gǎnkuài 및 재빨리

0229
☐
☐

规则***
guīzé

[유의] 规律 guīlǜ
규율, 법칙
5급 ⋯ p.149
规矩 guīju
법칙, 표준
5급 ⋯ p.278

图 규칙, 규정

> 在路上一定要遵守交通规则。[빈출]🔊
> Zài lùshang yídìng yào zūnshǒu jiāotōng guīzé.
> 길에서는 반드시 교통 규칙을 준수해야 한다.

+ 遵守 zūnshǒu 图 준수하다 |
交通 jiāotōng 圆 교통

0230 保险
bǎoxiǎn

[명] 보험

我买了一份汽车保险。
Wǒ mǎile yí fèn qìchē bǎoxiǎn.
나는 자동차 보험을 하나 들었다.

+ 份 fèn [양] 부, 통[신문, 문건을 세는 단위]

[형] 안전하다, 믿음직스럽다

我看把钱存在银行最保险。
Wǒ kàn bǎ qián cún zài yínháng zuì bǎoxiǎn.
내가 보기에 돈은 은행에 저금하는 것이 가장 안전하다.

+ 存 cún [동] 저금하다

0231 撞★★
zhuàng

[동] 충돌하다, 부딪치다

我不小心撞到了前面的车。
Wǒ bù xiǎoxīn zhuàngdàole qiánmiàn de chē.
나는 부주의해서 앞차에 부딪쳤다.

0232 倒霉
dǎoméi

[형] 운이 없다, 재수 없다

路上堵车，我没赶上火车，真倒霉。
Lùshang dǔchē, wǒ méi gǎnshàng huǒchē, zhēn dǎoméi.
길이 막혀서, 나는 기차를 놓쳤어, 정말 운이 없어.

+ 堵车 dǔchē [동] 차가 막히다 |
赶上 gǎnshàng [동] 따라잡다

0233 到达★★★
dàodá

[참고] 达到 dádào
도달하다
5급 … p.163

[동] 도달하다, 도착하다

航班将于8点到达上海机场。
Hángbān jiāng yú bā diǎn dàodá Shànghǎi jīchǎng.
항공편은 8시에 상하이 공항에 도착할 것이다.

+ 航班 hángbān [명] (배나 비행기의) 운항편, 항공편 |
将 jiāng [부] 장차 ~할 것이다 | 于 yú [개] ~에

DAY
01
DAY
02
DAY
03
DAY
04
DAY
05
DAY
06
DAY
07
DAY
08
DAY
09
DAY
10
DAY
11
DAY
12
DAY
13
DAY
14
DAY
15

0234
避免 ★★
bìmiǎn

동 피하다, 모면하다, (나쁜 상황을) 방지하다

为避免危险，请系好安全带。
Wèi bìmiǎn wēixiǎn, qǐng jìhǎo ānquándài.
위험을 방지하기 위해, 안전벨트를 매 주세요.

+ 危险 wēixiǎn 형 위험하다 | 系 jì 동 매다 |
安全带 ānquándài 명 안전벨트

0235
挡
dǎng

유의 拦 lán
막다, 가로막다
5급 ···› p.96

동 막다, 저지하다

车前面的挡风玻璃脏了。
Chē qiánmiàn de dǎngfēng bōli zāng le.
차 앞의 방풍 유리가 더러워졌다.

+ 玻璃 bōli 명 유리 | 脏 zāng 형 더럽다

0236
拦
lán

유의 挡 dǎng
막다, 저지하다
5급 ···› p.96

동 막다, 저지하다, 가로막다

他因为闯红灯被交警拦住了。 빈출

Tā yīnwèi chuǎng hóngdēng bèi jiāojǐng lánzhù le.
그는 빨간 신호를 무시하고 지나가서 교통경찰에게 저지당했다.

+ 闯红灯 chuǎng hóngdēng 빨간 신호를 무시하고 지나가다 |
交警 jiāojǐng 명 교통경찰

맛있는 단어 TIP
挡과 拦

挡과 拦은 모두 '막다'의 뜻이지만, 挡의 주어는 사람과 사물 모두 가능한 반면, 拦의 주어는 사람이어야 하고, 주관적으로 막는다는 의지가 더 강하다.

주어
• **他**个子很高，挡住了我的视线。
그는 키가 커서, 나의 시선을 막았다.

주어
• 一块儿**石头**挡在了路中间。
돌 하나가 길 가운데를 막고 있다.

주어
• **大家**快拦住他，别让他走了。 [주관성이 강함]
모두들 빨리 그를 막아, 그가 가지 못하게 해.

+ 视线 shìxiàn 명 시선 | 石头 shítou 명 돌

0237 对方* duìfāng

유의 对手 duìshǒu
상대, 라이벌
5급 … p.160

명 상대방, 상대편

他向对方道歉，并赔偿了1000元。
Tā xiàng duìfāng dàoqiàn, bìng péichángle yìqiān yuán.
그는 상대방에게 사과하고, 또 1000위안을 배상했다.

＋道歉 dàoqiàn 동 사과하다 | 并 bìng 접 그리고, 또 |
赔偿 péicháng 동 배상하다

0238 连忙* liánmáng

유의 急忙 jímáng
급히, 황급히
5급 … p.251

부 급히, 서둘러

出了事故后，他连忙给警察打电话。
Chūle shìgù hòu, tā liánmáng gěi jǐngchá dǎ diànhuà.
사고가 난 후, 그는 서둘러 경찰에게 전화를 걸었다.

＋事故 shìgù 명 사고 |
警察 jǐngchá 명 경찰

0239 疲劳*** píláo

형 피곤하다, 지치다

为避免疲劳驾驶，最好两人轮流开车。
Wèi bìmiǎn píláo jiàshǐ, zuìhǎo liǎng rén lúnliú kāichē.
졸음 운전을 피하기 위해서, 두 사람이 교대로 운전하는 게 제일 좋다.

＋避免 bìmiǎn 동 피하다 | 驾驶 jiàshǐ 동 운전하다 |
最好 zuìhǎo 부 ~하는 게 제일 좋다 |
轮流 lúnliú 동 교대로 하다

빈출 호응 표현 독해 제1부분

• 消除疲劳 xiāochú píláo 피로를 해소하다
• 缓解疲劳 huǎnjiě píláo 피로를 풀다
• 疲劳过度 píláo guòdù 과로하다

0240 谨慎 ★★
jǐnshèn

[반의] 大意 dàyi
소홀하다
6급

[형] 신중하다, 조심스럽다

司机们开车越久越谨慎。
Sījīmen kāichē yuè jiǔ yuè jǐnshèn.
운전자들은 운전을 오래 할수록 신중해진다.

0241 熟练 ★★
shúliàn

[반의] 生疏 shēngshū
생소하다
6급

[형] 능숙하다

他刚刚拿到驾照，开车还不熟练。
Tā gānggāng nádào jiàzhào, kāichē hái bù shúliàn.
그는 방금 막 운전면허증을 따서, 운전이 아직 능숙하지 않다.

+ 刚刚 gānggāng [부] 방금 막 | 驾照 jiàzhào [명] 운전면허증

0242 缩短 ★
suōduǎn

[동] (시간, 거리, 길이 등을) 줄이다, 단축하다

搬家后，我上班的时间缩短了30分钟。
Bānjiā hòu, wǒ shàngbān de shíjiān suōduǎnle sānshí fēnzhōng.
이사한 후, 나의 출근 시간은 30분 단축되었다.

+ 搬家 bānjiā [동] 이사하다

0243 糟糕
zāogāo

[형] 엉망이 되다, 망치다, 아뿔싸

糟糕，我的钱包忘在出租车上了。
Zāogāo, wǒ de qiánbāo wàng zài chūzūchē shang le.
아뿔싸, 나의 지갑을 깜빡하고 택시에 두고 내렸다.

0244 改善
gǎishàn

[동] 개선하다

政府采取了很多措施来改善交通状况。
Zhèngfǔ cǎiqǔle hěn duō cuòshī lái gǎishàn jiāotōng zhuàngkuàng.
정부는 교통 상황을 개선하려고 많은 조치를 취했다.

+ 政府 zhèngfǔ [명] 정부 |
采取 cǎiqǔ [동] 채택하다, 취하다 | 措施 cuòshī [명] 조치 |
交通 jiāotōng [명] 교통 | 状况 zhuàngkuàng [명] 상황

DAY
01

DAY
02

DAY
03

DAY
04

DAY
05

**DAY
06**

DAY
07

DAY
08

DAY
09

DAY
10

DAY
11

DAY
12

DAY
13

DAY
14

DAY
15

빈출 | 호응 표현 독해 제1부분 ▶

- 改善关系 gǎishàn guānxi 관계를 개선하다
- 改善条件 gǎishàn tiáojiàn 조건을 개선하다
- 改善环境 gǎishàn huánjìng 환경을 개선하다

0245

节省**

jiéshěng

반의 浪费 làngfèi
낭비하다
4급

동 아끼다, 절약하다

坐高铁去能节省两个小时。
Zuò gāotiě qù néng jiéshěng liǎng ge xiǎoshí.
고속 열차를 타고 가면 두 시간을 절약할 수 있다.

+ 高铁 gāotiě 명 고속 열차

0246

靠**

kào

동 닿다, 접근하다

我更喜欢靠窗的座位。
Wǒ gèng xǐhuan kào chuāng de zuòwèi.
나는 창가쪽 좌석을 더 좋아한다.

+ 窗 chuāng 명 창문 | 座位 zuòwèi 명 좌석

동 의지하다, ~에 달려 있다

销售不仅靠嘴巴，还靠耳朵。
Xiāoshòu bùjǐn kào zuǐba, hái kào ěrduo.
판매하는 것은 말재주뿐만 아니라, 잘 듣는 것에도 달려 있다.

+ 销售 xiāoshòu 동 판매하다 |
不仅 bùjǐn 접 ~일 뿐만 아니라 | 嘴巴 zuǐba 명 입

0247

不耐烦

bú nàifán

형 귀찮다, 성가시다, 못 참다

前面的车一动不动，让人等得不耐烦。
Qiánmiàn de chē yí dòng bú dòng, ràng rén děng de
bú nàifán.
앞의 차가 꼼짝도 하지 않아서, 기다리기 힘들다.

+ 一动不动 yí dòng bú dòng 꼼짝하지 않다

0248 未来★★★
wèilái

명 미래

无人驾驶是未来发展的趋势。<small>빈출</small>
Wúrén jiàshǐ shì wèilái fāzhǎn de qūshì.
무인 자동 운전은 미래에 발전할 추세이다.

+ 无人驾驶 wúrén jiàshǐ 명 무인 자동 운전 |
发展 fāzhǎn 동 발전하다 | 趋势 qūshì 명 추세

0249 造成★★★
zàochéng

동 (좋지 않은 상황을) 초래하다, 야기하다

这场交通事故是由大雾造成的。<small>빈출</small>
Zhè cháng jiāotōng shìgù shì yóu dà wù zàochéng de.
이번 교통사고는 짙은 안개로 인해 초래된 것이다.

+ 场 cháng 양 회, 번 |
交通事故 jiāotōng shìgù 명 교통사고 |
由 yóu 개 ~에 의해 | 雾 wù 명 안개

빈출 | 호응 표현 독해 제1부분 ▶

- 造成损失 zàochéng sǔnshī 손실을 야기하다
- 造成问题 zàochéng wèntí 문제를 야기하다
- 造成灾难 zàochéng zāinàn 재난을 초래하다

0250 执照
zhízhào

명 면허증, 허가증

我终于取得了驾驶执照。
Wǒ zhōngyú qǔdéle jiàshǐ zhízhào.
나는 마침내 운전면허증을 취득했다.

+ 取得 qǔdé 동 취득하다 |
驾驶 jiàshǐ 동 운전하다

0251 绕
☐
☐
rào

동 휘감다, 돌아서 가다

师傅，请从旁边的胡同绕过去。[빈출]
Shīfu, qǐng cóng pángbiān de hútòng rào guòqu.
기사님, 옆 골목으로 돌아서 가 주세요.

　　　+ **师傅** shīfu 圆 기사님, 선생님[기능자에 대한 존칭] |
　　　胡同 hútòng 圆 골목

0252 平安
☐
☐
píng'ān

형 평안하다, 무사하다

祝您一路平安，旅途愉快！
Zhù nín yílù píng'ān, lǚtú yúkuài!
평안하고, 즐거운 여정이 되시길 바랍니다!

　　　+ **旅途** lǚtú 圆 여정 |
　　　愉快 yúkuài 圆 유쾌하다, 즐겁다

0253 拥挤*
☐
☐
yōngjǐ

[반의] **畅通**
chàngtōng
막힘없이 잘 통하다
6급

형 혼잡하다, 붐비다

上下班的时候，地铁里十分拥挤。
Shàngxiàbān de shíhou, dìtiě li shífēn yōngjǐ.
출퇴근할 때, 지하철 안은 매우 붐빈다.

　　　+ **十分** shífēn 圉 매우

동 한곳으로 밀리다

请按顺序离开，不要拥挤。
Qǐng àn shùnxù líkāi, búyào yōngjǐ.
밀지 마시고, 순서대로 나가세요.

　　　+ **按** àn 団 ~에 따라서 |
　　　顺序 shùnxù 圆 순서

DAY 01
DAY 02
DAY 03
DAY 04
DAY 05
DAY 06
DAY 07
DAY 08
DAY 09
DAY 10
DAY 11
DAY 12
DAY 13
DAY 14
DAY 15

0254

遵守*
zūnshǒu

반의 违反 wéifǎn
위반하다
5급 ⋯ p.102

동 준수하다, 지키다

请自觉遵守交通规则。 빈출
Qǐng zìjué zūnshǒu jiāotōng guīzé.
자발적으로 교통 규칙을 준수하세요.

+ 自觉 zìjué 형 자발적이다 |
交通 jiāotōng 명 교통 | 规则 guīzé 명 규칙

빈출 호응 표현 독해 제1부분

- 遵守规定 zūnshǒu guīdìng 규정을 준수하다
- 遵守法律 zūnshǒu fǎlǜ 법을 지키다
- 遵守制度 zūnshǒu zhìdù 제도를 준수하다

0255

违反**
wéifǎn

반의 遵守 zūnshǒu
준수하다, 지키다
5급 ⋯ p.102

동 위반하다

他违反了行车规定，被罚了100块。
Tā wéifǎnle xíngchē guīdìng, bèi fále yìbǎi kuài.
그는 주행 규정을 위반해서, 100위안의 벌금 처벌을 받았다.

+ 行车 xíngchē 동 주행하다 |
规定 guīdìng 명 규정 | 罚 fá 동 처벌하다

0256

装
zhuāng

동 담다, 싣다

车厢里装满了物品。
Chēxiāng li zhuāngmǎnle wùpǐn.
화물칸에 물품을 가득 실었다.

+ 车厢 chēxiāng 명 (열차 등의) 객실, 화물칸 |
物品 wùpǐn 명 물품

0257 指挥* zhǐhuī

동 지휘하다

交警在十字路口指挥交通。[빈출]
Jiāojǐng zài shízì lùkǒu zhǐhuī jiāotōng.
교통경찰이 사거리에서 교통을 지휘한다.

+ 交警 jiāojǐng 명 교통경찰 |
十字路口 shízì lùkǒu 명 사거리 | 交通 jiāotōng 명 교통

쓰기 출제 포인트

쓰기 제2부분에 경찰이 교통을 정리하는(指挥交通) 사진이나 지휘자
(指挥家)가 공연을 지휘하는(指挥表演) 사진이 자주 출제되니 활용
할 수 있는 문장을 꼭 암기하자.

• 在交警的指挥下，道路拥挤很快得到了缓解。
교통경찰의 지휘 하에, 도로 혼잡이 아주 빠르게 완화되었다.

• 他是一位优秀的指挥家。그는 우수한 지휘자이다.

+ 道路 dàolù 명 도로, 길 |
拥挤 yōngjǐ 형 혼잡하다 | 得到 dédào 동 ~하게 되다 |
缓解 huǎnjiě 동 완화하다 | 优秀 yōuxiù 형 우수하다

0258 行人 xíngrén

명 행인, 통행인

有行人经过时，应减速行驶。
Yǒu xíngrén jīngguò shí, yīng jiǎnsù xíngshǐ.
지나가는 행인이 있을 때, 감속 운행해야 한다.

+ 减速 jiǎnsù 동 감속하다 | 行驶 xíngshǐ 동 운행하다

0259 窄*** zhǎi

반의 宽 kuān
(폭이) 넓다
5급 … p.114

형 (폭이) 좁다, 협소하다

这条胡同太窄，我的车开不过去。
Zhè tiáo hútòng tài zhǎi, wǒ de chē kāi bu guòqu.
이 골목은 너무 좁아서, 내 차는 지나갈 수 없다.

+ 胡同 hútòng 명 골목

DAY 01
DAY 02
DAY 03
DAY 04
DAY 05
DAY 06
DAY 07
DAY 08
DAY 09
DAY 10
DAY 11
DAY 12
DAY 13
DAY 14
DAY 15

1 빈칸을 채우세요.

维修	wéixiū	❶
拐弯	❷	방향을 바꾸다, 커브를 돌다
❸	liánmáng	급히, 서둘러
熟练	❹	능숙하다
❺	jiéshěng	아끼다, 절약하다

2 단어의 병음과 뜻을 알맞게 연결하세요.

❶ 执照 •   • ㉠ wèilái •   • ⓐ 지휘하다

❷ 指挥 •   • ㉡ zāogāo •   • ⓑ 면허증, 허가증

❸ 未来 •   • ㉢ zhízhào •   • ⓒ 엉망이 되다

❹ 糟糕 •   • ㉣ zhǐhuī •   • ⓓ 미래

3 빈칸에 들어갈 알맞은 단어를 고르세요.

> A 规则　　　B 到达　　　C 缩短　　　D 不耐烦　　　E 疲劳

❶ 航班将于8点_____上海机场。

❷ 在路上一定要遵守交通_____。

❸ 搬家后，我上班的时间_____了30分钟。

❹ 为避免_____驾驶，最好两人轮流开车。

교통

DAY
01

DAY
02

DAY
03

DAY
04

DAY
05

**DAY
06**

DAY
07

DAY
08

DAY
09

DAY
10

DAY
11

DAY
12

DAY
13

DAY
14

DAY
15

도전!
HSK 5급
듣기 제1부분

4 녹음을 듣고 알맞은 답을 고르세요.

❶ A 飞机上   B 电梯里

    C 火车上   D 餐厅里

❷ A 迟到了   B 被罚款了

    C 要失业了   D 没有停车位了

도전!
HSK 5급
독해 제1부분

5 빈칸에 들어갈 알맞은 단어를 고르세요.

    拥堵成本是指因拥堵____❶____的经济损失，一般来说，经济越发达的城市，市民的拥堵成本越大。有研究报告称，若以每月20个工作日、每天上下班花费两个小时为标准，将路上的时间换成钱，计算出的结果显示拥堵成本是____❷____的。应该怎样降低拥堵成本呢? 专家建议，市民应少____❸____自家车，尽量选择乘坐公共交通出行。

[빈출] ❶ A 到达   B 建立   C 克服   D 造成

❷ A 巨大   B 吃亏   C 模糊   D 轻易

❸ A 维修   B 违反   C 驾驶   D 避免

☑ 정답 및 해석 ⇨ 543쪽

DAY 07

Track16

어서 와~ 여기는 처음이지?

_여행, 지리

HSK 5급에 이런 내용이 나온다!

여행 관련 주제에서는 여행 준비, 관광 명소, 현지 환경이나 문화, 여행 시 주의 사항, 여행 소감 등의 내용이 자주 출제되고, 장소나 위치를 나타내는 지리 관련 내용도 가끔 시험에 출제됩니다. 관련 단어로는 集合 (jíhé 집합하다), 位于(wèiyú ~에 위치하다), 日程(rìchéng 일정) 등이 자주 나옵니다.

한눈에 파악하는 단어

여행 준비

预订 yùdìng 예약하기

准备护照 zhǔnbèi hùzhào
여권을 준비하다

办理签证 bànlǐ qiānzhèng 비자를 받다

往返机票 wǎngfǎn jīpiào 왕복 항공권

豪华酒店 háohuá jiǔdiàn 호화로운 호텔

관광하기

游览 yóulǎn 유람하다

岛屿 dǎoyǔ 섬

风景 fēngjǐ 풍경

合影 héyǐng 함께 사진을 찍다

沙滩 shātān 모래사장

名胜古迹 míngshèng gǔjì 명승고적

长途旅行 chángtú lǚxíng 장거리 여행

0260 名胜古迹
míngshèng gǔjì

명 명승고적

我们在西安参观了很多名胜古迹。
Wǒmen zài Xī'ān cānguānle hěn duō míngshèng gǔjì.
우리는 시안에서 많은 명승고적을 참관했다.

+ 西安 Xī'ān 고유 시안 | 参观 cānguān 동 참관하다

0261 办理***
bànlǐ

유의 处理 chǔlǐ
처리하다,
(문제를) 해결하다
5급 ···▶ p.393

동 처리하다, (수속을) 밟다

对不起，我们这里不办理签证业务。
Duìbuqǐ, wǒmen zhèlǐ bú bànlǐ qiānzhèng yèwù.
죄송합니다만, 저희는 비자 업무를 처리하지 않습니다.

+ 签证 qiānzhèng 명 비자 | 业务 yèwù 명 업무

빈출 | 호응 표현 독해 제1부분

• 办理手续 bànlǐ shǒuxù 수속을 밟다
• 办理护照 bànlǐ hùzhào 여권을 만들다
• 办理信用卡 bànlǐ xìnyòngkǎ 신용카드를 만들다

0262 往返
wǎngfǎn

동 왕복하다

买往返机票比分开买便宜。
Mǎi wǎngfǎn jīpiào bǐ fēnkāi mǎi piányi.
왕복 항공권을 사는 것이 분리해서 사는 것보다 저렴하다.

+ 机票 jīpiào 명 항공권 | 分开 fēnkāi 동 분리하다

0263 海关
hǎiguān

명 세관

过海关的时候要出示机票和护照。
Guò hǎiguān de shíhou yào chūshì jīpiào hé hùzhào.
세관을 통과할 때는 항공권과 여권을 제시해야 한다.

+ 出示 chūshì 동 제시하다 | 机票 jīpiào 명 항공권

DAY
01
DAY
02
DAY
03
DAY
04
DAY
05
DAY
06
DAY
07
DAY
08
DAY
09
DAY
10
DAY
11
DAY
12
DAY
13
DAY
14
DAY
15

0264 风景★★★
fēngjǐng

명 풍경, 경치

这里的山水构成了一幅美丽的风景画。
Zhèlǐ de shānshuǐ gòuchéngle yì fú měilì de fēngjǐnghuà.
이곳의 경치가 한 폭의 아름다운 풍경화를 이루었다.

+ 山水 shānshuǐ 몡 산과 물(경치) |
构成 gòuchéng 통 구성하다 |
幅 fú 영 폭[옷감, 종이, 그림 등을 세는 단위] |
美丽 měilì 혱 아름답다

0265 胡同
hútòng

명 골목

穿过这条胡同就是著名的北海公园。
Chuānguò zhè tiáo hútòng jiù shì zhùmíng de Běihǎi
Gōngyuán.
이 골목을 지나가면 바로 유명한 베이하이 공원이다.

+ 穿过 chuānguò 통 지나가다 | 著名 zhùmíng 혱 유명하다 |
北海公园 Běihǎi Gōngyuán 고유 베이하이 공원[베이징에 있는 공원]

0266 欧洲
Ōuzhōu

고유 유럽

坐火车去欧洲旅游成为了很多人的选择。
Zuò huǒchē qù Ōuzhōu lǚyóu chéngwéile hěn duō rén de
xuǎnzé.
기차를 타고 유럽에 여행 가는 것이 많은 사람들의 선택이 되었다.

+ 旅游 lǚyóu 통 여행하다 | 成为 chéngwéi 통 ~이 되다

0267 组成★★
zǔchéng

동 구성하다, 조직하다

这个旅游团由高中生和老师组成。
Zhège lǚyóutuán yóu gāozhōngshēng hé lǎoshī zǔchéng.
이 여행단은 고등학생과 선생님으로 구성한다.

+ 旅游团 lǚyóutuán 몡 여행단 |
由 yóu 깨 ~(으)로 | 高中生 gāozhōngshēng 몡 고등학생

여행
지리

DAY
01

DAY
02

DAY
03

DAY
04

DAY
05

DAY
06

DAY
07

DAY
08

DAY
09

DAY
10

DAY
11

DAY
12

DAY
13

DAY
14

DAY
15

쓰기 출제 포인트

'A由B组成(A는 B로 구성하다)' 구문에서 개사구인 由+B는 주어와 술어인 组成 사이에 위치해야 한다는 것에 유의해야 한다.

0268

魅力
mèilì

명 매력

成都是一座充满魅力的城市. 〈빈출〉
Chéngdū shì yí zuò chōngmǎn mèilì de chéngshì.
청두는 매력이 가득한 도시이다.

 + 成都 Chéngdū 고유 청두[쓰촨성의 성도] |
座 zuò 양 부피가 크거나 고정된 물체를 세는 단위 |
充满 chōngmǎn 통 충만하다

0269

时差
shíchā

명 시차

我刚从美国回来, 还没倒过来时差.
Wǒ gāng cóng Měiguó huílai, hái méi dǎo guòlai shíchā.
나는 방금 미국에서 돌아와서, 아직 시차에 적응하지 못했다.

 + 刚 gāng 부 방금 | 倒时差 dǎo shíchā 시차에 적응하다

0270

预订
yùdìng

동 예약하다

去北京的往返火车票都预订好了. 〈빈출〉
Qù Běijīng de wǎngfǎn huǒchēpiào dōu yùdìng hǎo le.
베이징행 왕복 기차표를 예약했다.

 + 往返 wǎngfǎn 통 왕복하다

0271

游览**
yóulǎn

참고 浏览 liúlǎn
대충 훑어보다
5급 … p.370

동 유람하다

春天是游览西湖的好季节.
Chūntiān shì yóulǎn Xīhú de hǎo jìjié.
봄은 시후를 유람하기에 좋은 계절이다.

 + 西湖 Xīhú 고유 시후[항저우에 있는 호수]

0272 表情★★★
biǎoqíng

명 표정

演员们的表情非常生动。〔빈출〕
Yǎnyuánmen de biǎoqíng fēicháng shēngdòng.
배우들의 표정이 아주 생동감 있다.

+ 演员 yǎnyuán 명 배우 |
生动 shēngdòng 형 생동감 있다

빈출 | 호응 표현 독해 제1부분

• 丰富的表情 fēngfù de biǎoqíng 풍부한 표정
• 复杂的表情 fùzá de biǎoqíng 복잡한 표정
• 严肃的表情 yánsù de biǎoqíng 엄숙한 표정

0273 当地
dāngdì

명 현지, 현장

当地人热情地招待了我们。
Dāngdìrén rèqíng de zhāodàile wǒmen.
현지인들은 우리를 따뜻하게 환대해 주었다.

+ 招待 zhāodài 동 대접하다

0274 不见得
bújiàn de

유의 不一定 bù yídìng
반드시 ~한 것은
아니다

부 반드시 ~한 것은 아니다

坐飞机去不见得比高铁快。
Zuò fēijī qù bújiàn de bǐ gāotiě kuài.
비행기를 타고 가는 것이 반드시 고속 열차보다 빠른 것은 아니다.

+ 高铁 gāotiě 명 고속 열차

0275 豪华
háohuá

형 호화롭다, 사치스럽다

这次旅行，他们住在一家豪华酒店。
Zhè cì lǚxíng, tāmen zhù zài yì jiā háohuá jiǔdiàn.
이번 여행에서 그들은 호화로운 호텔에 묵었다.

+ 酒店 jiǔdiàn 명 호텔

0276 劳驾
láojià

동 실례합니다, 죄송합니다

劳驾，去人民广场怎么走?
Láojià, qù Rénmín Guǎngchǎng zěnme zǒu?
실례지만, 런민 광장에 어떻게 가나요?

+ 人民广场 Rénmín Guǎngchǎng 고유 런민 광장

0277 临时*
línshí

부 임시로

受天气影响，这趟航班临时被取消了。 [빈출]
Shòu tiānqì yǐngxiǎng, zhè tàng hángbān línshí bèi
qǔxiāo le.
날씨의 영향으로, 이번 항공편은 임시로 취소되었다.

+ 趟 tàng 양 번, 회[왕복을 세는 단위] |
航班 hángbān 명 (배나 비행기의) 운항편, 항공편 |
取消 qǔxiāo 동 취소하다

형 임시의, 일시적인

我办了一张临时身份证。
Wǒ bànle yì zhāng línshí shēnfènzhèng.
나는 임시 신분증을 하나 만들었다.

+ 办 bàn 동 처리하다 |
身份证 shēnfènzhèng 명 신분증

0278 岛屿
dǎoyǔ

명 섬, 도서

那座美丽的岛屿就是我们的目的地。
Nà zuò měilì de dǎoyǔ jiù shì wǒmen de mùdìdì.
저 아름다운 섬이 바로 우리의 목적지이다.

+ 座 zuò 양 부피가 크거나 고정된 물체를 세는 단위 |
美丽 měilì 형 아름답다 | 目的地 mùdìdì 명 목적지

DAY 01
DAY 02
DAY 03
DAY 04
DAY 05
DAY 06
DAY 07
DAY 08
DAY 09
DAY 10
DAY 11
DAY 12
DAY 13
DAY 14
DAY 15

0279 担任** dānrèn

[동] 맡다, 담당하다

这次旅行，由我担任大家的导游。
Zhè cì lǚxíng, yóu wǒ dānrèn dàjiā de dǎoyóu.
이번 여행에서 제가 여러분들의 가이드를 맡습니다.

+ 由 yóu [개] ~이/가 |
导游 dǎoyóu [명] 관광 가이드

0280 长途 chángtú

[형] 장거리의, 먼 거리의

你的身体状况不适合长途旅行。
Nǐ de shēntǐ zhuàngkuàng bú shìhé chángtú lǚxíng.
너의 건강 상태는 장거리 여행하기에 적합하지 않다.

+ 状况 zhuàngkuàng [명] 상황, 상태 |
适合 shìhé [동] ~에 적합하다

듣기 출제 포인트

듣기 대화문에 '国际长途(guójì chángtú)'라는 표현이 종종 출제된다. 国际长途는 '장거리 해외 여행'이 아니라 '국제 전화'를 가리키는 것에 유의해야 한다.

0281 合影* héyǐng

[동] 함께 사진을 찍다

我们在海边合影留念吧。
Wǒmen zài hǎibiān héyǐng liúniàn ba.
우리 해변에서 함께 기념 사진을 찍자.

+ 海边 hǎibiān [명] 해변 | 留念 liúniàn [동] 기념으로 남기다

[명] 단체 사진

这张合影是小马结婚那天照的。
Zhè zhāng héyǐng shì Xiǎo Mǎ jiéhūn nà tiān zhào de.
이 단체 사진은 샤오마가 결혼하는 날 찍은 것이다.

+ 照 zhào [동] (사진을) 찍다

DAY
01

DAY
02

DAY
03

DAY
04

DAY
05

DAY
06

**DAY
07**

DAY
08

DAY
09

DAY
10

DAY
11

DAY
12

DAY
13

DAY
14

DAY
15

0282

朝

cháo, zhāo

개 ~을 향하여, ~쪽으로[cháo]

大家朝窗外看，那就是长江。
Dàjiā cháo chuāngwài kàn, nà jiù shì Cháng Jiāng.
모두 창밖을 보세요, 저것이 바로 창장입니다.

+ 窗外 chuāngwài 명 창밖 |
长江 Cháng Jiāng 고유 창장, 양쯔강

명 아침[zhāo]

朝阳照在大地上。
Zhāoyáng zhào zài dàdì shang.
아침 해가 대지를 비친다.

+ 朝阳 zhāoyáng 명 아침 해 |
照 zhào 동 비치다 | 大地 dàdì 명 대지, 땅

맛있는 단어 **TIP**   방향을 나타내는 개사 朝, 往, 向

'朝, 往, 向+명사'는 모두 동사 앞에 쓰여 방향을 나타낼 수 있지만, 往
뒤의 명사에는 사람을 가리키는 명사나 대명사만 단독으로 쓸 수 없다.

• 请朝/往/向前看。앞을 보세요.
• 他朝/向我走来。(O) 그가 나에게 걸어온다.
  他往我走来。(X)
       대명사
  → 他往我这儿走来。(O) 그가 내 쪽으로 걸어온다.

0283

家乡

jiāxiāng

유의 故乡 gùxiāng
고향

6급

명 고향

欢迎你来我的家乡吃海鲜。
Huānyíng nǐ lái wǒ de jiāxiāng chī hǎixiān.
해산물을 드시러 제 고향에 오신 것을 환영합니다.

+ 海鲜 hǎixiān 명 해산물

0284 开发**
☐
☐
kāifā

동 개발하다, 개척하다

这是我们公司新开发的旅游软件。 {빈출}
Zhè shì wǒmen gōngsī xīn kāifā de lǚyóu ruǎnjiàn.
이것은 우리 회사에서 새로 개발한 여행 애플리케이션이다.

+ 软件 ruǎnjiàn 명 소프트웨어

빈출 │ 호응 표현 독해 제1부분

• 开发资源 kāifā zīyuán 자원을 개발하다
• 开发智力 kāifā zhìlì 지능을 개발하다
• 开发新产品 kāifā xīn chǎnpǐn 신제품을 개발하다

0285 宽***
☐
☐
kuān

반의 窄 zhǎi
(폭이) 좁다
5급 … p.103

형 (폭이) 넓다

这座石桥很宽，有五米。
Zhè zuò shíqiáo hěn kuān, yǒu wǔ mǐ.
이 돌다리는 매우 넓다, 5미터는 된다.

+ 座 zuò 양 부피가 크거나 고정된 물건을 세는 단위 │
石桥 shíqiáo 명 돌다리

명 폭, 너비

这座石桥宽五米。
Zhè zuò shíqiáo kuān wǔ mǐ.
이 돌다리는 너비가 5미터이다.

0286 人类
☐
☐
rénlèi

명 인류

这里被称为人类最后的净土。
Zhèlǐ bèi chēngwéi rénlèi zuìhòu de jìngtǔ.
이곳은 인류의 마지막 정토라고 불린다.

+ 被称为 bèi chēngwéi ~라고 불리다 │
净土 jìngtǔ 명 정토, 오염되지 않은 곳

0287 人口
rénkǒu

명 인구

杭州外来人口比例高。
Hángzhōu wàilái rénkǒu bǐlì gāo.
항저우는 외지에서 온 인구의 비율이 높다.

+ 杭州 Hángzhōu [고유] 항저우 |
外来 wàilái [형] 외지에서 온 |
比例 bǐlì [명] 비율

0288 设施*
shèshī

[유의] 设备 shèbèi
설비, 시설
5급 … p.431

명 시설

山顶缺少现代设施。
Shāndǐng quēshǎo xiàndài shèshī.
산꼭대기에는 현대 시설이 부족하다.

+ 山顶 shāndǐng [명] 산 정상, 산꼭대기 |
缺少 quēshǎo [동] 부족하다 |
现代 xiàndài [명] 현대

맛있는 단어 TIP   设施와 设备

设施는 어떤 작업을 진행하기 위해 건립한 기물, 기구, 시스템 등을
가리키고, 设备는 어떤 작업을 진행하는 데 사용되는 기물을 말한다.
设施의 범위가 设备보다 넓다.

• 基础设施 jīchǔ shèshī 인프라(기초 시설)
• 电子设备 diànzǐ shèbèi 전자설비

0289 日程
rìchéng

명 일정

我把今天的日程发给大家。
Wǒ bǎ jīntiān de rìchéng fā gěi dàjiā.
제가 오늘의 일정을 여러분들께 보내드리겠습니다.

DAY 01
DAY 02
DAY 03
DAY 04
DAY 05
DAY 06
DAY 07
DAY 08
DAY 09
DAY 10
DAY 11
DAY 12
DAY 13
DAY 14
DAY 15

0290 推荐 ★★★
tuījiàn

통 추천하다

导游推荐我们一定要尝尝这道菜。
Dǎoyóu tuījiàn wǒmen yídìng yào chángchang zhè dào cài.
가이드는 우리에게 반드시 이 요리를 맛봐야 한다고 추천했다.

+ 导游 dǎoyóu 몡 관광 가이드 |
尝 cháng 통 맛보다 | 道 dào 양 요리를 세는 단위

0291 遗憾 ★
yíhàn

[유의] 可惜 kěxī
아쉽다, 안타깝다
4급

형 아쉽다, 유감스럽다

没能爬长城真令人遗憾。
Méi néng pá Chángchéng zhēn lìng rén yíhàn.
만리장성에 오르지 못한 것이 정말 유감스럽다.

+ 爬 pá 통 기어오르다 |
长城 Chángchéng 고유 창청, 만리장성 |
令 lìng 통 ~하게 하다

명 유감

没考上大学是他最大的遗憾。
Méi kǎoshàng dàxué shì tā zuì dà de yíhàn.
대학에 합격하지 못한 것이 그는 가장 큰 유감이다.

0292 体验 ★★
tǐyàn

통 체험하다

我们体验了当地人的生活。🖐[빈출]
Wǒmen tǐyànle dāngdìrén de shēnghuó.
우리는 현지인들의 생활을 체험했다.

+ 当地 dāngdì 몡 현지

[빈출] 호응 표현 독해 제1부분 ▶

- 体验生活 tǐyàn shēnghuó 생활을 체험하다
- 体验文化 tǐyàn wénhuà 문화를 체험하다
- 体验人生 tǐyàn rénshēng 인생을 체험하다

116

0293
☐
☐

以及
yǐjí

접 및, 그리고

西安、成都以及杭州都是热门旅游城市。
Xī'ān、Chéngdū yǐjí Hángzhōu dōu shì rèmén lǚyóu chéngshì.
시안, 청두 및 항저우는 모두 인기 있는 관광 도시이다.

+ 西安 Xī'ān 고유 시안 |
成都 Chéngdū 고유 청두 | 杭州 Hángzhōu 고유 항저우 |
热门 rèmén 명 인기 있는 것

0294
☐
☐

地理
dìlǐ

명 지리

这里的地理环境很独特。
Zhèlǐ de dìlǐ huánjìng hěn dútè.
이곳의 지리 환경은 매우 독특하다.

+ 独特 dútè 형 독특하다

0295
☐
☐

地区
dìqū

명 지역, 지구

该地区气候温暖，适合居住。
Gāi dìqū qìhòu wēnnuǎn, shìhé jūzhù.
이 지역은 기후가 따뜻해서, 거주하기에 적합하다.

+ 该 gāi 대 이, 그, 저 |
气候 qìhòu 명 기후 | 温暖 wēnnuǎn 형 따뜻하다 |
适合 shìhé 동 ~에 적합하다 | 居住 jūzhù 동 거주하다

0296
☐
☐

位置
wèizhì

명 위치

从这个位置看到的风景最美。
Cóng zhège wèizhì kàndào de fēngjǐng zuì měi.
이 위치에서 보이는 풍경이 가장 아름답다.

+ 风景 fēngjǐng 명 풍경 | 美 měi 형 아름답다

DAY
01
DAY
02
DAY
03
DAY
04
DAY
05
DAY
06
DAY
07
DAY
08
DAY
09
DAY
10
DAY
11
DAY
12
DAY
13
DAY
14
DAY
15

位于 ★★
wèiyú

동 ~에 위치하다

新建的那座机场位于郊区。 [빈출]
Xīn jiàn de nà zuò jīchǎng wèiyú jiāoqū.
새로 지은 그 공항은 교외에 위치해 있다.

+ 建 jiàn 동 짓다 |
座 zuò 양 부피가 크거나 고정된 물체를 세는 단위 |
郊区 jiāoqū 명 교외

독해 출제 포인트

동사 位于는 '무엇이 어디에 위치하다'는 의미로, 뒤에 구체적인 장소 명사가 와야 한다. 독해 제1부분에서는 빈칸 뒤에 구체적인 장소 명사가 있어서 빈칸의 정답으로 位于를 선택해야 하는 문제가 자주 출제된다.

• 位于**前方** 전방에 위치하다
• 位于**学校** 학교에 위치하다
• 位于**危险中** (X)
　　　추상명사
→ 处于**危险中** (O) 위험에 처하다

洞
dòng

명 구멍, 동굴

洞里面气温低，大家要多穿点儿。
Dòng lǐmiàn qìwēn dī, dàjiā yào duō chuān diǎnr.
동굴 안은 기온이 낮으니, 모두들 많이 좀 입어야 한다.

+ 气温 qìwēn 명 기온 | 低 dī 형 낮다

名片
míngpiàn

명 명함

故宫可以说是北京的名片。
Gùgōng kěyǐ shuō shì Běijīng de míngpiàn.
고궁은 베이징의 명함이라고 말할 수 있다.

+ 故宫 Gùgōng 고유 고궁, 자금성

0300 陆地
lùdì

명 육지, 땅

那个小岛距离陆地只有1公里。
Nàge xiǎo dǎo jùlí lùdì zhǐyǒu yì gōnglǐ.
그 작은 섬은 육지로부터 거리가 겨우 1킬로미터 떨어져 있다.

+ 岛 dǎo 명 섬 | 距离 jùlí 동 ~의 거리가 떨어지다 |
公里 gōnglǐ 양 킬로미터(km)

0301 沙滩
shātān

명 모래사장, 백사장

一家人在沙滩上晒太阳。
Yì jiā rén zài shātān shang shài tàiyáng.
한 가족이 모래사장에서 햇볕을 쬐다.

+ 晒太阳 shài tàiyáng 동 햇볕을 쬐다

0302 集合*
jíhé

동 모이다, 집합하다

我们四点半在博物馆前集合。
Wǒmen sì diǎn bàn zài bówùguǎn qián jíhé.
우리는 4시 반에 박물관 앞에서 모인다.

+ 博物馆 bówùguǎn 명 박물관

듣기 출제 포인트

듣기 대화문에서 화자의 직업을 직접적으로 언급하지 않고 화자가
하는 말을 통해 그의 직업이 무엇인지를 판단해야 하는 문제가 자주
출제된다. 예를 들어 在前面集合(zài qiánmiàn jíhé 앞에서 집합),
游览故宫(yóulǎn Gùgōng 고궁을 유람하다) 등 관광 관련 어휘를
통해 화자의 직업이 导游(dǎoyóu 가이드)임을 유추해야 한다.

0303 出示
chūshì

동 내보이다, 제시하다

办登机牌时，需要出示护照。
Bàn dēngjīpái shí, xūyào chūshì hùzhào.
탑승권을 발급할 때, 여권을 제시해야 한다.

+ 办 bàn 동 처리하다 | 登机牌 dēngjīpái 명 탑승권

DAY 01
DAY 02
DAY 03
DAY 04
DAY 05
DAY 06
DAY 07
DAY 08
DAY 09
DAY 10
DAY 11
DAY 12
DAY 13
DAY 14
DAY 15

1 빈칸을 채우세요.

胡同	hútòng	❶
❷	shíchā	시차
游览	❸	유람하다
❹	dānrèn	맡다, 담당하다
日程	rìchéng	❺

2 단어의 병음과 뜻을 알맞게 연결하세요.

❶ 推荐 •　　• ㉠ dìlǐ　　• ⓐ 지리

❷ 地理 •　　• ㉡ wèizhì　　• ⓑ 위치

❸ 沙滩 •　　• ㉢ shātān　　• ⓒ 추천하다

❹ 位置 •　　• ㉣ tuījiàn　　• ⓓ 모래사장, 백사장

3 빈칸에 들어갈 알맞은 단어를 고르세요.

> A 合影　　B 表情　　C 家乡　　D 魅力　　E 预订

❶ 欢迎你来我的＿＿＿＿＿＿吃海鲜。

❷ 去北京的往返火车票都＿＿＿＿＿＿好了。

❸ 成都是一座充满＿＿＿＿＿＿的城市。

❹ 我们在海边＿＿＿＿＿＿留念吧。

여행
지리

DAY
01

DAY
02

DAY
03

DAY
04

DAY
05

DAY
06

**DAY
07**

DAY
08

DAY
09

DAY
10

DAY
11

DAY
12

DAY
13

DAY
14

DAY
15

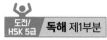

4 녹음을 듣고 알맞은 답을 고르세요.

❶ A 蚊虫很多   B 不适合孩子

   C 交通不方便   D 缺少现代设施

❷ A 护士   B 警察

   C 导游   D 导演

5 빈칸에 들어갈 알맞은 단어를 고르세요.

　　　平遥古城＿＿＿❶＿＿＿山西省中部，是国家历史文化名城之一，距今已有2000多年的历史。平遥古城1997年被列入《世界文化遗产名录》。在这里，不但可以欣赏到美丽的＿＿＿❷＿＿，还能＿＿❸＿＿各种各样的民俗文化活动，感受不一样的传统文化。

❶ A 位于   B 处于   C 在于   D 等于

❷ A 魅力   B 表情   C 风景   D 结构

❸ A 开发   B 体验   C 讲究   D 往返

☑ 정답 및 해석 ⇨ 544쪽

HSK 5급 0304~0345

DAY 08

Track18

타임머신 시간 여행
_시간, 명절

HSK 5급에 이런 내용이 나온다!

시간 관련 주제에서는 傍晚(bàngwǎn 저녁 무렵), 夜(yè 밤) 등 하루의 시간, 近代(jìndài 근대)나 现代(xiàndài 현대) 같은 역사적인 시간 등이 출제되고, 명절 관련 주제에서는 除夕(chúxī 섣달그믐날), 元旦(Yuándàn 신정), 国庆节(Guóqìngjié 국경절) 같은 전통 명절이나 특별 기념일 등이 출제됩니다.

한눈에 파악하는 단어

2月

일	월	화	수	목	금	토
	1	2	3	4	5	6
7	8	9	10	11	12	13
					설날	
14	15	16	17	18	19	20
21	22	23	24	25	26	27
28						

除夕 chúxī 섣달그믐날

春节期间 Chūnjié qījiān 춘절 기간

放鞭炮 fàng biānpào
폭죽을 터뜨리다

迎接新年 yíngjiē xīnnián
새해의 도래를 맞이하다

过年的气氛 guònián de qìfēn
설 쇠는 분위기

시간
명절

DAY
01

DAY
02

DAY
03

DAY
04

DAY
05

DAY
06

DAY
07

**DAY
08**

DAY
09

DAY
10

DAY
11

DAY
12

DAY
13

DAY
14

DAY
15

0304
🔲
🔲

傍晚
bàngwǎn

명 저녁 무렵

我从早晨等到傍晚，他也没来。
Wǒ cóng zǎochen děngdào bàngwǎn, tā yě méi lái.
나는 이른 아침부터 저녁까지 기다렸지만, 그는 오지 않았다.

+ 早晨 zǎochen 명 이른 아침

맛있는 단어 TIP · · · · · · · · · · · · · · 하루의 시간 관련 어휘

- 早晨 zǎochen 이른 아침 · 早上 zǎoshang 아침
- 上午 shàngwǔ 오전 · 中午 zhōngwǔ 점심
- 下午 xiàwǔ 오후 · 傍晚 bàngwǎn 저녁 무렵
- 黄昏 huánghūn 해질 무렵 · 晚上 wǎnshang 저녁
- 半夜 bànyè 심야, 한밤중

0305
🔲
🔲

年代
niándài

명 시대, 시기, 연대

这本书描写了70年代的农村生活。
Zhè běn shū miáoxiěle qīshí niándài de nóngcūn shēnghuó.
이 책은 70년대의 농촌 생활을 묘사했다.

+ 描写 miáoxiě 동 묘사하다 |
农村 nóngcūn 명 농촌

0306
🔲
🔲

期间*
qījiān

명 기간, 시간

科技馆春节期间不开放。
Kējìguǎn Chūnjié qījiān bù kāifàng.
과학 기술관은 춘절 기간에 개방하지 않는다.

+ 科技馆 kējìguǎn 명 과학 기술관 |
春节 Chūnjié 명 설, 춘절 | 开放 kāifàng 동 개방하다

0307
夜
yè

명 밤, 밤중

最好不要仕深夜做决定。 ^{빈출}
Zuìhǎo búyào zài shēnyè zuò juédìng.
심야에 결정하지 않는 게 제일 좋다.

+ **最好** zuìhǎo 분 ~하는 게 제일 좋다 |
深夜 shēnyè 명 심야, 깊은 밤

0308
一辈子
yíbèizi

명 한평생, 일생

奶奶一辈子没坐过飞机。
Nǎinai yíbèizi méi zuòguo fēijī.
할머니는 평생 비행기를 타 본 적이 없다.

맛있는 단어 TIP	辈子가 들어가는 단어
• 上辈子 shàng bèizi 전생	• 下辈子 xià bèizi 내세
• 这辈子 zhè bèizi 현세	• 半辈子 bàn bèizi 반평생

0309
以来
yǐlái

명 이래, 동안

改革开放以来，百姓的生活越来越好了。
Gǎigé kāifàng yǐlái, bǎixìng de shēnghuó yuè lái yuè hǎo le.
개혁 개방 이래로, 백성들의 생활이 점점 좋아졌다.

+ **改革** gǎigé 동 개혁하다 |
开放 kāifàng 동 개방하다 | **百姓** bǎixìng 명 백성

0310
自从*
zìcóng

개 ~에서, ~부터

自从大学毕业，我们再也没有见过面。
Zìcóng dàxué bìyè, wǒmen zài yě méiyǒu jiànguo miàn.
대학교를 졸업하고부터, 우리는 다시 만난 적이 없다.

+ **毕业** bìyè 동 졸업하다

시간
명절

DAY
01

DAY
02

DAY
03

DAY
04

DAY
05

DAY
06

DAY
07

**DAY
08**

DAY
09

DAY
10

DAY
11

DAY
12

DAY
13

DAY
14

DAY
15

독해 출제 포인트

自从…, …以来 또는 自从…以来(~한 이래)로 쓰일 수 있다. 독해 제1부분에는 自从이나 以来를 빈칸으로 만든 문제가 종종 출제되니 유의하자.

• 自从网络产生以来，人们的生活越来越便利了。
인터넷이 생긴 이래로, 사람들의 생활이 점점 편리해졌다.

+ 网络 wǎngluò 몡 인터넷 |
产生 chǎnshēng 통 생기다 | 便利 biànlì 톙 편리하다

0311

中旬

zhōngxún

참고 上旬 shàngxún
상순
下旬 xiàxún
하순

몡 중순

大雨将持续到本月中旬。빈출

Dàyǔ jiāng chíxù dào běn yuè zhōngxún.

호우는 이달 중순까지 지속될 것이다.

+ 将 jiāng 튀 장차 ~할 것이다 |
持续 chíxù 통 지속하다 | 本月 běn yuè 이번 달

0312

除夕

chúxī

몡 섣달그믐날(밤), 제야

除夕当天的票已经卖光了。

Chúxī dàngtiān de piào yǐjing màiguāng le.

섣달그믐날 당일의 표는 이미 다 팔렸다.

+ 当天 dàngtiān 몡 당일 |
光 guāng 톙 아무것도 없다

0313

公元

gōngyuán

몡 서기, 기원

这座古城建于公元前5世纪。

Zhè zuò gǔchéng jiànyú gōngyuán qián wǔ shìjì.

이 고성은 기원전 5세기에 세워졌다.

+ 座 zuò 양 부피가 크거나 고정된 물체를 세는 단위 |
古城 gǔchéng 몡 고성 | 建于 jiànyú ~에 건설하다 |
世纪 shìjì 몡 세기

0314 国庆节
Guóqìngjié

명 국경절

人事部让我国庆节后去报到。 [빈출]
Rénshìbù ràng wǒ Guóqìngjié hòu qù bàodào.
인사부에서 나에게 국경절 이후에 도착 보고를 하러 가라고 했다.

> + 人事部 rénshìbù 명 인사부 |
> 报到 bàodào 동 도착 보고를 하다

0315 至今
zhìjīn

부 지금까지, 여태껏, 오늘날까지

这座桥至今已有上千年的历史。 [빈출]
Zhè zuò qiáo zhìjīn yǐ yǒu shàng qiān nián de lìshǐ.
이 다리는 오늘날까지 이미 천여 년에 달하는 역사를 가지고 있다.

> + 座 zuò 양 부피가 크거나 고정된 물체를 세는 단위 |
> 上 shàng 동 (일정한 수량이나 정도에) 달하다 |
> 桥 qiáo 명 다리, 교량

맛있는 단어 TIP   어림수를 나타내는 上, 多, 余

上, 多, 余(yú 여, 남짓)를 사용하여 어림수를 표현할 수 있는데 그 용법에는 약간의 차이가 있다. 上은 동사로 百(bǎi 백), 千(qiān 천), 万(wàn 만), 亿(yì 억) 등 수사 앞에 쓰이고, 多와 余는 수사로 수사와 양사 사이에 위치한다.

- 上百名学生 (O) 백여 명에 달하는 학생
  上50名学生 (X)
- 50余/多名学生 50여 명의 학생

0316 近代
jìndài

명 근대

近代以来，世界发生了巨大的变化。
Jìndài yǐlái, shìjiè fāshēngle jùdà de biànhuà.
근대 이래, 세계에 커다란 변화가 생겼다.

> + 以来 yǐlái 명 이래 |
> 发生 fāshēng 동 발생하다 |
> 巨大 jùdà 형 (아주) 크다, 거대하다

0317 时代
☐
☐
shídài

명 시대, 시기

手机付款已成为新的时代趋势。🗨️
Shǒujī fùkuǎn yǐ chéngwéi xīn de shídài qūshì.
휴대폰 결제는 이미 새로운 시대의 추세가 되었다.

+ 付款 fùkuǎn 통 결제하다 |
成为 chéngwéi 통 ~이 되다 | 趋势 qūshì 명 추세

0318 时期
☐
☐
shíqī

명 시기, 특정한 때

各个时期的建筑都有所不同。🗨️
Gège shíqī de jiànzhù dōu yǒu suǒ bùtóng.
각 시기의 건축물은 모두 다소 다른 점이 있다.

+ 各个 gège 때 각각의 |
建筑 jiànzhù 명 건축물 | 不同 bùtóng 형 다르다

0319 时刻*
☐
☐
shíkè

부 시시각각, 늘

他时刻不忘父母对自己的教导。
Tā shíkè bú wàng fùmǔ duì zìjǐ de jiàodǎo.
그는 늘 부모님의 자신에 대한 가르침을 잊지 않는다.

+ 教导 jiàodǎo 명 가르침

명 시각, 순간

那是我最难忘的时刻。
Nà shì wǒ zuì nánwàng de shíkè.
그것은 내가 가장 잊을 수 없는 순간이다.

+ 难忘 nánwàng 통 잊을 수 없다

DAY
01
DAY
02
DAY
03
DAY
04
DAY
05
DAY
06
DAY
07
DAY
08
DAY
09
DAY
10
DAY
11
DAY
12
DAY
13
DAY
14
DAY
15

0320 现代
xiàndài

명 현대, 오늘날

花是现代人生活中不可缺少的装饰品。_{빈출}
Huā shì xiàndàirén shēnghuó zhōng bùkě quēshǎo de zhuāngshìpǐn.
꽃은 현대인의 생활에 없어서는 안 될 장식품이다.

+ 缺少 quēshǎo 동 부족하다 |
装饰品 zhuāngshìpǐn 명 장식품

0321 元旦
Yuándàn

명 양력 1월 1일, 신정

那部电影元旦上映。
Nà bù diànyǐng Yuándàn shàngyìng.
그 영화는 신정에 상영한다.

+ 部 bù 양 편, 권[영화, 서적을 세는 단위] |
上映 shàngyìng 동 상영하다

맛있는 단어 TIP   중국의 주요 명절

- 元旦 Yuándàn 신정[1월 1일]
- 春节 Chūnjié 설, 춘절[음력 1월 1일]
- 元宵节 Yuánxiāo Jié 정월 대보름날[음력 1월 15일]
- 清明节 Qīngmíng Jié 청명절[4월 5일 전후]
- 劳动节 Láodòng Jié 노동절[5월 1일]
- 端午节 Duānwǔ Jié 단오[음력 5월 5일]
- 中秋节 Zhōngqiū Jié 추석, 중추절[음력 8월 15일]
- 国庆节 Guóqìngjié 국경절[10월 1일]

중국의 전통 명절 외에, 요즘에는 光棍节(Guānggùnjié 광군절, 솔로의 날)도 종종 출제된다. 11월 11일이라서 双十一(Shuāngshíyī 쌍십일)라고 부르기도 한다.

0322 随时** suíshí

☐
☐

부 수시로, 언제나

如果遇到困难, 随时来找我。
Rúguǒ yùdào kùnnan, suíshí lái zhǎo wǒ.
만약 어려움이 생기면, 언제든지 나를 찾아와.

+ 困难 kùnnan 뗑 어려움

0323 日期 rìqī

☐
☐

명 날짜, 기간

这瓶牛奶上面没标生产日期。
Zhè píng niúnǎi shàngmiàn méi biāo shēngchǎn rìqī.
이 우유는 표면에 생산 날짜를 표시하지 않았다.

+ 瓶 píng 뗑 병 | 标 biāo 동 표시하다 |
生产 shēngchǎn 동 생산하다

0324 日历 rìlì

☐
☐

명 달력

他把明天的工作安排写在日历上了。
Tā bǎ míngtiān de gōngzuò ānpái xiě zài rìlì shang le.
그는 내일의 업무 스케줄을 달력에 썼다.

+ 工作安排 gōngzuò ānpái 뗑 업무 스케줄

0325 目前 mùqián

☐
☐

명 현재, 지금

关于这个问题, 目前还没有明确的答案。
Guānyú zhège wèntí, mùqián hái méiyǒu míngquè de
dá'àn.
이 문제에 관하여, 현재 아직은 명확한 답이 없다.

+ 明确 míngquè 혱 명확하다 |
答案 dá'àn 뗑 답

0326
☐
☐

鞭炮
biānpào

명 폭죽

春节放鞭炮是中国人的传统习俗。
Chūnjié fàng biānpào shì Zhōngguórén de chuántǒng xísú.
춘절에 폭죽을 터뜨리는 것은 중국인의 전통 풍습이다.

+ **春节** Chūnjié **명** 춘절, 설 |
放 fàng **동** (폭죽, 불꽃 따위를) 터뜨리다 |
传统 chuántǒng **명** 전통 | **习俗** xísú **명** 풍습

0327
☐
☐

迎接
yíngjiē

[반의] **送别** sòngbié
송별하다, 배웅하다

동 영접하다, 마중하다, 맞이하다

大家聚在广场上一起迎接新年的到来。
Dàjiā jù zài guǎngchǎng shang yìqǐ yíngjiē xīnnián de
dàolái.
모두 광장에 모여 다 같이 새해의 도래를 맞이한다.

+ **聚** jù **동** 모이다 | **广场** guǎngchǎng **명** 광장 |
新年 xīnnián **명** 신년, 새해 | **到来** dàolái **동** 도래하다

0328
☐
☐

气氛★★★
qìfēn

명 분위기

在这里，你可以感受过年的气氛。
Zài zhèlǐ, nǐ kěyǐ gǎnshòu guònián de qìfēn.
이곳에서 당신은 설 쇠는 분위기를 느낄 수 있다.

+ **感受** gǎnshòu **동** 느끼다 | **过年** guònián **동** 설을 쇠다

> **빈출** **호응 표현** 독해 제1부분

- **活跃**气氛 huóyuè qìfēn 분위기를 띄우다
- **紧张的**气氛 jǐnzhāng de qìfēn 긴장된 분위기
- **欢乐的**气氛 huānlè de qìfēn 즐거운 분위기

0329 最初
zuìchū

☐ 최초, 처음

他改变了最初的想法。
Tā gǎibiànle zuìchū de xiǎngfǎ.
그는 최초의 생각을 바꾸었다.

+ 改变 gǎibiàn 图 바꾸다 | 想法 xiǎngfǎ 图 생각

0330 照常
zhàocháng

☐ 평소대로 하다, 평소와 같다

这家超市除夕照常营业。〔빈출〕
Zhè jiā chāoshì chúxī zhàocháng yíngyè.
이 슈퍼마켓은 섣달그믐날에 평소대로 영업한다.

+ 除夕 chúxī 图 섣달그믐날 |
营业 yíngyè 图 영업하다

0331 怀念
huáiniàn

[유의] 想念 xiǎngniàn
그리워하다,
생각하다
5급 ···→ p.230

☐ 그리워하다, 회상하다

我很怀念自己的童年时光。
Wǒ hěn huáiniàn zìjǐ de tóngnián shíguāng.
나는 나의 어린 시절이 매우 그립다.

+ 童年 tóngnián 图 어린 시절 |
时光 shíguāng 图 시절

0332 阶段★★
jiēduàn

☐ 단계, 계단

项目进入了最后阶段。〔빈출〕
Xiàngmù jìnrùle zuìhòu jiēduàn.
프로젝트가 마지막 단계에 접어들었다.

+ 项目 xiàngmù 图 프로젝트 |
进入 jìnrù 图 (어떤 범위, 시기에) 들어가다

DAY
01
DAY
02
DAY
03
DAY
04
DAY
05
DAY
06
DAY
07
DAY
08
DAY
09
DAY
10
DAY
11
DAY
12
DAY
13
DAY
14
DAY
15

0333

尽快★★★
jǐnkuài

참고 尽量 jǐnliàng
가능한 한
5급 ··· p.157

🔵 되도록 빨리

听到广播后，请尽快前往登机口。
Tīngdào guǎngbō hòu, qǐng jǐnkuài qiánwǎng dēngjīkǒu.
방송을 들으시면, 되도록 빨리 탑승 게이트로 가 주십시오.

+ 广播 guǎngbō 몡 방송 |
前往 qiánwǎng 통 향하여 가다 |
登机口 dēngjīkǒu 몡 탑승 게이트

0334

逐渐★★★
zhújiàn

유의 渐渐 jiànjiàn
점점, 점차

🔵 점차, 차츰

小马逐渐适应了公司环境。
Xiǎo Mǎ zhújiàn shìyìngle gōngsī huánjìng.
샤오마는 점차 회사 환경에 적응했다.

+ 适应 shìyìng 통 적응하다

0335

始终★
shǐzhōng

🔵 시종일관, 줄곧, 한결같이

母亲始终支持他搞研究。
Mǔqīn shǐzhōng zhīchí tā gǎo yánjiū.
어머니는 한결같이 그가 연구하는 것을 지지한다.

+ 母亲 mǔqīn 몡 모친, 어머니 |
支持 zhīchí 통 지지하다 | 搞 gǎo 통 하다 |
研究 yánjiū 통 연구하다

0336

立刻
lìkè

유의 立即 lìjí
즉시, 바로
5급 ··· p.151

🔵 즉시, 바로

表演一结束，台下立刻响起了热烈的掌声。
Biǎoyǎn yì jiéshù, táixia lìkè xiǎngqǐle rèliè de zhǎngshēng.
공연이 끝나자, 무대 아래에서 바로 뜨거운 박수 소리가 났다.

+ 表演 biǎoyǎn 몡 공연 |
台下 táixia 몡 무대 아래 | 响 xiǎng 통 소리가 나다 |
热烈 rèliè 혱 열렬하다 | 掌声 zhǎngshēng 몡 박수 소리

0337 耽误 ★★
☐
☐
dānwu

동 (시간을 지체하다가) 일을 그르치다, 지체하다

路上发生了意外，耽误了时间。
Lùshang fāshēngle yìwài, dānwule shíjiān.
길에서 뜻밖의 사고가 발생해서, 시간을 지체했다.

+ 发生 fāshēng 동 발생하다 | 意外 yìwài 명 의외의 사고

0338 持续 ★★
☐
☐
chíxù

참고 陆续 lùxù
잇따라
5급 … p.300

동 지속하다, 끊임없다

地震持续了10秒左右。
Dìzhèn chíxùle shí miǎo zuǒyòu.
지진은 10초 정도 지속되었다.

+ 地震 dìzhèn 명 지진 | 秒 miǎo 양 초 |
左右 zuǒyòu 명 정도, 쯤

0339 万一
☐
☐
wànyī

접 만약, 만일

一会儿万一送包裹的来了，怎么办?
Yíhuìr wànyī sòng bāoguǒ de lái le, zěnme bàn?
잠시 후에 만일 소포가 오면, 어떻게 하지요?

+ 包裹 bāoguǒ 명 소포

0340 团
☐
☐
tuán

명 단체, 집단

这次中秋节我报了一个旅行团。
Zhè cì Zhōngqiū Jié wǒ bàole yí ge lǚxíngtuán.
이번 추석에 나는 패키지여행을 신청했다.

+ 中秋节 Zhōngqiū Jié 명 중추절, 추석 |
报 bào 동 신청하다 |
旅行团 lǚxíngtuán 명 패키지여행

DAY
01

DAY
02

DAY
03

DAY
04

DAY
05

DAY
06

DAY
07

DAY
08

DAY
09

DAY
10

DAY
11

DAY
12

DAY
13

DAY
14

DAY
15

0341 确定** ☐ ☐
quèdìng

동 확정하다

会议的日程还没有最终确定。
Huìyì de rìchéng hái méiyǒu zuìzhōng quèdìng.
회의 일정은 아직 최종 확정되지 않았다.

+ 日程 rìchéng 명 일정 |
最终 zuìzhōng 형 최종의

빈출┃┃호응 표현 독해 제1부분 ▷

• 确定日期 quèdìng rìqī 날짜를 확정하다
• 确定地点 quèdìng dìdiǎn 장소를 확정하다
• 确定名单 quèdìng míngdān 명단을 확정하다

0342 省略 ☐ ☐
shěnglüè

동 생략하다

由于时间关系，以下内容就省略了。
Yóuyú shíjiān guānxi, yǐxià nèiróng jiù shěnglüè le.
시간 관계상, 이하 내용은 생략합니다.

+ 由于 yóuyú 접 ~때문에 |
以下 yǐxià 명 이하, 아래 | 内容 nèiróng 명 내용

0343 赶快** ☐ ☐
gǎnkuài

유의 赶紧 gǎnjǐn
서둘러, 재빨리
5급 ⋯ p.67

부 황급히, 재빨리

时间来不及了，我们得赶快出发。
Shíjiān lái bu jí le, wǒmen děi gǎnkuài chūfā.
시간이 늦었으니, 우리는 재빨리 출발해야 한다.

+ 来不及 lái bu jí 동 늦다 |
得 děi 조동 ~해야 한다

시간
명절

DAY
01

DAY
02

DAY
03

DAY
04

DAY
05

DAY
06

DAY
07

**DAY
08**

DAY
09

DAY
10

DAY
11

DAY
12

DAY
13

DAY
14

DAY
15

0344 呆
☐
☐
dāi

동 머무르다

今年暑假，我打算呆在学校。
Jīnnián shǔjià, wǒ dǎsuan dāi zài xuéxiào.
올해 여름 방학에, 나는 학교에 머물 계획이다.

+ **暑假** shǔjià 뗑 여름 방학

형 멍하다, 어리둥절하다

他经常坐在窗前发呆。
Tā jīngcháng zuò zài chuāng qián fādāi.
그는 자주 창문 앞에 멍하니 앉아 있다.

+ **窗** chuāng 뗑 창문 |
发呆 fādāi 동 멍하다, 얼이 빠지다

0345 似的
☐
☐
shìde

조 ~과 같다, ~과 비슷하다

**一想到明天放假，我就开心得像个孩子
似的。**
Yì xiǎngdào míngtiān fàngjià, wǒ jiù kāixīn de xiàng ge háizi
shìde.
내일 방학하는 걸 생각하면, 나는 마치 어린아이와 같이 즐겁다.

+ **放假** fàngjià 동 방학하다 | **开心** kāixīn 형 즐겁다

쓰기 출제 포인트

조사 似的는 단독으로 쓰일 수 없고, 반드시 像(xiàng 마치 ~과 같다),
好像(hǎoxiàng 마치 ~과 같다), 仿佛(fǎngfú 마치 ~인 것 같다)와
함께 쓰여야 하니 작문할 때 유의하자.

• 那朵云**像/好像**花儿似的。 저 구름은 마치 꽃과 같다.

• 时间**仿佛**停止了似的。 마치 시간이 멈춘 것 같다.

+ **朵** duǒ 양 송이, 조각[꽃이나 구름을 세는 단위] |
云 yún 뗑 구름 | **停止** tíngzhǐ 동 멈추다

1 빈칸을 채우세요.

傍晚	❶	저녁 무렵
❷	xiàndài	현대
怀念	huáiniàn	❸
❹	rìlì	달력
耽误	❺	일을 그르치다

2 단어의 병음과 뜻을 알맞게 연결하세요.

❶ 持续 •　　• ㉠ shǐzhōng •　　• ⓐ ~과 같다

❷ 省略 •　　• ㉡ chíxù •　　• ⓑ 시종일관, 줄곧

❸ 似的 •　　• ㉢ shěnglüè •　　• ⓒ 지속하다

❹ 始终 •　　• ㉣ shìde •　　• ⓓ 생략하다

3 빈칸에 들어갈 알맞은 단어를 고르세요.

> A 确定　　B 时代　　C 阶段　　D 鞭炮　　E 赶快

❶ 手机付款已成为新的＿＿＿＿趋势。

❷ 项目进入了最后＿＿＿＿。

❸ 会议的日程还没有最终＿＿＿＿。

❹ 春节放＿＿＿＿是中国人的传统习俗。

듣기 제1부분

4 녹음을 듣고 알맞은 답을 고르세요.

❶ A 下个月初　　　　　　B 下个月末

　 C 下个月5号　　　　　 D 下个月中旬

❷ A 打工赚钱　　　　　　B 练习中文

　 C 参加冬令营　　　　　D 感受过年的气氛

쓰기 제1부분

5 제시된 어휘로 어순에 맞게 문장을 완성하세요.

❶ 三次冠军　　已经　　她至今　　获得了

_____

❷ 劳动节　　拥挤　　特别　　期间　　景区肯定

_____

❸ 航班也　　除夕　　照常　　起飞

_____

❹ 新的　　逐渐　　适应了　　工作　　小张

_____

☑ 정답 및 해석 ⇨ 544쪽

시간
명절

DAY 01
DAY 02
DAY 03
DAY 04
DAY 05
DAY 06
DAY 07
DAY 08
DAY 09
DAY 10
DAY 11
DAY 12
DAY 13
DAY 14
DAY 15

HSK 5급 0346~0390

DAY
09

Track20

내 몸의 건강 신호
_건강, 신체

HSK 5급에 이런 내용이 나온다!

건강 관련 주제에서는 아픈 증상, 병원 접수하기, 치료하기, 입원하기 등의 상황이 자주 출제되고, 신체 관련
주제에서는 心脏(xīnzàng 심장), 牙齿(yáchǐ 치아), 胸(xiōng 가슴), 腰(yāo 허리), 脖子(bózi 목), 肩膀
(jiānbǎng 어깨) 등의 신체 단어들이 자주 나옵니다.

한눈에 파악하는 단어

아픈 증상

痒 yǎng 가렵다
头晕 tóu yūn 어지럽다
受伤 shòushāng 상처를 입다
打喷嚏 dǎ pēntì 재채기하다
着凉 zháoliáng 감기에 걸리다
失眠 shīmián 불면증에 걸리다
过敏 guòmǐn 알레르기 반응을 보이다

병원 가기

内科 nèikē 내과
挂号 guàhào 접수하다
急诊 jízhěn 응급 진료
诊断 zhěnduàn 진단하다
治疗 zhìliáo 치료하다
手术 shǒushù 수술하다

0346 传染* chuánrǎn

동 전염하다, 감염하다, 옮다

最近流感很严重，小心被传染。
Zuìjìn liúgǎn hěn yánzhòng, xiǎoxīn bèi chuánrǎn.
요즘 독감이 심하니, 감염되지 않도록 조심해라.

+ 流感 liúgǎn 명 유행성 감기, 독감

0347 挂号* guàhào

동 (병원 창구에) 접수하다, 수속하다

请在这个窗口排队挂号。
Qǐng zài zhège chuāngkǒu páiduì guàhào.
이 창구에 줄을 서서 접수하세요.

+ 窗口 chuāngkǒu 명 창구 | 排队 páiduì 동 줄을 서다

듣기 출제 포인트

挂号는 병원에서만 쓰는 용어이다. 듣기 대화문에 병원을 직접적으로 언급하지 않고 挂号, 治疗(zhìliáo 치료), 检查身体(jiǎnchá shēntǐ 신체를 검사하다) 등의 내용을 들려주고 대화가 발생하는 장소가 어딘지 묻는 문제가 자주 출제되므로 医院(yīyuàn 병원)임을 유추할 줄 알아야 한다.

0348 着凉 zháoliáng

동 감기에 걸리다

你出了一身汗，马上吹空调容易着凉。
Nǐ chūle yìshēn hàn, mǎshàng chuī kōngtiáo róngyì zháoliáng.
너는 온몸에 땀이 났는데, 바로 에어컨을 쐬면 감기에 걸리기 쉬워.

유의 感冒 gǎnmào 감기에 걸리다 3급

+ 一身 yìshēn 명 온몸, 정신 | 出汗 chūhàn 동 땀이 나다 | 吹 chuī 동 바람이 불다

0349 急诊 jízhěn

명 응급 진료, 급진

病毒性感冒可以挂急诊。
Bìngdúxìng gǎnmào kěyǐ guà jízhěn.
바이러스성 감기는 응급 진료에 접수할 수 있다.

+ 病毒性 bìngdúxìng 바이러스성 | 挂 guà 동 접수하다

0350 救护车
jiùhùchē

명 구급차

救护车居然10分钟就到了。👆📶
Jiùhùchē jūrán shí fēnzhōng jiù dào le.
구급차가 놀랍게도 10분 만에 도착했다.

+ 居然 jūrán 🔤 놀랍게도

0351 内科
nèikē

참고 外科 wàikē
외과

명 내과

我就剩内科没有检查了。
Wǒ jiù shèng nèikē méiyǒu jiǎnchá le.
나는 검사하지 않은 것은 내과만 남았다.

+ 剩 shèng 🔤 남다

0352 手术★★
shǒushù

명 수술

我第一次挑战这么高难度的手术。👆📶
Wǒ dì-yī cì tiǎozhàn zhème gāo nándù de shǒushù.
나는 처음으로 이런 고난도의 수술에 도전한다.

+ 挑战 tiǎozhàn 🔤 도전하다 | 高难度 gāo nándù 🔤 고난도

동 수술하다

爷爷明天上午手术。
Yéye míngtiān shàngwǔ shǒushù.
할아버지께서는 내일 오전에 수술하신다.

0353 受伤★★★
shòushāng

동 상처를 입다, 부상을 당하다

这次事故没有造成人员受伤。
Zhè cì shìgù méiyǒu zàochéng rényuán shòushāng.
이번 사고가 사람들의 부상을 초래하진 않았다.

+ 事故 shìgù 🔤 사고 |
造成 zàochéng 🔤 (좋지 않은 상황을) 초래하다 |
人员 rényuán 🔤 인원

0354 摔倒 **
shuāidǎo

图 넘어지다, 엎어지다

我滑冰时不小心摔倒了。 🖐빈출📢
Wǒ huábīng shí bù xiǎoxīn shuāidǎo le.
나는 스케이트를 타다가 부주의해서 넘어졌다.

+ 滑冰 huábīng 图 스케이트를 타다

DAY
01
DAY
02
DAY
03
DAY
04
DAY
05

0355 心脏
xīnzàng

图 심장

奶奶突发心脏病，赶紧叫救护车。
Nǎinai tūfā xīnzàngbìng, gǎnjǐn jiào jiùhùchē.
할머니께서 갑자기 심장병이 발생했으니, 서둘러 구급차를 불러.

+ 突发 tūfā 图 갑자기 발생하다 |
心脏病 xīnzàngbìng 图 심장병 |
赶紧 gǎnjǐn 图 서둘러 | 救护车 jiùhùchē 图 구급차

DAY
06
DAY
07
DAY
08

0356 牙齿
yáchǐ

图 치아

保持牙齿健康，应从健康的饮食习惯开始。
Bǎochí yáchǐ jiànkāng, yīng cóng jiànkāng de yǐnshí xíguàn kāishǐ.
치아 건강을 유지하려면, 건강한 식습관부터 시작해야 한다.

+ 保持 bǎochí 图 유지하다 |
饮食习惯 yǐnshí xíguàn 식습관

**DAY
09**
DAY
10
DAY
11
DAY
12

0357 胸
xiōng

图 가슴, 흉부

今天我们一起做胸部训练。
Jīntiān wǒmen yìqǐ zuò xiōngbù xùnliàn.
오늘 우리는 함께 가슴 훈련을 한다.

+ 胸部 xiōngbù 图 가슴, 흉부 |
训练 xùnliàn 图 훈련하다

DAY
13
DAY
14
DAY
15

0358
☐
☐

腰
yāo

명 허리

你的腰刚做完手术，不要搬这么重的东西。
Nǐ de yāo gāng zuòwán shǒushù, búyào bān zhème zhòng de dōngxi.
너는 방금 허리 수술을 했으니, 이렇게 무거운 물건은 옮기지 마라.

+刚 gāng 뮈 방금 |
手术 shǒushù 몡 수술 | 重 zhòng 혱 무겁다

0359
☐
☐

血
xiě

명 피, 혈액

你鼻子怎么出血了？
Nǐ bízi zěnme chūxiě le?
당신 코에서 왜 피가 납니까?

+出血 chūxiě 동 피가 나다

맛있는 단어 TIP   다음자 血

血는 발음이 'xiě'와 'xuè' 두 가지가 있는데, 구어체에서는 xiě로 발음하고, 문어체에서는 xuè로 발음한다.

• [xiě] 流血 liú xiě 피가 흐르다
　　　 猪血 zhūxiě 돼지의 피
　　　 鼻血 bíxiě 코피
• [xuè] 血液 xuèyè 혈액
　　　 血型 xuèxíng 혈액형
　　　 高血压 gāoxuèyā 고혈압

0360
☐
☐

打喷嚏
dǎ pēntì

동 재채기하다

他连续打了好几个喷嚏，可能是着凉了。
Tā liánxù dǎle hǎo jǐ ge pēntì, kěnéng shì zháoliáng le.
그는 연속으로 몇 번을 재채기하는 것이, 아마도 감기에 걸린 것 같다.

+连续 liánxù 동 연속하다 |
着凉 zháoliáng 동 감기에 걸리다

0361

治疗 ★★★
zhìliáo

동 치료하다

医生们正开会研究治疗方案。🖐📙
Yīshēngmen zhèng kāihuì yánjiū zhìliáo fāng'àn.
의사들이 치료 방안을 연구하기 위해 회의하고 있다.

+ 开会 kāihuì 동 회의하다 |
研究 yánjiū 동 연구하다 | 方案 fāng'àn 명 방안

0362

过敏 *
guòmǐn

동 알레르기 반응을 보이다

他对花粉过敏，一闻到花香就打喷嚏。
Tā duì huāfěn guòmǐn, yì wéndào huāxiāng jiù dǎ pēntì.
그는 꽃가루에 알레르기가 있어서, 꽃향기를 맡으면 바로 재채기를
한다.

+ 花粉 huāfěn 명 꽃가루 | 闻 wén 동 냄새를 맡다 |
花香 huāxiāng 명 꽃향기 | 打喷嚏 dǎ pēntì 동 재채기하다

0363

脖子
bózi

명 목

你脖子疼是由错误的睡觉姿势引起的。🖐📙
Nǐ bózi téng shì yóu cuòwù de shuìjiào zīshì yǐnqǐ de.
네 목의 통증은 잘못된 수면 자세에 의해 야기된 것이다.

+ 由 yóu 개 ~에 의해 | 错误 cuòwù 형 잘못되다 |
姿势 zīshì 명 자세 | 引起 yǐnqǐ 동 야기하다

0364

肩膀
jiānbǎng

명 어깨

上次健身回来，我肩膀一直疼。
Shàng cì jiànshēn huílai, wǒ jiānbǎng yìzhí téng.
지난번에 헬스하고 돌아와서, 나는 줄곧 어깨가 아프다.

+ 健身 jiànshēn 동 헬스하다

DAY 01
DAY 02
DAY 03
DAY 04
DAY 05
DAY 06
DAY 07
DAY 08
DAY 09
DAY 10
DAY 11
DAY 12
DAY 13
DAY 14
DAY 15

0365 开水
kāishuǐ

명 끓인 물

这是刚烧的开水，有点儿烫。
Zhè shì gāng shāo de kāishuǐ, yǒudiǎnr tàng.
이것은 방금 끓인 물이라서, 좀 뜨겁다.

+ 刚 gāng 児 방금 |
烧 shāo 동 끓이다 | 烫 tàng 형 몹시 뜨겁다

0366 爱惜
àixī

유의 珍惜 zhēnxī
아끼다, 소중히 하다
5급 ···> p.507

동 아끼다, 소중히 여기다

你要爱惜自己的身体，少喝酒。
Nǐ yào àixī zìjǐ de shēntǐ, shǎo hē jiǔ.
당신은 자신의 몸을 소중히 여기고, 술을 적게 마셔야 한다.

빈출 **호응 표현** 독해 제1부분

• 爱惜生命 àixī shēngmìng 생명을 소중히 여기다
• 爱惜人才 àixī réncái 인재를 소중히 여기다
• 爱惜粮食 àixī liángshi 양식을 아끼다

0367 看望
kànwàng

동 방문하다, 찾아가 보다

我周末去看望住院的外婆。빈출
Wǒ zhōumò qù kànwàng zhùyuàn de wàipó.
나는 주말에 입원해 계신 외할머니를 뵈러 간다.

+ 住院 zhùyuàn 동 입원하다 |
外婆 wàipó 명 외할머니

0368 眉毛
méimao

명 눈썹

照相时请把眉毛露出来。
Zhàoxiàng shí qǐng bǎ méimao lòu chūlai.
사진을 찍을 때 눈썹을 드러내 주세요.

+ 照相 zhàoxiàng 동 사진을 찍다 |
露 lòu 동 드러내다

0369
☐
☐
脑袋
nǎodai

명 머리, 두뇌

我脑袋越来越不好使了，总忘事情。
Wǒ nǎodai yuè lái yuè bù hǎoshǐ le, zǒng wàng shìqing.
나는 머리가 갈수록 나빠져서, 늘 깜빡한다.

+ 好使 hǎoshǐ 형 성능이 좋다

DAY
01

DAY
02

DAY
03

DAY
04

DAY
05

DAY
06

DAY
07

DAY
08

DAY
09

DAY
10

DAY
11

DAY
12

DAY
13

DAY
14

DAY
15

0370
☐
☐
手指
shǒuzhǐ

명 손가락

他切菜时划破了手指。👈빈출
Tā qiē cài shí huápòle shǒuzhǐ.
그는 채소를 썰다가 손가락을 베었다.

+ 切 qiē 통 (칼로) 썰다 | 划破 huápò 통 베다

0371
☐
☐
胃
wèi

명 위

刚吃完饭就吃冰激凌容易伤胃。
Gāng chīwán fàn jiù chī bīngjīlíng róngyì shāng wèi.
밥을 막 먹자마자 아이스크림을 먹으면 위가 상하기 쉽다.

+ 刚 gāng 부 막 |
冰激凌 bīngjīlíng 명 아이스크림 | 伤 shāng 통 상하다

0372
☐
☐
嗓子
sǎngzi

명 목, 목구멍

我觉得我嗓子里要冒烟了。
Wǒ juéde wǒ sǎngzi li yào màoyān le.
나는 내 목에서 연기가 나는 것 같다.

+ 冒烟 màoyān 통 연기가 나다

0373
☐
☐
熬夜★★★
áoyè

통 밤새다

经常熬夜会引起很多疾病。👈빈출
Jīngcháng áoyè huì yǐnqǐ hěn duō jíbìng.
자주 밤을 새면 많은 질병을 일으킬 수 있다.

+ 引起 yǐnqǐ 통 일으키다 | 疾病 jíbìng 명 질병

0374 踩

cǎi

통 밟다, 짓밟다

真不好意思，踩到了您的脚。
Zhēn bù hǎoyìsi, cǎidàole nín de jiǎo.
당신의 발을 밟아서, 정말 죄송합니다.

0375 失眠

shīmián

통 잠을 자지 못하다, 불면증에 걸리다

睡前喝一杯牛奶能有效防止失眠。
Shuì qián hē yì bēi niúnǎi néng yǒuxiào fángzhǐ shīmián.
자기 전에 우유를 한 잔 마시면 불면증을 방지하는 데 효과가 있다.

＋有效 yǒuxiào 형 효과가 있다 |
防止 fángzhǐ 통 방지하다

0376 舒适

shūshì

형 기분이 좋다, 쾌적하다, 편안하다

这里环境舒适，适合奶奶居住。
Zhèlǐ huánjìng shūshì, shìhé nǎinai jūzhù.
이곳은 환경이 쾌적해서, 할머니께서 사시기에 적합하다.

＋适合 shìhé 통 ~에 적합하다 |
居住 jūzhù 통 살다

> 빈출 호응 표현 독해 제1부분
>
> • 舒适的生活 shūshì de shēnghuó 편안한 생활
> • 舒适的环境 shūshì de huánjìng 쾌적한 환경
> • 舒适的衣服 shūshì de yīfu 편안한 옷

0377 消化**

xiāohuà

통 소화하다

吃饭时聊天儿不利于消化。
Chīfàn shí liáotiānr búlìyú xiāohuà.
밥 먹을 때 잡담을 하면 소화에 좋지 않다.

＋不利于 búlìyú ~에 좋지 않다

0378 **痒**
□
□
yǎng

형 가렵다

伤口痒说明它正在恢复。
Shāngkǒu yǎng shuōmíng tā zhèngzài huīfù.
상처가 가려운 것은 회복되고 있다는 의미이다.

+ 伤口 shāngkǒu 명 상처 |
说明 shuōmíng 동 설명하다 | 恢复 huīfù 동 회복하다

독해 출제 포인트

痒은 '가렵다'는 구체적인 감각을 가리키는 것 외에 '어떤 일을 하고 싶다'는 의욕이 생길 때에도 사용이 가능하다. 독해 영역에 心里痒痒 的(xīnli yǎngyǎng de 몸이 근질근질하다)라는 표현이 종종 나오니 그 의미를 잘 파악해야 한다.

• 看到朋友的股票大涨，他心里痒痒的，也想买股票。
친구의 주식이 폭등하는 것을 보고, 그도 주식을 사고 싶어서 몸이 근질근질하다.

+ 股票 gǔpiào 명 주식 |
大涨 dà zhǎng 폭등하다

DAY
01

DAY
02

DAY
03

DAY
04

DAY
05

DAY
06

DAY
07

DAY
08

**DAY
09**

DAY
10

DAY
11

DAY
12

DAY
13

DAY
14

DAY
15

0379 **咬**
□
□
yǎo

동 물다

我的胳膊被蚊子咬了。
Wǒ de gēbo bèi wénzi yǎo le.
내 팔이 모기에 물렸다.

+ 胳膊 gēbo 명 팔 |
蚊子 wénzi 명 모기

0380 **诊断**
□
□
zhěnduàn

동 진단하다

爷爷的诊断结果还没出来。
Yéye de zhěnduàn jiéguǒ hái méi chūlai.
할아버지의 진단 결과가 아직 나오지 않았다.

+ 结果 jiéguǒ 명 결과

0381

晕 ★★

yūn

형 **어지럽다**

最近没休息好，一直头晕。
Zuìjìn méi xiūxi hǎo, yìzhí tóu yūn.
요즘 잘 쉬지 못해서, 계속 머리가 어지럽다.

동 **기절하다**

她在走路时突然晕倒了。
Tā zài zǒulù shí tūrán yūndǎo le.
그녀는 걷다가 갑자기 기절하여 쓰러졌다.

+ 晕倒 yūndǎo 동 기절하여 쓰러지다

맛있는 단어 TIP   다음자 晕

晕은 성조가 다른 'yūn'과 'yùn' 두 개의 발음이 있다. 주로 '머리가 어지럽다', '기절하다'라는 의미를 나타날 때는 1성(yūn)으로 발음하고, '멀미하다'라는 의미를 나타낼 때는 4성(yùn)으로 발음한다.

• [yūn] 头晕 tóuyūn 머리가 어지럽다
         晕倒 yūndǎo 기절하여 쓰러지다
• [yùn] 晕车 yùnchē 차멀미하다
         晕船 yùnchuán 뱃멀미하다

0382

呼吸 ★★

hūxī

동 **호흡하다, 숨을 쉬다**

他感到呼吸困难，没有力气。
Tā gǎndào hūxī kùnnan, méiyǒu lìqi.
그는 호흡이 곤란하고, 기운이 없다고 느꼈다.

+ 困难 kùnnan 형 곤란하다 |
  力气 lìqi 명 힘, 기운

건강
신체

DAY
01

DAY
02

DAY
03

DAY
04

DAY
05

DAY
06

DAY
07

DAY
08

**DAY
09**

DAY
10

DAY
11

DAY
12

DAY
13

DAY
14

DAY
15

0383 规律* guīlǜ

유의 规则 guīzé
규칙, 규정
5급 ⋯ p.94
规矩 guīju
법칙, 표준
5급 ⋯ p.278

형 규칙적이다, 규칙에 맞다

饮食不规律容易使人发胖。
Yǐnshí bù guīlǜ róngyì shǐ rén fāpàng.
식사를 불규칙하게 하면 살이 찌기 쉽다.

+ 饮食 yǐnshí 통 음식을 먹고 마시다 |
使 shǐ 통 ~로 하여금 ~하게 하다 |
发胖 fāpàng 통 살찌다

명 규율, 법칙

成功是没有规律的。
Chénggōng shì méiyǒu guīlǜ de.
성공에는 법칙이 없다.

0384 救 jiù

동 구하다, 구출하다

张医生，非常感谢您救了我父亲。
Zhāng yīshēng, fēicháng gǎnxiè nín jiùle wǒ fùqīn.
장 선생님, 저희 아버지를 구해 주셔서 정말 감사합니다.

+ 感谢 gǎnxiè 통 감사하다 |
父亲 fùqīn 명 부친, 아버지

0385 伸 shēn

동 펴다, 펼치다, 내밀다

他摔倒了，我伸手拉了他一下。
Tā shuāidǎo le, wǒ shēnshǒu lāle tā yíxià.
그가 넘어져서, 나는 손을 내밀어 그를 잡아당겼다.

+ 摔倒 shuāidǎo 통 넘어지다 |
拉 lā 통 잡아당기다

0386 预防
yùfáng

동 예방하다

平时要通过运动预防高血压。
Píngshí yào tōngguò yùndòng yùfáng gāoxuèyā.
평상시에 운동을 통해 고혈압을 예방해야 한다.

+ 平时 píngshí 명 평상시 |
通过 tōngguò 깨 ~을 통해 |
高血压 gāoxuèyā 명 고혈압

빈출 | 호응 표현 독해 제1부분

- 预防疾病 yùfáng jíbìng 질병을 예방하다
- 预防灾害 yùfáng zāihài 재해를 예방하다
- 预防事故 yùfáng shìgù 사고를 예방하다

0387 后背
hòubèi

명 등

天太热，我的后背出了很多汗。
Tiān tài rè, wǒ de hòubèi chūle hěn duō hàn.
날이 너무 더워서, 내 등에는 땀이 많이 났다.

+ 出汗 chūhàn 동 땀이 나다

0388 戒
jiè

동 (좋지 못한 습관을) 끊다, 중단하다

因为老婆怀孕了，他下决心要戒烟。
Yīnwèi lǎopo huáiyùn le, tā xià juéxīn yào jièyān.
아내가 임신을 해서, 그는 담배를 끊기로 결심했다.

+ 老婆 lǎopo 명 아내, 처 |
怀孕 huáiyùn 동 임신하다 |
下决心 xià juéxīn 결심하다 | 戒烟 jièyān 동 담배를 끊다

0389 立即*
☐
☐

lìjí

유의 立刻 lìkè
즉시, 바로
5급 … p.132

图 즉시, 바로

奶奶需要立即接受治疗。 빈출
Nǎinai xūyào lìjí jiēshòu zhìliáo.
할머니는 즉시 치료를 받아야 한다.

+接受 jiēshòu 통 받다 |
治疗 zhìliáo 통 치료하다

0390 台阶
☐
☐

táijiē

图 계단

下台阶要当心，别摔倒了。
Xià táijiē yào dāngxīn, bié shuāidǎo le.
계단을 내려갈 때 넘어지지 않도록 조심해야 한다.

+当心 dāngxīn 통 조심하다 |
摔倒 shuāidǎo 통 넘어지다

DAY 01
DAY 02
DAY 03
DAY 04
DAY 05
DAY 06
DAY 07
DAY 08
DAY 09
DAY 10
DAY 11
DAY 12
DAY 13
DAY 14
DAY 15

加把劲儿!

1 빈칸을 채우세요.

着凉	zháoliáng	❶
❷	shòushāng	상처를 입다
脖子	bózi	❸
❹	zhìliáo	치료하다
肩膀	❺	어깨

2 단어의 병음과 뜻을 알맞게 연결하세요.

❶ 眉毛 •   • ㉠ méimao •   • ⓐ 소화하다

❷ 爱惜 •   • ㉡ lìjí •   • ⓑ 즉시, 바로

❸ 消化 •   • ㉢ àixī •   • ⓒ 눈썹

❹ 立即 •   • ㉣ xiāohuà •   • ⓓ 소중히 여기다

3 빈칸에 들어갈 알맞은 단어를 고르세요.

> A 舒适   B 手指   C 急诊   D 传染   E 规律

❶ 饮食不＿＿＿＿＿＿容易使人发胖。

❷ 这里环境＿＿＿＿＿＿，适合奶奶居住。

❸ 他切菜时划破了＿＿＿＿＿＿。

❹ 最近流感很严重，小心被＿＿＿＿＿＿。

건강
신체

DAY
01

DAY
02

DAY
03

DAY
04

DAY
05

DAY
06

DAY
07

DAY
08

DAY
09

DAY
10

DAY
11

DAY
12

DAY
13

DAY
14

DAY
15

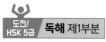 **듣기** 제1부분

4 녹음을 듣고 알맞은 답을 고르세요.

❶ A 邮局　　　　　　　　B 医院

　 C 眼镜店　　　　　　　D 维修中心

❷ A 摔倒了　　　　　　　B 十分淘气

　 C 跑得很快　　　　　　D 踢球时受伤了

독해 제1부분

5 빈칸에 들어갈 알맞은 단어를 고르세요.

　　春天是一个美好的季节，但对于那些对花粉过敏的人来说，"春天来了"可能并不是一个好消息。他们在花粉的刺激下，会感到皮肤很痒，或者连续打喷嚏，甚至＿＿❶＿＿困难、头晕耳鸣。那么如何＿＿❷＿＿花粉过敏呢? 首先应减少去花草、树木茂盛的地方，也不要随便＿＿❸＿＿花草；外出郊游时最好穿长袖的衣服，尽量避免与花粉直接接触；同时也要随身携带相关的药物。

 ❶ A 熬夜　　　B 燃烧　　　C 呼吸　　　D 搜索

❷ A 预防　　　B 调整　　　C 诊断　　　D 接待

❸ A 晒　　　　B 闻　　　　C 戒　　　　D 递

☑ 정답 및 해석 ⇨ 545쪽

HSK 5급 0391~0433

DAY
10

Track22

잠깐! 워밍업은 필수!
_운동, 경기

HSK 5급에 이런 내용이 나온다!

운동과 경기 관련 주제에서는 헬스, 조깅 등 일상생활 내용과 훈련, 경기 참가, 경기 종목 등의 내용이 가장 많이 출제됩니다. 빈출 단어로는 姿势(zīshì 자세), 肌肉(jīròu 근육), 健身(jiànshēn 헬스하다) 등이 있습니다.

한눈에 파악하는 단어

✌ 경기 참가 전

健身 jiànshēn 헬스하다
刻苦训练 kèkǔ xùnliàn
고통을 참으며 훈련하다
制定计划 zhìdìng jìhuà
계획을 세우다

✌ 경기 중

开幕式 kāimùshì 개막식
武术 wǔshù 무술
射击 shèjī 사격
太极拳 tàijíquán 태극권
决赛 juésài 결승전

✌ 경기 결과

冠军 guànjūn 챔피언
胜利 shènglì 승리
创造纪录
chuàngzào jìlù
기록을 세우다

0391

冠军***
guànjūn

☐
☐

명 1등, 챔피언, 우승자

他连续3年获得了羽毛球冠军。[빈출]
Tā liánxù sān nián huòdéle yǔmáoqiú guànjūn.
그는 3년 연속 배드민턴에서 우승을 차지했다.

+ 连续 liánxù 동 연속하다 |
获得 huòdé 동 획득하다 | 羽毛球 yǔmáoqiú 명 배드민턴

0392

健身*
jiànshēn

☐
☐

동 신체를 건강하게 하다, 헬스하다

以后跟我一起去健身吧。
Yǐhòu gēn wǒ yìqǐ qù jiànshēn ba.
앞으로는 나와 함께 헬스하러 가자.

+ 以后 yǐhòu 명 앞으로

0393

球迷
qiúmí

☐
☐

명 축구 팬, 구기 마니아

作为北京队的球迷，我当然支持北京队了。
Zuòwéi Běijīngduì de qiúmí, wǒ dāngrán zhīchí Běijīngduì le.
베이징팀의 팬으로서, 나는 당연히 베이징팀을 지지한다

+ 作为 zuòwéi 개 ~로서 |
队 duì 명 팀 | 支持 zhīchí 동 지지하다

0394

教练***
jiàoliàn

☐
☐

명 감독, 코치

他在一家健身俱乐部担任教练。[빈출]
Tā zài yì jiā jiànshēn jùlèbù dānrèn jiàoliàn.
그는 한 헬스클럽에서 코치를 맡고 있다.

+ 健身俱乐部 jiànshēn jùlèbù 명 헬스클럽 |
担任 dānrèn 동 맡다

0395

射击*
shèjī

☐
☐

동 사격하다, 쏘다

这名射击运动员很久没参加比赛了。
Zhè míng shèjī yùndòngyuán hěn jiǔ méi cānjiā bǐsài le.
이 사격 선수는 오랫동안 경기에 참가하지 않았다.

DAY 01
DAY 02
DAY 03
DAY 04
DAY 05
DAY 06
DAY 07
DAY 08
DAY 09
DAY 10
DAY 11
DAY 12
DAY 13
DAY 14
DAY 15

0396 太极拳 ★★
tàijíquán

명 태극권

我们班要在开幕式上表演太极拳。
Wǒmen bān yào zài kāimùshì shang biǎoyǎn tàijíquán.
우리 반은 개막식에서 태극권을 공연할 것이다.

+ 开幕式 kāimùshì 명 개막식 |
表演 biǎoyǎn 동 공연하다

쓰기 출제 포인트

쓰기 제2부분에 태극권을 하는 사진이나 외국인에게 태극권을 가르치는 사진이 종종 출제된다. 작문할 때 한자 拳은 틀리기 쉬운 한자이니 잘못 쓰지 않도록 주의해야 한다.

• 我在中国留学时，学习了太极拳。
나는 중국에서 유학할 때, 태극권을 배웠다.

• 我在公园里跟爷爷奶奶们一起打太极拳。
나는 공원에서 할아버지, 할머니들과 함께 태극권을 한다.

0397 恭喜 ★
gōngxǐ

유의 祝贺 zhùhè
축하하다
4급

동 축하하다

恭喜你被国家队录取了。
Gōngxǐ nǐ bèi guójiāduì lùqǔ le.
국가 대표팀에 선발된 것을 축하합니다.

+ 国家队 guójiāduì 명 국가 대표팀 |
录取 lùqǔ 동 선발하다

0398 决赛
juésài

참고 半决赛
bànjuésài
준결승전

명 결승전

足球迷们非常关注这次决赛。 [빈출]
Zúqiúmímen fēicháng guānzhù zhè cì juésài.
축구 팬들은 이번 결승전에 광장한 관심을 가지고 있다.

+ 足球迷 zúqiúmí 축구 팬 |
关注 guānzhù 동 관심을 가지다

0399 训练 ★★★

xùnliàn

동 훈련하다

教练对训练的要求十分严格。 [빈출]
Jiàoliàn duì xùnliàn de yāoqiú shífēn yángé.
감독은 훈련에 대한 요구가 매우 엄격하다.

+ **教练** jiàoliàn 圆 감독, 코치 |
十分 shífēn 퇴 매우 | **严格** yángé 慖 엄격하다

0400 武术

wǔshù

명 무술

外公每天早上去公园练武术。
Wàigōng měi tiān zǎoshang qù gōngyuán liàn wǔshù.
외할아버지께서는 매일 아침 공원에 가서 무술을 훈련하신다.

+ **外公** wàigōng 圆 외할아버지 |
练 liàn 图 훈련하다

0401 尽量 ★★

jǐnliàng

참고 尽快 jǐnkuài
되도록 빨리
5급 ⋯ p.132

부 가능한 한, 되도록

为了健康，请尽量坚持每天运动。
Wèile jiànkāng, qǐng jǐnliàng jiānchí měi tiān yùndòng.
건강을 위해, 가능한 한 매일 꾸준히 운동하세요.

+ **坚持** jiānchí 图 계속하다

0402 操场

cāochǎng

명 운동장

有两个队在操场上进行训练。
Yǒu liǎng ge duì zài cāochǎng shang jìnxíng xùnliàn.
두 팀이 운동장에서 훈련을 하고 있다.

+ **队** duì 圆 팀 |
进行 jìnxíng 图 진행하다 | **训练** xùnliàn 图 훈련하다

DAY
01

DAY
02

DAY
03

DAY
04

DAY
05

DAY
06

DAY
07

DAY
08

DAY
09

**DAY
10**

DAY
11

DAY
12

DAY
13

DAY
14

DAY
15

0403 连续*

liánxù

참고 陆续 lùxù 잇따라
5급 ··· p.300

동 연속하다, 계속하다

他连续三年被评为最佳运动员。👆
Tā liánxù sān nián bèi píngwéi zuì jiā yùndòngyuán.
그는 3년 연속 최고의 선수로 선정되었다.

+ 被评为 bèi píngwéi ~(으)로 선정되다 |
最佳 zuìjiā **형** 최고의

쓰기 출제 포인트

'连续+시량보어' 형식은 쓰기 제1부분 배열 문제에 자주 나오니 三年, 一天, 两个小时와 같이 시간의 양을 나타내는 어휘는 连续 뒤에 위치해야 하는 것에 유의하자.

0404 肌肉

jīròu

명 근육

常看远处可以放松眼部肌肉。
Cháng kàn yuǎnchù kěyǐ fàngsōng yǎnbù jīròu.
자주 먼 곳을 보면 눈가 근육을 이완시킬 수 있다.

+ 远处 yuǎnchù **명** 먼 곳 |
放松 fàngsōng **동** 이완시키다 | 眼部 yǎnbù **명** 눈가, 안부

0405 胜利

shènglì

유의 赢 yíng 이기다
4급

명 승리

恭喜你们在这场比赛中取得了胜利。
Gōngxǐ nǐmen zài zhè chǎng bǐsài zhōng qǔdéle shènglì.
이번 경기에서 승리를 거둔 것을 축하합니다.

+ 恭喜 gōngxǐ **동** 축하하다 |
场 chǎng **양** 회, 번[문예, 오락, 체육 활동] | 取得 qǔdé **동** 얻다

동 승리하다, 성공하다

想要胜利，必须要付出很多。
Xiǎng yào shènglì, bìxū yào fùchū hěn duō.
승리하고 싶다면, 반드시 많은 대가를 치러야 한다.

+ 付出 fùchū **동** (대가, 경비 등을) 지불하다, 치르다

운동
경기

DAY
01

DAY
02

DAY
03

DAY
04

DAY
05

DAY
06

DAY
07

DAY
08

DAY
09

**DAY
10**

DAY
11

DAY
12

DAY
13

DAY
14

DAY
15

0406 纪录
☐
☐
jìlù

명 기록

他打破了百米短跑的纪录。 빈출
Tā dǎpòle bǎi mǐ duǎnpǎo de jìlù.
그는 100미터 단거리 기록을 깼다.

+ 打破 dǎpò 동 (규칙, 기록 등을) 깨다 |
短跑 duǎnpǎo 명 단거리 경주

0407 创造*
☐
☐
chuàngzào

동 창조하다, 만들다

他创造了新的世界纪录。
Tā chuàngzàole xīn de shìjiè jìlù.
그는 새로운 세계 기록을 세웠다.

+ 纪录 jìlù 명 기록

빈출 호응 표현 독해 제1부분 ▶

• 创造利润 chuàngzào lìrùn 이윤을 창출하다
• 创造条件 chuàngzào tiáojiàn 조건을 만들다
• 创造奇迹 chuàngzào qíjì 기적을 만들다

0408 课程
☐
☐
kèchéng

명 교육 과정, 커리큘럼

我大学的时候还没有太极拳课程。
Wǒ dàxué de shíhou hái méiyǒu tàijíquán kèchéng.
내가 대학교에 다닐 때는 아직 태극권 수업이 없었다.

+ 太极拳 tàijíquán 명 태극권

0409 蹲
☐
☐
dūn

동 쪼그리고 앉다, 웅크리고 앉다

他腿受伤了，蹲不了。
Tā tuǐ shòushāngle, dūn bu liǎo.
그는 다리를 다쳐서, 쪼그리고 앉을 수가 없다.

+ 受伤 shòushāng 동 부상을 당하다

0410 姿势 ★★
zīshì

명 자세, 모양

请保持这个姿势1分钟。
Qǐng bǎochí zhège zīshì yì fēnzhōng.
이 자세를 1분간 유지하세요.

+ 保持 bǎochí 동 유지하다

빈출 || 호응 표현 독해 제1부분 ▶

- 优美的姿势 yōuměi de zīshì 우아한 자세
- 端正的姿势 duānzhèng de zīshì 바른 자세
- 摆姿势 bǎi zīshì 자세를 잡다

0411 对手
duìshǒu

유의 对方 duìfāng
상대방, 상대편
5급 ⋯ p.97

명 상대, 라이벌

这次比赛的竞争对手太厉害了。
Zhè cì bǐsài de jìngzhēng duìshǒu tài lìhai le.
이번 경기의 경쟁 상대는 너무 대단하다.

+ 竞争 jìngzhēng 명 경쟁 |
厉害 lìhai 형 대단하다

0412 结实
jiēshi

형 (신체가) 튼튼하다, 건장하다

爷爷每天锻炼，身体很结实。
Yéye měi tiān duànliàn, shēntǐ hěn jiēshi.
할아버지께서는 매일 운동을 하셔서, 신체가 아주 튼튼하다.

형 견고하다, 단단하다

这座有两百年历史的石桥很结实。
Zhè zuò yǒu liǎngbǎi nián lìshǐ de shíqiáo hěn jiēshi.
이 200년의 역사를 지닌 돌다리는 매우 견고하다.

+ 座 zuò 양 부피가 크거나 고정된 물체를 세는 단위 |
石桥 shíqiáo 명 돌다리

0413 开幕式

kāimùshì

反의 闭幕式 bìmùshì
폐막식

명 개막식

市长将在本届运动会的开幕式上发言。
Shìzhǎng jiāng zài běn jiè yùndònghuì de kāimùshì shang fāyán.
시장님은 이번 운동회의 개막식에서 연설할 것이다.

+ 市长 shìzhǎng 명 시장 |
将 jiāng 부 장차 ~할 것이다 | 本 běn 대 이번의 |
届 jiè 양 회[정기적인 행사에 쓰임] |
发言 fāyán 통 연설하다

0414 难免★

nánmiǎn

유의 不免 bùmiǎn
면할 수 없다
6급

형 면하기 어렵다, ~하기 마련이다

足球比赛难免会受到天气的影响。
Zúqiú bǐsài nánmiǎn huì shòudào tiānqì de yǐngxiǎng.
축구 경기는 날씨의 영향을 받기 마련이다.

+ 受到 shòudào 통 받다

0415 平衡★

pínghéng

反의 失衡 shīhéng
균형을 잃다

형 균형이 맞다, 평형이 되다

请尽量保持身体平衡。 🖐빈출
Qǐng jǐnliàng bǎochí shēntǐ pínghéng.
가능한 한 신체의 균형을 유지하세요.

+ 尽量 jǐnliàng 부 가능한 한 |
保持 bǎochí 통 유지하다

빈출 | 호응 표현 독해 제1부분 ▶

• 营养平衡 yíngyǎng pínghéng 영양의 균형이 맞다
• 收支平衡 shōuzhī pínghéng 수입과 지출의 균형이 맞다
• 平衡发展 pínghéng fāzhǎn 균형적인 발전

DAY 01
DAY 02
DAY 03
DAY 04
DAY 05
DAY 06
DAY 07
DAY 08
DAY 09
DAY 10
DAY 11
DAY 12
DAY 13
DAY 14
DAY 15

0416
□
□

枪
qiāng

명 총, 창

枪声一响，运动员们立即向前出发。
Qiāng shēng yì xiǎng, yùndòngyuánmen lìjí xiàng qián chūfā.
총 소리가 나자, 선수들은 즉시 앞으로 출발했다.

+ 响 xiǎng 동 소리가 나다 | 立即 lìjí 부 즉시

0417
□
□

派**
pài

동 파견하다

领导派我去采访张教练。
Lǐngdǎo pài wǒ qù cǎifǎng Zhāng jiàoliàn.
대표님은 장 감독을 취재하라고 나를 파견했다.

+ 领导 lǐngdǎo 명 대표 |
采访 cǎifǎng 동 취재하다 | 教练 jiàoliàn 명 감독, 코치

0418
□
□

差距*
chājù

명 차이, 격차

比赛双方的差距在缩小。
Bǐsài shuāngfāng de chājù zài suōxiǎo.
경기에서 양측의 격차가 좁혀지고 있다.

+ 双方 shuāngfāng 명 양측 | 缩小 suōxiǎo 동 줄이다

0419
□
□

从此
cóngcǐ

부 지금부터, 그로부터, 이후로

从此，他走上了篮球运动员的道路。
Cóngcǐ, tā zǒushàngle lánqiú yùndòngyuán de dàolù.
그로부터, 그는 농구 선수의 길을 걸었다.

+ 道路 dàolù 명 길, 진로

듣기 출제 포인트

듣기 단문형 문제에서는 자주 从此를 사용해 이야기의 결과를 이끈다.
从此에 이어진 결과의 내용이 답으로 출제될 가능성이 높으므로
유의해야 한다.

0420

□
□

达到 ★★★

dádào

참고 到达 dàodá
도달하다
5급 ··· p.95

동 달성하다, 도달하다

这次比赛成绩并没有达到教练的要求。
Zhè cì bǐsài chéngjì bìng méiyǒu dádào jiàoliàn de yāoqiú.
이번 경기 성적은 전혀 감독님의 요구에 도달하지 못했다.

＋并 bìng 분 전혀 | 教练 jiàoliàn 명 감독, 코치

맛있는 단어 TIP
达到와 到达

达到는 일정 수준에 도달하는 것으로, 주로 목적, 희망, 요구 등의
추상적인 목적어와 결합한다. 到达는 어떤 지점, 단계에 도달하는 것을
가리키며, 주로 뒤에 장소 목적어가 온다.

• 达到目的 dádào mùdì 목적을 달성하다
  达到效果 dádào xiàoguǒ 효과를 내다
• 到达山顶 dàodá shāndǐng 산 정상에 도달하다
  到达目的地 dàodá mùdìdì 목적지에 도달하다

0421

□
□

感激 ★★

gǎnjī

동 감격하다, 고마워하다

非常感激这么多年来您对我的帮助。
Fēicháng gǎnjī zhème duō nián lái nín duì wǒ de bāngzhù.
이렇게 여러 해 동안 저에게 도움을 주셔서 대단히 감사드립니다.

0422

□
□

感受

gǎnshòu

유의 感想 gǎnxiǎng
감상, 느낌
5급 ··· p.457

명 느낌, 인상

在这次比赛中，您最大的感受是什么？
Zài zhè cì bǐsài zhōng, nín zuì dà de gǎnshòu shì shénme?
이번 경기에서, 당신이 가장 크게 느낀 것은 무엇입니까?

동 느끼다, 받다

在现场可以感受激烈的比赛氛围。
Zài xiànchǎng kěyǐ gǎnshòu jīliè de bǐsài fēnwéi.
현장에서는 격렬한 경기 분위기를 느낄 수 있다.

＋现场 xiànchǎng 명 현장 |
激烈 jīliè 형 격렬하다 | 氛围 fēnwéi 명 분위기

DAY
01
DAY
02
DAY
03
DAY
04
DAY
05
DAY
06
DAY
07
DAY
08
DAY
09
DAY
10
DAY
11
DAY
12
DAY
13
DAY
14
DAY
15

0423 个人 *
gèrén

[반의] 集体 jítǐ
집단, 단체
5급 … p.456

[명] 개인

这个奖不属于我个人，而是大家的。
Zhège jiǎng bù shǔyú wǒ gèrén, ér shì dàjiā de.
이 상은 저 개인에게 속한 것이 아닌, 여러분의 것입니다.

+ 奖 jiǎng [명] 상, 표창 |
属于 shǔyú [동] ~에 속하다 |
而 ér [접] 그러나, 그리고

0424 灰心
huīxīn

[유의] 沮丧 jǔsàng
실망하다, 낙담하다
6급

[동] 낙담하다, 의기소침하다

尽管输了比赛，但他并没有灰心。
Jǐnguǎn shūle bǐsài, dàn tā bìng méiyǒu huīxīn.
비록 경기에서 졌지만, 그는 결코 낙담하지 않았다.

+ 尽管 jǐnguǎn [접] 비록 ~이지만 |
输 shū [동] 지다 | 并 bìng [부] 결코, 전혀

0425 发挥
fāhuī

[동] 발휘하다

小伙子们在比赛中没能发挥出正常水平。
Xiǎohuǒzimen zài bǐsài zhōng méi néng fāhuī chū
zhèngcháng shuǐpíng.
젊은이들은 경기에서 정상적으로 실력을 발휘하지 못했다.

+ 小伙子 xiǎohuǒzi [명] 젊은이, 총각 |
正常 zhèngcháng [형] 정상적이다

▶ 빈출 호응 표현 독해 제1부분 ◀

• 发挥作用 fāhuī zuòyòng 효과를 발휘하다
• 发挥能力 fāhuī nénglì 능력을 발휘하다
• 发挥想象力 fāhuī xiǎngxiànglì 상상력을 발휘하다

0426

刻苦★★★
kèkǔ

형 고생을 참아 내다, 몹시 애를 쓰다

为了赢得冠军，他们每天都刻苦训练。 빈출
Wèile yíngdé guànjūn, tāmen měi tiān dōu kèkǔ xùnliàn.
우승을 쟁취하기 위해서, 그들은 매일 고통을 참으며 훈련한다.

+ 赢得 yíngdé 동 이기다 |
冠军 guànjūn 명 우승 | 训练 xùnliàn 동 훈련하다

빈출 호응 표현 독해 제1부분

• 刻苦学习 kèkǔ xuéxí 몹시 애를 쓰며 공부하다
• 刻苦研究 kèkǔ yánjiū 몹시 애를 쓰며 연구하다
• 勤奋刻苦 qínfèn kèkǔ 근면하며 몹시 애를 쓰다

0427

双方★★
shuāngfāng

명 쌍방, 양측

下半场，双方的差距逐渐扩大了。
Xiàbànchǎng, shuāngfāng de chājù zhújiàn kuòdà le.
후반전에서, 양측의 격차가 점점 벌어졌다.

+ 下半场 xiàbànchǎng 명 후반전 |
差距 chājù 명 격차 | 逐渐 zhújiàn 부 점차 |
扩大 kuòdà 동 넓히다

0428

提问
tíwèn

동 질문하다

我代表广大球迷向您提问。
Wǒ dàibiǎo guǎngdà qiúmí xiàng nín tíwèn.
제가 수많은 축구 팬들을 대표해서 당신께 질문을 드릴게요.

+ 代表 dàibiǎo 동 대표하다 |
广大 guǎngdà 형 (인원 수가) 많다 |
球迷 qiúmí 명 축구 팬

调整★★
☐
☐
tiáozhěng

동 조정하다, 조절하다

希望他们接下来能调整好状态。🖐📌
Xīwàng tāmen jiēxiàlai néng tiáozhěng hǎo zhuàngtài.
그들이 다음에는 컨디션 조절을 잘할 수 있길 바란다.

+ 接下来 jiēxiàlai 다음은 |
状态 zhuàngtài 뗑 상태

빈출 | 호응 표현 독해 제1부분

- 调整心态 tiáozhěng xīntài 마음을 다스리다
- 调整方向 tiáozhěng fāngxiàng 방향을 조정하다
- 调整政策 tiáozhěng zhèngcè 정책을 조정하다

组织
☐
☐
zǔzhī

동 조직하다, 기획하다, 마련하다

这场运动会是由学生会组织的。
Zhè chǎng yùndònghuì shì yóu xuéshēnghuì zǔzhī de.
이번 운동회는 학생회가 기획한 것이다.

+ 场 chǎng 嗵 회 |
由 yóu 께 ~이/가

명 조직, 단체

我加入了一个动物保护组织。
Wǒ jiārùle yí ge dòngwù bǎohù zǔzhī.
나는 한 동물 보호 단체에 가입했다.

+ 加入 jiārù 동 가입하다 |
保护 bǎohù 동 보호하다

0431
□
□

制定*

zhìdìng

동 제정하다, 만들다, 세우다, 작성하다

教练制定了详细的作战计划。
Jiàoliàn zhìdìngle xiángxì de zuòzhàn jìhuà.
감독은 상세한 작전 계획을 세웠다.

　　+ **教练** jiàoliàn 명 감독, 코치 | **详细** xiángxì 형 상세하다 |
　　作战 zuòzhàn 동 작전하다 | **计划** jìhuà 명 계획

0432
□
□

自豪*

zìháo

유의 **骄傲** jiāo'ào
자랑스럽다
4급

형 스스로 긍지를 느끼다, 자랑스럽게 생각하다

我为我是球队的一员感到自豪。 빈출

Wǒ wèi wǒ shì qiúduì de yì yuán gǎndào zìháo.
나는 내가 구기팀의 일원이라는 것을 자랑스럽게 생각한다.

　　+ **球队** qiúduì 명 (구기 종목의) 팀 |
　　一员 yì yuán 일원 | **感到** gǎndào 동 느끼다

0433
□
□

平常

píngcháng

명 평소, 평상시

别紧张，发挥出平常训练的水平就够了。
Bié jǐnzhāng, fāhuī chū píngcháng xùnliàn de shuǐpíng jiù
gòu le.
긴장하지 말고, 평소 훈련했던 실력을 발휘하면 충분해.

　　+ **发挥** fāhuī 동 발휘하다 |
　　训练 xùnliàn 동 훈련하다 | **够** gòu 형 충분하다

DAY
01

DAY
02

DAY
03

DAY
04

DAY
05

DAY
06

DAY
07

DAY
08

DAY
09

DAY
10

DAY
11

DAY
12

DAY
13

DAY
14

DAY
15

加把劲儿!

1 빈칸을 채우세요.

冠军	❶	챔피언, 우승자
❷	tàijíquán	태극권
训练	xùnliàn	❸
❹	zīshì	자세, 모양
平衡	❺	균형이 맞다, 평형이 되다

2 단어의 병음과 뜻을 알맞게 연결하세요.

❶ 感激 •　　　　• ㉠ huīxīn •　　　　• ⓐ 낙담하다

❷ 灰心 •　　　　• ㉡ píngcháng •　　　　• ⓑ 조직하다, 기획하다

❸ 组织 •　　　　• ㉢ zǔzhī •　　　　• ⓒ 평소, 평상시

❹ 平常 •　　　　• ㉣ gǎnjī •　　　　• ⓓ 감격하다

3 빈칸에 들어갈 알맞은 단어를 고르세요.

> A 结实　　　B 提问　　　C 个人　　　D 从此　　　E 难免

❶ 我代表广大球迷向您_____。

❷ 足球比赛_____会受到天气的影响。

❸ _____，他走上了篮球运动员的道路。

❹ 这个奖不属于我_____，而是大家的。

운동
경기

DAY
01

DAY
02

DAY
03

DAY
04

DAY
05

DAY
06

DAY
07

DAY
08

DAY
09

DAY
10

DAY
11

DAY
12

DAY
13

DAY
14

DAY
15

듣기 제1부분

4 녹음을 듣고 알맞은 답을 고르세요.

❶ A 专心训练　　　　　　　B 创造纪录

　 C 转变方法　　　　　　　D 调整状态

❷ A 去体检　　　　　　　　B 经常健身

　 C 注意休息　　　　　　　D 少吃辣的

쓰기 제1부분

5 제시된 어휘로 어순에 맞게 문장을 완성하세요.

 ❶ 双方的差距　　缩小　　逐渐　　了

_____

❷ 减肥效果　　并没让他　　吃这种药　　达到

_____

❸ 专家　　新的方案　　为他　　制定了

_____

 ❹ 最佳团队　　这个　　连续五年　　球队　　被评为

_____

☑ 정답 및 해석 ⇨ 546쪽

Track24

듣기&독해
급수 외
꼭 알아야 할 빈출 단어 ②

01	神经 shénjīng	신경	13	拉伤 [빈출] lāshāng	찢어져 다치다, 늘어나 다치다
02	骨折 gǔzhé	골절, 골절되다	14	热身运动 [빈출] rèshēn yùndòng	워밍업, 준비 운동
03	扭 niǔ	삐다, 접질리다	15	奥运会 Àoyùnhuì	올림픽
04	体力 tǐlì	체력	16	世界杯 Shìjièbēi	월드컵
05	户外 hùwài	실외	17	倒计时 dàojìshí	카운트다운하다
06	肥胖 féipàng	뚱뚱하다	18	直播 zhíbō	생방송
07	糖尿病 [빈출] tángniàobìng	당뇨병	19	排球 [빈출] páiqiú	배구
08	高血压 [빈출] gāoxuèyā	고혈압	20	犯规 fànguī	반칙하다
09	免疫力 [빈출] miǎnyìlì	면역력	21	奖牌 jiǎngpái	상패, 메달
10	近视 jìnshì	근시	22	金牌 jīnpái	금메달
11	急救中心 jíjiù zhōngxīn	구급 센터	23	奖杯 [빈출] jiǎngbēi	우승컵, 트로피
12	嗅觉 xiùjué	후각	24	裁判 [빈출] cáipàn	심판, 심판하다

25	闭幕式 bìmùshì	폐막식	38	园林 yuánlín	정원, 원림
26	拉拉队 lālāduì	응원단	39	公元前 (빈출) gōngyuánqián	기원전
27	特产 (빈출) tèchǎn	특산(물)	40	度假 dùjià	휴가를 보내다
28	草坪 cǎopíng	잔디밭	41	春运 chūnyùn	설(춘절) 연휴 수송 업무
29	自由行 zìyóuxíng	자유 여행을 하다	42	黄金周 Huángjīnzhōu	황금 주간
30	观光 guānguāng	관광하다	43	中暑 (빈출) zhòngshǔ	더위 먹다
31	国际长途 (빈출) guójì chángtú	국제 전화	44	停车位 tíngchēwèi	주차 자리
32	非洲 Fēizhōu	아프리카 주	45	方向盘 fāngxiàngpán	핸들
33	高铁 (빈출) gāotiě	고속 철도	46	大陆 dàlù	대륙
34	旺季 wàngjì	성수기	47	交警 (빈출) jiāojǐng	교통경찰
35	淡季 dànjì	비수기	48	安全带 ānquándài	안전벨트
36	宫殿 gōngdiàn	궁전	49	刹车 shāchē	브레이크를 걸다
37	故宫 Gùgōng	고궁[중국 베이징에 있는 궁궐을 가리킴]	50	红绿灯 hónglǜdēng	신호등

Track25

쓰기 제1부분
꼭 알아야 할 빈출 구문 ❷

---

1 由…造成的 yóu…zàochéng de ~로 인해 초래된 것이다

这场交通事故是由大雾造成的。 이번 교통사고는 안개로 인해 발생한 것이다. 빈출

你的失眠是由压力大造成的。 당신의 불면증은 큰 스트레스로 인해 생긴 것이다.

+ 交通事故 jiāotōng shìgù 몡 교통사고 |
雾 wù 몡 안개 | 失眠 shīmián 몡 불면증

---

2 至今已有…的历史 zhìjīn yǐ yǒu…de lìshǐ 지금까지 이미 ~의 역사가 있다

这座桥至今已有上千年的历史。 이 다리는 지금까지 이미 천여 년의 역사가 있다. 빈출

这棵树至今已有两百年的历史。 이 나무는 지금까지 이미 200년의 역사가 있다.

+ 上千年 shàng qiān nián 천여 년

---

3 持续了… chíxùle… ~동안 지속되었다

地震持续了10秒左右。 지진이 10초 정도 지속되었다. 빈출

观众们的掌声持续了1分钟。 관중들의 박수 소리가 1분 동안 지속되었다.

+ 地震 dìzhèn 몡 지진 |
掌声 zhǎngshēng 몡 박수 소리

---

4 逐渐适应了… zhújiàn shìyìngle… 점차 ~에 적응했다

他逐渐适应了公司的环境。 그는 점차 회사의 환경에 적응했다.

运动员逐渐适应了这里的天气。 선수들은 점차 이곳의 날씨에 적응했다.

---

5 不利于… búlìyú… ~에 좋지 않다

吃饭时聊天儿不利于消化。 밥 먹을 때 잡담을 하면 소화에 좋지 않다.

食物太咸不利于健康。 음식물이 너무 짜면 건강에 좋지 않다.

+ 消化 xiāohuà 동 소화하다 |
食物 shíwù 몡 음식물

172

☑ 99번 문제 빈출 단어

- **合理** hélǐ 혱 합리적이다
- **苗条** miáotiao 혱 날씬하다
- **健身房** jiànshēnfáng 몡 헬스장
- **身材** shēncái 몡 몸매
- **保持** bǎochí 동 유지하다
- **称** chēng 동 (무게를) 재다
- **轻松** qīngsōng 혱 홀가분하다, 가볍다

☑ 100번 문제 빈출 사진

활용 단어

流汗 liú hàn 땀을 흘리다
毛巾 máojīn 수건
擦汗 cā hàn 땀을 닦다

활용 단어

跑步 pǎobù 달리기를 하다
运动 yùndòng 운동하다

활용 단어

称体重 chēng tǐzhòng
체중을 재다
减肥 jiǎnféi 다이어트하다

☑ 참고 답안 *시험에서 '헬스' 주제 관련 문제가 나오면 아래 문장을 활용하세요.

		为	了	保	持	一	个	苗	条	的	身	材	，	我	每
天	早	上	都	称	体	重	，	一	日	三	餐	合	理	饮	食,
一	周	去	三	次	健	身	房	。	在	健	身	房	运	动	很
累	，	但	我	喜	欢	那	种	流	汗	的	感	觉	。	从	健
身	房	出	来	以	后	，	我	的	身	体	和	心	情	都	很
轻	松	。													

날씬한 몸매를 유지하기 위해, 나는 매일 아침마다 체중을 재고, 하루 세 끼를 합리적으로 먹으며, 일주일에 세 번 헬스장에 간다. 헬스장에서 운동하는 것은 매우 힘들지만, 나는 그런 땀 흘리는 느낌을 좋아한다. 헬스장에서 나온 후, 나의 몸과 마음은 매우 가볍다.

DAY 11

Track27

취미는 나의 소확행
_취미, 여가

HSK 5급에 이런 내용이 나온다!

취미와 여가 관련 주제는 钓(diào 낚시하다), 象棋(xiàngqí 장기), 手工(shǒugōng 수공), 业余(yèyú 여가의), 日常(rìcháng 일상의) 등의 단어가 자주 나오고, 듣기 대화문에 가장 많이 출제됩니다. 종종 쓰기 작문 부분에도 출제되니 한자를 어떻게 쓰는지도 많이 연습하세요.

한눈에 파악하는 단어

爷爷退休后
Yéye tuìxiū hòu 할아버지가 퇴직한 후

钓鱼	养宠物	下象棋	浇花
diào yú	yǎng chǒngwù	xià xiàngqí	jiāo huā
낚시하다	애완동물을 키우다	장기를 두다	꽃에 물을 주다

广泛的兴趣
guǎngfàn de xìngqù
폭넓은 취미

0434 池塘
chítáng

명 (비교적 작고 얕은) 못, 연못

请不要在这个池塘游泳。[빈출]
Qǐng búyào zài zhège chítáng yóuyǒng.
이 연못에서 수영하지 마세요.

0435 钓**
diào

동 낚시하다, 낚시질하다

钓鱼可以培养人的耐心。[빈출]
Diào yú kěyǐ péiyǎng rén de nàixīn.
낚시는 사람의 인내심을 길러줄 수 있다.

+ 培养 péiyǎng 동 기르다 |
耐心 nàixīn 명 인내심

0436 象棋
xiàngqí

명 (중국) 장기

公园里有很多老爷爷在下象棋。
Gōngyuán li yǒu hěn duō lǎo yéye zài xià xiàngqí.
공원에 많은 할아버지들이 장기를 두고 계신다.

+ 下 xià 동 (바둑, 장기 등을) 두다

0437 利用*
lìyòng

동 이용하다

她利用暑假时间做志愿者。
Tā lìyòng shǔjià shíjiān zuò zhìyuànzhě.
그녀는 여름 방학 기간을 이용하여 자원봉사자를 한다.

+ 暑假 shǔjià 명 여름 방학 | 志愿者 zhìyuànzhě 명 자원봉사자

0438 宠物
chǒngwù

명 애완동물

我姑姑养了很多宠物。[빈출]
Wǒ gūgu yǎngle hěn duō chǒngwù.
우리 고모는 애완동물을 많이 길렀다.

+ 姑姑 gūgu 명 고모 |
养 yǎng 동 기르다, 키우다

DAY
01
DAY
02
DAY
03
DAY
04
DAY
05
DAY
06
DAY
07
DAY
08
DAY
09
DAY
10
DAY
11
DAY
12
DAY
13
DAY
14
DAY
15

0439

俱乐部
jùlèbù

명 동호회, 클럽

爸爸在一家足球俱乐部踢球。
Bàba zài yì jiā zúqiú jùlèbù tī qiú.
아빠는 한 축구 동호회에서 축구를 하신다.

0440

手工*
shǒugōng

명 수공, 수작업

这些工艺品都是我手工制作的。
Zhèxiē gōngyìpǐn dōu shì wǒ shǒugōng zhìzuò de.
이 공예품들은 모두 내가 수공으로 만든 것이다.

　　　　＋工艺品 gōngyìpǐn 몡 공예품 |
　　　　制作 zhìzuò 통 만들다

0441

退休*
tuìxiū

동 퇴직하다, 퇴임하다

父亲辛苦工作了三十多年，要退休了。
Fùqīn xīnkǔ gōngzuòle sānshí duō nián, yào tuìxiū le.
아버지께서는 30여 년을 힘들게 일하시고, 퇴직하시려고 한다.

　　　　＋父亲 fùqīn 몡 부친, 아버지 |
　　　　辛苦 xīnkǔ 혱 수고하다

듣기 출제 포인트

退休는 원래 '퇴직하다'라는 뜻으로 주어는 사람이어야 하는데, 듣기 대화문에서 '어떤 물건이 退休하다'라는 표현이 나오기도 한다. 이때 退休는 '그 물건을 사용하지 않는다'는 뜻이다.

• 这个手机用了三年了，该让它退休了。
　이 휴대폰은 3년이나 사용했으니 그만 써야 한다.

0442 广场
☐
☐
guǎngchǎng

DAY 01
DAY 02
DAY 03
DAY 04
DAY 05
DAY 06
DAY 07
DAY 08
DAY 09
DAY 10
DAY 11
DAY 12
DAY 13
DAY 14
DAY 15

명 광장

傍晚，有很多人在广场上休闲。
Bàngwǎn, yǒu hěn duō rén zài guǎngchǎng shang xiūxián.
저녁 무렵이면 많은 사람들이 광장에서 한가롭게 시간을 보낸다.

＋ 傍晚 bàngwǎn 명 저녁 무렵 |
休闲 xiūxián 통 한가롭게 보내다

0443 广泛 ★★★
☐
☐
guǎngfàn

형 광범위하다, 폭넓다

这本书受到了读者的广泛好评。
Zhè běn shū shòudàole dúzhě de guǎngfàn hǎopíng.
이 책은 독자들의 폭넓은 호평을 받았다.

＋ 受到 shòudào 통 받다 |
读者 dúzhě 명 독자 | 好评 hǎopíng 명 좋은 평판, 호평

> **빈출 호응 표현** 독해 제1부분
>
> • 广泛的兴趣 guǎngfàn de xìngqù 폭넓은 취미
> • 广泛的关注 guǎngfàn de guānzhù 폭넓은 관심
> • 广泛的应用 guǎngfàn de yìngyòng 폭넓은 응용

0444 浇
☐
☐
jiāo

동 (물이나 액체 등을) 뿌리다, 물을 주다

奶奶养了很多花，每天都得给花浇水。
Nǎinai yǎngle hěn duō huā, měi tiān dōu děi gěi huā jiāo shuǐ.
할머니께서는 꽃을 많이 키우셔서, 매일 꽃에 물을 주셔야 한다.

＋ 得 děi 조동 ~해야 한다 |
养 yǎng 통 기르다, 키우다

0445 业余★★
yèyú

형 여가의, 업무 외의

他利用业余时间做服装模特。
Tā lìyòng yèyú shíjiān zuò fúzhuāng mótè.
그는 여가 시간을 이용해서 패션 모델을 한다.

+ 利用 lìyòng 통 이용하다 |
服装 fúzhuāng 명 의류 | 模特 mótè 명 모델

형 아마추어의, 비전문의

我是一名业余足球选手。
Wǒ shì yì míng yèyú zúqiú xuǎnshǒu.
나는 아마추어 축구 선수이다.

+ 选手 xuǎnshǒu 명 운동 선수

┌─ 빈출 | 호응 표현 독해 제1부분 ─┐
- 业余爱好 yèyú àihào 여가 취미
- 业余作家 yèyú zuòjiā 아마추어 작가
- 业余水平 yèyú shuǐpíng 아마추어 수준

0446 单独★
dāndú

부 단독으로, 혼자서

这部电影不适合小孩子单独看。
Zhè bù diànyǐng bú shìhé xiǎo háizi dāndú kàn.
이 영화는 어린아이 혼자서 보기에 적합하지 않다.

+ 部 bù 양 편[영화, 서적을 세는 단위] |
适合 shìhé 통 ~에 적합하다

0447 单调★
dāndiào

반의 丰富 fēngfù
풍부하다
4급

형 단조롭다

我没有什么爱好，生活很单调。
Wǒ méiyǒu shénme àihào, shēnghuó hěn dāndiào.
나는 별다른 취미가 없어서, 삶이 매우 단조롭다.

취미
여가

DAY
01

DAY
02

DAY
03

DAY
04

DAY
05

DAY
06

DAY
07

DAY
08

DAY
09

DAY
10

**DAY
11**

DAY
12

DAY
13

DAY
14

DAY
15

빈출 | **호응 표현 독해 제1부분**

- 单调的色彩 dāndiào de sècǎi 단조로운 색채
- 单调的情节 dāndiào de qíngjié 단조로운 줄거리
- 单调的工作 dāndiào de gōngzuò 단조로운 일

0448
□
□
疯狂
fēngkuáng

형 미친 듯이 날뛰다, 실성하다

弟弟以前是一个疯狂的足球迷。
Dìdi yǐqián shì yí ge fēngkuáng de zúqiúmí.
남동생은 예전에 축구광이었다.

+ 足球迷 zúqiúmí 축구 팬

0449
□
□
划
huá

동 배를 젓다, 베다

周末去北海公园划船吧。
Zhōumò qù Běihǎi Gōngyuán huáchuán ba.
주말에 베이하이 공원에 가서 배를 타자.

+ 北海公园 Běihǎi Gōngyuán 고유 베이하이 공원 |
划船 huáchuán 동 (노 따위로) 배를 젓다

맛있는 단어 TIP
다음자 划

划는 성조가 다른 'huá'와 'huà' 두 개의 발음이 있다. 2성(huá)으로
읽을 때는 '배를 젓다, 베다, 긋다'라는 뜻이고, 4성(huà)으로 읽을 때는
'나누다, 구분하다'의 뜻이다.

- [huá] 划火柴 huá huǒchái 성냥을 긋다
划刀划了 bèi dāo huá le 칼에 베었다
- [huà] 划分等级 huàfēn děngjí 등급을 나누다
划清范围 huàqīng fànwéi 범위를 분명하게 구분하다

0450 纪念
jìniàn

[동] 기념하다

为纪念结婚十周年，他们打算去欧洲旅行。
Wèi jìniàn jiéhūn shí zhōunián, tāmen dǎsuan qù Ōuzhōu lǚxíng.
결혼 10주년을 기념하기 위해, 그들은 유럽으로 여행 갈 계획이다.

+ 周年 zhōunián **[명]** 주년 | 欧洲 Ōuzhōu **[고유]** 유럽

[명] 기념

这是我亲手做的，送给你留作纪念吧。
Zhè shì wǒ qīnshǒu zuò de, sòng gěi nǐ liúzuò jìniàn ba.
이것은 내가 직접 만든 것인데, 너에게 줄 테니 기념으로 남겨라.

+ 亲手 qīnshǒu **[부]** 직접, 손수 |
留作 liúzuò ~(으)로 남기다

0451 接触*
jiēchù

[동] 접촉하다, 사귀다

这次活动让我接触到了很多朋友。
Zhè cì huódòng ràng wǒ jiēchù dàole hěn duō péngyou.
이번 행사에서 나는 많은 친구들을 사귀게 되었다.

+ 活动 huódòng **[명]** 행사, 활동

0452 独特**
dútè

[형] 독특하다, 특이하다

他画画儿的方式很独特。
Tā huà huàr de fāngshì hěn dútè.
그의 그림 그리는 방식은 매우 독특하다.

+ 方式 fāngshì **[명]** 방식

> **빈출** 호응 표현 독해 제1부분
>
> • 独特的想法 dútè de xiǎngfǎ 독특한 생각
> • 独特的个性 dútè de gèxìng 독특한 개성
> • 独特的风格 dútè de fēnggé 독특한 스타일

0453 类型
□
□
lèixíng

명 유형, 종류

你喜欢看什么类型的电影?
Nǐ xǐhuan kàn shénme lèixíng de diànyǐng?
너는 어떤 종류의 영화를 좋아하니?

0454 麦克风
□
□
màikèfēng

명 마이크

麦克风的声音太小，需要调大一点儿。
Màikèfēng de shēngyīn tài xiǎo, xūyào tiáo dà yìdiǎnr.
마이크 소리가 너무 작으니, 좀 크게 조절해야 한다.

+ 调 tiáo 图 조절하다

0455 灵活**
□
□
línghuó

형 민첩하다

姐姐每天练习弹钢琴，手指很灵活。
Jiějie měi tiān liànxí tán gāngqín, shǒuzhǐ hěn línghuó.
언니는 매일 피아노 치는 연습을 해서, 손가락이 매우 민첩하다.

+ 弹钢琴 tán gāngqín 피아노를 치다 |
手指 shǒuzhǐ 명 손가락

형 융통성이 있다, 유연하다

他性格活泼，做事也很灵活。
Tā xìnggé huópō, zuò shì yě hěn línghuó.
그는 성격이 활발하고, 일할 때에도 융통성이 있다.

+ 性格 xìnggé 명 성격 |
活泼 huópō 형 활발하다

빈출 ‖ 호응 표현 독해 제1부분 ▷

• 灵活的头脑 línghuó de tóunǎo 민첩한 두뇌
• 灵活的动作 línghuó de dòngzuò 민첩한 동작
• 灵活的政策 línghuó de zhèngcè 유연한 정책

DAY
01
DAY
02
DAY
03
DAY
04
DAY
05
DAY
06
DAY
07
DAY
08
DAY
09
DAY
10
DAY
11
DAY
12
DAY
13
DAY
14
DAY
15

0456 空闲
kòngxián

형 시간 여유가 있다, 한가하다

他利用空闲时间学习外语。[빈출]
Tā lìyòng kòngxián shíjiān xuéxí wàiyǔ.
그는 한가한 시간을 이용해서 외국어를 공부한다.

+ 利用 lìyòng 동 이용하다 |
外语 wàiyǔ 명 외국어

0457 享受**
xiǎngshòu

동 누리다, 즐기다

她很享受一个人在咖啡厅读书的时间。
Tā hěn xiǎngshòu yí ge rén zài kāfēitīng dú shū de shíjiān.
그녀는 혼자 카페에서 독서하는 시간을 즐긴다.

빈출 호응 표현 독해 제1부분

• 享受生活 xiǎngshòu shēnghuó 삶을 즐기다
• 享受待遇 xiǎngshòu dàiyù 대우를 누리다
• 享受权利 xiǎngshòu quánlì 권리를 누리다

0458 形式**
xíngshì

명 형식

民族舞形式多样，内容丰富。[빈출]
Mínzúwǔ xíngshì duōyàng, nèiróng fēngfù.
민족무용은 형식이 다양하고, 내용이 풍부하다.

+ 民族舞 mínzúwǔ 민족무용 |
多样 duōyàng 형 다양하다 |
内容 nèiróng 명 내용 | 丰富 fēngfù 형 풍부하다

0459 寻找
xúnzhǎo

동 찾다, 구하다

我最大的爱好就是寻找美食。
Wǒ zuì dà de àihào jiù shì xúnzhǎo měishí.
나의 가장 큰 취미는 바로 맛있는 음식을 찾는 것이다.

+ 美食 měishí 명 맛있는 음식

0460 制作 ★★★
zhìzuò

동 제작하다, 만들다

爷爷用纸给我制作了一个风筝。
Yéye yòng zhǐ gěi wǒ zhìzuòle yí ge fēngzheng.
할아버지께서는 종이로 나에게 연을 하나 만들어 주셨다.

+风筝 fēngzheng 명 연

0461 要不
yàobù

접 그렇지 않으면

要不咱们去附近的植物园吧。
Yàobù zánmen qù fùjìn de zhíwùyuán ba.
그렇지 않으면 우리 근처의 식물원으로 가자.

+咱们 zánmen 대 우리(들) |
植物园 zhíwùyuán 명 식물원

듣기 출제 포인트

要不…吧(그렇지 않으면 ~하자)는 듣기 대화문에 화자의 의견이나 태도를 나타낼 때 자주 나오는 표현이다. 이럴 때는 '男的建议怎么做? (남자는 어떻게 하기를 제안하는가)', '他们最可能要做什么? (그들은 무엇을 할 가능성이 가장 큰가)' 등의 질문이 출제될 가능성이 높으니 화자의 의견이나 태도에 유의해야 한다.

0462 日常
rìcháng

형 일상적인, 일상의

电视台用的相机与我们日常的不同。
Diànshìtái yòng de xiàngjī yǔ wǒmen rìcháng de bùtóng.
방송국에서 사용하는 카메라는 우리가 일상적으로 사용하는 것과 다르다.

+与 yǔ 개 ~와/과 |
相机 xiàngjī 명 카메라 | 不同 bùtóng 형 다르다

0463
拍
pāi

동 (사진, 영화 등을) 찍다, 촬영하다

最近很多人把自己的生活拍下来做成节目。
Zuìjìn hěn duō rén bǎ zìjǐ de shēnghuó pāi xiàlai zuòchéng jiémù.
요즘은 자신의 생활을 촬영하여 프로그램으로 만드는 사람이 많다.

동 (손바닥으로) 치다, 두드리다

他拍了拍我的肩膀鼓励我。
Tā pāile pāi wǒ de jiānbǎng gǔlì wǒ.
그는 나의 어깨를 두드리며 나를 격려했다.

+ 肩膀 jiānbǎng 몡 어깨 |
鼓励 gǔlì 동 격려하다

0464
插
chā

동 꽂다, 끼우다, 삽입하다

妈妈从上周开始学起了插花。
Māma cóng shàng zhōu kāishǐ xuéqǐle chā huā.
엄마는 지난주부터 꽃꽂이를 배우기 시작했다.

맛있는 단어 TIP   插가 있는 어휘

- 插入 chārù 삽입하다
- 插队 chāduì 끼어들다, 새치기하다
- 插画 chāhuà 삽화
- 插嘴 chāzuǐ 말참견하다
- 插头 chātóu 플러그
- 插座 chāzuò 소켓, 콘센트

0465
初级
chūjí

형 초급의, 가장 낮은 단계의

我给女儿报了初级钢琴班。
Wǒ gěi nǚ'ér bàole chūjí gāngqínbān.
나는 딸에게 초급 피아노 반을 신청해 주었다.

+ 报 bào 동 신청하다

0466

空间★★

kōngjiān

명 공간

广场是很多人休闲娱乐的空间。🔖📙

Guǎngchǎng shì hěn duō rén xiūxián yúlè de kōngjiān.

광장은 많은 사람들이 한가롭게 즐기는 공간이다.

+ 广场 guǎngchǎng 명 광장 |
休闲 xiūxián 동 한가롭게 보내다 |
娱乐 yúlè 동 즐겁게 보내다

0467

念

niàn

동 (소리내어) 읽다, 낭독하다

奶奶每天晚上给孙子念童话故事。

Nǎinai měi tiān wǎnshang gěi sūnzi niàn tónghuà gùshi.

할머니께서는 매일 저녁 손자에게 동화 이야기를 읽어 주신다.

+ 孙子 sūnzi 명 손자 |
童话 tónghuà 명 동화

0468

情景

qíngjǐng

명 정경, 장면

这张照片让我回忆起了当时的情景。🔖📙

Zhè zhāng zhàopiàn ràng wǒ huíyì qǐ le dàngshí de qíngjǐng.

이 사진이 나에게 당시의 정경을 회상하게 했다.

+ 回忆 huíyì 동 회상하다 |
当时 dàngshí 명 당시

0469

弱

ruò

반의 强 qiáng 강하다

형 약하다, 허약하다

儿子身体弱，我想让他学武术锻炼锻炼。

Érzi shēntǐ ruò, wǒ xiǎng ràng tā xué wǔshù duànliàn duànliàn.

아들의 몸이 약해서, 나는 그에게 무술을 배우게 하여 몸을 단련시키고 싶다.

+ 武术 wǔshù 명 무술

DAY
01

DAY
02

DAY
03

DAY
04

DAY
05

DAY
06

DAY
07

DAY
08

DAY
09

DAY
10

DAY
11

DAY
12

DAY
13

DAY
14

DAY
15

0470 字幕
zìmù

명 자막

我平时经常看没有字幕的外语电影。
Wǒ píngshí jīngcháng kàn méiyǒu zìmù de wàiyǔ diànyǐng.
나는 평소에 자막이 없는 외국어 영화를 자주 본다.

+ 平时 píngshí 명 평소 |
外语 wàiyǔ 명 외국어

0471 生动*
shēngdòng

형 생동감 있다, 생생하다

舞台上孩子们的表演非常生动。
Wǔtái shang háizimen de biǎoyǎn fēicháng shēngdòng.
무대 위 아이들의 공연은 매우 생동감 있다.

+ 舞台 wǔtái 명 무대 |
表演 biǎoyǎn 명 공연

빈출 ▌호응 표현 독해 제1부분 ▶

• 生动的语言 shēngdòng de yǔyán 생생한 언어
• 生动的表情 shēngdòng de biǎoqíng 생생한 표정
• 生动的故事 shēngdòng de gùshi 생동감 있는 이야기

0472 固定**
gùdìng

형 고정되다, 변동이 없다

我每个周末的日程都是固定的。
Wǒ měi ge zhōumò de rìchéng dōu shì gùdìng de.
나는 매주 주말의 일정이 모두 고정적이다.

+ 日程 rìchéng 명 일정

동 고정시키다

用胶水把这张照片固定住。
Yòng jiāoshuǐ bǎ zhè zhāng zhàopiàn gùdìng zhù.
풀로 이 사진을 고정시켜라.

+ 胶水 jiāoshuǐ 명 풀

0473 亲自
☐ ☐

qīnzì

유의 亲手 qīnshǒu
직접, 손수

부 직접, 손수

只有亲自动手做，才会发现其中的乐趣。
Zhǐyǒu qīnzì dòngshǒu zuò, cái huì fāxiàn qízhōng de lèqù.
직접 해 봐야만, 그 속의 재미를 발견할 수 있다.

╋ 动手 dòngshǒu 통 하다 |
其中 qízhōng 대 그중 | 乐趣 lèqù 명 재미

0474 出色 ★★
☐ ☐

chūsè

형 특별히 좋다, 대단히 뛰어나다

大家都为他的出色表演高兴。
Dàjiā dōu wèi tā de chūsè biǎoyǎn gāoxìng.
모두들 그의 뛰어난 공연에 즐거워한다.

╋ 表演 biǎoyǎn 명 공연

0475 夸张
☐ ☐

kuāzhāng

형 과장하다

毫不夸张地说，他围棋下得很专业。 [빈출]
Háobù kuāzhāng de shuō, tā wéiqí xià de hěn zhuānyè.
조금도 과장하지 않고 말해서, 그는 바둑을 매우 전문적으로 둔다.

╋ 毫不 háobù 부 조금도 ~않다 |
围棋 wéiqí 명 바둑 | 下 xià 통 (바둑, 장기 등을) 두다 |
专业 zhuānyè 형 전문적이다

DAY 01
DAY 02
DAY 03
DAY 04
DAY 05
DAY 06
DAY 07
DAY 08
DAY 09
DAY 10
DAY 11
DAY 12
DAY 13
DAY 14
DAY 15

加把劲儿!

1 빈칸을 채우세요.

象棋	❶	(중국) 장기
❷	yèyú	여가의, 업무 외의
单调	dāndiào	❸
❹	dútè	독특하다, 특이하다
灵活	❺	민첩하다

2 단어의 병음과 뜻을 알맞게 연결하세요.

❶ 享受 •　　• ㉠ xúnzhǎo •　　• ⓐ 정경, 장면

❷ 情景 •　　• ㉡ qíngjǐng •　　• ⓑ 누리다, 즐기다

❸ 固定 •　　• ㉢ xiǎngshòu •　　• ⓒ 고정되다

❹ 寻找 •　　• ㉣ gùdìng •　　• ⓓ 찾다, 구하다

3 빈칸에 들어갈 알맞은 단어를 고르세요.

A 单独	B 利用	C 接触	D 疯狂	E 形式

❶ 她＿＿＿＿＿＿暑假时间做志愿者。

❷ 弟弟以前是一个＿＿＿＿＿＿的足球迷。

❸ 这次活动让我＿＿＿＿＿＿到了很多朋友。

❹ 民族舞＿＿＿＿＿＿多样，内容丰富。

듣기 제1부분

4 녹음을 듣고 알맞은 답을 고르세요.

❶ A 中奖了　　　　　　　　B 换手机了

　 C 要退休了　　　　　　　D 生病住院了

❷ A 不值钱　　　　　　　　B 做工一般

　 C 在上海买的　　　　　　D 手工制作的

독해 제1부분

5 빈칸에 들어갈 알맞은 단어를 고르세요.

　　人工智能技术在我们生活中的应用已经十分＿＿❶＿＿。最近，一款智能无人快递车成为了某大学校园内备受关注的对象。只要在网上预约好时间和地点，它便可以＿＿❷＿＿将包裹送到指定地点。无人快递车不但工作努力，还能以＿＿❸＿＿幽默的语言与路人对话，深受学校师生们的喜爱。

❶ A 单调　　　　B 广大　　　　C 广泛　　　　D 热烈

❷ A 准时　　　　B 时刻　　　　C 时代　　　　D 至少

❸ A 悲观　　　　B 不安　　　　C 生动　　　　D 冷淡

☑ 정답 및 해석 ⇨ 547쪽

DAY
12

Track29

연애의 참맛
_교제

HSK 5급에 이런 내용이 나온다!

교제 관련 주제에서는 인사, 작별, 갈등 등의 다양한 상황이 출제되는데, 특히 갈등을 해결하는 방법과 소통의 중요성이 가장 많이 출제됩니다. 단어는 主动(zhǔdòng 주동적이다), 沟通(gōutōng 소통하다), 交往(jiāowǎng 교제하다), 密切(mìqiè 긴밀하다) 등이 자주 나옵니다.

한눈에 파악하는 단어

GOOD

처음 만날 때	사이가 좋을 때	사이가 안 좋을 때	헤어질 때
握手 wòshǒu 악수하다	宴会 yànhuì 연회	冷淡 lěngdàn 냉담하다	分手 fēnshǒu 헤어지다
问候 wènhòu 안부를 묻다	密切 mìqiè 긴밀하다	矛盾 máodùn 갈등	告别 gàobié 작별 인사를 하다
	良好 liánghǎo 양호하다	吵架 chǎojià 다투다	
	答应 dāying 동의하다	责备 zébèi 꾸짖다	

0476 打交道* dǎ jiāodao

동 왕래하다, 만나다, 사귀다

他喜欢与人打交道，适合做销售工作。
Tā xǐhuan yǔ rén dǎ jiāodao, shìhé zuò xiāoshòu gōngzuò.
그는 사람들과 사귀는 것을 좋아해서, 판매 업무하기에 적합하다.

+ 与 yǔ 깨 ~와/과 |
适合 shìhé 동 ~에 적합하다 | 销售 xiāoshòu 동 판매하다

0477 冷淡 lěngdàn

형 냉담하다, 쌀쌀맞다

他外表看起来冷淡，其实很热心。
Tā wàibiǎo kàn qǐlai lěngdàn, qíshí hěn rèxīn.
그는 겉모습이 쌀쌀맞게 보이지만, 사실 매우 친절하다.

+ 外表 wàibiǎo 명 겉모습 | 热心 rèxīn 형 친절하다

반의 热情 rèqíng
친절하다,
열정적이다
3급

빈출 | 호응 표현 독해 제1부분

• 冷淡的态度 lěngdàn de tàidù 냉정한 태도
• 冷淡的反应 lěngdàn de fǎnyìng 냉담한 반응
• 冷淡的生意 lěngdàn de shēngyi 잘 안되는 장사

0478 交往 jiāowǎng

동 왕래하다, 교제하다

尊重是人与人交往的前提。 빈출
Zūnzhòng shì rén yǔ rén jiāowǎng de qiántí.
존중은 사람과 사람이 교제하는 것의 전제 조건이다.

+ 尊重 zūnzhòn 동 존중하다 |
与 yǔ 접 ~와/과 | 前提 qiántí 명 전제 조건

0479 相处 xiāngchǔ

동 함께 지내다, 함께 살다

他为人善良，很好相处。
Tā wéirén shànliáng, hěn hǎo xiāngchǔ.
그는 인품이 선량해서 함께 지내기에 좋다.

+ 为人 wéirén 명 인품 |
善良 shànliáng 형 선량하다

DAY 01
DAY 02
DAY 03
DAY 04
DAY 05
DAY 06
DAY 07
DAY 08
DAY 09
DAY 10
DAY 11
DAY 12
DAY 13
DAY 14
DAY 15

0480 握手
wòshǒu

동 악수하다

作家主动跟他握手，他非常激动。
Zuòjiā zhǔdòng gēn tā wòshǒu, tā fēicháng jīdòng.
작가가 주동적으로 그와 악수하자, 그는 매우 감동했다.

+ 作家 zuòjiā 명 작가 |
主动 zhǔdòng 형 주동적이다 |
激动 jīdòng 형 감동하다

0481 问候
wènhòu

동 안부를 묻다, 문안을 드리다

请替我问候一下楼下的李奶奶。
Qǐng tì wǒ wènhòu yíxià lóuxia de Lǐ nǎinai.
저 대신 아래층 이씨 할머니께 안부 좀 전해 주세요.

+ 替 tì 동 대신하다

0482 沟通***
gōutōng

유의 交流 jiāoliú
교류하다
4급

동 소통하다, 교류하다, 연결하다

经常沟通能拉近彼此的关系。[빈출]
Jīngcháng gōutōng néng lājìn bǐcǐ de guānxi.
자주 소통하면 서로의 관계를 가깝게 할 수 있다.

+ 拉近 lājìn 동 가깝게 하다 |
彼此 bǐcǐ 대 서로

0483 交际*
jiāojì

동 교제하다

他交际能力强，有很多朋友。
Tā jiāojì nénglì qiáng, yǒu hěn duō péngyou.
그는 교제하는 능력이 뛰어나서, 친구가 많이 있다.

+ 能力 nénglì 명 능력 |
强 qiáng 형 뛰어나다

DAY 01
DAY 02
DAY 03
DAY 04
DAY 05
DAY 06
DAY 07
DAY 08
DAY 09
DAY 10
DAY 11
DAY 12
DAY 13
DAY 14
DAY 15

0484
矛盾**
máodùn

명 갈등, 대립, 모순

你如何处理与同事的矛盾呢? 🖐빈출

Nǐ rúhé chǔlǐ yǔ tóngshì de máodùn ne?

당신은 동료와의 갈등을 어떻게 해결합니까?

+ **如何** rúhé 때 어떻게 |
处理 chǔlǐ 통 해결하다 | **与** yǔ 접 ~와/과

🚩 **쓰기 출제 포인트**

矛盾은 쓰기 작문 부분에 자주 출제되는 어휘이니 다음 문장을 통해 矛盾을 활용해 보자.

• **沟通有助于消除彼此间的矛盾。**
소통은 서로간의 갈등을 해소하는 데 도움이 된다.

• **一次误会让我们俩产生了很大的矛盾。**
한 번의 오해로 우리 둘에게 큰 갈등이 생겼다.

+ **沟通** gōutōng 통 소통하다 |
有助于 yǒuzhùyú 통 ~에 도움이 되다 |
消除 xiāochú 통 해소하다 | **彼此** bǐcǐ 때 서로 |
误会 wùhuì 명 오해 | **产生** chǎnshēng 통 생기다

0485
吵架
chǎojià

동 다투다, 말다툼하다

不要总因为一些小事跟人吵架。

Búyào zǒng yīnwèi yìxiē xiǎoshì gēn rén chǎojià.

항상 사소한 일들 때문에 남과 다투지 마라.

0486
分手
fēnshǒu

동 헤어지다, 이별하다

他跟交往两年的女朋友分手了。

Tā gēn jiāowǎng liǎng nián de nǚpéngyou fēnshǒu le.

그는 2년 동안 사귄 여자친구와 헤어졌다.

+ **交往** jiāowǎng 통 교제하다

0487 恋爱
liàn'ài

동 연애하다

他们俩只恋爱了三个月就结婚了。
Tāmen liǎ zhǐ liàn'àile sān ge yuè jiù jiéhūn le.
그 두 사람은 연애한 지 3개월 만에 결혼했다.

+ 俩 liǎ 두 사람

명 연애

他们俩谈了很长时间的恋爱。
Tāmen liǎ tánle hěn cháng shíjiān de liàn'ài.
그 두 사람은 오랫동안 연애를 했다.

+ 谈恋爱 tán liàn'ài 연애하다

0488 祝福*
zhùfú

동 축복하다, 기원하다

听说你们要结婚了，真心祝福你们。
Tīngshuō nǐmen yào jiéhūn le, zhēnxīn zhùfú nǐmen.
너희들이 결혼한다고 들었어, 진심으로 축하해.

+ 真心 zhēnxīn 명 진심

0489 宴会
yànhuì

명 연회, 파티

他在宴会上遇见了老朋友。
Tā zài yànhuì shang yùjiànle lǎo péngyou.
그는 연회에서 옛 친구를 만났다.

+ 遇见 yùjiàn 동 만나다

0490 挥
huī

동 휘두르다, 흔들다

刚才跟你挥手的人是谁？
Gāngcái gēn nǐ huī shǒu de rén shì shéi?
방금 당신에게 손을 흔든 사람은 누구입니까?

0491 密切★★★
mìqiè

형 (관계가) 밀접하다, 긴밀하다

他们一直保持着密切的联系。[빈출]
Tāmen yìzhí bǎochízhe mìqiè de liánxì.
그들은 계속 긴밀하게 연락을 유지하고 있다.

+ 保持 bǎochí 동 유지하다 |
联系 liánxì 동 연락하다

[빈출] 호응 표현 독해 제1부분 ▶

- 关系密切 guānxi mìqiè 관계가 밀접하다
- 来往密切 láiwǎng mìqiè 가까이 지내다
- 密切关注 mìqiè guānzhù 예의 주시하다

0492 请求
qǐngqiú

명 요구, 부탁

在答应他人的请求前，请认真考虑一下。
Zài dāying tārén de qǐngqiú qián, qǐng rènzhēn kǎolǜ yíxià.
타인의 부탁을 승낙하기 전에, 진지하게 한번 고려해 보세요.

+ 答应 dāying 동 승낙하다 |
他人 tārén 명 타인 | 考虑 kǎolǜ 동 고려하다

동 요구하다, 부탁하다

他哭着请求我原谅他。
Tā kūzhe qǐngqiú wǒ yuánliàng tā.
그는 울면서 나에게 용서해 달라고 부탁했다.

+ 原谅 yuánliàng 동 용서하다

0493 议论
yìlùn

동 의논하다, 논의하다, 비판하다

不要在背后议论别人。[빈출]
Búyào zài bèihòu yìlùn biérén.
뒤에서 다른 사람을 비판하지 마라.

+ 背后 bèihòu 명 몰래, 뒤에서

DAY 01
DAY 02
DAY 03
DAY 04
DAY 05
DAY 06
DAY 07
DAY 08
DAY 09
DAY 10
DAY 11
DAY 12
DAY 13
DAY 14
DAY 15

0494 本质
běnzhì

명 본질, 본성

人与人交往的本质是心与心的交流。
Rén yǔ rén jiāowǎng de běnzhì shì xīn yǔ xīn de jiāoliú.
사람과 사람이 교제하는 것의 본질은 마음과 마음의 교류이다.

+ 与 yǔ 전 ~와/과 |
交往 jiāowǎng 동 교제하다 | 交流 jiāoliú 동 교류하다

0495 秘密★★★
mìmì

명 비밀, 기밀

他忍不住说出了秘密。
Tā rěn bu zhù shuōchūle mìmì.
그는 참지 못하고 비밀을 말했다.

+ 忍不住 rěn bu zhù 참을 수 없다

0496 不安
bù'ān

형 불안하다

他一句话也不说令我感到不安。
Tā yí jù huà yě bù shuō lìng wǒ gǎndào bù'ān.
그는 한 마디도 하지 않아 나를 불안하게 했다.

+ 句 jù 양 구, 마디[말, 글을 세는 단위] |
令 lìng 동 ~하게 하다 | 感到 gǎndào 동 느끼다

0497 不足
bùzú

반의 足够 zúgòu
충분하다

명 부족한 점, 단점

每个人都有自己的优势与不足。
Měi ge rén dōu yǒu zìjǐ de yōushì yǔ bùzú.
모든 사람이 다 자신의 장점과 단점이 있다.

+ 优势 yōushì 명 장점 | 与 yǔ 전 ~와/과

형 부족하다, 충분하지 않다

这次考试他准备得不足。
Zhè cì kǎoshì tā zhǔnbèi de bùzú.
이번 시험에 그는 준비가 부족하다.

0498 产生*
chǎnshēng

참고 生产 shēngchǎn
생산하다
5급 … p.431

동 생기다, 발생하다

我跟朋友之间产生了一些矛盾。
Wǒ gēn péngyou zhījiān chǎnshēngle yìxiē máodùn.
나와 친구 사이에 약간의 갈등이 생겼다.

＋之间 zhījiān 명 사이 |
矛盾 máodùn 명 갈등

맛있는 단어 **TIP**　　　　　　　　产生과 生产

产生과 生产은 생김새가 비슷해 보이지만, 뜻은 다르다. 产生은 '생
기다, 발생하다'의 뜻이고, 生产은 주로 '어떤 제품을 생산하다'라는 뜻
으로 쓰인다.

• 产生问题 chǎnshēng wèntí 문제가 생기다
  产生影响 chǎnshēng yǐngxiǎng 영향을 끼치다
• 生产商品 shēngchǎn shāngpǐn 상품을 생산하다
  生产粮食 shēngchǎn liángshi 식량을 생산하다

0499 打听
dǎting

동 알아보다, 물어보다, 탐문하다

我向同学打听了李老师的情况。
Wǒ xiàng tóngxué dǎtingle Lǐ lǎoshī de qíngkuàng.
나는 동창에게 이 선생님의 상황을 물어봤다.

＋情况 qíngkuàng 명 상황

0500 度过**
dùguò

참고 过度 guòdù
과도하다
6급

동 보내다, 지내다

我们共同度过了一段美好的日子。
Wǒmen gòngtóng dùguòle yí duàn měihǎo de rìzi.
우리는 한동안 함께 아름다운 날들을 보냈다.

＋共同 gòngtóng 부 함께 |
段 duàn 양 동안[시간이나 공간상의 거리] |
美好 měihǎo 형 아름답다 | 日子 rìzi 명 날

DAY 01
DAY 02
DAY 03
DAY 04
DAY 05
DAY 06
DAY 07
DAY 08
DAY 09
DAY 10
DAY 11
DAY 12
DAY 13
DAY 14
DAY 15

0501 对待
duìdài

[동] 대하다, 다루다, 대처하다

要平等对待身边的每一个人。
Yào píngděng duìdài shēnbiān de měi yí ge rén.
주변의 모든 사람을 평등하게 대해야 한다.

+ 平等 píngděng [형] 평등하다 |
身边 shēnbiān [명] 신변, 곁

0502 公开
gōngkāi

[동] 공개하다, 드러내다

千万别公开这个秘密。
Qiānwàn bié gōngkāi zhège mìmì.
절대 이 비밀을 공개하지 마라.

+ 千万 qiānwàn [부] 절대로 |
秘密 mìmì [명] 비밀

0503 假装
jiǎzhuāng

[동] 가장하다, (짐짓) ~인 체하다

小马竟然假装不认识我。
Xiǎo Mǎ jìngrán jiǎzhuāng bú rènshi wǒ.
샤오마는 뜻밖에도 나를 모르는 체했다.

+ 竟然 jìngrán [부] 뜻밖에도

0504 力量 ★★★
lìliàng

[명] 역량, 힘

同学们的鼓励让我充满力量。[빈출]
Tóngxuémen de gǔlì ràng wǒ chōngmǎn lìliàng.
급우들의 격려가 나에게 힘이 넘치게 한다.

+ 鼓励 gǔlì [동] 격려하다 |
充满 chōngmǎn [동] 충만하다, 넘치다

교제

DAY
01

DAY
02

DAY
03

DAY
04

DAY
05

DAY
06

DAY
07

DAY
08

DAY
09

DAY
10

DAY
11

**DAY
12**

DAY
13

DAY
14

DAY
15

0505

良好***

liánghǎo

형 좋다, 양호하다

良好的沟通有助于解决矛盾. <small>빈출</small>
Liánghǎo de gōutōng yǒuzhùyú jiějué máodùn.
좋은 소통은 갈등을 해결하는 데 도움이 된다.

+ 沟通 gōutōng 통 소통하다 |
有助于 yǒuzhùyú 통 ~에 도움이 되다 |
矛盾 máodùn 명 갈등

빈출 ▌호응 표현 독해 제1부분 ▷

• 良好的环境 liánghǎo de huánjìng 좋은 환경

• 良好的教育 liánghǎo de jiàoyù 좋은 교육

• 良好的气氛 liánghǎo de qìfēn 좋은 분위기

0506

主观*

zhǔguān

반의 客观 kèguān
객관적이다
5급 ⋯ p.310

형 주관적이다

第一印象其实是很主观的.
Dì-yī yìnxiàng qíshí shì hěn zhǔguān de.
첫인상은 사실 매우 주관적인 것이다.

+ 第一印象 dì-yī yìnxiàng 첫인상

빈출 ▌호응 표현 독해 제1부분 ▷

• 主观判断 zhǔguān pànduàn 주관적인 판단

• 主观评价 zhǔguān píngjià 주관적인 평가

• 主观因素 zhǔguān yīnsù 주관적인 요소

0507

责备

zébèi

동 (지적하여) 꾸짖다, 탓하다

与其责备别人, 不如尽快找到解决办法.
Yǔqí zébèi biérén, bùrú jǐnkuài zhǎodào jiějué bànfǎ.
남을 탓하기보다는, 되도록 빨리 해결 방법을 찾는 편이 낫다.

+ 与其…不如 yǔqí…bùrú ~하기보다는 ~하는 편이 낫다 |
尽快 jǐnkuài 부 되도록 빨리

0508 主动 ★★★

zhǔdòng

[반의] 被动 bèidòng
피동적이다
6급

형 주동적이다, 능동적이다, 자발적이다

他主动承认了自己的错误。 [민술]
Tā zhǔdòng chéngrènle zìjǐ de cuòwù.
그는 주동적으로 자신의 잘못을 시인했다.

+ 承认 chéngrèn 동 시인하다 |
错误 cuòwù 명 잘못

0509 多亏 ★★

duōkuī

[참고] 幸亏 xìngkuī
다행히, 운 좋게
5급 ⋯ p.233

동 덕분이다, 은혜를 입다

多亏朋友帮忙，不然我就迟到了。
Duōkuī péngyou bāngmáng, bùrán wǒ jiù chídào le.
친구가 도와준 덕분이다, 그렇지 않았으면 나는 지각했을 것이다.

+ 不然 bùrán 접 그렇지 않으면

맛있는 단어 TIP   多亏와 幸亏

多亏와 幸亏는 모두 '다른 사람의 도움이나 어떤 원인으로 좋지 않은
일을 피한 경우'에 쓸 수 있지만, 품사가 달라서 용법에는 차이가 있다.
多亏는 동사여서 문장의 술어로 쓸 수 있는 반면, 幸亏는 부사이기
때문에 술어로 쓸 수 없다.

• 今天多亏你，我才顺利到达公司。
  오늘 네 덕분에 무사히 회사에 도착했어.

• 今天幸亏你，我才顺利到达公司。(X)
  → 今天幸亏有你，我才顺利到达公司。(O)
    幸亏 뒤에 술어 有를 추가해야 함

+ 顺利 shùnlì 형 순조롭다 | 到达 dàodá 동 도착하다

0510 看不起

kànbuqǐ

동 얕보다, 깔보다, 업신여기다

每个人都是平等的，不要看不起别人。
Měi ge rén dōu shì píngděng de, búyào kànbuqǐ biérén.
모든 사람은 평등하니, 다른 사람을 깔보지 마라.

+ 平等 píngděng 형 평등하다

0511 圈
quān

명 범위, 구역

使用社交软件并不能扩大朋友圈。
Shǐyòng shèjiāo ruǎnjiàn bìng bù néng kuòdà
péngyouquān.
소셜 네트워크를 사용하는 것으로는 결코 친구의 폭을 넓힐 수 없다.

+ 使用 shǐyòng 통 사용하다 |
社交软件 shèjiāo ruǎnjiàn 소셜 네트워크 |
并 bìng 분 결코, 전혀 | 扩大 kuòdà 통 넓히다

맛있는 단어 TIP
圈이 들어가는 어휘

圈은 원래 '동그라미'의 뜻에서 '범위, 구역'이라는 뜻까지 파생됐다.

• 游泳圈 yóuyǒngquān 튜브
• 救生圈 jiùshēngquān 구명부표
• 娱乐圈 yúlèquān 연예계
• 社交圈 shèjiāoquān 사교 범위
• 北极圈 běijíquān 북극권
• 朋友圈 péngyouquān 친구들 사이

0512 喊★★★
hǎn

동 외치다, 큰 소리로 부르다

朋友喊我一起去打篮球。
Péngyou hǎn wǒ yìqǐ qù dǎ lánqiú.
친구가 큰 소리로 나에게 함께 농구를 하러 가자고 불렀다.

0513 废话
fèihuà

명 쓸데없는 말

朋友之间聊天，难免会说很多废话。
Péngyou zhījiān liáotiān, nánmiǎn huì shuō hěn duō fèihuà.
친구 사이에 잡담을 하면, 쓸데없는 말을 많이 하기 마련이다.

+ 之间 zhījiān 명 사이, 지간 |
难免 nánmiǎn 형 ~하기 마련이다

DAY 01
DAY 02
DAY 03
DAY 04
DAY 05
DAY 06
DAY 07
DAY 08
DAY 09
DAY 10
DAY 11
DAY 12
DAY 13
DAY 14
DAY 15

0514
☐
☐
何况
hékuàng

접 하물며, 더군다나

陌生人都会帮你, 何况是朋友呢?
Mòshēngrén dōu huì bāng nǐ, hékuàng shì péngyou ne?
낯선 사람도 당신을 도울 수 있는데, 하물며 친구는?

+ 陌生人 mòshēngrén 낯선 사람

🚩 독해 출제 포인트

접속사 何况은 종종 앞에 尚且(shàngqiě ~조차)와 함께 쓰여 독해
영역에 가장 많이 출제된다.

- 老师尚且不认识这个字, 何况是学生?
  선생님조차 이 글자를 모르는데, 하물며 학생은?

- 大人尚且搬不动, 何况是孩子?
  어른조차 옮기지 못하는데, 하물며 아이는?

0515
☐
☐
答应**
dāying

동 동의하다, 승낙하다

答应别人的事, 要尽可能做到。
Dāying biérén de shì, yào jǐnkěnéng zuòdào.
남의 일에 승낙했으면, 가능한 한 해야 한다.

+ 尽可能 jǐnkěnéng 분 가능한 한

0516
☐
☐
告别
gàobié

동 이별을 고하다, 작별 인사를 하다

出国前, 他与朋友一一告别。
Chūguó qián, tā yǔ péngyou yī yī gàobié.
출국하기 전에, 그는 친구와 일일이 작별 인사를 한다.

+ 与 yǔ 개 ~와/과

0517
☐
☐

推辞
tuīcí

동 거절하다, 사양하다

这是我的一份心意，请不要推辞。
Zhè shì wǒ de yí fèn xīnyì, qǐng búyào tuīcí.
이것은 저의 성의니, 사양하지 마세요.

+ 份 fèn 행 전체의 일부분 |
心意 xīnyì 명 마음, 성의

0518
☐
☐

瞧
qiáo

동 보다, 구경하다

瞧，他们玩儿得越来越开心了。
Qiáo, tāmen wánr de yuè lái yuè kāixīn le.
봐, 그들은 점점 더 즐겁게 놀아.

+ 开心 kāixīn 형 즐겁다

DAY 01
DAY 02
DAY 03
DAY 04
DAY 05
DAY 06
DAY 07
DAY 08
DAY 09
DAY 10
DAY 11
DAY 12
DAY 13
DAY 14
DAY 15

加把劲儿!

1 빈칸을 채우세요.

❶	gōutōng	소통하다, 교류하다
吵架	chǎojià	❷
责备	❸	(지적하여) 꾸짖다
力量	lìliàng	❹
❺	duōkuī	덕분이다

2 단어의 병음과 뜻을 알맞게 연결하세요.

❶ 何况 •   • ㉠ liánghǎo •   • ⓐ 좋다, 양호하다

❷ 主观 •   • ㉡ zhǔguān •   • ⓑ 요구, 부탁

❸ 良好 •   • ㉢ hékuàng •   • ⓒ 주관적이다

❹ 请求 •   • ㉣ qǐngqiú •   • ⓓ 하물며, 더군다나

3 빈칸에 들어갈 알맞은 단어를 고르세요.

> A 问候   B 交际   C 主动   D 密切   E 矛盾

❶ 你如何处理与同事的＿＿＿＿＿＿呢?

❷ 他＿＿＿＿＿＿承认了自己的错误。

❸ 请替我＿＿＿＿＿＿一下楼下的李奶奶。

❹ 他们一直保持着＿＿＿＿＿＿的联系。

DAY 01
DAY 02
DAY 03
DAY 04
DAY 05
DAY 06
DAY 07
DAY 08
DAY 09
DAY 10
DAY 11
DAY 12
DAY 13
DAY 14
DAY 15

도전/
HSK 5급 **독해** 제1부분

4 빈칸에 들어갈 알맞은 단어를 고르세요.

　　中国有句话叫"君子之交淡如水"，它告诉了我们一个如何与人
　　 ❶ 的道理，那就是真正的朋友交往不应太复杂，可以像水一样
单纯、自然。在与人接触的过程中，我们应该平等 **❷** 身边的每
一个人，不要因为金钱、权力等因素而故意抬高或 **❸** 他人。

빈출 **❶** A 相处　　　　B 握手　　　　C 操心　　　　D 产生

빈출 **❷** A 假装　　　　B 对待　　　　C 对比　　　　D 区分

❸ A 舍不得　　　B 不要紧　　　C 了不起　　　D 看不起

도전/
HSK 5급 **쓰기** 제1부분

5 제시된 어휘로 어순에 맞게 문장을 완성하세요.

❶ 他　　　日子　　　度过了　　　艰苦的　　　一段

_____

❷ 两个人的　　　这是　　　我们　　　属于　　　秘密

_____

빈출 **❸** 相互理解　　　减少　　　矛盾　　　有助于

_____

❹ 冷淡　　　他　　　态度　　　十分　　　对人的

_____

☑ 정답 및 해석 ⇨ 548쪽

DAY 13

Track30

당신의 이상형은?

_성격, 외모

HSK 5급에 이런 내용이 나온다!

한 사람의 성격을 평가하거나 외모를 묘사하는 내용은 듣기 대화문에 많이 출제됩니다. 관련 단어로는 可靠(kěkào 믿을 만하다), 独立(dúlì 독립하다), 能干(nénggàn 유능하다), 周到(zhōudào 세심하다) 등이 자주 나옵니다.

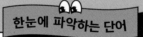

한눈에 파악하는 단어

성격
温柔 wēnróu 온유하다
善良 shànliáng 선량하다
大方 dàfang 대범하다
热心 rèxīn 열성적이다
谦虚 qiānxū 겸허하다
乐观 lèguān 낙관적이다
能干 nénggàn 유능하다
老实 lǎoshi 성실하다

외모
英俊 yīngjùn 잘생기다
苗条 miáotiao 날씬하다
身材好 shēncái hǎo 몸매가 좋다
浓眉大眼 nóng méi dà yǎn 눈썹이 짙고 눈이 크다

0519 调皮
☐
☐ tiáopí

형 장난스럽다, 짓궂다

儿子很调皮，刚买的玩具就被他摔碎了。
Érzi hěn tiáopí, gāng mǎi de wánjù jiù bèi tā shuāisuì le.
아들이 매우 짓궂어서, 방금 산 장난감이 부서졌다.

+ 刚 gāng 閉 방금 | 玩具 wánjù 몡 장난감 |
摔 shuāi 통 떨어져 부서지다 |
碎 suì 통 부서지다

DAY
01

DAY
02

DAY
03

DAY
04

DAY
05

DAY
06

DAY
07

0520 淘气
☐
☐ táoqì

형 장난이 심하다

我小时候很淘气，总是动来动去。
Wǒ xiǎoshíhou hěn táoqì, zǒngshì dòng lái dòng qù.
나는 어렸을 때 장난이 심해서, 늘 움직였다.

+ 动来动去 dòng lái dòng qù 움직이다

0521 温柔**
☐
☐ wēnróu

형 온유하다, 부드럽고 상냥하다

她对学生像对自己的孩子一样温柔。
Tā duì xuésheng xiàng duì zìjǐ de háizi yíyàng wēnróu.
그녀는 학생들에게 자신의 아이를 대하는 것처럼 상냥하다.

빈출 호응 표현 독해 제1부분 ▷

• 温柔的态度 wēnróu de tàidù 온유한 태도
• 温柔的语气 wēnróu de yǔqì 부드럽고 상냥한 말투
• 温柔的声音 wēnróu de shēngyīn 온화한 목소리

0522 英俊
☐
☐ yīngjùn

형 잘생기다, 준수하다

爷爷年轻时非常英俊。
Yéye niánqīng shí fēicháng yīngjùn.
할아버지께서는 젊었을 때 매우 잘생기셨다.

0523 身材
shēncái

명 몸매, 체격

合理的运动能够保持好的身材。
Hélǐ de yùndòng nénggòu bǎochí hǎo de shēncái.
합리적인 운동은 좋은 몸매를 유지하게 할 수 있다.

+ 合理 hélǐ 휑 합리적이다 |
能够 nénggòu 조동 ~할 수 있다 |
保持 bǎochí 통 유지하다

0524 大方
dàfang

반의 小气 xiǎoqi
인색하다
5급 ···→ p.208

형 대범하다, 시원시원하다, 인색하지 않다

他为人大方，很受同事欢迎。
Tā wéirén dàfang, hěn shòu tóngshì huānyíng.
그는 인품이 시원시원해서, 동료들에게 인기가 많다.

+ 为人 wéirén 똉 인품

0525 小气
xiǎoqi

반의 大方 dàfang
대범하다
5급 ···→ p.208

형 인색하다, 쩨쩨하다

结婚后，小气的丈夫从来没给我买过礼物。
Jiéhūn hòu, xiǎoqi de zhàngfu cónglái méi gěi wǒ mǎiguo lǐwù.
결혼 후, 인색한 남편은 여태껏 나에게 선물을 사준 적이 없다.

+ 从来 cónglái 뮈 여태껏

0526 胆小鬼
dǎnxiǎoguǐ

참고 胆小 dǎnxiǎo
겁이 많다

명 겁쟁이

在困难面前，别做胆小鬼。
Zài kùnnan miànqián, bié zuò dǎnxiǎoguǐ.
어려움 앞에서, 겁쟁이가 되지 마라.

+ 困难 kùnnan 똉 어려움 |
面前 miànqián 똉 앞, 면전

성격
외모

DAY
01

DAY
02

DAY
03

DAY
04

DAY
05

DAY
06

DAY
07

DAY
08

DAY
09

DAY
10

DAY
11

DAY
12

**DAY
13**

DAY
14

DAY
15

0527

好奇*
hàoqí

[형] 호기심이 많다, 궁금해하다

我很好奇为什么那么多人推荐这部电影。
Wǒ hěn hàoqí wèishénme nàme duō rén tuījiàn zhè bù
diànyǐng.
나는 왜 그렇게 많은 사람이 이 영화를 추천하는지 궁금하다.

+ 推荐 tuījiàn [동] 추천하다 |
部 bù [양] 편, 권[영화, 서적을 세는 단위]

0528

傻
shǎ

[형] 어리석다, 미련하다

他看起来傻傻的，其实很聪明。
Tā kàn qǐlai shǎshǎ de, qíshí hěn cōngming.
그는 미련해 보이지만, 사실 매우 똑똑하다.

0529

苗条
miáotiao

[형] 날씬하다, 호리호리하다

为了保持苗条的身材，她每天控制饮食。
Wèile bǎochí miáotiao de shēncái, tā měi tiān kòngzhì
yǐnshí.
날씬한 몸매를 유지하기 위해서, 그녀는 매일 음식을 조절한다.

+ 保持 bǎochí [동] 유지하다 | 身材 shēncái [명] 몸매 |
控制 kòngzhì [동] 조절하다 | 饮食 yǐnshí [명] 음식

0530

善良***
shànliáng

[형] 선량하다, 착하다

父母一直教育我要做一个善良的人。
Fùmǔ yìzhí jiàoyù wǒ yào zuò yí ge shànliáng de rén.
부모님께서는 줄곧 나에게 착한 사람이 되어야 한다고 교육하셨다.

+ 教育 jiàoyù [동] 교육하다

谦虚
qiānxū

□
□

[유의] *虚心* xūxīn
겸허하다
5급 ⋯ p.210

형 겸손하다, 겸허하다

俗话说：“谦虚使人进步。” [빈출]
Súhuà shuō: "Qiānxū shǐ rén jìnbù."
"겸손함은 사람을 진보하게 한다"라는 속담이 있다.

+ 俗话 súhuà 명 속담 |
使 shǐ 통 ~로 하여금 ~하게 하다 | 进步 jìnbù 통 진보하다

독해 출제 포인트

독해 영역에 "谦虚使人进步，骄傲使人落后(겸손함은 사람을
진보하게 하고, 교만함은 사람을 뒤처지게 한다)"라는 속담이 종종
출제되므로 이 속담의 뜻을 미리 숙지하면 문제를 푸는 데 도움이 된다.

0532 虚心
xūxīn

□
□

[유의] 谦虚 qiānxū
겸손하다
5급 ⋯ p.210

형 겸허하다, 겸손하다

他虚心地接受了大家的意见。 [빈출]
Tā xūxīn de jiēshòule dàjiā de yìjiàn.
그는 겸허하게 모두의 의견을 받아들였다.

+ 接受 jiēshòu 통 받아들이다 | 意见 yìjiàn 명 의견

맛있는 단어 TIP   虚心과 谦虚

虚心은 마음을 비우고 가르침을 청하거나 의견을 받아들일 때 사용
하고, 谦虚은 사람의 태도나 품격을 평가할 때 사용한다.

• 虚心学习 xūxīn xuéxí 겸허하게 공부하다
  虚心请求 xūxīn qǐngqiú 겸허하게 부탁하다
• 谦虚的态度 qiānxū de tàidù 겸손한 태도
  为人谦虚 wéirén qiānxū 인품이 겸손하다

0533 好客***
hàokè

□
□

형 손님 접대를 좋아하다, 손님을 좋아하다

这里的村民热情好客。
Zhèlǐ de cūnmín rèqíng hàokè.
이곳의 마을 주민들은 친절하고 손님 접대를 좋아한다.

+ 村民 cūnmín 명 마을 주민

0534 糊涂
□
□ hútu

형 어리석다, 흐리멍덩하다

年纪大了，脑子也越来越糊涂了。
Niánjì dà le, nǎozi yě yuè lái yuè hútu le.
나이가 들면, 머리도 점점 흐리멍덩해진다.

+ 年纪 niánjì 명 나이 |
脑子 nǎozi 명 머리, 두뇌

0535 胡说
□
□ húshuō

동 헛소리하다, 함부로 지껄이다

在弄清楚事实之前别胡说。
Zài nòng qīngchu shìshí zhīqián bié húshuō.
사실을 분명히 하기 전에는 함부로 지껄이지 마라.

+ 弄 nòng 동 하다 |
事实 shìshí 명 사실 | 之前 zhīqián 명 ~전

0536 单纯
□
□ dānchún

형 단순하다

孩子很单纯，父母应保护好他们。
Háizi hěn dānchún, fùmǔ yīng bǎohù hǎo tāmen.
아이는 매우 단순하므로, 부모는 그들을 잘 보호해야 한다.

+ 保护 bǎohù 동 보호하다

부 단순히, 오로지

做事不能单纯考虑结果。
Zuòshì bù néng dānchún kǎolǜ jiéguǒ.
일을 할 때는 단순히 결과만 고려하면 안 된다.

+ 考虑 kǎolǜ 동 고려하다 | 结果 jiéguǒ 명 결과

빈출 호응 표현 독해 제1부분

• 单纯的性格 dānchún de xìnggé 단순한 성격
• 单纯的问题 dānchún de wèntí 단순한 문제
• 单纯的思想 dānchún de sīxiǎng 단순한 생각

DAY
01
DAY
02
DAY
03
DAY
04
DAY
05
DAY
06
DAY
07
DAY
08
DAY
09
DAY
10
DAY
11
DAY
12
DAY
13
DAY
14
DAY
15

0537 称赞★★
chēngzàn

동 칭찬하다

人人都称赞他很能干。
Rénrén dōu chēngzàn tā hěn nénggàn.
사람들 모두 그가 매우 유능하다고 칭찬한다.

+ 能干 nénggàn 형 유능하다

0538 活跃★
huóyuè

형 활동적이다, 활발하다

这节课同学们的表现都很活跃。
Zhè jié kè tóngxuémen de biǎoxiàn dōu hěn huóyuè.
이 수업에서는 학생들의 태도가 매우 활동적이다.

+ 节 jié 양 수업의 시수를 세는 단위 |
表现 biǎoxiàn 명 표현, 태도

동 활기를 띠게 하다

这个主持人很会活跃气氛。
Zhège zhǔchírén hěn huì huóyuè qìfēn.
이 사회자는 분위기를 잘 띄운다.

+ 主持人 zhǔchírén 명 사회자 |
气氛 qìfēn 명 분위기

0539 天真
tiānzhēn

형 천진하다, 순진하다

孩子都很天真，充满好奇心。
Háizi dōu hěn tiānzhēn, chōngmǎn hàoqíxīn.
아이들은 모두 순진하고, 호기심으로 가득하다.

+ 充满 chōngmǎn 동 가득하다 |
好奇心 hàoqíxīn 명 호기심

0540 敏感
mǐngǎn

형 민감하다, 예민하다

青少年的心理通常很敏感。 ^{빈출}
Qīngshàonián de xīnlǐ tōngcháng hěn mǐngǎn.
청소년의 심리는 통상적으로 매우 예민하다.

+ 青少年 qīngshàonián 명 청소년 |
心理 xīnlǐ 명 심리 | 通常 tōngcháng 형 통상적이다

0541 老实
lǎoshi

형 성실하다, 정직하다, 온순하다

他为人老实，从不和人吵架。
Tā wéirén lǎoshi, cóng bù hé rén chǎojià.
그는 인품이 온순해서, 지금까지 남과 다툰 적이 없다.

+ 为人 wéirén 명 인품 |
从不 cóng bù 부 지금까지 ~한 적이 없다 |
吵架 chǎojià 동 다투다

0542 乐观 ★★
lèguān

반의 悲观 bēiguān
비관적이다
5급 … p.232

형 낙관적이다

积极乐观的人更易感到幸福。 ^{빈출}
Jījí lèguān de rén gèng yì gǎndào xìngfú.
긍정적이고 낙관적인 사람이 더 쉽게 행복함을 느낀다.

+ 积极 jījí 형 긍정적이다 |
感到 gǎndào 동 느끼다 | 幸福 xìngfú 형 행복하다

0543 坚强 ★
jiānqiáng

반의 软弱 ruǎnruò
연약하다

형 굳세다, 꿋꿋하다

他性格坚强，不怕困难。
Tā xìnggé jiānqiáng, bú pà kùnnan.
그는 성격이 굳세고, 고난을 두려워하지 않는다.

+ 性格 xìnggé 명 성격 |
怕 pà 동 무서워하다, 두려워하다 | 困难 kùnnan 명 고난

성격
외모

DAY 01
DAY 02
DAY 03
DAY 04
DAY 05
DAY 06
DAY 07
DAY 08
DAY 09
DAY 10
DAY 11
DAY 12
DAY 13
DAY 14
DAY 15

0544
☐
☐

毛病*
máobìng

명 (개인의) 나쁜 버릇, 약점, 문제

怎么做才能改掉总玩儿手机的毛病？
Zěnme zuò cái néng gǎidiào zǒng wánr shǒujī de máobìng?
어떻게 해야 늘 휴대폰을 가지고 노는 버릇을 고칠 수 있을까?

+ 改掉 gǎidiào 동 고쳐 버리다

명 (기계의) 결함, 흠, 고장

这台打印机又出毛病了。
Zhè tái dǎyìnjī yòu chū máobìng le.
이 프린터는 또 고장났다.

+ 台 tái 양 대 | 打印机 dǎyìnjī 명 프린터

빈출 | 호응 표현 독해 제1부분 ▶

• 性格有毛病 xìnggé yǒu máobìng 성격에 문제가 있다
• 身体有毛病 shēntǐ yǒu máobìng 몸에 문제가 있다
• 机器出毛病 jīqì chū máobìng 기계가 고장났다

0545
☐
☐

冒险*
màoxiǎn

동 모험하다, 위험을 무릅쓰다

年轻人要敢于冒险，勇于挑战。
Niánqīngrén yào gǎnyú màoxiǎn, yǒngyú tiǎozhàn.
젊은 사람은 대담하게 모험하고, 용감하게 도전해야 한다.

+ 年轻人 niánqīngrén 명 젊은 사람 |
敢于 gǎnyú 동 대담하게 ~하다 |
勇于 yǒngyú 동 용감하게 ~하다 | 挑战 tiǎozhàn 동 도전하다

0546
☐
☐

热心
rèxīn

형 열성적이다, 친절하다

热心的张奶奶经常喂路边的小猫。
Rèxīn de Zhāng nǎinai jīngcháng wèi lùbiān de xiǎomāo.
친절한 장씨 할머니께서는 자주 길가의 새끼 고양이에게 먹이를 주신다.

+ 喂 wèi 동 (동물에게) 먹이를 주다 |
路边 lùbiān 명 길가

0547

☐
☐

周到*

zhōudào

형 치밀하다, 세심하다

这是我的想法不够周到导致的。 [빈출]🔊

Zhè shì wǒ de xiǎngfǎ búgòu zhōudào dǎozhì de.

이것은 나의 생각이 치밀하지 못해서 야기된 것이다.

+ **想法** xiǎngfǎ 명 생각 | **不够** búgòu 형 부족하다 |
导致 dǎozhì 동 (어떤 사태를) 야기하다

0548

☐
☐

智慧**

zhìhuì

명 지혜

他既有能力又有智慧。

Tā jì yǒu nénglì yòu yǒu zhìhuì.

그는 능력도 있고 지혜도 있다.

+ **既… 又 …** jì… yòu… ~하고 ~하다 |
能力 nénglì 명 능력

0549

☐
☐

自私

zìsī

형 이기적이다

他很自私，从不考虑他人的利益。

Tā hěn zìsī, cóng bù kǎolǜ tārén de lìyì.

그는 매우 이기적이어서, 지금까지 타인의 이익을 고려한 적이 없다.

+ **从不** cóng bù 부 지금까지 ~한 적이 없다 |
考虑 kǎolǜ 동 고려하다 | **他人** tārén 명 타인 |
利益 lìyì 명 이익

0550

☐
☐

坦率

tǎnshuài

형 솔직하다, 정직하다

他坦率地承认了自己的错误。 [빈출]🔊

Tā tǎnshuài de chéngrènle zìjǐ de cuòwù.

그는 솔직하게 자신의 잘못을 시인했다.

+ **承认** chéngrèn 동 시인하다 |
错误 cuòwù 명 잘못

0551 瞎
xiā

동 실명하다, 시력을 잃다

他虽然眼睛瞎了，但听力很好。
Tā suīrán yǎnjing xiā le, dàn tīnglì hěn hǎo.
그는 비록 시력은 잃었지만, 청력은 매우 좋다.

+ 听力 tīnglì 명 청력

부 제멋대로, 함부로, 괜히

他总是瞎想，却不动手做。
Tā zǒngshì xiā xiǎng, què bú dòngshǒu zuò.
그는 항상 제멋대로 생각하나, 손대지는 않는다.

+ 却 què 분 그러나 |
动手 dòngshǒu 동 손대다

0552 能干 ★★
nénggàn

형 유능하다, 일을 잘하다

我们想招聘一个聪明能干、经验丰富的人。
Wǒmen xiǎng zhāopìn yí ge cōngming nénggàn、jīngyàn fēngfù de rén.
우리는 똑똑하고 유능하며, 경험이 풍부한 사람을 채용하고 싶다.

+ 招聘 zhāopìn 동 채용하다 |
聪明 cōngming 형 똑똑하다 |
经验 jīngyàn 명 경험 | 丰富 fēngfù 형 풍부하다

듣기 출제 포인트

能干은 듣기 대화문에서 사람을 평가할 때 자주 출제되는 어휘이다.
有能力(yǒu nénglì 능력이 있다), 能力强(nénglì qiáng 능력이
뛰어나다) 등의 표현으로 바꿔서 보기에 제시되는 경우도 많으니
유의하자.

성격
외모

DAY
01

DAY
02

DAY
03

DAY
04

DAY
05

DAY
06

DAY
07

DAY
08

DAY
09

DAY
10

DAY
11

DAY
12

DAY
13

DAY
14

DAY
15

0553 佩服*
pèifú

동 감탄하다, 탐복하다

她乐观的精神令人佩服。 🔔빈출
Tā lèguān de jīngshén lìng rén pèifú.
그녀의 낙관적인 정신은 사람을 탐복하게 한다.

+ 乐观 lèguān 혱 낙관적이다 |
精神 jīngshén 명 정신 | 令 lìng 동 ~하게 하다

0554 浓
nóng

형 (색깔이) 짙다, 진하다

他喜欢浓眉大眼的女孩子。
Tā xǐhuan nóng méi dà yǎn de nǚháizi.
그는 눈썹이 짙고, 눈이 큰 여자를 좋아한다.

+ 眉 méi 명 눈썹

형 (정도가) 깊다, 심하다

孩子对音乐有很浓的兴趣。
Háizi duì yīnyuè yǒu hěn nóng de xìngqù.
아이는 음악에 흥미가 많다.

0555 逗
dòu

동 웃기다

王老师很幽默，经常把学生逗乐。 🔔빈출
Wáng lǎoshī hěn yōumò, jīngcháng bǎ xuésheng dòu lè.
왕 선생님은 매우 유머러스해서, 항상 학생들을 웃게 한다.

+ 幽默 yōumò 혱 유머러스하다 |
乐 lè 혱 즐겁다

형 우습다, 재미있다

他讲的笑话太逗了。
Tā jiǎng de xiàohuà tài dòu le.
그가 말한 이야기는 너무 재미있다.

+ 笑话 xiàohuà 명 재미있는 이야기

0556 独立* <small>dúlì</small>

동 독립하다, 혼자의 힘으로 하다

大学生要有独立思考的能力。
Dàxuéshēng yào yǒu dúlì sīkǎo de nénglì.
대학생은 독립적으로 사고하는 능력이 있어야 한다.

+ 思考 sīkǎo 동 사고하다 |
能力 nénglì 명 능력

0557 夸 <small>kuā</small>

동 칭찬하다

大家都夸他长得英俊、性格也好。
Dàjiā dōu kuā tā zhǎng de yīngjùn、xìnggé yě hǎo.
모두들 그가 잘생기고, 성격도 좋다고 칭찬한다.

+ 英俊 yīngjùn 형 잘생기다 |
性格 xìnggé 명 성격

0558 原则** <small>yuánzé</small>

명 원칙

他做事讲究原则。
Tā zuòshì jiǎngjiu yuánzé.
그는 일을 함에 있어 원칙을 중요시한다.

+ 讲究 jiǎngjiu 동 중요시하다

0559 可靠** <small>kěkào</small>

형 믿을 만하다, 믿음직하다

他办事可靠，把任务交给他我放心。
Tā bànshì kěkào, bǎ rènwu jiāogěi tā wǒ fàngxīn.
그의 일 처리는 믿을 만해서, 임무를 그에게 맡기면 나는 안심이 된다.

+ 办事 bànshì 동 일을 처리하다 |
任务 rènwu 명 임무 | 交 jiāo 동 맡기다

0560
与其★★
yǔqí

접 ~하기보다는, ~하느니

积极的他认为，与其等待，不如立即行动。
Jījí de tā rènwéi, yǔqí děngdài, bùrú lìjí xíngdòng.
적극적인 그는 기다리기보다는 바로 행동하는 편이 낫다고 생각한다.

＋积极 jījí 형 적극적이다 | 等待 děngdài 동 기다리다 |
不如 bùrú 접 ~하는 편이 낫다 | 立即 lìjí 부 바로 |
行动 xíngdòng 동 행동하다

독해 출제 포인트

접속사 与其는 종종 不如와 함께 쓰여서 与其A不如B(A하기보다는 B하는 편이 낫다) 형태로 독해 부분에 자주 출제된다. 특히 不如의 뒷부분 B는 화자가 강조하고 싶은 내용이기 때문에 정답이 숨어 있을 가능성이 높으니 유의해야 한다.

0561
其余
qíyú

대 나머지, 남은 것

我们班除了我以外，其余的同学都戴眼镜。
Wǒmen bān chúle wǒ yǐwài, qíyú de tóngxué dōu dài yǎnjìng.
우리 반에서 나를 제외하고, 나머지 급우들은 모두 안경을 쓴다.

＋戴 dài 동 (장신구를) 착용하다 |
眼镜 yǎnjìng 명 안경

加把劲儿!

성격
외모

DAY 01
DAY 02
DAY 03
DAY 04
DAY 05
DAY 06
DAY 07
DAY 08
DAY 09
DAY 10
DAY 11
DAY 12
DAY 13
DAY 14
DAY 15

1 빈칸을 채우세요.

温柔	❶	온유하다
❷	shànliáng	선량하다, 착하다
坚强	❸	굳세다, 꿋꿋하다
❹	hàoqí	호기심이 많다
冒险	màoxiǎn	❺

2 단어의 병음과 뜻을 알맞게 연결하세요.

❶ 佩服 •   • ㉠ kěkào •   • ⓐ 치밀하다, 세심하다

❷ 周到 •   • ㉡ tǎnshuài •   • ⓑ 솔직하다, 정직하다

❸ 可靠 •   • ㉢ pèifú •   • ⓒ 믿을 만하다

❹ 坦率 •   • ㉣ zhōudào •   • ⓓ 감탄하다, 탐복하다

3 빈칸에 들어갈 알맞은 단어를 고르세요.

> A 身材   B 好客   C 胡说   D 原则   E 淘气

❶ 他做事讲究＿＿＿＿＿＿＿。

❷ 在弄清楚事实之前别＿＿＿＿＿＿＿。

❸ 合理的运动能够保持好的＿＿＿＿＿＿＿。

❹ 这里的村民热情＿＿＿＿＿＿＿。

성격
외모

DAY
01

DAY
02

DAY
03

DAY
04

DAY
05

DAY
06

DAY
07

DAY
08

DAY
09

DAY
10

DAY
11

DAY
12

**DAY
13**

DAY
14

DAY
15

 듣기 제1부분

4 녹음을 듣고 알맞은 답을 고르세요.

❶ A 很英俊　　　　　　　　　B 很谦虚

　　C 很调皮　　　　　　　　　D 很天真

❷ A 皮肤敏感　　　　　　　　　B 性格内向

　　C 待人热情　　　　　　　　　D 十分能干

 쓰기 제1부분

5 제시된 어휘로 어순에 맞게 문장을 완성하세요.

❶ 保持　　　人　　　乐观　　　一定要

_____

❷ 课堂的气氛　　　怎么能　　　使　　　呢　　　更活跃

_____

❸ 又　　　这台机器　　　出　　　毛病了

_____

❹ 独立生活的　　　父母应　　　培养孩子　　　能力

_____

DAY 14

Track32

울어도 괜찮아!
_감정, 기분

HSK 5급에 이런 내용이 나온다!

듣기 영역에서 대화나 단문에 화자의 기분이나 감정을 판단하는 문제가 자주 출제됩니다. 핵심 단어를 통해 긍정적인지 부정적인지를 먼저 판단하면 대화나 단문 내용을 빨리 파악할 수 있습니다. 情绪(qíngxù 정서), **热烈**(rèliè 열렬하다), **幸亏**(xìngkuī 다행히) 등이 빈출 단어입니다.

한눈에 파악하는 단어

긍정적

幸亏 xìngkuī 다행히
鼓舞 gǔwǔ 격려하다
痛快 tòngkuài 시원스럽다
了不起 liǎobuqǐ 대단하다
平静 píngjìng 차분하다
乐观 lèguān 낙관적이다

부정적

恨 hèn 증오하다
委屈 wěiqu 억울하다
发愁 fāchóu 걱정하다
抱怨 bàoyuàn 원망하다
痛苦 tòngkǔ 고통스럽다
悲观 bēiguān 비관적이다

0562
□
□
哎
āi

감 (놀람, 반가움 등을 나타내는) 어! 야!

哎！你看那是谁？
Āi! Nǐ kàn nà shì shéi?
어! 저게 누구야?

0563
□
□
唉
āi

감 (탄식하는 소리로) 후, 아이고

唉！照这个速度，我们肯定迟到。
Āi! Zhào zhège sùdù, wǒmen kěndìng chídào.
아이고! 이 속도대로라면, 우리는 틀림없이 지각이야.

+ 照 zhào 꺠 ~에 의거해서 |
速度 sùdù 몡 속도 | 肯定 kěndìng 凰 틀림없이

0564
□
□
哈
hā

감 (웃는 소리) 하하

他的话把大家逗得哈哈大笑。
Tā de huà bǎ dàjiā dòu de hāhā dàxiào.
그의 말은 모두를 하하거리며 크게 웃게 했다.

+ 逗 dòu 통 웃기다 |
哈哈大笑 hāhā dàxiào 하하거리며 크게 웃다

0565
□
□
情绪★★
qíngxù

몡 정서, 기분, 감정

学会控制情绪是很必要的。빈출
Xuéhuì kòngzhì qíngxù shì hěn bìyào de.
감정을 조절할 줄 아는 것은 매우 필요한 것이다.

+ 控制 kòngzhì 통 조절하다 |
必要 bìyào 휑 필요하다

빈출 호응 표현 독해 제1부분

• 稳定的情绪 wěndìng de qíngxù 안정적인 정서
• 悲观的情绪 bēiguān de qíngxù 비관적인 정서
• 激动的情绪 jīdòng de qíngxù 격양된 감정

0566 □ □ 痛苦
tòngkǔ

형 고통스럽다, 괴롭다

爷爷去世的消息让他很痛苦。
Yéye qùshì de xiāoxi ràng tā hěn tòngkǔ.
할아버지께서 돌아가셨다는 소식은 그를 매우 고통스럽게 했다.

+ 去世 qùshì 동 돌아가다, 세상을 뜨다 | 消息 xiāoxi 명 소식

0567 □ □ 恨
hèn

동 원망하다, 증오하다

虽然你曾打我骂我，但我并不恨你。
Suīrán nǐ céng dǎ wǒ mà wǒ, dàn wǒ bìng bú hèn nǐ.
비록 당신은 이전에 나를 때리고 욕했지만, 나는 당신을 전혀 원망하지 않아요.

+ 曾 céng 부 이전에 | 打 dǎ 동 때리다 |
骂 mà 동 욕하다 | 并 bìng 부 결코, 전혀

0568 □ □ 惭愧
cánkuì

형 부끄럽다, 송구스럽다

给大家带来了麻烦，我很惭愧。
Gěi dàjiā dàiláile máfan, wǒ hěn cánkuì.
모두를 번거롭게 해서 나는 매우 송구스럽다.

+ 麻烦 máfan 명 번거로운 일

0569 □ □ 充满***
chōngmǎn

동 충만하다, 넘치다, 가득하다

观众们的掌声让我充满信心。 [빈출]
Guānzhòngmen de zhǎngshēng ràng wǒ chōngmǎn xìnxīn.
관중들의 박수 소리가 나를 자신감 넘치게 한다.

+ 观众 guānzhòng 명 관중 |
掌声 zhǎngshēng 명 박수 소리 | 信心 xìnxīn 명 자신감

> **빈출** **호응 표현** 독해 제1부분
>
> • 充满阳光 chōngmǎn yángguāng 햇빛이 충만하다
> • 充满力量 chōngmǎn lìliàng 힘이 넘치다
> • 充满热情 chōngmǎn rèqíng 열정이 가득하다

0570 沉默
☐
☐ chénmò

동 침묵하다, 말하지 않다

你为什么一直保持沉默？有什么心事吗？
Nǐ wèishénme yìzhí bǎochí chénmò? Yǒu shénme xīnshì
ma?
너는 왜 줄곧 침묵을 지키고 있니? 무슨 걱정거리가 있어?

+ 保持 bǎochí 동 지키다 |
心事 xīnshì 명 걱정거리

0571 慌张
☐
☐ huāngzhāng

형 당황하다, 허둥대다

无论发生什么情况，都不要慌张。
Wúlùn fāshēng shénme qíngkuàng, dōu búyào
huāngzhāng.
어떤 상황이 발생하더라도, 당황하지 마라.

+ 无论…都 wúlùn…dōu ~에 관계없이 |
情况 qíngkuàng 명 상황

0572 鼓舞
☐
☐ gǔwǔ

유의 鼓励 gǔlì
격려하다
4급

동 격려하다, 고무하다, (용기를) 북돋우다

领导的称赞使他受到很大鼓舞。반출
Lǐngdǎo de chēngzàn shǐ tā shòudào hěn dà gǔwǔ.
대표님의 칭찬에 그는 큰 격려를 받았다.

+ 领导 lǐngdǎo 명 대표 |
称赞 chēngzàn 동 칭찬하다 |
使 shǐ 동 (~에게) ~하게 하다 | 受到 shòudào 동 받다

0573 角度**
☐
☐ jiǎodù

명 각도, 관점

换个角度来看，发脾气其实也有好处。
Huàn ge jiǎodù lái kàn, fā píqi qíshí yě yǒu hǎochù.
다른 각도에서 보면, 화를 내는 것도 사실 좋은 점이 있다.

+ 发脾气 fā píqi 동 화를 내다 |
好处 hǎochù 명 좋은 점

DAY
01

DAY
02

DAY
03

DAY
04

DAY
05

DAY
06

DAY
07

DAY
08

DAY
09

DAY
10

DAY
11

DAY
12

DAY
13

DAY
14

DAY
15

0574
□
□

发愁*
fāchóu

동 걱정하다, 근심하다

他在为离婚的事发愁。
Tā zài wèi líhūn de shì fāchóu.
그는 이혼하는 일 때문에 걱정하고 있다.

+ 离婚 líhūn 동 이혼하다

쓰기 출제 포인트

이합동사 发愁 뒤에는 목적어가 올 수 없으며, 为…发愁(~때문에 걱정하다)의 형식으로 쓰인다. 쓰기 작문할 때 为…发愁의 구문을 정확하게 사용해 보자.

• 妈妈为我的成绩发愁。 엄마는 나의 성적 때문에 걱정한다.
• 教练为队员的身体发愁。 감독님은 팀원의 몸 때문에 걱정한다.

+ 教练 jiàoliàn 명 감독, 코치 | 队员 duìyuán 명 팀원

0575
□
□

流泪*
liúlèi

동 눈물을 흘리다

她一边看电影一边流泪。
Tā yìbiān kàn diànyǐng yìbiān liúlèi.
그녀는 영화를 보면서 눈물을 흘린다.

0576
□
□

了不起
liǎobuqǐ

형 대단하다, 굉장하다

你真了不起！我要向你学习。
Nǐ zhēn liǎobuqǐ! Wǒ yào xiàng nǐ xuéxí.
너 정말 대단하다! 나는 너에게 배워야겠어.

0577
□
□

无奈
wúnài

동 어찌 할 도리가 없다, 부득이하다

放弃其实是一种无奈的选择。
Fàngqì qíshí shì yì zhǒng wúnài de xuǎnzé.
포기는 사실 부득이한 선택이다.

+ 放弃 fàngqì 동 포기하다

0578 强烈*
☐
☐
qiángliè

형 강렬하다

工人们表达了对加班的强烈不满。
Gōngrénmen biǎodále duì jiābān de qiángliè bùmǎn.
노동자들은 초과 근무에 대해 강한 불만을 나타냈다.

+ 工人 gōngrén 명 노동자 | 表达 biǎodá 동 나타내다 |
加班 jiābān 동 초과 근무하다 | 不满 bùmǎn 명 불만

빈출 ∥ 호응 표현 독해 제1부분 ▶

- 强烈的阳光 qiángliè de yángguāng 강렬한 햇빛
- 强烈的对比 qiángliè de duìbǐ 강렬한 대비
- 强烈的反应 qiángliè de fǎnyìng 강렬한 반응

0579 忍不住**
☐
☐
rěn bu zhù

참을 수 없다, 견딜 수 없다

听到这个消息后, 他忍不住流下了眼泪。
Tīngdào zhège xiāoxi hòu, tā rěn bu zhù liúxiàle yǎnlèi.
이 소식을 듣고, 그는 참을 수 없어서 눈물을 흘렸다.

+ 流 liú 동 흐르다 |
眼泪 yǎnlèi 명 눈물

0580 平静
☐
☐
píngjìng

형 (감정, 환경 등이) 평온하다, 차분하다

他紧张的心情逐渐平静下来了。
Tā jǐnzhāng de xīnqíng zhújiàn píngjìng xiàlai le.
그의 긴장된 마음은 점차 차분해졌다.

+ 心情 xīnqíng 명 마음, 기분 |
逐渐 zhújiàn 부 점차

빈출 ∥ 호응 표현 독해 제1부분 ▶

- 平静的生活 píngjìng de shēnghuó 평온한 생활
- 平静的海面 píngjìng de hǎimiàn 잔잔한 해수면
- 平静的内心 píngjìng de nèixīn 차분한 마음

DAY
01
DAY
02
DAY
03
DAY
04
DAY
05
DAY
06
DAY
07
DAY
08
DAY
09
DAY
10
DAY
11
DAY
12
DAY
13
DAY
14
DAY
15

0581 迫切
□
□
pòqiè

형 절실하다, 간절하다

市民们迫切希望政府解决交通问题。
Shìmínmen pòqiè xīwàng zhèngfǔ jiějué jiāotōng wèntí.
시민들은 정부가 교통 문제를 해결하길 간절히 바란다.

+ 市民 shìmín 명 시민 |
政府 zhèngfǔ 명 정부 | 交通 jiāotōng 명 교통

빈출 ‖ 호응 표현 독해 제1부분 ▶

- 迫切的要求 pòqiè de yāoqiú 절실한 요구
- 迫切的心情 pòqiè de xīnqíng 절박한 마음
- 迫切的愿望 pòqiè de yuànwàng 간절한 소망

0582 委屈
□
□
wěiqu

형 억울하다

被人误会让他感到很委屈。
Bèi rén wùhuì ràng tā gǎndào hěn wěiqu.
다른 사람에게 오해를 받아 그는 매우 억울함을 느꼈다.

+ 误会 wùhuì 동 오해하다 |
感到 gǎndào 동 느끼다

동 억울하게 하다, 불편을 느끼게 하다

我们招待不周，真是委屈你了。
Wǒmen zhāodài bùzhōu, zhēnshi wěiqu nǐ le.
저희 대접이 변변치 못해서, 정말 불편을 드렸습니다.

+ 招待 zhāodài 동 대접하다 |
不周 bùzhōu 형 미비하다

0583 痛快
tòngkuài

형 시원스럽다, 통쾌하다

经理痛快地答应了我们的请求。
Jīnglǐ tòngkuài de dāyingle wǒmen de qǐngqiú.
사장님께서는 우리의 부탁을 시원스럽게 승낙하셨다.

+ 答应 dāying 동 승낙하다 |
请求 qǐngqiú 명 요구, 부탁

0584 表面***
biǎomiàn

명 표면, 겉

他表面上看很平静，其实内心很不安。
Tā biǎomiàn shang kàn hěn píngjìng, qíshí nèixīn hěn bù'ān.
그는 겉으로는 차분해 보이지만, 사실 마음속은 매우 불안하다.

+ 平静 píngjìng 형 (감정, 환경 등이) 차분하다 |
内心 nèixīn 명 마음속 |
不安 bù'ān 형 불안하다

0585 勇气*
yǒngqì

명 용기

做学问要有自己的观点和敢于怀疑的勇气。
Zuò xuéwen yào yǒu zìjǐ de guāndiǎn hé gǎnyú huáiyí de yǒngqì.
학문을 하려면 자신만의 관점과 대담하게 의심할 용기가 있어야 한다.

+ 学问 xuéwen 명 학문 |
观点 guāndiǎn 명 관점 |
敢于 gǎnyú 동 대담하게 ~하다 | 怀疑 huáiyí 동 의심하다

0586 拥抱
yōngbào

동 포옹하다, 껴안다

他们一见面就拥抱在了一起。
Tāmen yí jiànmiàn jiù yōngbào zàile yìqǐ.
그들은 만나자마자 껴안았다.

0587 想念

想念
xiǎngniàn

[유의] 怀念 huáiniàn
그리워하다,
회상하다
5급 ··· p.131

[동] 그리워하다, 생각하다

我很想念去世的奶奶。
Wǒ hěn xiǎngniàn qùshì de nǎinai.
나는 돌아가신 할머니가 매우 그립다.

　+ 去世 qùshì [동] 돌아가다, 세상을 뜨다

맛있는 단어 TIP　　　　　　想念과 怀念

想念과 怀念은 뜻은 비슷하지만, 그리워하는 대상에 약간의 차이가
있다. 想念은 현재나 과거에 모두 사용할 수 있지만, 怀念은 주로
과거의 기억, 있었던 일들을 그리워할 때만 사용한다.

• 想念/怀念以前的生活 [과거]
　이전의 삶이 그립다

• 想念去美国留学的朋友 [현재, 怀念 사용 불가]
　미국에 유학 간 친구가 그립다

0588 热烈★★

热烈
rèliè

[형] 열렬하다

舞台下响起了热烈的掌声。
Wǔtái xia xiǎngqǐle rèliè de zhǎngshēng.
무대 아래에서 열렬한 박수 소리가 울려 퍼졌다.

　+ 舞台 wǔtái [명] 무대 | 响 xiǎng [동] 소리가 나다 |
　掌声 zhǎngshēng [명] 박수 소리

빈출 호응 표현 독해 제1부분

• 热烈欢迎 rèliè huānyíng 열렬히 환영하다
• 热烈的气氛 rèliè de qìfēn 열렬한 분위기
• 热烈的反应 rèliè de fǎnyìng 열렬한 반응

0589
☐
☐

吓
xià

동 놀라다, 놀라게 하다

突然的雷声吓了我一跳。
Tūrán de léishēng xiàle wǒ yí tiào.
갑작스러운 천둥소리에 나는 깜짝 놀랐다.

+ 突然 tūrán 형 갑작스럽다 |
雷声 léishēng 명 뇌성, 천둥소리 |
吓一跳 xià yí tiào 깜짝 놀라다

0590
☐
☐

盼望
pànwàng

동 간절히 바라다, 학수고대하다

奶奶盼望孙子能早日结婚。
Nǎinai pànwàng sūnzi néng zǎorì jiéhūn.
할머니는 손자가 하루 빨리 결혼하기를 간절히 바란다.

+ 孙子 sūnzi 명 손자 |
早日 zǎorì 부 하루 빨리

0591
☐
☐

舍不得
shěbude

동 (헤어지기) 아깝다, 섭섭하다

她舍不得离开家乡。
Tā shěbude líkāi jiāxiāng.
그녀는 고향을 떠나기 아쉽다.

+ 家乡 jiāxiāng 명 고향

0592
☐
☐

骂
mà

동 욕하다, 꾸짖다

俗话说："打是亲，骂是爱。"
Súhuà shuō: "Dǎ shì qīn, mà shì ài."
"때리는 것도, 꾸짖는 것도 모두 사랑하기 때문이다."라는 속담이 있다.

+ 俗话 súhuà 명 속담 |
打 dǎ 동 때리다

0593 可怕
kěpà

참고 害怕 hàipà
두려워하다,
무서워하다
3급

형 두렵다, 무섭다

妈妈生气的样子非常可怕。
Māma shēngqì de yàngzi fēicháng kěpà.
엄마가 화내는 모습은 매우 무섭다.

+ 样子 yàngzi 명 모양, 모습

맛있는 단어 **TIP**　　　　可가 들어가는 형용사

可怕의 可는 '~할 만하다'라는 의미를 내포하고 있다. 이런 뜻의 可가
들어가는 형용사들을 함께 알아 두자.

- 可爱 kě'ài 귀엽다
- 可观 kěguān 볼만하다
- 可贵 kěguì 귀하다
- 可靠 kěkào 믿을 만하다
- 可口 kěkǒu 맛있다
- 可敬 kějìng 존경할 만하다
- 可怜 kělián 불쌍하다
- 可惜 kěxī 애석하다

0594 缓解**
huǎnjiě

동 풀다, 완화시키다, 완화되다, 호전되다

听音乐可以缓解紧张的情绪。빈출
Tīng yīnyuè kěyǐ huǎnjiě jǐnzhāng de qíngxù.
음악을 들으면 긴장된 정서를 완화시킬 수 있다.

+ 情绪 qíngxù 명 정서, 기분

빈출 호응 표현 독해 제1부분

- 缓解矛盾 huǎnjiě máodùn 갈등을 완화시키다
- 缓解疼痛 huǎnjiě téngtòng 통증을 완화시키다
- 缓解压力 huǎnjiě yālì 스트레스를 풀다

0595 悲观*
bēiguān

반의 乐观 lèguān
낙관적이다
5급 … p.213

형 비관적이다

他对自己的前途十分悲观。빈출
Tā duì zìjǐ de qiántú shífēn bēiguān.
그는 자신의 앞날에 대해 매우 비관적이다.

+ 前途 qiántú 명 앞날 | 十分 shífēn 부 매우

0596 抱怨* bàoyuàn

동 원망하다, 불평불만을 품다

抱怨是一种不成熟的表现。 (빈출)
Bàoyuàn shì yì zhǒng bù chéngshú de biǎoxiàn.
원망하는 것은 일종의 미성숙한 태도이다.

+ 成熟 chéngshú 형 성숙하다 | 表现 biǎoxiàn 명 태도

0597 幸亏** xìngkuī

참고 多亏 duōkuī
덕분이다
5급 ··· p.200

부 다행히, 운 좋게

幸亏救护车来得及时，不然后果很严重。
Xìngkuī jiùhùchē lái de jíshí, bùrán hòuguǒ hěn yánzhòng.
다행히 구급차가 시기적절하게 왔으니 망정이지, 그렇지 않았으면
결과가 매우 심각했을 것이다.

+ 救护车 jiùhùchē 명 구급차 |
及时 jíshí 형 시기적절하다 | 不然 bùrán 접 그렇지 않으면 |
后果 hòuguǒ 명 (주로 종지 않은) 결과 |
严重 yánzhòng 형 심각하다

쓰기 출제 포인트

幸亏A不然B(다행히 A했으니 망정이지 그렇지 않으면 B이다) 구문은
상대방에게 감사를 표현하거나 안 좋은 상황을 피했을 때 활용할 수
있다.

• 幸亏朋友提醒我，不然我就错过了报名。
다행히 친구가 상기시켜 주었으니 망정이지, 그렇지 않았으면 나는
신청할 기회를 놓쳤을 것이다.

• 幸亏我仔细检查了一遍，不然就把护照忘在家里了。
다행히 내가 꼼꼼하게 한 번 검사했으니 망정이지, 그렇지 않았으면
여권을 집에 두고 왔을 것이다.

+ 提醒 tíxǐng 동 상기시키다 |
错过 cuòguò 동 (기회를) 놓치다 |
报名 bàomíng 동 신청하다 | 仔细 zǐxì 형 꼼꼼하다 |
遍 biàn 양 차례, 번[동작의 처음부터 끝까지의 전 과정을 가리킴]

DAY
01
DAY
02
DAY
03
DAY
04
DAY
05
DAY
06
DAY
07
DAY
08
DAY
09
DAY
10
DAY
11
DAY
12
DAY
13
DAY
14
DAY
15

0598 欠
qiàn

동 빚지다, 부족하다

唉！手机怎么又欠费了！

Āi! Shǒujī zěnme yòu qiàn fèi le!

아이고! 휴대폰이 왜 또 요금이 부족한 거야!

+ 唉 āi **감** (탄식하는 소리로) 후, 아이고

0599 丝毫*
sīháo

부 조금도, 추호도

他做事丝毫不考虑别人的感受。

Tā zuòshì sīháo bù kǎolù biérén de gǎnshòu.

그는 일을 함에 있어 다른 사람의 느낌을 조금도 고려하지 않는다.

+ 考虑 kǎolù **동** 고려하다 | 感受 gǎnshòu **명** 느낌

쓰기 출제 포인트

丝毫 뒤에는 항상 不나 没有가 이어져서 丝毫不(조금도 ~하지 않다), 丝毫没有(조금도 ~하지 않았다)의 형식으로 사용된다. 쓰기 배열 문제에 丝毫가 있으면 먼저 不나 没有를 뒤에 연결해야 한다.

0600 相当
xiāngdāng

부 상당히, 제법

昨天那场比赛，我看得相当激动。

Zuótiān nà chǎng bǐsài, wǒ kàn de xiāngdāng jīdòng.

어제 그 경기를 나는 상당히 감동적으로 보았다.

+ 场 chǎng **양** 회[문예, 오락, 체육 활동] |
激动 jīdòng **형** 감동하다

동 엇비슷하다, 상당하다

这两个队的实力相当，很难分出胜负。

Zhè liǎng ge duì de shílì xiāngdāng, hěn nán fēnchū shèngfù.

두 팀의 실력은 비슷해서, 승부를 가리기가 어렵다.

+ 队 duì **명** 팀 |
实力 shílì **명** 실력 | 分出 fēnchū **동** 가려내다 |
胜负 shèngfù **명** 승부

0601 状态★★
zhuàngtài

명 상태

人很难长期保持开心的状态。
Rén hěn nán chángqī bǎochí kāixīn de zhuàngtài.
사람은 장시간 즐거운 상태를 유지하기는 어렵다.

+ 长期 chángqī 몡 장시간 |
保持 bǎochí 동 유지하다 | 开心 kāixīn 혱 즐겁다

0602 摸
mō

동 (손으로) 짚어 보다, 어루만지다

母亲摸了摸我的头，安慰我不要伤心。
Mǔqīn mōle mō wǒ de tóu, ānwèi wǒ búyào shāngxīn.
어머니께서는 나의 머리를 어루만지시며, 상심하지 말라고 위로하셨다.

+ 母亲 mǔqīn 몡 모친, 어머니 |
安慰 ānwèi 동 위로하다 | 伤心 shāngxīn 동 상심하다

0603 不得了
bùdéliǎo

형 (정도가) 매우 심하다

妹妹今天结婚，姥姥高兴得不得了。
Mèimei jīntiān jiéhūn, lǎolao gāoxìng de bùdéliǎo.
여동생이 오늘 결혼을 해서, 외할머니께서는 매우 기뻐하신다.

+ 姥姥 lǎolao 몡 외할머니

0604 组合
zǔhé

동 조합하다, 조립하다

你这么快就把玩具组合起来了，真厉害！
Nǐ zhème kuài jiù bǎ wánjù zǔhé qǐlai le, zhēn lìhai!
네가 이렇게 빨리 장난감을 조립하다니, 정말 대단하다!

+ 玩具 wánjù 몡 장난감 | 厉害 lìhai 혱 대단하다

DAY 01
DAY 02
DAY 03
DAY 04
DAY 05
DAY 06
DAY 07
DAY 08
DAY 09
DAY 10
DAY 11
DAY 12
DAY 13
DAY 14
DAY 15

확인 √ 테스트

1 빈칸을 채우세요.

❶		liúlèi	눈물을 흘리다
勇气		yǒngqì	❷
惭愧	❸		부끄럽다, 송구스럽다
❹		biǎomiàn	표면, 겉
想念	❺		그리워하다, 생각하다

2 단어의 병음과 뜻을 알맞게 연결하세요.

❶ 沉默 •　　　• ㉠ chénmò •　　　• ⓐ 침묵하다

❷ 强烈 •　　　• ㉡ píngjìng •　　　• ⓑ 강렬하다

❸ 平静 •　　　• ㉢ bēiguān •　　　• ⓒ 평온하다, 차분하다

❹ 悲观 •　　　• ㉣ qiángliè •　　　• ⓓ 비관적이다

3 빈칸에 들어갈 알맞은 단어를 고르세요.

> A 抱怨　　　B 盼望　　　C 状态　　　D 相当　　　E 角度

❶ 换个＿＿＿＿＿＿来看，发脾气其实也有好处。

❷ 人很难长期保持开心的＿＿＿＿＿＿。

❸ 奶奶＿＿＿＿＿＿孙子能早日结婚。

❹ ＿＿＿＿＿＿是一种不成熟的表现。

감정
기분

DAY
01

DAY
02

DAY
03

DAY
04

DAY
05

DAY
06

DAY
07

DAY
08

DAY
09

DAY
10

DAY
11

DAY
12

DAY
13

**DAY
14**

DAY
15

도전!
HSK 5급 **독해** 제1부분

4 빈칸에 들어갈 알맞은 단어를 고르세요.

　　你可能不知道，社交行为其实也会传染。当你看完一场演出之后，什么时候会鼓掌？什么时候又会停止？一项研究显示，这取决于你身边其他观众的＿＿＿**❶**＿＿。其他人的掌声越＿＿**❷**＿＿，你越可能加入其中。也就是说，我们的行为和＿＿**❸**＿＿会受到周围人的影响。

❶ A 反应　　　B 盼望　　　C 背景　　　D 本质

❷ A 深刻　　　B 热烈　　　C 过分　　　D 充分

❸ A 表面　　　B 宝贝　　　C 情绪　　　D 角度

도전!
HSK 5급 **쓰기** 제1부분

5 제시된 어휘로 어순에 맞게 문장을 완성하세요.

❶ 合作　　双方　　充满　　信心　　对未来的

_____

❷ 的　　　抱怨是　　解决不了　　任何问题

_____

❸ 缓解　　亲近自然　　压力　　有助于

_____

❹ 说法　　这种　　没有根据　　丝毫

_____

☑ 정답 및 해석 ⇨ 549쪽

DAY 15

Track33

나는 언제나 네 편이야
_태도, 의견

HSK 5급에 이런 내용이 나온다!

태도나 의견 관련 주제에서는 토론, 강연 등의 상황과 화자의 태도가 어떤지 판단하는 문제가 자주 출제됩니다. 빈출 단어로는 发言(fāyán 발언하다), 演讲(yǎnjiǎng 강연하다), 思考(sīkǎo 사고하다), 观点(guāndiǎn 관점) 등이 있습니다.

한눈에 파악하는 단어

대학생 토론회

话题 huàtí 화제
主题 zhǔtí 주제

正方 찬성 측

承认 chéngrèn 인정하다
赞成 zànchéng 찬성하다
肯定 kěndìng 긍정하다

VS

反方 반대 측

否认 fǒurèn 부정하다
反对 fǎnduì 반대하다
否定 fǒudìng 부정하다

0605 亲切*
qīnqiè

형 친절하다, 친근하다

那位专家对人的态度很亲切。
Nà wèi zhuānjiā duì rén de tàidù hěn qīnqiè.
그 전문가는 사람을 대하는 태도가 매우 친절하다.

+ 专家 zhuānjiā 명 전문가 |
态度 tàidù 명 태도

0606 观点**
guāndiǎn

명 관점

他的观点得到了大家的一致赞成。
Tā de guāndiǎn dédàole dàjiā de yízhì zànchéng.
그의 관점은 만장일치로 찬성을 얻었다.

+ 得到 dédào 동 얻다 |
一致 yízhì 형 일치하다 | 赞成 zànchéng 명 찬성

0607 观念
guānniàn

명 관념, 개념

人们的婚姻观念发生了转变。
Rénmen de hūnyīn guānniàn fāshēngle zhuǎnbiàn.
사람들의 결혼 관념에 변화가 생겼다.

+ 婚姻 hūnyīn 명 혼인, 결혼 |
发生 fāshēng 동 발생하다 | 转变 zhuǎnbiàn 동 바뀌다

0608 思考***
sīkǎo

동 사고하다, 사색하다

换位思考有助于减少误会。
Huànwèi sīkǎo yǒuzhùyú jiǎnshǎo wùhuì.
입장을 바꿔 생각하면 오해를 줄이는 데 도움이 된다.

+ 换位思考 huànwèi sīkǎo 입장을 바꿔 생각하다 |
有助于 yǒuzhùyú 동 ~에 도움이 되다 |
减少 jiǎnshǎo 동 감소하다 | 误会 wùhuì 명 오해

DAY 01
DAY 02
DAY 03
DAY 04
DAY 05
DAY 06
DAY 07
DAY 08
DAY 09
DAY 10
DAY 11
DAY 12
DAY 13
DAY 14
DAY 15

0609 思想
sīxiǎng

명 생각, 의사, 견해

这篇文章的思想非常深刻。
Zhè piān wénzhāng de sīxiǎng fēicháng shēnkè.
이 글의 견해는 굉장히 깊이가 있다.

+ 篇 piān **양** 편[완결된 문장을 세는 단위] |
文章 wénzhāng **명** 글, 완결된 문장 |
深刻 shēnkè **형** 깊이가 있다

0610 争论
zhēnglùn

동 논쟁하다, 쟁론하다

他们争论了很久也没有结果。
Tāmen zhēnglùnle hěn jiǔ yě méiyǒu jiéguǒ.
그들은 아주 오래 논쟁했지만 결론이 없다.

+ 结果 jiéguǒ **명** 결론

0611 辩论*
biànlùn

동 변론하다, 토론하다

谁将代表我们班参加辩论会?
Shéi jiāng dàibiǎo wǒmen bān cānjiā biànlùnhuì?
누가 우리 반을 대표하여 토론회에 참가할 것인가?

+ 将 jiāng **부** 장차 ~할 것이다 |
代表 dàibiǎo **동** 대표하다 | 辩论会 biànlùnhuì **명** 토론회

쓰기 출제 포인트

辩论은 쓰기 작문 부분에 자주 출제되는 주제이다. 이 주제와 관련된 작문을 할 때 正方(zhèngfāng 찬성 측), 反方(fǎnfāng 반대 측), 对方(duìfāng 상대방), 双方 (shuāngfāng 쌍방), 观点(guāndiǎn 관점), 激烈(jīliè 치열하다) 등 관련 어휘를 많이 활용해 보자.

• 正方的观点是"手机有助于学习"。
찬성 측의 관점은 "휴대폰이 학습에 도움이 된다"입니다.

• 双方进行了一场激烈的辩论。
양측은 한차례 치열한 변론을 진행했다.

+ 有助于 yǒuzhùyú **동** ~에 도움이 되다 |
进行 jìnxíng **동** 진행하다 | 场 chǎng **양** 번, 차례

0612 话题* huàtí

명 화제, 이야기의 주제

关于这个话题，他提出了不同的观点。
Guānyú zhège huàtí, tā tíchūle bùtóng de guāndiǎn.
이 화제에 관해, 그는 다른 관점을 제시했다.

+ 提出 tíchū 통 제시하다 |
不同 bùtóng 형 다르다 | 观点 guāndiǎn 명 관점

0613 主题** zhǔtí

명 주제

他的作品多以农村生活为主题。[반출]
Tā de zuòpǐn duō yǐ nóngcūn shēnghuó wéi zhǔtí.
그의 작품은 대부분 농촌 생활을 주제로 삼는다.

+ 作品 zuòpǐn 명 작품 |
以…为… yǐ…wéi… ~을 ~로 삼다 | 农村 nóngcūn 명 농촌

0614 显然 xiǎnrán

형 명백하다, 분명하다

他的表情显然是表示反对。
Tā de biǎoqíng xiǎnrán shì biǎoshì fǎnduì.
그의 표정은 분명히 반대를 표시했다.

+ 表情 biǎoqíng 명 표정 |
表示 biǎoshì 통 표시하다 | 反对 fǎnduì 통 반대하다

0615 围绕** wéirào

동 (어떤 문제나 사건 등을) 중심에 두다, 둘러싸다

请大家围绕这个主题进行讨论。[반출]
Qǐng dàjiā wéirào zhège zhǔtí jìnxíng tǎolùn.
모두 이 주제를 중심으로 토론을 진행해 주세요.

+ 主题 zhǔtí 명 주제 |
进行 jìnxíng 통 진행하다 | 讨论 tǎolùn 명 토론

0616 演讲** yǎnjiǎng

동 강연하다, 연설하다

我很期待他来我们学校演讲。
Wǒ hěn qīdài tā lái wǒmen xuéxiào yǎnjiǎng.
나는 그가 우리 학교에 강연하러 오기를 매우 기대한다.

+ 期待 qīdài 동 기대하다

명 강연, 연설

他精彩的演讲获得了观众们的掌声。
Tā jīngcǎi de yǎnjiǎng huòdéle guānzhòngmen de zhǎngshēng.
그의 멋진 강연은 관중들의 박수를 받았다.

+ 精彩 jīngcǎi 형 멋지다ㅣ
获得 huòdé 동 얻다 ㅣ 观众 guānzhòng 명 관중ㅣ
掌声 zhǎngshēng 명 박수 소리

쓰기 출제 포인트

쓰기 100번 문제에 졸업 모자를 쓴 졸업생이 연설하는 사진이나 정장을 입고 마이크를 든 사람이 연설하는 사진이 종종 출제된다. 아래 演讲을 활용한 문장을 꼭 암기하자.

- **他作为毕业生代表发表了演讲。**
  그는 졸업생 대표로서 연설을 했다.

- **这位作家的演讲感动了很多人。**
  이 작가의 강연은 많은 사람을 감동시켰다.

+ 作为 zuòwéi 개 ~로서 ㅣ
毕业生 bìyèshēng 명 졸업생 ㅣ
代表 dàibiǎo 명 대표 ㅣ 发表 fābiǎo 동 발표하다 ㅣ
作家 zuòjiā 명 작가ㅣ感动 gǎndòng 동 감동시키다

태도
의견

DAY
01

DAY
02

DAY
03

DAY
04

DAY
05

DAY
06

DAY
07

DAY
08

DAY
09

DAY
10

DAY
11

DAY
12

DAY
13

DAY
14

DAY
15

0617
发言**
fāyán

동 발언하다

他性格内向，最怕当众发言。
Tā xìnggé nèixiàng, zuì pà dāngzhòng fāyán.
그는 성격이 내성적이어서, 대중 앞에서 발언하는 것을 가장
두려워한다.

+ 性格 xìnggé 몡 성격 |
内向 nèixiàng 혱 내성적이다 |
怕 pà 동 두려워하다 | 当众 dāngzhòng 뷔 대중 앞에서

명 발언, 발표

他的发言给人印象很深。
Tā de fāyán gěi rén yìnxiàng hěn shēn.
그의 발언은 사람에게 깊은 인상을 주었다.

+ 印象 yìnxiàng 몡 인상 |
深 shēn 혱 깊다

0618
诚恳
chéngkěn

혱 진실하다, 간절하다

他以诚恳的态度向大家道歉。[빈출]
Tā yǐ chéngkěn de tàidù xiàng dàjiā dàoqiàn.
그는 진실한 태도로 모두에게 사과했다.

+ 以 yǐ 꺠 ~(으)로 | 态度 tàidù 몡 태도 |
道歉 dàoqiàn 동 사과하다

0619
叙述
xùshù

동 서술하다, 진술하다

请用自己的话叙述一下故事内容。
Qǐng yòng zìjǐ de huà xùshù yíxià gùshi nèiróng.
자신의 말로 이야기의 내용을 서술해 주세요.

+ 内容 nèiróng 몡 내용

模糊*
móhu

[반의] 清楚 qīngchu
분명하다
3급
清晰 qīngxī
분명하다
6급

형 모호하다, 분명하지 않다, 흐릿하다

他的观点很模糊，让人抓不到重点。
Tā de guāndiǎn hěn móhu, ràng rén zhuā bu dào zhòngdiǎn.
그의 관점은 매우 모호해서, 사람들이 중점을 못 잡는다.

+ 观点 guāndiǎn 명 관점 |
抓 zhuā 동 잡다 | 重点 zhòngdiǎn 명 중점, 핵심

빈출 호응 표현 독해 제1부분

• 发音模糊 fāyīn móhu 발음이 분명하지 않다
• 记忆模糊 jìyì móhu 기억이 흐릿하다
• 模糊的照片 móhu de zhàopiàn 흐릿한 사진

理由**
lǐyóu

[유의] 原因 yuányīn
원인, 이유
4급

명 이유, 까닭

你给出的理由不充分。
Nǐ gěichū de lǐyóu bù chōngfèn.
당신이 제시한 이유는 불충분하다.

+ 给出 gěichū 제시하다 |
充分 chōngfèn 형 충분하다

无所谓
wúsuǒwèi

동 상관없다, 관계없다

挣钱多少无所谓，只要是喜欢的工作就行。
Zhèng qián duōshao wúsuǒwèi, zhǐyào shì xǐhuan de gōngzuò jiù xíng.
돈을 얼마나 버는지는 상관없고, 단지 좋아하는 일이기만 하면 좋다.

+ 挣 zhèng 동 (돈이나 재산 등을) 일하여 벌다 |
只要 zhǐyào 접 단지 ~이기만 하면 | 行 xíng 형 좋다

0623 主张

zhǔzhāng

동 주장하다

周总主张大家和平相处。
Zhōu zǒng zhǔzhāng dàjiā hépíng xiāngchǔ.
저우 사장님은 모두 함께 평화롭게 지내자고 주장했다.

+ 总 zǒng 명 직책에 있는 사람을 호칭할 때 앞에 성을 붙여 쓰는 말 |
和平 hépíng 형 평화롭다 |
相处 xiāngchǔ 동 함께 지내다

명 주장

他的主张始终没有改变。
Tā de zhǔzhāng shǐzhōng méiyǒu gǎibiàn.
그의 주장은 줄곧 바뀌지 않았다.

+ 始终 shǐzhōng 부 시종일관, 줄곧 |
改变 gǎibiàn 동 바뀌다

0624 摇

yáo

동 (좌우로) 젓다, 흔들어 움직이다

总裁摇头表示不赞成这个计划。
Zǒngcái yáotóu biǎoshì bú zànchéng zhège jìhuà.
회장님은 고개를 저으며 이 계획에 찬성하지 않음을 표시했다.

+ 总裁 zǒngcái 명 (기업의) 총수 |
表示 biǎoshì 동 표시하다 |
赞成 zànchéng 동 찬성하다 | 计划 jìhuà 명 계획

맛있는 단어 TIP · 扌가 들어가는 동사

扌는 손으로 하는 동작을 나타낸다.

- 挥 huī 흔들다
- 挣 zhèng 벌다
- 抢 qiǎng 빼앗다
- 抄 chāo 베끼다
- 插 chā 삽입하다
- 抓 zhuā 잡다
- 摘 zhāi 따다
- 披 pī 걸치다
- 拆 chāi 뜯다
- 撕 sī 찢다

DAY 01
DAY 02
DAY 03
DAY 04
DAY 05
DAY 06
DAY 07
DAY 08
DAY 09
DAY 10
DAY 11
DAY 12
DAY 13
DAY 14
DAY 15

0625 坚决
jiānjué

형 단호하다, 결연하다

他坚决地拒绝了对方过分的要求。
Tā jiānjué de jùjuéle duìfāng guòfèn de yāoqiú.
그는 상대방의 지나친 요구를 단호하게 거절했다.

+ 拒绝 jùjué 동 거절하다 |
对方 duìfāng 명 상대방 | 过分 guòfèn 형 지나치다

0626 嗯
ǹg

감 응, 그래

嗯，我觉得你说的没错。
Ǹg, wǒ juéde nǐ shuō de méicuò.
응, 나는 네 말이 맞다고 생각한다.

0627 承认 ***
chéngrèn

반의 否认 fǒurèn
부인하다
5급 ··· p.246

동 인정하다, 시인하다

儿子承认他把玩具摔坏了。
Érzi chéngrèn tā bǎ wánjù shuāihuài le.
아들은 장난감을 부순 것을 인정했다.

+ 玩具 wánjù 명 장난감 | 摔坏 shuāihuài 동 부서지다

0628 否认 ***
fǒurèn

반의 承认 chéngrèn
시인하다
5급 ··· p.246

동 부정하다, 부인하다

他否认了媒体的报道。
Tā fǒurènle méitǐ de bàodào.
그는 대중 매체의 보도를 부인했다.

+ 媒体 méitǐ 동 대중 매체 | 报道 bàodào 명 보도

0629 转告
zhuǎngào

동 (말을) 전달하다, 전하다

请把我的建议转告给负责人。
Qǐng bǎ wǒ de jiànyì zhuǎngào gěi fùzérén.
제 건의를 책임자에게 전해 주세요.

+ 建议 jiànyì 명 건의 | 负责人 fùzérén 명 책임자

0630 严肃
yánsù

DAY
01

DAY
02

DAY
03

DAY
04

DAY
05

DAY
06

DAY
07

DAY
08

DAY
09

DAY
10

DAY
11

DAY
12

DAY
13

DAY
14

**DAY
15**

형 엄숙하다, 진지하다

在台上发言时，他的表情很严肃。
Zài táishang fāyán shí, tā de biǎoqíng hěn yánsù.
단상 위에서 발언할 때, 그의 표정은 매우 엄숙하다.

+ 台上 táishang 명 단상 위 |
发言 fāyán 동 발언하다 | 表情 biǎoqíng 명 표정

빈출 호응 표현 독해 제1부분

- 严肃的态度 yánsù de tàidù 진지한 태도
- 严肃的场合 yánsù de chǎnghé 엄숙한 자리
- 严肃处理 yánsù chǔlǐ 엄격히 처리하다

0631 消极*
xiāojí

반의 积极 jījí
적극적이다,
긍정적이다
4급

형 소극적이다, 부정적이다

你这种无所谓的态度太消极了。
Nǐ zhè zhǒng wúsuǒwèi de tàidù tài xiāojí le.
당신의 이런 상관없는 듯한 태도는 너무 소극적이다.

+ 无所谓 wúsuǒwèi 동 상관없다 |
态度 tàidù 명 태도

0632 绝对
juéduì

반의 相对 xiāngduì
상대적이다
5급 … p.66

형 절대적이다, 무조건적이다

世界上没有绝对的对和错。
Shìjiè shang méiyǒu juéduì de duì hé cuò.
세상에 절대적인 옳고 그름은 없다.

부 절대로, 반드시

你准备得这么充分，绝对没问题。빈출
Nǐ zhǔnbèi de zhème chōngfèn, juéduì méi wèntí.
당신은 이렇게 충분히 준비했으니, 절대로 문제없다.

+ 充分 chōngfèn 형 충분하다

0633 分析** 동 분석하다
fēnxī

他把问题分析得明明白白的。
Tā bǎ wèntí fēnxī de míngming báibái de.
그는 문제를 명명백백하게 분석했다.

+ 明明白白 míngming báibái 행 명명백백하다

0634 一致** 형 일치하다
yízhì

他的主张得到了人们的一致同意。[반출]
Tā de zhǔzhāng dédàole rénmen de yízhì tóngyì.
그의 주장은 사람들의 일치된 동의를 얻었다.

+ 主张 zhǔzhāng 명 주장 | 得到 dédào 동 얻다 |
同意 tóngyì 명 동의

듣기 출제 포인트

意见不一致(yìjiàn bù yízhì 의견이 일치하지 않다)라는 표현은
시험에 자주 출제된다. 특히 듣기 녹음에서 意见不一致가 나오고 보
기에 观点不一样(guāndiǎn bù yíyàng 관점이 다르다)이 정답으로
제시되는 문제가 종종 출제되니 유의하자.

0635 疑问 명 의문, 의혹
yíwèn

关于这个问题，我有几个疑问。
Guānyú zhège wèntí, wǒ yǒu jǐ ge yíwèn.
이 문제에 관해, 나는 몇 가지 의문이 있다.

0636 赞成* 동 찬성하다, 동의하다
zànchéng

我完全赞成你提出的建议。
Wǒ wánquán zànchéng nǐ tíchū de jiànyì.
나는 당신이 제시한 제안에 완전히 찬성한다.

[반의] 反对 fǎnduì
반대하다
4급

+ 完全 wánquán 부 완전히 |
提出 tíchū 동 제시하다 | 建议 jiànyì 명 제안

0637
☐
☐
尊敬*
zūnjìng

[동] 존경하다

他敢于挑战、不怕困难的精神值得尊敬。
Tā gǎnyú tiǎozhàn, bú pà kùnnan de jīngshén zhídé
zūnjìng.
그의 용감하게 도전하고, 어려움을 두려워하지 않는 정신은 존경할
만하다.

+ 敢于 gǎnyú [동] 용감하게 ~하다 |
挑战 tiǎozhàn [동] 도전하다 |
怕 pà [동] 두려워하다 | 困难 kùnnan [명] 어려움 |
精神 jīngshén [명] 정신 | 值得 zhídé [동] ~할 만하다

0638
☐
☐
犹豫**
yóuyù

[형] 주저하다, 망설이다, 머뭇거리다

他犹豫了很久也没做出决定。
Tā yóuyùle hěn jiǔ yě méi zuòchū juédìng.
그는 오래 망설였지만 결정을 내리지 못했다.

🚩 독해 출제 포인트

犹豫不决(yóuyù bù jué 우유부단하다)라는 사자성어가 독해 영역에
자주 출제된다. 특히 독해 장문 부분에서 犹豫不决 표현이 나오고
화자의 태도가 어떤지 묻는데, 还没决定(hái méi juédìng 아직 결정
하지 못하다), 拿不定主意(ná bu dìng zhǔyì 결심을 하지 못하다)가
정답으로 출제되는 경우가 많다.

0639
☐
☐
否定*
fǒudìng

[반의] 肯定 kěndìng
긍정하다
4급

[동] 부정하다

他提出的方案被领导否定了。 ✍빈출
Tā tíchū de fāng'àn bèi lǐngdǎo fǒudìng le.
그가 제시한 방안을 대표님께서 부정하셨다.

+ 提出 tíchū [동] 제시하다 |
方案 fāng'àn [명] 방안 | 领导 lǐngdǎo [명] 대표

DAY
01
DAY
02
DAY
03
DAY
04
DAY
05
DAY
06
DAY
07
DAY
08
DAY
09
DAY
10
DAY
11
DAY
12
DAY
13
DAY
14
DAY
15

0640 概括
gàikuò

[동] 개괄하다, 요약하다, 간추리다

请用一句话概括本文的观点。👉📕
Qǐng yòng yí jù huà gàikuò běnwén de guāndiǎn.
본문의 관점을 한마디로 요약하세요.

+本文 běnwén 명 본문 | 观点 guāndiǎn 명 관점

0641 不要紧
búyàojǐn

[형] 괜찮다, 문제될 것이 없다

说错了不要紧，重要的是敢于表达。
Shuōcuòle búyàojǐn, zhòngyào de shì gǎnyú biǎodá.
틀리게 말해도 괜찮아, 중요한 것은 용감하게 표현하는 거야.

+敢于 gǎnyú 동 용감하게 ~하다 |
表达 biǎodá 동 표현하다

0642 激烈★★
jīliè

[형] 치열하다, 격렬하다

双方正在激烈地辩论。
Shuāngfāng zhèngzài jīliè de biànlùn.
양측은 치열하게 변론하는 중이다.

+双方 shuāngfāng 명 쌍방, 양측 |
辩论 biànlùn 동 변론하다

📢 빈출 | 호응 표현 독해 제1부분 ▶

- 激烈的竞争 jīliè de jìngzhēng 치열한 경쟁
- 激烈的比赛 jīliè de bǐsài 치열한 경기
- 激烈的运动 jīliè de yùndòng 격렬한 운동

0643 正
zhèng

[부] 바로, 딱

他的观点正是我想表达的。
Tā de guāndiǎn zhèng shì wǒ xiǎng biǎodá de.
그의 관점이 바로 내가 표현하고 싶은 것이다.

+观点 guāndiǎn 명 관점 | 表达 biǎodá 동 표현하다

0644 □ □ 急忙
jímáng

[유의] 连忙 liánmáng
급히, 서둘러
5급 ··· p.97

부 급히, 황급히

他急忙走上台，却忘了拿发言稿。
Tā jímáng zǒushàng tái, què wàngle ná fāyángǎo.
그는 급히 단상에 올라가느라, 오히려 발표문 들고 가는 것을 잊었다.

+ 台 tái 몡 단상, 무대 | 却 què 뵈 오히려 |
发言稿 fāyángǎo 몡 발표문

0645 □ □ 过分
guòfèn

형 지나치다

我觉得你的要求有些过分。
Wǒ juéde nǐ de yāoqiú yǒuxiē guòfèn.
나는 당신의 요구가 좀 지나치다고 생각한다.

0646 □ □ 劝
quàn

동 권하다, 타이르다, 설득하다

父母一直劝我不要在意别人的看法。
Fùmǔ yìzhí quàn wǒ búyào zàiyì biérén de kànfǎ.
부모님은 줄곧 나에게 다른 사람의 견해는 개의치 말라고 권하신다.

+ 在意 zàiyì 동 개의하다, 마음에 두다 |
看法 kànfǎ 몡 견해

0647 □ □ 展开
zhǎnkāi

동 전개하다, 벌이다, 펼치다

他们展开了激烈的讨论。 빈출
Tāmen zhǎnkāile jīliè de tǎolùn.
그들은 격렬한 토론을 벌였다.

+ 激烈 jīliè 혱 격렬하다 | 讨论 tǎolùn 몡 토론

빈출 | 호응 표현 독해 제1부분

• 展开调查 zhǎnkāi diàochá 조사를 벌이다
• 展开竞争 zhǎnkāi jìngzhēng 경쟁을 벌이다
• 展开辩论 zhǎnkāi biànlùn 변론을 전개하다

DAY 01
DAY 02
DAY 03
DAY 04
DAY 05
DAY 06
DAY 07
DAY 08
DAY 09
DAY 10
DAY 11
DAY 12
DAY 13
DAY 14
DAY 15

1 빈칸을 채우세요.

诚恳	❶	진실하다, 간절하다
❷	qīnqiè	친절하다, 친근하다
主张	zhǔzhāng	❸
严肃	❹	엄숙하다, 진지하다
❺	sīkǎo	사고하다, 사색하다

2 단어의 병음과 뜻을 알맞게 연결하세요.

❶ 坚决 •　　　•㉠ xiāojí •　　　•ⓐ 소극적이다

❷ 概括 •　　　•㉡ yíwèn •　　　•ⓑ 단호하다, 결연하다

❸ 疑问 •　　　•㉢ jiānjué •　　　•ⓒ 의문, 의혹

❹ 消极 •　　　•㉣ gàikuò •　　　•ⓓ 개괄하다, 요약하다

3 빈칸에 들어갈 알맞은 단어를 고르세요.

A 摇　　　B 过分　　　C 辩论　　　D 展开　　　E 理由

❶ 谁将代表我们班参加＿＿＿＿＿＿会?

❷ 你给出的＿＿＿＿＿＿不充分。

❸ 我觉得你的要求有些＿＿＿＿＿＿。

❹ 他们＿＿＿＿＿＿了激烈的讨论。

 **듣기** 제1부분

4 녹음을 듣고 알맞은 답을 고르세요.

❶ A 优势不突出　　　　　　　　B 费用比较高

　 C 意见不一致　　　　　　　　D 需进行市场调查

❷ A 没过多久　　　　　　　　　B 毕业时照的

　 C 男的很清楚　　　　　　　　D 他们记忆模糊

 **쓰기** 제1부분

5 제시된 어휘로 어순에 맞게 문장을 완성하세요.

 ❶ 这个话题　　　请围绕　　　话　　　写一段

　　　―――――――――――――――――――――――――

❷ 人们的　　　互联网转变了　　　消费　　　观念

　　　―――――――――――――――――――――――――

❸ 承认　　　他　　　自己的错误　　　不愿意

　　　―――――――――――――――――――――――――

 ❹ 十分　　　那个　　　竞争　　　激烈　　　企业的

　　　―――――――――――――――――――――――――

☑ 정답 및 해석 ⇨ 550쪽

듣기&독해
급수 외 꼭 알아야 할 빈출 단어 ③

□□ 01	社团 shètuán	동아리, 모임	□□ 13	扫兴 sǎoxìng	흥을 깨다, 기분을 망치다
□□ 02	和谐 héxié [빈출]	잘 어울리다, 조화롭다	□□ 14	斤斤计较 jīnjīn jìjiào	지나치게 따지다
□□ 03	社交 shèjiāo [빈출]	사교	□□ 15	开朗 kāilǎng	명랑하다
□□ 04	网友 wǎngyǒu	인터넷 친구, 네티즌	□□ 16	勤劳 qínláo	근면하다
□□ 05	分享 fēnxiǎng	함께 나누다, 공유	□□ 17	盲目 mángmù	맹목적인
□□ 06	作息 zuòxī [빈출]	일하고 휴식하다	□□ 18	敬业 jìngyè	자기의 업무에 최선을 다하다
□□ 07	大吃一惊 dà chī yì jīng	몹시 놀라다	□□ 19	风趣 fēngqù	(말이나 문장의) 재미, 해학, 유머
□□ 08	不可思议 bùkě sīyì	불가사의하다, 상상이 안 된다	□□ 20	懒惰 lǎnduò [빈출]	게으르다
□□ 09	第一印象 dì-yī yìnxiàng [빈출]	첫인상	□□ 21	自闭 zìbì	자폐
□□ 10	喜怒哀乐 xǐ nù āi lè	희로애락	□□ 22	拖延症 tuōyánzhèng	미루는 버릇
□□ 11	反感 fǎngǎn	반감, 반감을 가지다	□□ 23	忧郁症 yōuyùzhèng [빈출]	우울증
□□ 12	优越感 yōuyuègǎn	우월감	□□ 24	变通 biàntōng	변통하다, 융통하다

25	走神 zǒushén	정신이 나가다, 주의력이 분산되다	38	小提琴 ^{빈출} xiǎotíqín	바이올린
26	心态 ^{빈출} xīntài	심리 상태, 마음가짐	39	天赋 tiānfù	천성, 타고난 자질, 선천적이다
27	审美 shěnměi	아름다움을 감상하 다, 심미	40	手语 shǒuyǔ	수화
28	诚信 ^{빈출} chéngxìn	성실하다, 신용을 지키다	41	佳 ^{빈출} jiā	좋다, 훌륭하다
29	吃苦 chīkǔ	고생하다	42	收藏 shōucáng	수집하다, 보존하다
30	修养 xiūyǎng	교양	43	相声 xiàngsheng	만담
31	作风 zuòfēng	기풍, 태도, 풍격	44	碎片 suìpiàn	(부서진) 조각, 단편
32	创意 chuàngyì	새로운 의견을 내 다, 창의	45	省事 shěngshì	수고를 덜다, 편리하다
33	创新 chuàngxīn	새로운 것을 창조하 다, 창조성	46	男子汉 nánzǐhàn	사나이, 대장부
34	外在形象 wàizài xíngxiàng	외적 이미지	47	风筝 fēngzheng	연
35	内在 nèizài	내재적인	48	温泉 wēnquán	온천
36	不起眼 bù qǐ yǎn	눈에 띄지 않다, 관심을 받지 못하다	49	自拍 zìpāi	셀프 카메라, 셀카를 찍다
37	魔术 móshù	마술	50	围棋 ^{빈출} wéiqí	바둑

쓰기 제1부분
꼭 알아야 할 빈출 구문 ③

---

1 **为···感到自豪** wèi···gǎndào zìháo ~을 자랑스럽게 생각하다

我为我是球队的一员感到自豪。 나는 팀의 일원이라는 것을 자랑스럽게 생각한다.
我为你取得的成就感到自豪。 나는 당신이 거둔 성과를 자랑스럽게 생각한다.

> ♣ **球队** qiúduì 몡 (구기 종목의) 팀, 단체 ┃ **一员** yì yuán 일원 ┃
> **取得** qǔdé 툉 얻다, 획득하다 ┃ **成就** chéngjiù 성취, 성과

---

2 **恭喜你被···** gōngxǐ nǐ bèi··· 당신이 ~된 것을 축하합니다

恭喜你被国家队录取了。 당신이 국가 대표팀으로 선발된 것을 축하합니다.
恭喜你被评为最佳运动员。 당신이 최고의 운동선수로 선정된 것을 축하합니다.

> ♣ **录取** lùqǔ 툉 선발하다 ┃ **被评为** bèi píngwéi ~(으)로 선정되다 ┃ **最佳** zuì jiā 최고의

---

3 **围绕这个话题···** wéirào zhège huàtí··· 이 화제를 중심으로~

请围绕这个话题写一篇作文。 이 화제를 중심으로 글을 한 편 쓰세요. 빈출
大家围绕这个话题展开了讨论。 모두 이 화제를 중심으로 토론을 벌었다.

> ♣ **作文** zuòwén 몡 작문, 글 ┃ **展开** zhǎnkāi 툉 벌이다, 전개하다

---

4 **如何处理···呢?** rúhé chǔlǐ···ne? ~을 어떻게 처리하는가/해결하는가?

你如何处理与同事的矛盾呢? 당신은 동료와의 갈등을 어떻게 해결하는가?
如何处理这些垃圾呢? 이 쓰레기들은 어떻게 처리하는가?

> ♣ **矛盾** máodùn 몡 모순, 갈등

---

5 **这是···导致的** Zhè shì···dǎozhì de 이것은 ~으로 야기된 것이다

这是我的想法不够周到导致的。 이것은 나의 생각이 치밀하지 못해 야기된 것이다. 빈출
这是网络不稳定导致的。 이것은 네트워크의 불안정으로 야기된 것이다.

> ♣ **不够** búgòu 톙 부족하다 ┃ **周到** zhōudào 톙 치밀하다 ┃
> **网络** wǎngluò 몡 네트워크 ┃ **稳定** wěndìng 톙 안정적이다

쓰기 제2부분
자주 나오는 주제 여가 생활

☑ 99번 문제 빈출 단어

- **业余** yèyú 형 여가의
- **如何** rúhé 대 어떻게
- **思考** sīkǎo 동 사고하다
- **于是** yúshì 접 그래서

- **退休** tuìxiū 동 퇴직하다
- **培养** péiyǎng 동 기르다
- **耐心** nàixīn 명 인내심

☑ 100번 문제 빈출 사진

활용 단어

下棋 xià qí 바둑을 두다

활용 단어

滑雪 huáxuě 스키를 타다

활용 단어

钓鱼 diàoyú 낚시를 하다

☑ 참고 답안 *시험에서 '여가 생활' 주제 관련 문제가 나오면 아래 문장을 활용하세요.

		我	的	业	余	爱	好	是	下	棋	。	小	时	候	,
爷	爷	退	休	在	家	,		他	经	常	带	我	去	钓	鱼	、
滑	雪	或	者	下	棋	。		他	看	我	对	下	棋	很	感	兴
趣	,		于	是	教	我	如	何	下	棋	。		通	过	学	下	棋,
我	培	养	了	耐	心	,		锻	炼	了	思	考	能	力	。		我
很	感	谢	我	的	爷	爷	。									

나의 여가 취미는 바둑을 두는 것이다. 어렸을 때, 할아버지께서는 퇴직하시고 집에 계셨는데, 그는 자주 나를 데리고 낚시를 하거나 스키를 타거나, 또는 바둑을 두셨다. 그는 내가 바둑에 흥미를 느끼는 것을 보시고, 나에게 어떻게 바둑을 두는지 가르쳐 주셨다. 바둑 두는 것을 통해, 나는 인내심을 길렀고, 사고력을 단련했다. 나는 우리 할아버지께 매우 감사하다.

DAY 16

Track38

공부는 끝이 없다
_학업

HSK 5급에 이런 내용이 나온다!

학업 관련 주제에서는 교육 과정, 시험, 학교 생활, 중국어 학습 등의 내용이 출제됩니다. 단어는 报到 (bàodào 도착 보고를 하다), 记录(jìlù 기록하다), 资料(zīliào 자료), 讲座(jiǎngzuò 강좌) 등이 자주 나옵니다.

한눈에 파악하는 단어

☝ 학기 초

买文具 mǎi wénjù 문구를 사다
准备教材 zhǔnbèi jiàocái 교재를 준비하다
报到 bàodào 도착 보고를 하다

✌ 학기 중

讲座 jiǎngzuò 강좌
实验 shíyàn 실험
用功 yònggōng 열심히 공부하다

🤟 학기 말

试卷 shìjuàn 시험지
测验 cèyàn 시험하다
及格 jígé 합격하다

🖐 방학

夏令营 xiàlìngyíng 여름 캠프
志愿者 zhìyuànzhě 자원봉사자
打工 dǎgōng 아르바이트하다

DAY
16

DAY
17

DAY
18

DAY
19

DAY
20

DAY
21

DAY
22

DAY
23

DAY
24

DAY
25

DAY
26

DAY
27

DAY
28

DAY
29

DAY
30

0648 本科
běnkē

명 (대학교의) 학부, 본과

我本科学过这门课程。
Wǒ běnkē xuéguo zhè mén kèchéng.
나는 학부에서 이 과목을 배운 적이 있다.

+ 门 mén 명 과목 | 课程 kèchéng 명 과목, 커리큘럼

맛있는 단어 TIP   교육 과정 관련 어휘

- 硕士 shuòshì 석사
- 博士 bóshì 박사
- 研究生 yánjiūshēng 대학원생
- 插班生 chābānshēng 편입생
- 交换生 jiāohuànshēng 교환학생
- 留学生 liúxuéshēng 유학생

0649 及格**
jígé

동 합격하다

这次英语考试居然没及格。
Zhè cì Yīngyǔ kǎoshì jūrán méi jígé.
이번 영어 시험은 뜻밖에도 합격하지 못했다.

+ 居然 jūrán 부 뜻밖에

0650 录音*
lùyīn

동 녹음하다

心理学课允许学生录音。
Xīnlǐxué kè yǔnxǔ xuésheng lùyīn.
심리학 수업은 학생들에게 녹음을 허락한다.

+ 心理学 xīnlǐxué 명 심리학 | 允许 yǔnxǔ 동 허락하다

명 녹음

我边听录音边背单词。
Wǒ biān tīng lùyīn biān bèi dāncí.
나는 녹음을 들으면서 단어를 암기한다.

+ 背 bèi 동 암기하다 | 单词 dāncí 명 단어

0651 教材
jiàocái

명 교재

这本教材共有50个单元。_{빈출}
Zhè běn jiàocái gòng yǒu wǔshí ge dānyuán.
이 교재에는 모두 50개의 단원이 있다.

+ 单元 dānyuán **명** (교재 등의) 단원

0652 宿舍*
sùshè

명 기숙사

我住在食堂附近的留学生宿舍。
Wǒ zhù zài shítáng fùjìn de liúxuéshēng sùshè.
나는 구내식당 근처에 있는 유학생 기숙사에 살고 있다.

0653 学术
xuéshù

명 학술

张教授将出席下周的学术会议。_{빈출}
Zhāng jiàoshòu jiāng chūxí xià zhōu de xuéshù huìyì.
장 교수는 다음 주 학술회의에 참석할 것이다.

+ 教授 jiàoshòu **명** 교수 | 将 jiāng **부** 장차 ~할 것이다
出席 chūxí **동** (회의나 행사에) 참석하다

0654 包含**
bāohán

[유의] 包括 bāokuò
포함하다, 포괄하다
5급 ··· p.508

동 포함하다, 내포하다

这句话包含了两个意思。
Zhè jù huà bāohánle liǎng ge yìsi.
이 말은 두 가지 의미를 포함하고 있다.

+ 句 jù **양** 구, 마디[말, 글을 세는 단위]

> **빈출** | 호응 표현 독해 제1부분
>
> • 包含道理 bāohán dàolǐ 이치를 내포하다
> • 包含内容 bāohán nèiróng 내용을 담고 있다
> • 包含手续费 bāohán shǒuxùfèi 수수료가 포함되다

0655 朗读 lǎngdú

동 낭독하다, 소리 내어 읽다

朗读可以促进语言学习。
Lǎngdú kěyǐ cùjìn yǔyán xuéxí.
낭독은 언어 학습을 촉진시킬 수 있다.

+ 促进 cùjìn 동 촉진시키다 | 语言 yǔyán 명 언어

0656 录取 lùqǔ

동 채용하다, 선발하다

恭喜你被北京大学录取了。
Gōngxǐ nǐ bèi Běijīng Dàxué lùqǔ le.
베이징대학에 합격한 것을 축하합니다.

+ 恭喜 gōngxǐ 동 축하하다

0657 拼音 pīnyīn

명 (한어)병음

拼音打字虽然快，但也有缺点。
Pīnyīn dǎzì suīrán kuài, dàn yě yǒu quēdiǎn.
병음 타자는 비록 빠르지만, 단점도 있다.

+ 打字 dǎzì 동 타자를 치다 | 缺点 quēdiǎn 명 단점

0658 资料★★ zīliào

명 자료, 자재, 생필품

阅览室里的资料不外借。
Yuèlǎnshì li de zīliào bú wài jiè.
열람실의 자료는 외부 대출하지 않는다.

+ 阅览室 yuèlǎnshì 명 열람실 | 外借 wàijiè 동 외부 대출하다

참고 材料 cáiliào 재료, 자료 4급

빈출 호응 표현 독해 제1부분

• 会议资料 huìyì zīliào 회의 자료
• 学习资料 xuéxí zīliào 학습 자료
• 生产资料 shēngchǎn zīliào 생산 자재

DAY 16 공부는 끝이 없다_학업 261

0659 参考*** ☐ ☐
cānkǎo

동 참고하다, 참조하다

这篇论文参考了很多资料。
Zhè piān lùnwén cānkǎole hěn duo zīliào.
이 논문은 많은 자료를 참고했다.

+ 篇 piān 영 편[완결된 문장을 세는 단위] |
论文 lùnwén 영 논문 | 资料 zīliào 영 자료

0660 声调 ☐ ☐
shēngdiào

명 성조

这个字的声调发生了变化。
Zhège zì de shēngdiào fāshēngle biànhuà.
이 글자의 성조에 변화가 생겼다.

+ 发生 fāshēng 동 발생하다

0661 讲座** ☐ ☐
jiǎngzuò

명 강좌

你把讲座录音整理一下。 빈출
Nǐ bǎ jiǎngzuò lùyīn zhěnglǐ yíxià.
네가 강좌 녹음을 좀 정리해라.

+ 录音 lùyīn 영 녹음 | 整理 zhěnglǐ 동 정리하다

0662 试卷 ☐ ☐
shìjuàn

명 시험지

请不要将试卷带出教室。
Qǐng búyào jiāng shìjuàn dàichū jiàoshì.
시험지를 교실 밖으로 가지고 나가지 마세요.

+ 将 jiāng 개 ~을/를[주로 문어에 쓰임]

0663 辅导 ☐ ☐
fǔdǎo

동 (학습, 훈련 등을) 지도하다, 과외하다

我每天晚上辅导儿子数学。
Wǒ měi tiān wǎnshang fǔdǎo érzi shùxué.
나는 매일 저녁 아들의 수학을 지도한다.

+ 数学 shùxué 명 수학

학업

DAY
16
DAY
17
DAY
18
DAY
19
DAY
20
DAY
21
DAY
22
DAY
23
DAY
24
DAY
25
DAY
26
DAY
27
DAY
28
DAY
29
DAY
30

쓰기 **출제 포인트**

쓰기 작문 부분에 어른이 학생에게 학습 지도하는 사진이 종종 출제된다. 동사 **教**(jiāo 가르치다)를 써도 되지만, 5급 어휘 **辅导**를 활용하면 보다 좋은 점수를 받을 수 있다.

0664
记忆★★★
jìyì

명 기억

我对考试内容的记忆很模糊。

Wǒ duì kǎoshì nèiróng de jìyì hěn móhu.

나는 시험 내용에 대한 기억이 모호하다.

+ **内容** nèiróng 명 내용 |
模糊 móhu 형 모호하다, 분명하지 않다

0665
用功★★
yònggōng

유의 **下功夫**
xià gōngfu
공들이다, 애쓰다

동 열심히 공부하다, 애쓰다

平时多用功才能在关键时刻取得好成绩。

Píngshí duō yònggōng cái néng zài guānjiàn shíkè qǔdé hǎo chéngjì.

평소에 열심히 공부해야 결정적인 순간에 좋은 성적을 거둘 수 있다.

+ **平时** píngshí 명 평소 | **关键** guānjiàn 형 결정적이다 |
时刻 shíkè 명 때, 순간 | **取得** qǔdé 동 얻다

0666
字母
zìmǔ

명 자모, 알파벳

不同的字母表示的意思也不同。

Bùtóng de zìmǔ biǎoshì de yìsi yě bùtóng.

알파벳이 다르면 나타내는 의미도 다르다.

+ **不同** bùtóng 형 다르다 | **表示** biǎoshì 동 나타내다

0667
标点
biāodiǎn

명 구두점, 문장 부호

这句话的标点用错了。

Zhè jù huà de biāodiǎn yòngcuò le.

이 문장의 구두점이 잘못 사용되었다.

+ **句** jù 양 구, 마디[말, 글을 세는 단위]

0668 册
cè

명 책자, 책

这个画册是由我们公司设计的。
Zhège huàcè shì yóu wǒmen gōngsī shèjì de.
이 그림책은 우리 회사가 디자인한 것이다.

+ 由 yóu 께 ~이/가 | 设计 shèjì 통 디자인하다

양 권, 책[책을 세는 단위]

这套教材一共有三册。
Zhè tào jiàocái yígòng yǒu sān cè.
이 교재 세트는 총 3권이다.

+ 套 tào 양 세트 | 教材 jiàocái 명 교재

0669 题目
tímù

명 제목, (시험) 문제

请以《珍惜》为题目写一篇作文。
Qǐng yǐ 《Zhēnxī》 wéi tímù xiě yì piān zuòwén.
<소중함>을 제목으로 글 한 편을 써 주세요.

+ 以⋯为 yǐ⋯wéi ~을 ~(으)로 하다 |
珍惜 zhēnxī 통 소중히 여기다 |
篇 piān 양 편 | 作文 zuòwén 명 작문, 글

0670 测验
cèyàn

통 시험하다, 테스트하다

物理测验的成绩公布了吗?
Wùlǐ cèyàn de chéngjì gōngbù le ma?
물리 시험의 성적은 발표되었습니까?

+ 物理 wùlǐ 명 물리(학) | 公布 gōngbù 통 발표하다

0671 常识
chángshí

명 상식

这本书详细介绍了很多文化常识。
Zhè běn shū xiángxì jièshàole hěn duō wénhuà chángshí.
이 책은 많은 문화 상식을 상세히 소개했다.

+ 详细 xiángxì 형 상세하다

0672 词汇
cíhuì

[유의] 单词 dāncí
단어

명 어휘, 용어

扩大词汇量有利于提高外语水平。
Kuòdà cíhuìliàng yǒulìyú tígāo wàiyǔ shuǐpíng.
어휘량을 늘리면 외국어 수준을 높이는 데 유리하다.

+ **扩大** kuòdà 동 확대하다 |
有利于 yǒulìyú ~에 유리하다 | **外语** wàiyǔ 명 외국어

맛있는 단어 `TIP`   중국어 학습 관련 어휘

- 拼音 pīnyīn 병음   - 字母 zìmǔ 자모
- 发音 fāyīn 발음   - 声调 shēngdiào 성조
- 单词 dāncí 단어   - 词汇 cíhuì 어휘
- 语法 yǔfǎ 어법   - 标点 biāodiǎn 문장 부호

0673 集中★★★
jízhōng

[반의] 分散 fēnsàn
분산하다
6급

동 집중하다, 한데 모으다

孩子上课注意力不集中。
Háizi shàngkè zhùyìlì bù jízhōng.
아이는 수업할 때 주의력을 집중하지 못한다.

+ **注意力** zhùyìlì 명 주의력

0674 记录★★★
jìlù

동 기록하다

用笔记录比打字记录记忆深。
Yòng bǐ jìlù bǐ dǎzì jìlù jìyì shēn.
펜으로 기록하는 것이 타자를 쳐서 기록하는 것보다 기억에 깊게 남는다.

+ **打字** dǎzì 동 타자를 치다 |
记忆 jìyì 명 기억 | **深** shēn 형 깊다

명 기록

下班前把会议记录发给我。
Xiàbān qián bǎ huìyì jìlù fā gěi wǒ.
퇴근하기 전에 회의록을 나한테 보내 주세요.

0675 概念* gàiniàn

명 개념

这个概念很抽象，不易理解。
Zhège gàiniàn hěn chōuxiàng, búyì lǐjiě.
이 개념은 매우 추상적이라, 이해하기 쉽지 않다.

+ 抽象 chōuxiàng 휑 추상적이다 |
不易 búyì 휑 쉽지 않다 | 理解 lǐjiě 통 이해하다

0676 实验** shíyàn

명 실험

她在为实验报告的事发愁。
Tā zài wèi shíyàn bàogào de shì fāchóu.
그녀는 실험 보고서 일로 걱정하고 있다.

+ 报告 bàogào 명 보고(서) | 发愁 fāchóu 통 걱정하다

0677 文具 wénjù

명 문구

请准备好明天考试用的文具。
Qǐng zhǔnbèi hǎo míngtiān kǎoshì yòng de wénjù.
내일 시험에 사용할 문구를 잘 준비하세요.

0678 文字** wénzì

명 문자, 글자

文字是记录语言的工具。
Wénzì shì jìlù yǔyán de gōngjù.
문자는 언어를 기록하는 도구이다.

+ 记录 jìlù 통 기록하다 | 语言 yǔyán 명 언어 |
工具 gōngjù 명 도구, 수단

0679 修改** xiūgǎi

동 수정하다, 고치다

文章里有一些错别字需要修改。[빈출]
Wénzhāng li yǒu yìxiē cuòbiézì xūyào xiūgǎi.
문장에 수정해야 할 오자들이 있다.

+ 文章 wénzhāng 명 완결된 문장 | 错别字 cuòbiézì 명 오자

0680

☐
☐

提纲
tígāng

명 개요, 요점

教授要求我下周交论文提纲。
Jiàoshòu yāoqiú wǒ xià zhōu jiāo lùnwén tígāng.
교수님께서 다음 주에 논문 개요를 제출하라고 요구하셨다.

+ 教授 jiàoshòu 명 교수 |
交 jiāo 통 제출하다 | 论文 lùnwén 명 논문

0681

☐
☐

学问
xuéwen

명 학문, 학식, 지식

他虽然年纪不大，但很有学问。
Tā suīrán niánjì bú dà, dàn hěn yǒu xuéwen.
그는 비록 나이는 많지 않지만, 학식이 있다.

+ 年纪 niánjì 명 나이

0682

☐
☐

写作
xiězuò

통 글을 짓다, 창작하다

他一直坚持写作，从未放弃。
Tā yìzhí jiānchí xiězuò, cóngwèi fàngqì.
그는 계속해서 글을 쓰면서, 지금까지 포기한 적이 없다.

+ 坚持 jiānchí 통 계속하다 |
从未 cóngwèi 뷔 지금까지 ~한 적이 없다 |
放弃 fàngqì 통 포기하다

쓰기 출제 포인트

从未는 从来没와 같은 의미로, '지금까지 ~한 적이 없다'라는 뜻이다.
쓰기 작문 부분에 从来没 대신 从未를 쓰면 보다 높은 점수를 받을 수 있다.

• 我们从未见过面。 우리는 한번도 만난 적이 없다.

• 我从未感到如此幸福。
나는 이렇게 행복하다고 느껴본 적이 없다.

+ 感到 gǎndào 통 느끼다 | 如此 rúcǐ 대 이렇게

DAY 16
DAY 17
DAY 18
DAY 19
DAY 20
DAY 21
DAY 22
DAY 23
DAY 24
DAY 25
DAY 26
DAY 27
DAY 28
DAY 29
DAY 30

0683 夏令营*
xiàlìngyíng

명 여름 캠프

这次夏令营让同学们收获了很多。
Zhè cì xiàlìngyíng ràng tóngxuémen shōuhuòle hěn duō.
이번 여름 캠프에서 학생들은 많은 것을 얻었다.

＋收获 shōuhuò 동 거둬들이다

0684 专心
zhuānxīn

형 전념하다, 몰두하다

他正在专心准备下周的考试。
Tā zhèngzài zhuānxīn zhǔnbèi xià zhōu de kǎoshì.
그는 다음 주 시험 준비에 전념하고 있다.

반의 分心 fēnxīn
한눈팔다

0685 幼儿园
yòu'éryuán

명 유치원

我每天早上送孩子去幼儿园。
Wǒ měi tiān zǎoshang sòng háizi qù yòu'éryuán.
나는 매일 아침 아이를 유치원에 보낸다.

0686 志愿者*
zhìyuànzhě

명 자원봉사자, 지원자

我大学期间去音乐节做过志愿者。
Wǒ dàxué qījiān qù yīnyuèjié zuòguo zhìyuànzhě.
나는 대학 시절에 음악 축제에서 자원봉사자를 한 적이 있다.

＋期间 qījiān 명 기간 |
音乐节 yīnyuèjié 명 음악 축제

0687 报到**
bàodào

동 도착 보고를 하다

大一新生什么时候报到?
Dàyī xīnshēng shénme shíhou bàodào?
대학교 1학년 신입생은 언제 도착 보고를 합니까?

＋大一 dàyī 대학교 1학년 | 新生 xīnshēng 명 신입생

학업

DAY
16

DAY
17

DAY
18

DAY
19

DAY
20

DAY
21

DAY
22

DAY
23

DAY
24

DAY
25

DAY
26

DAY
27

DAY
28

DAY
29

DAY
30

🚩 **듣기 출제 포인트**

중국에는 신입생이 입학하거나 신입 사원이 입사할 때 도착 보고 (报到)를 하는 절차가 있다. 듣기 대화문에 新生报到(xīnshēng bàodào 신입생 도착 보고), 新职员报到(xīn zhíyuán bàodào 신입 사원 도착 보고) 관련 내용이 자주 출제되니 기억해 두자.

0688
作文
zuòwén

명 작문, 글

请围绕这个话题写一篇作文。 👉빈출
Qǐng wéirào zhège huàtí xiě yì piān zuòwén.
이 논제를 중심으로 글을 한 편 써 주세요.

+ 围绕 wéirào 동 중심으로 하다 |
话题 huàtí 명 화제, 논제 | 篇 piān 양 편

0689
哲学
zhéxué

명 철학

这个网站上有很多哲学公开课。
Zhège wǎngzhàn shang yǒu hěn duō zhéxué gōngkāikè.
이 웹사이트에는 철학 공개 수업이 많이 있다.

+ 网站 wǎngzhàn 명 (인터넷) 웹사이트 |
哲学 zhéxué 명 철학 | 公开课 gōngkāikè 명 공개 수업

0690
系
xì

명 학과, 계열

中文系的女生比例很高。
Zhōngwénxì de nǚshēng bǐlì hěn gāo.
중문과의 여학생 비율이 매우 높다.

+ 比例 bǐlì 명 비율

0691
成人
chéngrén

명 성인

我打算参加成人高考。
Wǒ dǎsuan cānjiā chéngrén gāokǎo.
나는 성인 대학 입학시험에 참가할 계획이다.

+ 高考 gāokǎo 명 대학 입학시험

1 빈칸을 채우세요.

辅导	❶	지도하다, 과외하다
❷	jígé	합격하다
❸	yònggōng	열심히 공부하다
朗读	❹	낭독하다
包含	bāohán	❺

2 단어의 병음과 뜻을 알맞게 연결하세요.

❶ 标点 •　　　　　• ㉠ biāodiǎn •　　　　　• ⓐ 어휘, 용어

❷ 词汇 •　　　　　• ㉡ zhéxué •　　　　　• ⓑ 개념

❸ 概念 •　　　　　• ㉢ gàiniàn •　　　　　• ⓒ 철학

❹ 哲学 •　　　　　• ㉣ cíhuì •　　　　　• ⓓ 구두점, 문장 부호

3 빈칸에 들어갈 알맞은 단어를 고르세요.

A 集中　　　B 声调　　　C 参考　　　D 录取　　　E 学术

❶ 孩子上课注意力不＿＿＿＿＿＿。

❷ 这个字的＿＿＿＿＿＿发生了变化。

❸ 张教授将出席下周的＿＿＿＿＿＿会议。

❹ 恭喜你被北京大学＿＿＿＿＿＿了。

학업

DAY
16

DAY
17

DAY
18

DAY
19

DAY
20

DAY
21

DAY
22

DAY
23

DAY
24

DAY
25

DAY
26

DAY
27

DAY
28

DAY
29

DAY
30

 **듣기** 제1부분

4 녹음을 듣고 알맞은 답을 고르세요.

❶ A 准备材料   B 递交报告

    C 去学校报到   D 参加口语测验

❷ A 交论文   B 修改错字

    C 重写提纲   D 删掉结论

쓰기 제1부분

5 제시된 어휘로 어순에 맞게 문장을 완성하세요.

❶ 每个细节   都得注意   实验   过程中

_____

❷ 正在   他   专心   公司的未来   思考

_____

❸ 古代社会的   详细介绍了   这本书   常识

_____

❹ 你本科   课程   吗   学过这门

_____

☑ 정답 및 해석 ⇨ 551쪽

DAY 17

Track40

직장 생활 성공기
_회사

HSK 5급에 이런 내용이 나온다!

회사 관련 주제는 회사의 직책, 회사 업무, 회사 경영 등의 내용이 출제됩니다. 특히 듣기 영역에는 승진, 퇴사, 회사 대우, 업무 협조 등에 대한 직원들간의 대화 내용이 많이 언급됩니다. 관련 단어로는 待遇(dàiyù 대우), 从事(cóngshì 종사하다), 合作(hézuò 협력하다), 方案(fāng'àn 방안) 등이 자주 나옵니다.

한눈에 파악하는 단어

회사 직책

领导 lǐngdǎo 대표
总裁 zǒngcái (기업의) 총수
主任 zhǔrèn 주임. 장
秘书 mìshū 비서
员工 yuángōng 직원

회사 업무

签合同 qiān hétong 계약을 체결하다
批准方案 pīzhǔn fāng'àn 방안을 승인하다
出席会议 chūxí huìyì 회의에 참가하다
改革制度 gǎigé zhìdù 제도를 개혁하다
征求意见 zhēngqiú yìjiàn 의견을 구하다
接待客户 jiēdài kèhù 고객을 접대하다

0692 报告**
bàogào

명 보고서, 리포트

主任让我修改报告。
Zhǔrèn ràng wǒ xiūgǎi bàogào.
주임님은 나에게 보고서를 수정하라고 했다.

＋主任 zhǔrèn 명 주임 | 修改 xiūgǎi 동 수정하다

0693 辞职
cízhí

동 사직하다

领导已经批准了你的辞职申请。
Lǐngdǎo yǐjing pīzhǔnle nǐ de cízhí shēnqǐng.
대표님은 이미 당신의 사직 신청을 승인했다.

＋领导 lǐngdǎo 명 대표 |
批准 pīzhǔn 동 승인하다 | 申请 shēnqǐng 동 신청하다

0694 待遇**
dàiyù

명 대우, 대접

这家公司的待遇很好，工作也很轻松。
Zhè jiā gōngsī de dàiyù hěn hǎo, gōngzuò yě hěn qīngsōng.
이 회사는 대우가 좋고, 업무도 수월하다.

＋轻松 qīngsōng 형 (일이) 수월하다

듣기 출제 포인트

듣기 대화문에 회사나 직업을 평가하는 내용이 자주 나온다. 待遇不
错 (dàiyù búcuò 대우가 좋다), 工作强度大(gōngzuò qiángdù dà
업무 강도가 높다), 竞争激烈(jìngzhēng jīliè 경쟁이 치열하다) 등이
정답으로 출제되는 경우가 많다.

0695 从事**
cóngshì

동 종사하다

他从事出版工作已经10年了。
Tā cóngshì chūbǎn gōngzuò yǐjing shí nián le.
그가 출판업에 종사한 지 이미 10년이 되었다.

＋出版 chūbǎn 동 출판하다

0696 打工
dǎgōng

[유의] 兼职 jiānzhí
아르바이트
5급 ··· p.289

동 아르바이트하다

我曾在一家游戏公司打工。
Wǒ céng zài yì jiā yóuxì gōngsī dǎgōng.
나는 이전에 한 게임회사에서 아르바이트했다.

+ 曾 céng **부** 이전에

0697 合作***
hézuò

동 협력하다, 합작하다

同事们相互尊重、合作的气氛很好。
Tóngshìmen xiānghù zūnzhòng、hézuò de qìfēn hěn hǎo.
동료들이 서로 존중하고, 협력하는 분위기가 매우 좋다.

+ 相互 xiānghù **부** 서로 |
尊重 zūnzhòng **동** 존중하다 | 气氛 qìfēn **명** 분위기

0698 签***
qiān

동 사인하다, 서명하다

请在这里签上你的名字。
Qǐng zài zhèlǐ qiānshàng nǐ de míngzi.
여기에 당신의 이름을 서명하세요.

맛있는 단어 TIP   签이 들어가는 어휘

- 签字 qiānzì 사인하다
- 签名 qiānmíng 서명하다
- 签收 qiānshōu (서류, 문서 등을) 수취 사인하다
- 签合同 qiān hétong 계약을 체결하다

0699 单位*
dānwèi

명 직장, 기관, 단체, 부서

你什么时候开始到新单位上班？
Nǐ shénme shíhou kāishǐ dào xīn dānwèi shàngbān?
당신은 언제부터 새 직장에 출근합니까?

0700 领导★★
☐
☐
lǐngdǎo

명 지도자, 리더, 대표

领导派我去上海参加会议。
Lǐngdǎo pài wǒ qù Shànghǎi cānjiā huìyì.
대표님은 나를 파견하여 상하이에 가서 회의에 참석하도록 했다.

+ 派 pài **동** 파견하다

동 지도하다, 이끌다

他领导公司走出了困境。
Tā lǐngdǎo gōngsī zǒuchūle kùnjìng.
그는 회사를 이끌고 곤경에서 벗어났다.

+ 困境 kùnjìng **명** 곤경

0701 秘书★★
☐
☐
mìshū

명 비서

我是一家贸易公司的经理秘书。
Wǒ shì yì jiā màoyì gōngsī de jīnglǐ mìshū.
나는 한 무역회사의 사장 비서이다.

+ 贸易 màoyì **명** 무역 | 经理 jīnglǐ **명** 사장

0702 合同★★★
☐
☐
hétong

명 계약(서)

我们已经跟合作公司签了合同。
Wǒmen yǐjīng gēn hézuò gōngsī qiānle hétong.
우리는 이미 협력사와 계약을 체결했다.

+ 合作 hézuò **동** 협력하다 | 签 qiān **동** 서명하다

듣기 출제 포인트

合同은 듣기 대화문에서 租房合同(zūfáng hétong 임대 계약) 및 贷款合同(dàikuǎn hétong 차관 계약), 保险合同(bǎoxiǎn hétong 보험 계약), 劳动合同(láodòng hétong 근로 계약) 등 관련 내용으로 자주 출제되는 어휘이다. 签合同이라는 표현은 자주 정답으로 출제되니 꼭 기억하자.

DAY
16

**DAY
17**

DAY
18

DAY
19

DAY
20

DAY
21

DAY
22

DAY
23

DAY
24

DAY
25

DAY
26

DAY
27

DAY
28

DAY
29

DAY
30

0703 方案** fāng'àn

명 방안

你的项目方案还没做完吗?
Nǐ de xiàngmù fāng'àn hái méi zuòwán ma?
당신의 프로젝트 방안은 아직도 끝내지 못했습니까?

+ 项目 xiàngmù 명 프로젝트

0704 员工 yuángōng

명 직원, 종업원

这是我第一次给新员工培训。
Zhè shì wǒ dì-yī cì gěi xīn yuángōng péixùn.
이것은 내가 처음으로 신입 직원을 교육하는 것이다.

+ 培训 péixùn 동 교육하다

0705 部门** bùmén

명 부, 부서, 부문

我们设计部被评为了优秀部门。
Wǒmen shèjìbù bèi píngwéile yōuxiù bùmén.
우리 디자인부가 우수 부서로 선정되었다.

+ 设计部 shèjìbù 디자인부
被评为 bèi píngwéi ~으로 선정되다 | 优秀 yōuxiù 형 우수하다

0706 人事* rénshì

명 (직원의 채용, 배치 등의) 인사

人事部给全体员工发了放假通知。
Rénshìbù gěi quántǐ yuángōng fāle fàngjià tōngzhī.
인사부에서 전체 직원에게 휴가 통지서를 보냈다.

+ 全体 quántǐ 명 전체 | 员工 yuángōng 명 직원 |
放假 fàngjià 동 휴가로 쉬다 | 通知 tōngzhī 명 통지

人事部 외에 销售部(xiāoshòubù 영업부), 设计部(shèjìbù 디자
인부), 财务部(cáiwùbù 재무부), 采购部(cǎigòubù 구매부) 등 회사
조직은 듣기 대화문에 자주 출제되니 미리 숙지해 두자.

DAY
16

**DAY
17**

DAY
18

DAY
19

DAY
20

DAY
21

DAY
22

DAY
23

DAY
24

DAY
25

DAY
26

DAY
27

DAY
28

DAY
29

DAY
30

0707 批准*
pīzhǔn

통 승인하다, 허가하다

这个产品开发方案被批准了。
Zhège chǎnpǐn kāifā fāng'àn bèi pīzhǔn le.
이 제품의 개발 방안이 승인되었다.

+ 产品 chǎnpǐn 몡 제품 |
开发 kāifā 통 개발하다 | 方案 fāng'àn 몡 방안

빈출 **호응 표현 독해 제1부분**

• 批准项目 pīzhǔn xiàngmù 프로젝트를 승인하다
• 批准申请 pīzhǔn shēnqǐng 신청을 승인하다
• 获得批准 huòdé pīzhǔn 승인되다

0708 出席**
chūxí

통 (회의, 행사 등에) 참석하다, 출석하다

出席开幕式的嘉宾名单确定了吗? **빈출**
Chūxí kāimùshì de jiābīn míngdān quèdìng le ma?
개막식에 참석하는 귀빈 명단이 확정되었습니까?

+ 开幕式 kāimùshì 몡 개막식 |
嘉宾 jiābīn 몡 귀빈 | 名单 míngdān 몡 명단 |
确定 quèdìng 통 확정하다

듣기 출제 포인트

出席宴会(chūxí yànhuì 연회에 참석하다), 出席会议(chūxí huìyì 회의에 참석하다) 등은 듣기 대화문에 자주 출제되는 내용이다. 녹음에서 出席를 언급하고, 보기에는 参加(cānjiā 참석하다)로 제시되는 경우가 많으니 유의하자.

0709 改革
gǎigé

통 개혁하다

公司对人事制度进行了改革。
Gōngsī duì rénshì zhìdù jìnxíngle gǎigé.
회사는 인사 제도에 대하여 개혁을 진행했다.

+ 人事 rénshì 몡 인사 |
制度 zhìdù 몡 제도 | 进行 jìnxíng 통 진행하다

人员 *
rényuán

명 인원, 요원

你来负责登记参会人员的名单。 👆반출

Nǐ lái fùzé dēngjì cān huì rényuán de míngdān.

당신이 회의 참석 인원의 명단 등록을 책임지세요.

+ 负责 fùzé 통 책임지다 | 登记 dēngjì 통 등록하다 |
参会 cān huì 회의에 참석하다 | 名单 míngdān 명 명단

0711

规矩
guīju

유의 规则 guīzé
규칙, 규정
5급 ⋯ p.94
规律 guīlǜ
규율, 법칙
5급 ⋯ p.149

명 법칙, 표준, 규정

在公司里，要按规矩办事。

Zài gōngsī li, yào àn guīju bànshì.

회사에서는 규정에 따라 일을 처리해야 한다.

+ 按 àn 개 ~에 따라 | 办事 bànshì 통 일을 처리하다

맛있는 단어 TIP
规矩, 规则, 规律

① 规矩는 사람이 정하거나 자연적으로 형성되어 문자화되지 않은
표준, 법칙이다.

• 照老规矩办 zhào lǎo guīju bàn
종래의 관습에 따라 처리하다

② 规则는 문자화된 반드시 지켜야 할 규정 혹은 원칙이다.

• 比赛规则 bǐsài guīzé 경기 규정

• 交通规则 jiāotōng guīzé 교통 규칙

③ 规律는 끊임없이 되풀이 되는 일종의 규칙이다.

• 自然规律 zìrán guīlǜ 자연 법칙

• 生活规律 shēnghuó guīlǜ 생활 규칙

DAY 16

DAY 17

DAY 18

DAY 19

DAY 20

DAY 21

DAY 22

DAY 23

DAY 24

DAY 25

DAY 26

DAY 27

DAY 28

DAY 29

DAY 30

0712
☐
☐

行业 **

hángyè

📛 직업, 직종, 업종

人工智能行业很有前途。
Réngōng zhìnéng hángyè hěn yǒu qiántú.
인공 지능 업계는 매우 전망이 있다.

+ 人工智能 réngōng zhìnéng 📛 인공 지능 |
前途 qiántú 📛 전망

0713
☐
☐

接待 *

jiēdài

📛 접대하다

接待人员让我们在会议室等一会儿。
Jiēdài rényuán ràng wǒmen zài huìyìshì děng yíhuìr.
접대원이 우리에게 회의실에서 잠시 기다리라고 했다.

+ 人员 rényuán 📛 요원

0714
☐
☐

说服

shuōfú

📛 설득하다

他被经理说服了，决定继续留在公司。
Tā bèi jīnglǐ shuōfú le, juédìng jìxù liú zài gōngsī.
그는 사장님에게 설득되어 계속 회사에 남기로 결정했다.

+ 继续 jìxù 📛 계속하다 |
留 liú 📛 남다

0715
☐
☐

提倡

tíchàng

📛 제창하다, 주장하다

很多人提倡坐公共交通工具上下班。
Hěn duō rén tíchàng zuò gōnggòng jiāotōng gōngjù
shàngxiàbān.
많은 사람들이 대중교통 수단으로 출퇴근할 것을 제창한다.

+ 公共 gōnggòng 📛 공공의 |
交通 jiāotōng 📛 교통 | 工具 gōngjù 📛 수단

0716 显得★★
xiǎnde

동 드러나다, ~하게 보이다, ~인 것 같다

新装修的办公室显得很有活力。
Xīn zhuāngxiū de bàngōngshì xiǎnde hěn yǒu huólì.
새로 인테리어 한 사무실은 매우 활기 있어 보인다.

+ 装修 zhuāngxiū 동 인테리어 하다 |
活力 huólì 명 활력, 활기

0717 相关
xiāngguān

동 상관이 있다, 관련되다

他有和这方面相关的工作经验。
Tā yǒu hé zhè fāngmiàn xiāngguān de gōngzuò jīngyàn.
그는 이 분야와 관련된 업무 경험이 있다.

+ 方面 fāngmiàn 명 분야 |
经验 jīngyàn 명 경험

0718 投入★★
tóurù

동 투입하다, 투자하다

公司投入了大量资金购买新产品。
Gōngsī tóurùle dàliàng zījīn gòumǎi xīn chǎnpǐn.
회사는 대량의 자금을 투입해서 신제품을 구매했다.

+ 大量 dàliàng 형 대량의 | 资金 zījīn 명 자금 |
购买 gòumǎi 동 구매하다 | 产品 chǎnpǐn 명 제품

형 몰두하다

他表演非常投入。
Tā biǎoyǎn fēicháng tóurù.
그는 연기에 매우 몰두한다.

+ 表演 biǎoyǎn 동 연기하다

빈출 호응 표현 독해 제1부분

- 投入时间 tóurù shíjiān 시간을 투자하다
- 投入金钱 tóurù jīnqián 돈을 투자하다
- 投入精力 tóurù jīnglì 정신과 체력을 쏟다

0719
☐☐ **一再**
yízài

[유의] 再三 zàisān
다시, 거듭
5급 ⋯ p.492

[부] 거듭, 반복해서, 여러 번

他一再拒绝了我们的邀请。
Tā yízài jùjuéle wǒmen de yāoqǐng.
그는 우리의 초청을 거듭 거절했다.

　＋拒绝 jùjué [동] 거절하다 | 邀请 yāoqǐng [명] 초청, 초대

0720
☐☐ **因素**★★★
yīnsù

[명] 요인, 요소, 조건

影响公司发展的因素有很多。[반출]
Yǐngxiǎng gōngsī fāzhǎn de yīnsù yǒu hěn duō.
회사의 발전에 영향을 주는 요인은 아주 많다.

　＋发展 fāzhǎn [동] 발전하다

0721
☐☐ **制度**
zhìdù

[명] 제도, 규정, 규칙

我们单位有迟到罚钱的制度。
Wǒmen dānwèi yǒu chídào fá qián de zhìdù.
우리 회사에는 지각하면 벌금을 내는 제도가 있다.

　＋单位 dānwèi [명] 회사 | 罚钱 fá qián [동] 벌금을 부과하다

0722
☐☐ **总裁**
zǒngcái

[명] (기업의) 총수, 총재

他是一家科技公司的总裁。
Tā shì yì jiā kējì gōngsī de zǒngcái.
그는 한 과학 기술 회사의 총수이다.

　＋科技 kējì [명] 과학 기술

0723
☐☐ **征求**★★
zhēngqiú

[동] (의견을) 구하다, 묻다

关于这个决定，公司征求了各部门的意见。
Guānyú zhège juédìng, gōngsī zhēngqiúle gè bùmén de yìjiàn.
이 결정에 관하여, 회사는 각 부서의 의견을 구했다.

　＋各 gè [대] 각, 여러 |
部门 bùmén [명] 부서 | 意见 yìjiàn [명] 의견

DAY 16
DAY 17
DAY 18
DAY 19
DAY 20
DAY 21
DAY 22
DAY 23
DAY 24
DAY 25
DAY 26
DAY 27
DAY 28
DAY 29
DAY 30

推广*
tuīguǎng

동 널리 보급하다

大家制定了详细的推广方案。
Dàjiā zhìdìngle xiángxì de tuīguǎng fāng'àn.
모두가 상세한 보급 방안을 작성하였다.

+ 制定 zhìdìng **동** 작성하다 |
详细 xiángxì **형** 상세하다 | 方案 fāng'àn **명** 방안

빈출 **호응 표현 독해 제1부분**

- 推广产品 tuīguǎng chǎnpǐn 제품을 널리 보급하다
- 推广技术 tuīguǎng jìshù 기술을 널리 보급하다
- 推广普通话 tuīguǎng pǔtōnghuà 표준어를 널리 보급하다

主任**
zhǔrèn

명 주임, 장

王主任要亲自去机场接客户。
Wáng zhǔrèn yào qīnzì qù jīchǎng jiē kèhù.
왕 주임은 직접 공항에 거래처 사람을 맞중하러 가려고 한다.

+ 亲自 qīnzì **부** 직접 | 客户 kèhù **명** 거래처, 고객

升
shēng

반의 降 jiàng
떨어지다, 내리다

동 오르다, 진급하다, 떠오르다

恭喜你升职了!
Gōngxǐ nǐ shēngzhí le!
당신의 승진을 축하합니다!

+ 恭喜 gōngxǐ **동** 축하하다 | 升职 shēngzhí **동** 승진하다

양 리터(liter)

这辆车每升汽油能跑10公里。
Zhè liàng chē měi shēng qìyóu néng pǎo shí gōnglǐ.
이 자동차는 휘발유 1리터당 10킬로미터를 달릴 수 있다.

+ 汽油 qìyóu **명** 휘발유 | 公里 gōnglǐ **양** 킬로미터(km)

0727 文件** ★★
wénjiàn

명 문건, 문서, 서류

我的办公桌上堆满了文件。👆🔊
Wǒ de bàngōngzhuō shang duīmǎnle wénjiàn.
내 책상 위에는 서류들이 가득 쌓여 있다.

+ 办公桌 bàngōngzhuō 사무용 책상 |
堆 duī 통 쌓여 있다 | 满 mǎn 형 가득하다

0728 主席* ★
zhǔxí

명 주석, 의장

由张总担任这次大会的主席。
Yóu Zhāng zǒng dānrèn zhè cì dàhuì de zhǔxí.
장 사장님이 이번 총회의 의장을 맡는다.

+ 由 yóu 개 ~이/가 |
总 zǒng 직책에 있는 사람을 호칭할 때 앞에 성을 붙여 쓰는 말 |
担任 dānrèn 통 맡다 | 大会 dàhuì 명 대회, 총회

0729 振动
zhèndòng

동 진동하다

开会期间，请把手机调成振动模式。
Kāihuì qījiān, qǐng bǎ shǒujī tiáochéng zhèndòng móshì.
회의 시간에는 휴대폰을 진동 모드로 조정해 주세요.

+ 开会 kāihuì 통 회의를 하다 |
期间 qījiān 명 시간 | 调 tiáo 통 조정하다 |
模式 móshì 명 모식, 모드(mode)

0730 应付
yìngfu

동 대응하다, 대처하다

工作要认真完成，不能随便应付。
Gōngzuò yào rènzhēn wánchéng, bùnéng suíbiàn yìngfu.
업무는 착실하게 완성해야지, 마음대로 대응해서는 안 된다.

+ 随便 suíbiàn 부 마음대로

DAY 16
DAY 17
DAY 18
DAY 19
DAY 20
DAY 21
DAY 22
DAY 23
DAY 24
DAY 25
DAY 26
DAY 27
DAY 28
DAY 29
DAY 30

0731
☐
☐

分配 ★★
fēnpèi

동 분배하다, 배정하다

我被分配到海外部工作。
Wǒ bèi fēnpèi dào hǎiwàibù gōngzuò.
나는 해외 부서에 배정되어 일한다.

+ 海外 hǎiwài 명 해외

빈출 호응 표현 독해 제1부분

- 分配任务 fēnpèi rènwu 임무를 분배하다
- 分配利润 fēnpèi lìrùn 이윤을 분배하다
- 分配工作 fēnpèi gōngzuò 업무를 분배하다

0732
☐
☐

强调 ★★★
qiángdiào

동 강조하다

合作共赢是领导一直强调的。
Hézuò gòngyíng shì lǐngdǎo yìzhí qiángdiào de.
협력해서 모두가 이익을 얻는 것은 대표님이 줄곧 강조한 것이다.

+ 合作 hézuò 동 협력하다 |
共赢 gòngyíng 동 모두가 이익을 얻다 |
领导 lǐngdǎo 명 대표

0733
☐
☐

确认 ★★
quèrèn

동 확인하다

请帮我确认一下明天的会议时间。
Qǐng bāng wǒ quèrèn yíxià míngtiān de huìyì shíjiān.
내일 회의 시간을 좀 확인해 주세요.

0734 某
mǒu

대 어느, 어떤 사람

去年某公司因资金不足而破产。
Qùnián mǒu gōngsī yīn zījīn bùzú ér pòchǎn.
작년에 어느 회사는 자금 부족으로 인해 파산했다.

+ 因⋯而⋯ yīn⋯ér⋯ ~때문에 ~하다 |
资金 zījīn 똉 자금 | 不足 bùzú 휑 부족하다 |
破产 pòchǎn 통 파산하다

0735 反正
fǎnzhèng

부 어쨌든, 아무튼, 어차피

反正迟早要做，不如早点儿完成。
Fǎnzhèng chízǎo yào zuò, bùrú zǎodiǎnr wánchéng.
어차피 조만간 해야 하니, 좀 일찍 완성하는 편이 낫다.

+ 迟早 chízǎo 부 조만간 |
不如 bùrú 접 ~하는 편이 낫다

DAY 16
DAY 17
DAY 18
DAY 19
DAY 20
DAY 21
DAY 22
DAY 23
DAY 24
DAY 25
DAY 26
DAY 27
DAY 28
DAY 29
DAY 30

加把劲儿!

1 빈칸을 채우세요.

❶	cóngshì	종사하다
秘书	mìshū	❷
规矩	❸	법칙, 표준, 규정
❹	hézuò	협력하다
制度	❺	제도, 규정, 규칙

2 단어의 병음과 뜻을 알맞게 연결하세요.

❶ 总裁 •   • ㉠ zhèndòng •   • ⓐ 분배하다, 배정하다

❷ 分配 •   • ㉡ zǒngcái •   • ⓑ 확인하다

❸ 振动 •   • ㉢ quèrèn •   • ⓒ 총수, 총재

❹ 确认 •   • ㉣ fēnpèi •   • ⓓ 진동하다

3 빈칸에 들어갈 알맞은 단어를 고르세요.

> A 投入   B 方案   C 员工   D 打工   E 显得

❶ 公司＿＿＿＿＿了大量资金购买新产品。

❷ 你的项目＿＿＿＿＿还没做完吗?

❸ 这是我第一次给新＿＿＿＿＿培训。

❹ 新装修的办公室＿＿＿＿＿很有活力。

회사

DAY 16
DAY **17**
DAY 18
DAY 19
DAY 20
DAY 21
DAY 22
DAY 23
DAY 24
DAY 25
DAY 26
DAY 27
DAY 28
DAY 29
DAY 30

듣기 제1부분

4 녹음을 듣고 알맞은 답을 고르세요.

❶ A 跟明明不熟   B 单独见明明

    C 能出席运动会   D 不能参加婚礼

❷ A 假期少   B 待遇好

    C 工资一般   D 工作强度高

쓰기 제1부분

5 제시된 어휘로 어순에 맞게 문장을 완성하세요.

❶ 购房   我已经   签了   合同

_____

 ❷ 对方的意见   你   最好   征求一下

_____

 ❸ 被   他的   批准   了   辞职信

_____

❹ 主任   要注意   安全   再三强调

_____

☑ 정답 및 해석 ⇨ 551쪽

DAY 18

Track42

공부머리 vs 일머리
_졸업, 취업

HSK 5급에 이런 내용이 나온다!

졸업, 취업 관련 주제에서는 논문, 아르바이트, 실습, 이력서 준비, 면접, 입사 절차, 입사 교육 등 다양한 내용이 출제됩니다. 빈출 단어로는 **稳定**(wěndìng 안정적이다), **目标**(mùbiāo 목표), **培训**(péixùn 양성하다), **手续**(shǒuxù 수속) 등이 있습니다.

한눈에 파악하는 단어

☝ 졸업

论文 lùnwén 논문
学历 xuélì 학력

✌ 취업 준비

简历 jiǎnlì 이력서
兼职 jiānzhí 아르바이트
实习 shíxí 실습하다
资格证 zīgézhèng
자격증

🖐 취업

入职手续
rùzhí shǒuxù 입사 수속

员工培训
yuángōng péixùn 직원 교육

DAY
16

DAY
17

DAY
18

DAY
19

DAY
20

DAY
21

DAY
22

DAY
23

DAY
24

DAY
25

DAY
26

DAY
27

DAY
28

DAY
29

DAY
30

0736
☐
☐

兼职

jiānzhí

유의 打工 dǎgōng
아르바이트하다
5급 ⋯ p.274

명 겸직, 아르바이트

我曾在一家报社做过兼职。
Wǒ céng zài yì jiā bàoshè zuòguo jiānzhí.
나는 이전에 한 신문사에서 아르바이트를 한 적이 있다.

＋曾 céng 閉 이전에 ┃
报社 bàoshè 명 신문사

동 겸직하다

他周末兼职做家教。
Tā zhōumò jiānzhí zuò jiājiào.
그는 주말에 과외를 겸하고 있다.

＋家教 jiājiào 명 가정 교사, 과외

0737
☐
☐

简历★★★

jiǎnlì

명 약력, 이력서

你的简历还不够完善。
Nǐ de jiǎnlì hái búgòu wánshàn.
너의 이력서는 아직 완벽하지 않다.

＋不够 búgòu 형 부족하다 ┃ 完善 wánshàn 형 완벽하다

듣기 출제 포인트

简历는 듣기 대화문에서 취직 관련 내용에 자주 출제되는 어휘이다.
制作简历(zhìzuò jiǎnlì 이력서를 만들다), 投简历(tóu jiǎnlì
이력서를 내다), 求职简历(qiúzhí jiǎnlì 지원서, 구직 이력서) 등의
표현이 가장 많이 나오니 미리 숙지해 두자.

0738
☐
☐

论文★★★

lùnwén

명 논문

张教授是我毕业论文的指导老师。
Zhāng jiàoshòu shì wǒ bìyè lùnwén de zhǐdǎo lǎoshī.
장 교수님은 나의 졸업 논문 지도 교수님이시다.

＋教授 jiàoshòu 명 교수 ┃
毕业 bìyè 동 졸업하다 ┃ 指导 zhǐdǎo 동 지도하다

0739
☐
☐
人才
réncái

인재

公司面向全社会招聘人才。
Gōngsī miànxiàng quán shèhuì zhāopìn réncái.
회사는 전 사회를 대상으로 인재를 모집한다.

+ 面向 miànxiàng ⑧ 대상으로 하다 |
全社会 quán shèhuì 전 사회 |
招聘 zhāopìn ⑧ 모집하다

0740
☐
☐
失业
shīyè

반의 就业 jiùyè
취업하다
6급

⑧ 실업하다, 직업을 잃다

政府正在想办法解决失业问题。
Zhèngfǔ zhèngzài xiǎng bànfǎ jiějué shīyè wèntí.
정부는 실업 문제를 해결할 방법을 생각하고 있다.

+ 政府 zhèngfǔ 몡 정부

0741
☐
☐
学历
xuélì

몡 학력

这个工作要求硕士学历。
Zhège gōngzuò yāoqiú shuòshì xuélì.
이 일은 석사 학력을 요구한다.

+ 硕士 shuòshì 몡 석사

0742
☐
☐
实习
shíxí

⑧ 실습하다

王老师推荐他去电台实习。 [빈출]
Wáng lǎoshī tuījiàn tā qù diàntái shíxí.
왕 선생님은 그가 라디오 방송국에서 실습할 수 있게 추천했다.

+ 推荐 tuījiàn ⑧ 추천하다 |
电台 diàntái 몡 라디오 방송국

0743 心理★★
☐
☐ xīnlǐ

명 심리, 심적 상태

这是一项针对毕业生的心理测试。
Zhè shì yí xiàng zhēnduì bìyèshēng de xīnlǐ cèshì.
이것은 졸업생을 겨냥한 심리 테스트이다.

+项 xiàng 양 항목 | 针对 zhēnduì 통 겨냥하다 |
毕业生 bìyèshēng 명 졸업생 | 测试 cèshì 명 테스트

0744 方式★★★
☐
☐ fāngshì

명 방식

这次招聘采用网上报名的方式。
Zhè cì zhāopìn cǎiyòng wǎngshàng bàomíng de fāngshì.
이번 채용은 온라인 지원 방식을 채택한다.

+招聘 zhāopìn 통 채용하다 | 采用 cǎiyòng 통 채택하다 |
网上 wǎngshàng 명 온라인 | 报名 bàomíng 통 지원하다

0745 系领带
☐
☐ jì lǐngdài

넥타이를 매다

第一次参加面试时，是妈妈帮我系的领带。
Dì-yī cì cānjiā miànshì shí, shì māma bāng wǒ jì de lǐngdài.
처음 면접에 참가할 때, 엄마는 내가 넥타이 매는 것을 도와주셨다.

+面试 miànshì 명 면접

0746 公布★
☐
☐ gōngbù

통 공포하다, 공표하다

笔试成绩将于下周公布。 빈출
Bǐshì chéngjì jiāng yú xià zhōu gōngbù.
필기 시험 성적은 다음 주에 공표할 것이다.

+笔试 bǐshì 명 필기 시험 |
将 jiāng 부 장차 ~할 것이다 | 于 yú 개 ~에

빈출 | 호응 표현 독해 제1부분

• 公布消息 gōngbù xiāoxi 정보를 공표하다
• 公布结果 gōngbù jiéguǒ 결과를 공표하다
• 公布名单 gōngbù míngdān 명단을 공표하다

DAY
16

DAY
17

DAY
18

DAY
19

DAY
20

DAY
21

DAY
22

DAY
23

DAY
24

DAY
25

DAY
26

DAY
27

DAY
28

DAY
29

DAY
30

0747 手续** ☐☐
shǒuxù

명 수속, 절차

人事部让我下周去办入职手续。 [빈출]
Rénshìbù ràng wǒ xià zhōu qù bàn rùzhí shǒuxù.
인사부에서 나에게 다음 주에 입사 절차를 밟으라고 했다.

+ 人事部 rénshìbù 명 인사부 |
办 bàn 동 하다, 처리하다 | 入职 rùzhí 명 입사

0748 资格** ☐☐
zīgé

명 자격

我终于拿到了教师资格证。
Wǒ zhōngyú nádàole jiàoshī zīgézhèng.
나는 마침내 교원 자격증을 취득했다.

+ 教师 jiàoshī 명 교사, 교원 | 资格证 zīgézhèng 명 자격증

0749 抓紧* ☐☐
zhuājǐn

동 서둘러 하다, 급히 하다

张教授让我抓紧时间修改论文。 [빈출]
Zhāng jiàoshòu ràng wǒ zhuājǐn shíjiān xiūgǎi lùnwén.
장 교수님은 나에게 서둘러 논문을 수정하라고 하셨다.

+ 教授 jiàoshòu 명 교수 |
修改 xiūgǎi 동 수정하다 | 论文 lùnwén 명 논문

0750 突出** ☐☐
tūchū

형 돋보이다, 눈에 띄다, 뛰어나다

小李在这次面试中表现非常突出。 [빈출]
Xiǎo Lǐ zài zhè cì miànshì zhōng biǎoxiàn fēicháng tūchū.
샤오리는 이번 면접 중에 태도가 굉장히 돋보였다.

+ 面试 miànshì 명 면접 | 表现 biǎoxiàn 명 태도

동 돋보이게 하다, 부각시키다, 돌출하다

发言时要突出重点，少说废话。
Fāyán shí yào tūchū zhòngdiǎn, shǎo shuō fèihuà.
발언할 때는 중점을 부각시키고, 쓸데없는 말은 삼가해야 한다.

+ 发言 fāyán 동 발언하다 |
重点 zhòngdiǎn 명 중점 | 废话 fèihuà 명 쓸데없는 말

0751 幸运
xìngyùn

형 행운이다, 운이 좋다

我很幸运能找到自己喜欢的工作。
Wǒ hěn xìngyùn néng zhǎodào zìjǐ xǐhuan de gōngzuò.
나는 내가 좋아하는 일을 찾을 수 있어서 매우 행운이다.

0752 如今*
rújīn

명 현재, 지금, 오늘날

如今大学生的就业压力越来越大。
Rújīn dàxuéshēng de jiùyè yālì yuè lái yuè dà.
현재 대학생의 취업 스트레스가 갈수록 심해지고 있다.

+ 就业 jiùyè 통 취업하다 | 压力 yālì 명 스트레스

0753 等待
děngdài

동 기다리다

录取结果还没公布，请耐心等待。
Lùqǔ jiéguǒ hái méi gōngbù, qǐng nàixīn děngdài.
채용 결과가 아직 공표되지 않았으니, 인내심을 가지고 기다리세요.

+ 录取 lùqǔ 통 채용하다 | 结果 jiéguǒ 명 결과 |
公布 gōngbù 통 공표하다 | 耐心 nàixīn 형 인내성이 있다

0754 采取**
cǎiqǔ

동 채택하다, 취하다

这次面试采取笔试和口试的方式。
Zhè cì miànshì cǎiqǔ bǐshì hé kǒushì de fāngshì.
이번 면접은 필기 시험과 구술 시험의 방식을 취한다.

+ 面试 miànshì 명 면접 | 笔试 bǐshì 명 필기 시험 |
口试 kǒushì 명 구술 시험 | 方式 fāngshì 명 방식

빈출 호응 표현 독해 제1부분

• 采取行动 cǎiqǔ xíngdòng 행동을 취하다
• 采取措施 cǎiqǔ cuòshī 조치를 취하다
• 采取方法 cǎiqǔ fāngfǎ 방법을 채택하다

DAY 16
DAY 17
DAY 18
DAY 19
DAY 20
DAY 21
DAY 22
DAY 23
DAY 24
DAY 25
DAY 26
DAY 27
DAY 28
DAY 29
DAY 30

0755 假如 jiǎrú

☐ ☐

유의 如果 rúguǒ
만약, 만일
3급

접 만약, 만일

假如我被录取了，我一定请客。
Jiǎrú wǒ bèi lùqǔ le, wǒ yídìng qǐngkè.
만일 내가 채용된다면, 내가 반드시 한턱낼게.

+ 录取 lùqǔ 图 채용하다 |
请客 qǐngkè 图 한턱내다

0756 指导 zhǐdǎo

☐ ☐

동 지도하다, 가르치다, 이끌어주다

陈教授耐心地指导我写论文。
Chén jiàoshòu nàixīn de zhǐdǎo wǒ xiě lùnwén.
천 교수님은 인내심을 가지고 내가 논문 쓰는 것을 지도해 주셨다.

+ 教授 jiàoshòu 图 교수 |
耐心 nàixīn 图 인내성이 있다 | 论文 lùnwén 图 논문

0757 届 jiè

☐ ☐

양 회, 기, 차[정기적으로 열리는 행사나 졸업 연차를 세는 단위]

我们俩是同一届毕业生。
Wǒmen liǎ shì tóng yí jiè bìyèshēng.
우리 둘은 같은 회 졸업생이다.

+ 俩 liǎ 두 사람 | 同 tóng 图 같다 |
毕业生 bìyèshēng 图 졸업생

0758 培训*** péixùn

☐ ☐

동 양성하다, 훈련하다

新来的员工由张主任培训。
Xīn lái de yuángōng yóu Zhāng zhǔrèn péixùn.
신입 직원은 장 주임이 교육한다.

+ 员工 yuángōng 图 직원 |
由 yóu 개 ~이/가 | 主任 zhǔrèn 图 주임

졸업
취업

DAY
16

DAY
17

DAY
18

DAY
19

DAY
20

DAY
21

DAY
22

DAY
23

DAY
24

DAY
25

DAY
26

DAY
27

DAY
28

DAY
29

DAY
30

0759
☐
☐
满足 ★★
mǎnzú

동 만족하다

他对自己的成绩很满足。
Tā duì zìjǐ de chéngjì hěn mǎnzú.
그는 자신의 성적에 매우 만족한다.

동 만족시키다

不管你提什么要求，我都会满足。 빈출
Bùguǎn nǐ tí shénme yāoqiú, wǒ dōu huì mǎnzú.
당신이 어떤 요구를 제시하든, 나는 모두 만족시킬 수 있다.

+ 不管…都 bùguǎn…dōu ~에 관계없이 | 提 tí 동 제시하다

빈출 | 호응 표현 독해 제1부분

- 满足要求 mǎnzú yāoqiú 요구를 만족시키다
- 满足需求 mǎnzú xūqiú 수요를 만족시키다
- 满足愿望 mǎnzú yuànwàng 소원을 만족시키다

0760
☐
☐
平等 ★★
píngděng

형 평등하다, 대등하다

公司应平等对待每一位职员。
Gōngsī yīng píngděng duìdài měi yí wèi zhíyuán.
회사는 모든 직원을 평등하게 대해야 한다.

+ 对待 duìdài 동 대하다 |
职员 zhíyuán 명 직원

0761
☐
☐
事先
shìxiān

부 사전(에), 미리

参加面试时，请事先准备好个人简历。
Cānjiā miànshì shí, qǐng shìxiān zhǔnbèi hǎo gèrén jiǎnlì.
면접에 참가할 때, 사전에 개인 이력서를 잘 준비하세요.

+ 面试 miànshì 명 면접 |
个人 gèrén 명 개인 | 简历 jiǎnlì 명 이력서

0762 因而 ★★
yīn'ér

집 그러므로, 따라서

他实习期间表现突出，因而被正式录取了。
Tā shíxí qījiān biǎoxiàn tūchū, yīn'ér bèi zhèngshì lùqǔ le.
그는 실습 기간에 태도가 돋보여서, 정식으로 채용되었다.

+ 实习 shíxí 图 실습하다 | 期间 qījiān 图 기간 |
表现 biǎoxiàn 图 태도 | 突出 tūchū 图 돋보이다 |
正式 zhèngshì 图 정식적이다 | 录取 lùqǔ 图 채용하다

맛있는 단어 TIP	결과를 이끄는 접속사
• 因而 yīn'ér 따라서	• 因此 yīncǐ 그러므로
• 所以 suǒyǐ 그래서	• 那么 nàme 그렇다면
• 从而 cóng'ér 그리하여	• 以致 yǐzhì ~을 초래하다

0763 唯一
wéiyī

형 유일하다

找工作并不是毕业生的唯一选择。
Zhǎo gōngzuò bìng bú shì bìyèshēng de wéiyī xuǎnzé.
직장을 찾는 것이 결코 졸업생의 유일한 선택은 아니다.

+ 并 bìng 图 결코 |
毕业生 bìyèshēng 图 졸업생

0764 优势 ★★
yōushì

명 우세, 장점

简历上要强调你的优势。
Jiǎnlì shang yào qiángdiào nǐ de yōushì.
이력서에는 당신의 장점을 강조해야 한다.

+ 简历 jiǎnlì 图 이력서 |
强调 qiángdiào 图 강조하다

0765

精力★★★

jīnglì

명 정신과 체력, 에너지

我把大部分精力都放在找工作上了。
Wǒ bǎ dàbùfen jīnglì dōu fàng zài zhǎo gōngzuò shang le.
나는 대부분의 에너지를 직장 찾는 데 썼다.

0766

大厦

dàshà

명 빌딩, 고층 건물

面试地点在长城大厦10楼会议室。
Miànshì dìdiǎn zài Chángchéng Dàshà shí lóu huìyìshì.
면접 장소는 창청빌딩 10층 회의실입니다.

+ **面试** miànshì 명 면접 |
地点 dìdiǎn 명 장소

0767

逻辑

luójí

명 논리

你的论文缺乏逻辑性。👈빈출
Nǐ de lùnwén quēfá luójíxìng.
당신의 논문은 논리성이 부족하다.

+ **论文** lùnwén 명 논문 |
缺乏 quēfá 동 부족하다

0768

咨询

zīxún

동 자문하다, 상담하다

如对招聘细节有疑问，请咨询人事部。
Rú duì zhāopìn xìjié yǒu yíwèn, qǐng zīxún rénshìbù.
만약 채용 세부 사항에 대해 의문이 있다면, 인사부에 문의하세요.

+ **如** rú 접 만약 ~하다면 |
招聘 zhāopìn 동 채용하다 | **细节** xìjié 명 세부 사항 |
疑问 yíwèn 명 의문 | **人事部** rénshìbù 명 인사부

DAY
16

DAY
17

DAY
18

DAY
19

DAY
20

DAY
21

DAY
22

DAY
23

DAY
24

DAY
25

DAY
26

DAY
27

DAY
28

DAY
29

DAY
30

0769

意外 ★★
yìwài

형 의외다, 뜻밖이다

他没有按时毕业让人感到很意外。
Tā méiyǒu ànshí bìyè ràng rén gǎndào hěn yìwài.
그가 제때 졸업하지 못한 것은 매우 뜻밖이다.

+ 按时 ànshí 凰 제때에 |
毕业 bìyè 图 졸업하다 | 感到 gǎndào 图 느끼다

명 의외의 사고

为防止发生意外，请一定要小心。
Wèi fángzhǐ fāshēng yìwài, qǐng yídìng yào xiǎoxīn.
의외의 사고가 발생하는 것을 방지하기 위해, 반드시 조심해 주세요.

+ 防止 fángzhǐ 图 방지하다 |
发生 fāshēng 图 발생하다

0770

目标 ★★★
mùbiāo

명 목표

要想获得成功，就要明确目标。 [빈출]
Yào xiǎng huòdé chénggōng, jiù yào míngquè mùbiāo.
성공하고 싶다면, 목표를 명확하게 해야 한다.

+ 获得 huòdé 图 얻다 |
明确 míngquè 图 명확하게 하다

0771

发抖
fādǒu

동 (몸을) 떨다, 떨리다

我面试时太紧张了，腿都在发抖。
Wǒ miànshì shí tài jǐnzhāng le, tuǐ dōu zài fādǒu.
나는 면접을 볼 때 너무 긴장해서, 다리까지 떨렸다.

+ 面试 miànshì 图 면접을 보다

졸업
취업

DAY
16

DAY
17

**DAY
18**

DAY
19

DAY
20

DAY
21

DAY
22

DAY
23

DAY
24

DAY
25

DAY
26

DAY
27

DAY
28

DAY
29

DAY
30

0772
□
□

目录

mùlù

명 목록, 목차

你的论文目录格式不符合要求。

Nǐ de lùnwén mùlù géshi bù fúhé yāoqiú.

당신의 논문 목차 양식이 요구에 부합하지 않는다.

+ 论文 lùnwén 몡 논문 |

格式 géshi 몡 양식 | 符合 fúhé 몽 부합하다

0773
□
□

稳定***

wěndìng

형 안정적이다, 안정되다

我的目标是能找到一个稳定的工作。

Wǒ de mùbiāo shì néng zhǎodào yí ge wěndìng de gōngzuò.

나의 목표는 안정적인 직장을 찾는 것이다.

+ 目标 mùbiāo 몡 목표

빈출 │호응 표현 독해 제1부분 ▶

• 稳定的生活 wěndìng de shēnghuó 안정적인 생활

• 稳定的物价 wěndìng de wùjià 안정된 물가

• 稳定的社会 wěndìng de shèhuì 안정된 사회

0774
□
□

形势*

xíngshì

명 정세, 상황, 형편

大学生的就业形势不太乐观。

Dàxuéshēng de jiùyè xíngshì bú tài lèguān.

대학생의 취업 상황이 별로 낙관적이지 않다.

+ 就业 jiùyè 몽 취업하다 |

乐观 lèguān 형 낙관적이다

中介*

zhōngjiè

명 중개, 매개

他一毕业就通过中介找了一个房子。
Tā yí bìyè jiù tōngguò zhōngjiè zhǎole yí ge fángzi.
그는 졸업하자마자 중개 업체를 통해 집을 구했다.

+ 一…就… yī…jiù… ~하자마자 ~하다 |
毕业 bìyè **동** 졸업하다 | 通过 tōngguò **개** ~을 통해 |
房子 fángzi **명** 집

0776

陆续

lùxù

참고 继续 jìxù
계속하다
4급

持续 chíxù
지속하다
5급 ··· p.133

连续 liánxù
연속하다
5급 ··· p.158

부 계속하여, 잇따라, 끊임없이

优秀毕业生陆续上台领证书。
Yōuxiù bìyèshēng lùxù shàngtái lǐng zhèngshū.
우수 졸업생이 잇따라 단상에 올라 증서를 받는다.

+ 优秀 yōuxiù **형** 우수하다 |
毕业生 bìyèshēng **명** 졸업생 | 上台 shàngtái **동** 무대에 오르다 |
领 lǐng **동** 수령하다, 받다 | 证书 zhèngshū **명** 증서, 증명서

맛있는 단어 TIP
陆续, 继续, 持续, 连续

① 陆续: 짧은 간격을 두고 똑같은 일들이 계속 일어나는 것[부사]
　• 运动员们陆续上场了。 운동선수들이 잇따라 입장했다.

② 继续: 중간에 멈출 수 있지만 다시 연결되어 진행하는 것[동사]
　• 我们先休息十分钟, 一会儿继续上课。
　　우리 우선 10분 휴식하고, 잠시 후에 계속해서 수업하겠습니다.

③ 持续: 끊김없이 끝까지 계속 이어지는 것[동사]
　• 大雨持续了一个星期。 큰 비가 일주일 동안 지속되었다.

④ 连续: 계속 이어지는 것,
　　　　 일정 주기로 반복하면서 이어지는 것[동사]
　• 他连续三年被评为优秀员工。
　　그는 3년 연속 우수 직원으로 선정되었다.

+ 上场 shàngchǎng **동** 입장하다 |
被评为 bèi píngwéi ~으로 선정되다 | 员工 yuángōng **명** 직원

0777 询问
xúnwèn

동 물어보다, 알아보다

毕业很多年了，同学们互相询问彼此的情况。
Bìyè hěn duō nián le, tóngxuémen hùxiāng xúnwèn bǐcǐ de qíngkuàng.
졸업한 지 여러 해가 되어, 급우들은 서로가 서로의 상황을 물었다.

+ 毕业 bìyè 동 졸업하다 | 互相 hùxiāng 부 서로 |
彼此 bǐcǐ 대 서로 | 情况 qíngkuàng 명 상황

DAY
16

DAY
17

DAY
18

DAY
19

DAY
20

DAY
21

DAY
22

DAY
23

DAY
24

DAY
25

DAY
26

DAY
27

DAY
28

DAY
29

DAY
30

0778 组
zǔ

명 조, 그룹

这次面试我被分配到了最后一个小组。
Zhè cì miànshì wǒ bèi fēnpèi dàole zuìhòu yí ge xiǎozǔ.
이번 면접에서 나는 마지막 조에 배정되었다.

+ 面试 miànshì 명 면접 | 分配 fēnpèi 동 배정하다

0779 实践
shíjiàn

동 실천하다, 실행하다

很多事情只有我们亲身实践才能明白。
Hěn duō shìqing zhǐyǒu wǒmen qīnshēn shíjiàn cái néng míngbai.
많은 일들이 우리가 직접 실천해야만 비로소 이해할 수 있다.

+ 亲身 qīnshēn 부 직접

명 실천

他通过打工积累了很多实践经验。
Tā tōngguò dǎgōng jīlěile hěn duō shíjiàn jīngyàn.
그는 아르바이트를 통해 실천 경험을 많이 쌓았다.

+ 通过 tōngguò 개 ~을 통해 |
打工 dǎgōng 동 아르바이트하다 |
积累 jīlěi 동 쌓다 | 经验 jīngyàn 명 경험

DAY 18 확인 √ 테스트

1 빈칸을 채우세요.

精力	❶	정신과 체력
学历	xuélì	❷
❸	fāngshì	방식
幸运	❹	행운이다, 운이 좋다
陆续	❺	계속하여, 잇따라

2 단어의 병음과 뜻을 알맞게 연결하세요.

❶ 公布 • • ㉠ zhuājǐn • • ⓐ 겸직, 아르바이트

❷ 兼职 • • ㉡ jiānzhí • • ⓑ 서둘러 하다

❸ 抓紧 • • ㉢ yīn'ér • • ⓒ 공포하다, 공표하다

❹ 因而 • • ㉣ gōngbù • • ⓓ 그러므로, 따라서

3 빈칸에 들어갈 알맞은 단어를 고르세요.

A 手续　　B 满足　　C 实践　　D 平等　　E 假如

❶ 他通过打工积累了很多＿＿＿＿＿经验。

❷ 不管你提什么要求，我都会＿＿＿＿＿。

❸ 公司应＿＿＿＿＿对待每一位职员。

❹ 人事部让我下周去办入职＿＿＿＿＿。

졸업
취업

DAY
16

DAY
17

DAY
18

DAY
19

DAY
20

DAY
21

DAY
22

DAY
23

DAY
24

DAY
25

DAY
26

DAY
27

DAY
28

DAY
29

DAY
30

**도전!
HSK 5급** **독해** 제1부분

4 빈칸에 들어갈 알맞은 단어를 고르세요.

很多求职者由于过度紧张，在回答面试官的问题时，语言缺乏
_____❶_____ 性，让人抓不到重点。要克服这一问题，关键就是要自信。
首先面试前要_____❷_____准备好发言稿，将自己与工作结合起来，并尽
量_____❸_____自己的优势。这样在面试的时候你会表现得更加自信、自
然，从而面试官也会发现你很适合这个工作。

❶ A 单元　　　　B 程序　　　　C 逻辑　　　　D 成分

❷ A 事先　　　　B 忽然　　　　C 曾经　　　　D 分别

빈출 ❸ A 复制　　　　B 改正　　　　C 忽视　　　　D 突出

**도전!
HSK 5급** **쓰기** 제1부분

5 제시된 어휘로 어순에 맞게 문장을 완성하세요.

❶ 这次的　　　你参加　　　培训　　　活动吗

_____

빈출 ❷ 令人　　　情况的　　　很　　　发展　　　意外

_____

❸ 是成功的　　　目标　　　明确的　　　起点

_____

❹ 需要　　　我　　　稳定的　　　一份　　　工作

_____

☑ 정답 및 해석 ⇨ 552쪽

DAY 19

Track43

성공과 실패는 한 끗 차이

_성공, 실패

HSK 5급에 이런 내용이 나온다!

성공과 실패 관련 주제는 듣기 단문형 문제, 독해 제2부분과 제3부분에 가장 많이 출제되는데, 특히 꿈, 노력, 어려움, 도전, 교훈 등의 내용은 매번 시험에 꼭 출제됩니다. 빈출 단어로는 精神(jīngshén 정신), 克服(kèfú 극복하다), 追求(zhuīqiú 추구하다), 人生(rénshēng 인생) 등이 있습니다.

한눈에 파악하는 단어

梦想 mèngxiǎng 꿈	勤奋 qínfèn 부지런하다	决心 juéxīn 결심	运气 yùnqi 운	自觉 zìjué 자발적이다

성공

吸取教训 xīqǔ jiàoxùn 교훈을 얻다	把握机会 bǎwò jīhuì 기회를 잡다	不断奋斗 búduàn fèndòu 끊임없이 노력하다	克服困难 kèfú kùnnan 어려움을 극복하다

0780
□
□

梦想***
mèngxiǎng

[유의] 理想 lǐxiǎng
이상
4급

[명] 꿈, 이상

经过不断努力，他终于实现了梦想。
Jīngguò búduàn nǔlì, tā zhōngyú shíxiànle mèngxiǎng.
끊임없는 노력을 통해, 그는 마침내 꿈을 실현했다.

+ 不断 búduàn [부] 끊임없이 |
实现 shíxiàn [동] 실현하다

[동] 갈망하다, 간절히 바라다

他梦想成为一名工程师。
Tā mèngxiǎng chéngwéi yì míng gōngchéngshī.
그는 엔지니어가 되기를 간절히 바란다.

+ 成为 chéngwéi [동] ~이 되다 |
工程师 gōngchéngshī [명] 엔지니어

0781
□
□

把握*
bǎwò

[유의] 掌握 zhǎngwò
장악하다
5급 ··· p.381

[동] 잡다, 장악하다, 파악하다

你要好好儿把握这次机会。
Nǐ yào hǎohāor bǎwò zhè cì jīhuì.
당신은 이번 기회를 잘 잡아야 한다.

[명] 확신, 자신(감)

你有把握完成这次任务吗?
Nǐ yǒu bǎwò wánchéng zhè cì rènwu ma?
당신은 이번 임무를 완성할 자신이 있습니까?

+ 任务 rènwu [명] 임무

> [빈출] [호응 표현 독해 제1부분]
> • 把握方向 bǎwò fāngxiàng 방향을 잡다
> • 把握商机 bǎwò shāngjī 사업 기회를 잡다
> • 把握本质 bǎwò běnzhì 본질을 파악하다

DAY
16

DAY
17

DAY
18

DAY
19

DAY
20

DAY
21

DAY
22

DAY
23

DAY
24

DAY
25

DAY
26

DAY
27

DAY
28

DAY
29

DAY
30

0782 勤奋*
☐
☐
qínfèn

형 근면하다, 부지런하다, 꾸준하다

要想做好学问，必须要勤奋刻苦。
Yào xiǎng zuòhǎo xuéwen, bìxū yào qínfèn kèkǔ.
학문을 잘하고 싶다면, 반드시 근면하며 고통을 참아내야 한다.

+ 学问 xuéwen 명 학문 |
刻苦 kèkǔ 형 고생을 참아내다

0783 教训***
☐
☐
jiàoxùn

명 교훈

希望你能从中吸取教训。[반출]
Xīwàng nǐ néng cóngzhōng xīqǔ jiàoxùn.
당신이 그 가운데서 교훈을 얻을 수 있기를 바란다.

+ 从中 cóngzhōng 부 그 가운데서 |
吸取 xīqǔ 동 얻다

0784 人生*
☐
☐
rénshēng

명 인생

青春期是人生中的一个阶段。
Qīngchūnqī shì rénshēng zhōng de yí ge jiēduàn.
사춘기는 인생의 한 단계이다.

+ 青春期 qīngchūnqī 명 사춘기 |
阶段 jiēduàn 명 단계

0785 意义***
☐
☐
yìyì

명 의의, 의미

做没有意义的事是浪费时间。
Zuò méiyǒu yìyì de shì shì làngfèi shíjiān.
의미 없는 일을 하는 것은 시간 낭비이다.

+ 浪费 làngfèi 동 낭비하다

0786
☐
☐

奋斗*
fèndòu

🔲 분투하다, 노력하다

人生的意义在于不断奋斗。🖐빈출
Rénshēng de yìyì zàiyú búduàn fèndòu.
인생의 의의는 끊임없는 노력에 있다.

+ 人生 rénshēng 명 인생 | 意义 yìyì 명 의의 |
在于 zàiyú 동 ~에 있다 | 不断 búduàn 분 끊임없이

0787
☐
☐

表现***
biǎoxiàn

유의 表达 biǎodá
표현하다
5급 ··· p.471

🔲 표현하다, 나타내다

准备充分的人表现得更加自信。
Zhǔnbèi chōngfèn de rén biǎoxiàn de gèngjiā zìxìn.
준비를 충분히 한 사람은 더욱 자신 있게 표현한다.

+ 充分 chōngfèn 형 충분하다 |
更加 gèngjiā 분 더욱 | 自信 zìxìn 형 자신 있다

🔳 표현, 태도, 행동

她的表现给我留下了深刻的印象。🖐빈출
Tā de biǎoxiàn gěi wǒ liúxiàle shēnkè de yìnxiàng.
그녀의 태도는 나에게 깊은 인상을 남겼다.

+ 留下 liúxià 동 남기다 |
深刻 shēnkè 형 (인상이) 깊다 | 印象 yìnxiàng 명 인상

DAY
20

DAY
21

DAY
22

DAY
23

DAY
24

DAY
25

DAY
26

0788
☐
☐

追求***
zhuīqiú

🔲 추구하다, 탐구하다

不管何时追求梦想，都不晚。
Bùguǎn héshí zhuīqiú mèngxiǎng, dōu bù wǎn.
언제 꿈을 추구하든지, 늦지 않는다.

+ 不管…都 bùguǎn…dōu ~에 관계없이 |
何时 héshí 대 언제 | 梦想 mèngxiǎng 명 꿈

> 빈출 ┃호응 표현 독해 제1부분┃
>
> • 追求目标 zhuīqiú mùbiāo 목표를 추구하다
> • 追求理想 zhuīqiú lǐxiǎng 이상을 추구하다
> • 追求完美 zhuīqiú wánměi 완벽을 추구하다

0789

忽视*
hūshì

동 소홀히 하다, 경시하다

不能为了眼前利益而忽视长期的发展。
Bù néng wèile yǎnqián lìyì ér hūshì chángqī de fāzhǎn.
눈앞의 이익을 위해서 장기적인 발전을 소홀히 하면 안 된다.

+ 眼前 yǎnqián 몡 눈앞 | 利益 lìyì 몡 이익 |
而 ér 젭 ~해서 | 长期 chángqī 몡 장기간 |
发展 fāzhǎn 몡 발전

0790

轻视
qīngshì

반의 重视 zhòngshì
중시하다
4급

동 경시하다, 얕보다, 무시하다

无论对手是谁，都不要轻视他。
Wúlùn duìshǒu shì shéi, dōu búyào qīngshì tā.
상대가 누구든지, 그를 얕보지 마라.

+ 无论…都 wúlùn…dōu ~에 관계없이 |
对手 duìshǒu 몡 상대

0791

决心
juéxīn

동 결심하다, 다짐하다

他决心用半年时间通过法律考试。
Tā juéxīn yòng bàn nián shíjiān tōngguò fǎlǜ kǎoshì.
그는 반년의 시간 동안 법률 시험에 합격하기로 결심했다.

+ 通过 tōngguò 동 통과하다, 합격하다 |
法律 fǎlǜ 몡 법률

명 결심

他下决心每周读一本书。
Tā xià juéxīn měi zhōu dú yì běn shū.
그는 매주 책 한 권을 읽기로 결심을 내렸다.

0792

借口
jièkǒu

명 핑계

没有时间只是他不想努力的借口。
Méiyǒu shíjiān zhǐ shì tā bù xiǎng nǔlì de jièkǒu.
시간이 없다는 것은 단지 그가 노력하기 싫어서 대는 핑계이다.

성공
실패

DAY
16

DAY
17

DAY
18

**DAY
19**

DAY
20

DAY
21

DAY
22

DAY
23

DAY
24

DAY
25

DAY
26

DAY
27

DAY
28

DAY
29

DAY
30

0793
克服 ★★
kèfú

동 극복하다

只有克服各种困难，才能取得成功。
Zhǐyǒu kèfú gè zhǒng kùnnan, cáinéng qǔdé chénggōng.
각종 어려움을 극복해야만, 비로소 성공을 거둘 수 있다.

+ 各种 gè zhǒng 형 각종의 |
困难 kùnnan 명 어려움 | 取得 qǔdé 동 얻다

0794
面对 ★★
miànduì

유의 面临 miànlín
직면하다
5급 … p.488

반의 逃避 táobì
도피하다
5급 … p.309

동 직면하다, 대면하다, 마주하다

我们要勇于面对危险。
Wǒmen yào yǒngyú miànduì wēixiǎn.
우리는 용감하게 위험에 직면해야 한다.

+ 勇于 yǒngyú 동 용감하게 ~하다 |
危险 wēixiǎn 명 위험

빈출 호응 표현 독해 제1부분

• 面对危机 miànduì wēijī 위기에 직면하다

• 面对失败 miànduì shībài 실패에 직면하다

• 面对敌人 miànduì dírén 적과 맞서다

0795
逃避
táobì

반의 面对 miànduì
직면하다
5급 … p.309

동 도피하다, 피하다, 회피하다

逃避现实是无法解决问题的。
Táobì xiànshí shì wúfǎ jiějué wèntí de.
현실 도피로는 문제를 해결할 수가 없다.

+ 现实 xiànshí 명 현실 |
无法 wúfǎ 동 ~할 수가 없다

빈출 호응 표현 독해 제1부분

• 逃避问题 táobì wèntí 문제를 피하다

• 逃避责任 táobì zérèn 책임을 회피하다

• 逃避困难 táobì kùnnan 어려움을 피하다

0796

完美*
wánměi

형 완미하다, 완벽하다, 매우 훌륭하다

追求完美是一种认真的态度。
Zhuīqiú wánměi shì yì zhǒng rènzhēn de tàidù.
완벽을 추구하는 것은 일종의 진지한 태도이다.

+ 追求 zhuīqiú 동 추구하다 |
认真 rènzhēn 형 진지하다 | 态度 tàidù 명 태도

0797

客观**
kèguān

반의 主观 zhǔguān
주관적이다
5급 ⋯ p.199

형 객관적이다

个人的评价往往并不客观。
Gèrén de píngjià wǎngwǎng bìng bú kèguān.
개인의 평가는 종종 전혀 객관적이지 않다.

+ 个人 gèrén 명 개인 | 评价 píngjià 명 평가 |
往往 wǎngwǎng 부 종종 | 并 bìng 부 전혀

0798

精神***
jīngshén

명 정신

艰苦的环境能培养人乐观的精神。
Jiānkǔ de huánjìng néng péiyǎng rén lèguān de jīngshén.
어렵고 힘든 환경이 사람의 낙관적인 정신을 길러줄 수 있다.

+ 艰苦 jiānkǔ 형 어렵고 힘들다 |
培养 péiyǎng 동 기르다 | 乐观 lèguān 형 낙관적이다

0799

收获*
shōuhuò

명 수확

认识这么多朋友是我最大的收获。
Rènshi zhème duō péngyou shì wǒ zuì dà de shōuhuò.
이렇게 많은 친구를 알게 된 것은 나에게 가장 큰 수확이다.

동 수확하다, 거두다

付出了多少，就会收获多少。
Fùchūle duōshao, jiù huì shōuhuò duōshao.
지불한 만큼 수확할 수 있다.

+ 付出 fùchū 동 지불하다

성공
실패

DAY
16

DAY
17

DAY
18

**DAY
19**

DAY
20

DAY
21

DAY
22

DAY
23

DAY
24

DAY
25

DAY
26

DAY
27

DAY
28

DAY
29

DAY
30

빈출 **호응 표현 독해 제1부분**

- 收获粮食 shōuhuò liángshi 곡식을 수확하다
- 收获大奖 shōuhuò dàjiǎng 큰 상을 받다
- 收获快乐 shōuhuò kuàilè 즐거움을 얻다

0800

全面
quánmiàn

반의 片面 piànmiàn
단편적이다
5급 ⋯ p.403

형 전면적이다, 전반적이다

考虑问题要全面。 빈출
Kǎolǜ wèntí yào quánmiàn.
문제를 전면적으로 고려해야 한다.

+ 考虑 kǎolǜ 통 고려하다

0801

实现★★
shíxiàn

동 실현하다, 달성하다, 이루다

实现自身的价值会给人一种成就感。
Shíxiàn zìshēn de jiàzhí huì gěi rén yì zhǒng chéngjiùgǎn.
자신의 가치를 실현하는 것은 일종의 성취감을 줄 수 있다.

+ 自身 zìshēn 대 자신, 본인 |
价值 jiàzhí 명 가치 | 成就感 chéngjiùgǎn 명 성취감

빈출 **호응 표현 독해 제1부분**

- 实现理想 shíxiàn lǐxiǎng 이상을 실현하다
- 实现愿望 shíxiàn yuànwàng 소원을 이루다
- 实现目标 shíxiàn mùbiāo 목표를 이루다

0802

愿望
yuànwàng

명 소원, 희망, 바람

队员们最大的愿望是取得世界杯冠军。
Duìyuánmen zuì dà de yuànwàng shì qǔdé Shìjièbēi
guànjūn.
팀원들의 가장 큰 소원은 월드컵에서 우승을 거두는 것이다.

+ 队员 duìyuán 명 팀원 | 取得 qǔdé 동 얻다 |
世界杯 Shìjièbēi 명 월드컵 | 冠军 guànjūn 명 우승

充分** chōngfèn

형 충분하다

要充分发挥自己的优势。
Yào chōngfèn fāhuī zìjǐ de yōushì.
자신의 장점을 충분히 발휘해야 한다.

+ 发挥 fāhuī 图 발휘하다 | 优势 yōushì 명 장점

빈출 호응 표현 독해 제1부분

- 充分的理由 chōngfèn de lǐyóu 충분한 이유
- 充分的证据 chōngfèn de zhèngjù 충분한 증거
- 准备得很充分 zhǔnbèi de hěn chōngfèn 충분히 준비하다

根本** gēnběn

형 근본적인, 결정적인, 중요한

这次失败的根本原因是准备不够。
Zhè cì shībài de gēnběn yuányīn shì zhǔnbèi búgòu.
이번 실패의 근본적인 원인은 준비 부족이다.

+ 失败 shībài 图 실패하다 |
原因 yuányīn 명 원인 | 不够 búgòu 형 부족하다

부 전혀, 아예

我最近准备考研，根本没时间玩儿。
Wǒ zuìjìn zhǔnbèi kǎoyán, gēnběn méi shíjiān wánr.
나는 요즘 대학원 응시 준비로, 놀 시간이 전혀 없다.

+ 考研 kǎoyán 图 대학원에 응시하다

光明* guāngmíng

형 밝다, 환하다

年轻人的未来是光明的。
Niánqīngrén de wèilái shì guāngmíng de.
젊은이들의 미래는 밝다.

+ 年轻人 niánqīngrén 명 젊은 사람 |
未来 wèilái 명 미래

성공
실패

DAY
16

DAY
17

DAY
18

**DAY
19**

DAY
20

DAY
21

DAY
22

DAY
23

DAY
24

DAY
25

DAY
26

DAY
27

DAY
28

DAY
29

DAY
30

듣기 **출제 포인트**

光明은 형용사로 一片光明(yí piàn guāngmíng 온통 환하다)이라는 표현이 시험에 자주 출제된다. 특히 듣기 부분 녹음에서 前途一片光明(qiántú yí piàn guāngmíng 앞날이 한없이 밝다)이 언급되고 보기에 很有前途(hěn yǒu qiántú 전도유망하다)가 정답으로 제시되는 경우가 많다.

0806

明确＊

míngquè

형 명확하다, 확실하다

学习时，要给自己定一个明确的目标。
Xuéxí shí, yào gěi zìjǐ dìng yí ge míngquè de mùbiāo.
공부할 때, 자신에게 명확한 목표를 정해 줘야 한다.

+ 定 dìng 통 정하다 | 目标 mùbiāo 명 목표

동 명확하게 하다, 분명하게 하다

这次会议明确了我们工作的方向。
Zhè cì huìyì míngquèle wǒmen gōngzuò de fāngxiàng.
이번 회의에서 우리의 업무 방향을 명확하게 했다.

+ 方向 fāngxiàng 명 방향

0807

哪怕＊＊

nǎpà

유의 即使 jíshǐ
설령 ~일지라도
4급

접 설령 ~라 해도

哪怕困难再大，我也要坚持完成。
Nǎpà kùnnan zài dà, wǒ yě yào jiānchí wánchéng.
설령 더 큰 고난이 있다 해도, 나는 끝까지 완성할 것이다.

+ 困难 kùnnan 명 어려움 |
坚持 jiānchí 통 끝까지 고수하다

독해 **출제 포인트**

접속사 哪怕와 即使는 항상 也, 还, 都 등 부사와 호응하여 쓰인다. 독해 제1부분에서 호응 구조를 알면 빈칸에 들어갈 어휘나 문장을 보다 빨리 찾을 수 있다.

0808 轻易
qīngyì

형 쉽다, 수월하다, 간단하다

成功并不是轻易获得的。
Chénggōng bìng bú shì qīngyì huòdé de.
성공은 결코 쉽게 얻어지는 것이 아니다.

+ 并 bìng 🗒 결코 | 获得 huòdé 동 얻다

부 함부로, 마음대로

不要轻易批评别人。
Búyào qīngyì pīpíng biérén.
남을 함부로 비판하지 마라.

+ 批评 pīpíng 동 비판하다

0809 前途 **
qiántú

명 전도, 앞날, 전망

他对自己的前途充满自信。 👆 빈출

Tā duì zìjǐ de qiántú chōngmǎn zìxìn.
그는 자신의 앞날에 대해 자신감이 넘친다.

+ 充满 chōngmǎn 형 넘치다 | 自信 zìxìn 명 자신감

0810 运气
yùnqi

명 운, 운세

成功靠的不是运气，而是努力。
Chénggōng kào de bú shì yùnqi, érshì nǔlì.
성공은 운이 아니고, 노력에 달려 있다.

+ 靠 kào 동 ~에 달려 있다 |
不是…而是… bú shì…érshì… ~이 아니고 ~이다

0811 吸取 **
xīqǔ

유의 吸收 xīshōu
흡수하다
5급 … p.414

동 받아들이다, 흡수하다, 얻다

总结经验、吸取教训是成功的关键。
Zǒngjié jīngyàn、xīqǔ jiàoxùn shì chénggōng de guānjiàn.
경험을 총정리하고, 교훈을 얻는 것이 성공의 관건이다.

+ 总结 zǒngjié 동 총정리하다 | 经验 jīngyàn 명 경험 |
教训 jiàoxùn 명 교훈 | 关键 guānjiàn 명 관건

성공
실패

DAY
16

DAY
17

DAY
18

**DAY
19**

DAY
20

DAY
21

DAY
22

DAY
23

DAY
24

DAY
25

DAY
26

DAY
27

DAY
28

DAY
29

DAY
30

빈출 | **호응 표현 독해 제1부분**

- 吸取教训 xīqǔ jiàoxùn 교훈을 얻다
- 吸取水分 xīqǔ shuǐfèn 수분을 흡수하다
- 吸取营养 xīqǔ yíngyǎng 영양소를 흡수하다

0812

细节*
xìjié

명 세부 사항, 사소한 부분, 자세한 사정

俗话说：“细节决定成败。”
Súhuà shuō: "Xìjié juédìng chéngbài."
"사소한 부분이 성패를 결정한다."는 속담이 있다.

+ 俗话 súhuà **명** 속담 |
成败 chéngbài **명** 성패(성공과 실패)

0813

效率**
xiàolǜ

명 효율, 능률

边读书边思考，可以提高学习效率。
Biān dú shū biān sīkǎo, kěyǐ tígāo xuéxí xiàolǜ.
책을 읽으면서 사색하면, 학습의 효율을 높일 수 있다.

+ 思考 sīkǎo **동** 사색하다

0814

挑战**
tiǎozhàn

명 도전

他把每次挑战都当做学习的机会。 **빈출**
Tā bǎ měi cì tiǎozhàn dōu dàngzuò xuéxí de jīhuì.
그는 모든 도전을 배움의 기회로 삼는다.

+ 当做 dàngzuò **동** ~로 삼다

동 도전하다

他通过挑战自己不断成长。
Tā tōngguò tiǎozhàn zìjǐ búduàn chéngzhǎng.
그는 자기 자신에게 도전하며 끊임없이 성장한다.

+ 通过 tōngguò **개** ~을 통해 |
不断 búduàn **부** 끊임없이 | 成长 chéngzhǎng **동** 성장하다

0815 争取
zhēngqǔ

동 쟁취하다, 얻어내다

机会是争取来的，不是等来的。👆
Jīhuì shì zhēngqǔ lái de, bú shì děng lái de.
기회는 쟁취해야 오는 것이지, 기다리면 오는 게 아니다.

빈출 **호응 표현 독해 제1부분** ▶

• 争取时间 zhēngqǔ shíjiān 시간을 벌다

• 争取第一 zhēngqǔ dì-yī 일등을 쟁취하다

• 争取权利 zhēngqǔ quánlì 권리를 쟁취하다

0816 重大
zhòngdà

형 중대하다, 무겁고 크다

这项实验对我们来说意义重大。
Zhè xiàng shíyàn duì wǒmen lái shuō yìyì zhòngdà.
이 실험은 우리에게 있어서 의미가 매우 크다.

+ 项 xiàng 양 항목 |
实验 shíyàn 명 실험 | 意义 yìyì 명 의미

빈출 **호응 표현 독해 제1부분** ▶

• 重大的影响 zhòngdà de yǐngxiǎng 중대한 영향

• 重大的责任 zhòngdà de zérèn 막중한 책임

• 重大的贡献 zhòngdà de gòngxiàn 중대한 공헌

0817 总之＊＊
zǒngzhī

접 아무튼, 결론적으로 말하면, 한마디로 말하면

总之，坚持才能成功。👆
Zǒngzhī, jiānchí cái néng chénggōng.
결론적으로 말하면, 끝까지 꾸준히 해야 성공할 수 있다.

+ 坚持 jiānchí 동 끝까지 고수하다

0818 退步*
tuìbù

[반의] 进步 jìnbù
진보하다
5급 … p.380

동 퇴보하다, 나빠지다

只有不断学习，才能避免退步。
Zhǐyǒu búduàn xuéxí, cái néng bìmiǎn tuìbù.
끊임없이 공부해야만, 비로소 퇴보를 방지할 수 있다.

+ 不断 búduàn 凤 끊임없이 |
避免 bìmiǎn 동 방지하다

0819 形成
xíngchéng

동 형성되다, 이루어지다

应增加自己的知识，形成自己的判断。
Yīng zēngjiā zìjǐ de zhīshi, xíngchéng zìjǐ de pànduàn.
자신의 지식을 늘리고, 자신의 판단력이 형성돼야 한다.

+ 增加 zēngjiā 동 늘리다 |
知识 zhīshi 명 지식 | 判断 pànduàn 명 판단력

0820 自觉
zìjué

형 자발적이다

我们要养成自觉学习的习惯。
Wǒmen yào yǎngchéng zìjué xuéxí de xíguàn.
우리는 자발적으로 공부하는 습관을 길러야 한다.

+ 养成 yǎngchéng 동 기르다

0821 尽力
jìnlì

동 온 힘을 다하다

不管做任何事情，尽力最重要。
Bùguǎn zuò rènhé shìqing, jìnlì zuì zhòngyào.
어떤 일을 하든, 최선을 다 하는 것이 가장 중요하다.

+ 不管 bùguǎn 접 ~에 관계없이 |
任何 rènhé 대 어떠한

DAY 16 17 18 19 20 21 22 23 24 25 26 27 28 29 30

0822 在于* zàiyú

☐ ☐

[동] ~에 달려 있다

人生的乐趣在于不断迎接挑战。
Rénshēng de lèqù zàiyú búduàn yíngjiē tiǎozhàn.
인생의 즐거움은 끊임없이 도전을 맞이하는 데 달려 있다.

> + 人生 rénshēng 圐 인생 |
> 乐趣 lèqù 圐 즐거움 | 不断 búduàn 曱 끊임없이 |
> 迎接 yíngjiē 图 맞이하다 | 挑战 tiǎozhàn 圐 도전

듣기 출제 포인트

在于는 듣기 논설형 단문에서 주제를 제시할 때 자주 쓰인다. 在于 뒤에 있는 내용은 주제이자 출제의 포인트이므로 집중해서 들어야 한다. 자주 출제되는 주제를 정리해 보자.

- 生命在于运动 생명은 운동에 달려 있다
- 成功在于坚持 성공은 꾸준함에 달려 있다
- 创新在于人才 혁신은 인재에 달려 있다

> + 生命 shēngmìng 圐 생명 |
> 坚持 jiānchí 图 끝까지 버티다 |
> 创新 chuàngxīn 圐 혁신 | 人才 réncái 圐 인재

0823 便* biàn

☐ ☐

[부] 곧, 바로

一接到通知，他便开始做详细的计划。
Yì jiēdào tōngzhī, tā biàn kāishǐ zuò xiángxì de jìhuà.
통지를 받자마자, 그는 바로 상세한 계획을 세우기 시작했다.

> + 通知 tōngzhī 圐 통지 |
> 详细 xiángxì 圀 상세하다 | 计划 jìhuà 圐 계획

성공
실패

DAY
16

DAY
17

DAY
18

**DAY
19**

DAY
20

DAY
21

DAY
22

DAY
23

DAY
24

DAY
25

DAY
26

DAY
27

DAY
28

DAY
29

DAY
30

0824
☐
☐
体现*
tǐxiàn

동 구현하다, 구체적으로 드러내다

这次任务体现了队员间团结互助的精神。
Zhè cì rènwu tǐxiànle duìyuán jiān tuánjié hùzhù de jīngshén.
이번 임무는 팀원 간의 단결과 공조의 정신을 구현했다.

+ **任务** rènwu 명 임무 |
队员 duìyuán 명 팀원 | **团结** tuánjié 동 단결하다 |
互助 hùzhù 동 서로 돕다 | **精神** jīngshén 명 정신

0825
☐
☐
具体**
jùtǐ

반의 **抽象** chōuxiàng
추상적이다
5급 ⋯ p.474

형 구체적이다

目标制定得具体一些更容易实现。
Mùbiāo zhìdìng de jùtǐ yìxiē gèng róngyì shíxiàn.
목표를 구체적으로 세우면 좀 더 쉽게 실현된다.

+ **目标** mùbiāo 명 목표 |
制定 zhìdìng 동 세우다 | **实现** shíxiàn 동 실현하다

加把劲儿!

1 빈칸을 채우세요.

❶	bǎwò	잡다, 장악하다
勤奋	❷	근면하다, 부지런하다
忽视	hūshì	❸
决心	juéxīn	❹
❺	jiàoxùn	교훈

2 단어의 병음과 뜻을 알맞게 연결하세요.

❶ 表现 •　　　　• ㉠ kèguān •　　　　• ⓐ 객관적이다

❷ 克服 •　　　　• ㉡ biǎoxiàn •　　　　• ⓑ 극복하다

❸ 客观 •　　　　• ㉢ kèfú •　　　　• ⓒ 표현하다, 나타내다

❹ 实现 •　　　　• ㉣ shíxiàn •　　　　• ⓓ 실현하다, 달성하다

3 빈칸에 들어갈 알맞은 단어를 고르세요.

> A 根本　　　　B 前途　　　　C 挑战　　　　D 光明　　　　E 逃避

❶ 年轻人的未来是＿＿＿＿＿＿的。

❷ 他把每次＿＿＿＿＿＿都当做学习的机会。

❸ 这次失败的＿＿＿＿＿＿原因是准备不够。

❹ 他对自己的＿＿＿＿＿＿充满自信。

성공
실패

DAY
16

DAY
17

DAY
18

**DAY
19**

DAY
20

DAY
21

DAY
22

DAY
23

DAY
24

DAY
25

DAY
26

DAY
27

DAY
28

DAY
29

DAY
30

 독해 제1부분

4 빈칸에 들어갈 알맞은 단어를 고르세요.

　　生活中，总有人在抱怨：我现在开始已经太晚了，不然我也能成功。其实这不过是懒惰的____❶____。对于真正有____❷____的人来说，生命的每个时期都是年轻的，永远没有太晚的开始。所以去做你喜欢做的事吧，____❸____你现在已经80岁了。

❶ A 借口　　　　B 精神　　　　C 理论　　　　D 话题

❷ A 征求　　　　B 追求　　　　C 轻视　　　　D 体现

 ❸ A 假如　　　　B 因为　　　　C 否则　　　　D 哪怕

 쓰기 제1부분

5 제시된 어휘로 어순에 맞게 문장을 완성하세요.

 ❶ 艰苦的环境　　精神　　能　　乐观的　　培养

_____

 ❷ 意义　　在于　　生命的　　付出

_____

❸ 我的　　逐步　　梦想　　了　　实现

_____

❹ 提高了　　效率　　工作　　办公软件

_____

☑ 정답 및 해석 ⇨ 553쪽

HSK 5급 0826~0869

DAY 20

Track44

날씨는 변덕쟁이
_날씨, 환경

HSK 5급에 이런 내용이 나온다!

날씨와 환경 관련 주제에서는 날씨 상황, 지역의 기후, 자연 현상, 자연환경 등의 내용이 출제되는데, 그 중 듣기 대화문에는 일상적인 날씨 이야기, 독해 설명문에는 자연환경을 소개하는 내용이 가장 많이 출제됩니다. 빈출 단어로는 雾(wù 안개), 缺乏(quēfá 결핍되다), 现象(xiànxiàng 현상), 价值(jiàzhí 가치) 등이 있습니다.

한눈에 파악하는 단어

맑음

晴 qíng 맑다

太阳 tàiyáng 태양

温暖 wēnnuǎn 따뜻하다

干燥 gānzào 건조하다

阳光好 yángguāng hǎo 햇빛이 좋다

비

打雷 dǎléi 천둥이 치다

闪电 shǎndiàn 번개

潮湿 cháoshī 습하다

湿润 shīrùn 습윤하다

彩虹 cǎihóng 무지개

一阵雨 yí zhèn yǔ 한차례 비

0826

温暖*
wēnnuǎn

형 따뜻하다, 온난하다

冬天的太阳很温暖。
Dōngtiān de tàiyáng hěn wēnnuǎn.
겨울의 태양은 아주 따뜻하다.

빈출 ❘ 호응 표현 독해 제1부분 ▶

• 温暖的话语 wēnnuǎn de huàyǔ 따뜻한 말
• 温暖的拥抱 wēnnuǎn de yōngbào 따뜻한 포옹
• 温暖的气候 wēnnuǎn de qìhòu 따뜻한 기후

DAY
16

DAY
17

DAY
18

DAY
19

DAY
20

DAY
21

DAY
22

DAY
23

DAY
24

DAY
25

DAY
26

DAY
27

DAY
28

DAY
29

DAY.
30

0827

潮湿*
cháoshī

반의 干燥 gānzào
건조하다
5급 ⋯ p.323

형 습하다, 축축하다

空气太潮湿了，晒的衣服都干不了。
Kōngqì tài cháoshī le, shài de yīfu dōu gān bu liǎo.
공기가 너무 습해서, 햇볕에 널어 놓은 옷이 마르지 않는다.

+空气 kōngqì 명 공기 │
晒 shài 동 햇볕에 말리다 │ 干 gān 형 마르다

0828

干燥*
gānzào

반의 潮湿 cháoshī
습하다
5급 ⋯ p.323

형 건조하다, 마르다

最近天气干燥，你要多喝水。
Zuìjìn tiānqì gānzào, nǐ yào duō hē shuǐ.
요즘 날씨가 건조하니, 너는 물을 많이 마셔야 한다.

0829

雷
léi

명 우레, 천둥

你听，是不是打雷了？
Nǐ tīng, shì bu shì dǎléi le?
들어 봐, 천둥 쳤지?

+打雷 dǎléi 동 천둥이 치다

0830 闪电
shǎndiàn

명 번개

闪电的速度比雷声快。
Shǎndiàn de sùdù bǐ léishēng kuài.
번개의 속도가 천둥소리보다 빠르다.

+ 速度 sùdù 명 속도 |
雷声 léishēng 명 뇌성, 천둥소리

0831 天空
tiānkōng

명 하늘

蓝蓝的天空中没有一朵云。
Lánlán de tiānkōng zhōng méiyǒu yì duǒ yún.
파란 하늘에 구름 한 조각 없다.

+ 朵 duǒ 명 송이, 조각[꽃이나 구름을 세는 단위] |
云 yún 명 구름

0832 地震
dìzhèn

명 지진

这里经常发生地震。
Zhèlǐ jīngcháng fāshēng dìzhèn.
여기는 지진이 자주 발생한다.

+ 发生 fāshēng 동 발생하다

0833 沙漠
shāmò

명 사막

沙漠地区缺雨，极其干燥。
Shāmò dìqū quē yǔ, jíqí gānzào.
사막 지역은 비가 부족해서, 매우 건조하다.

+ 地区 dìqū 명 지역 | 缺 quē 동 부족하다 |
极其 jíqí 부 매우 | 干燥 gānzào 형 건조하다

0834 预报
yùbào

명 예보 동 예보하다, 미리 알리다

天气预报一般只能预报一周内的天气。
Tiānqì yùbào yìbān zhǐ néng yùbào yì zhōu nèi de tiānqì.
일기 예보는 일반적으로 일주일 내의 날씨만 예보할 수 있다.

날씨
환경

DAY
16

DAY
17

DAY
18

DAY
19

**DAY
20**

DAY
21

DAY
22

DAY
23

DAY
24

DAY
25

DAY
26

DAY
27

DAY
28

DAY
29

DAY
30

0835 灾害* zāihài

명 재해, 재난

如何预防这些自然灾害呢? 〔빈출〕
Rúhé yùfáng zhèxiē zìrán zāihài ne?
어떻게 이런 자연재해들을 예방할 것인가?

+ **如何** rúhé 때 어떻게 |
预防 yùfáng 통 예방하다 | **自然** zìrán 명 자연

0836 扇子 shànzi

명 부채

天气太热, 很多人都随身带一把扇子。
Tiānqì tài rè, hěn duō rén dōu suíshēn dài yì bǎ shànzi.
날씨가 너무 더워서, 많은 사람들이 부채를 가지고 다닌다.

+ **随身** suíshēn 통 몸에 지니다

> **맛있는 단어** TIP
> 扇扇子
>
> 扇(shān)은 동사로 '부채질하다'의 의미를 가지고 있는데, 발음이 '1성(shān)'인 것에 유의해야 한다. '부채를 부치다'라는 뜻의 扇扇子(shān shànzi) 형태로 많이 쓰이고, 비슷한 형태의 盖盖子(gài gàizi 뚜껑을 덮다)라는 표현도 있다.

0837 冲 chōng

동 (물로) 씻어 내다

出了一身汗, 我要赶紧冲个澡。
Chūle yìshēn hàn, wǒ yào gǎnjǐn chōng ge zǎo.
온몸에 땀이 나서, 나는 서둘러 샤워해야 한다.

+ **出汗** chūhàn 통 땀이 나다 | **一身** yìshēn 명 온몸, 전신 |
赶紧 gǎnjǐn 부 서둘러 | **冲澡** chōngzǎo 통 샤워하다

동 돌진하다, 충돌하다

门一开, 他迅速地冲了进去。
Mén yì kāi, tā xùnsù de chōngle jìnqu.
문이 열리자, 그는 재빨리 돌진해 들어갔다.

+ **迅速** xùnsù 형 재빠르다

阵
zhèn

양 차례, 바탕

今天下了好几阵小雨。
Jīntiān xiàle hǎo jǐ zhèn xiǎoyǔ.
오늘은 가랑비가 몇 차례 내렸다.

빈출 | 호응 표현 독해 제1부분 ▷

- 一阵风 yí zhèn fēng 한차례 부는 바람
- 一阵清香 yí zhèn qīngxiāng 한차례 상쾌한 향기
- 一阵掌声 yí zhèn zhǎngshēng 한차례 박수 소리

资源★★
zīyuán

명 자원

非洲大部分地区水资源不足。
Fēizhōu dàbùfen dìqū shuǐzīyuán bùzú.
아프리카의 대부분 지역은 수자원이 부족하다.

＋非洲 Fēizhōu 고유 아프리카 |
地区 dìqū 명 지역 | 不足 bùzú 형 부족하다

能源★★
néngyuán

명 에너지(원)

科学家正在积极地寻找新能源。
Kēxuéjiā zhèngzài jījí de xúnzhǎo xīn néngyuán.
과학자들은 적극적으로 새로운 에너지원을 찾고 있다.

＋科学家 kēxuéjiā 명 과학자 |
积极 jījí 형 적극적이다 | 寻找 xúnzhǎo 동 찾다

맛있는 단어 TIP 能源과 资源

能源은 '에너지원'이란 뜻으로, 주로 石油(shíyóu 석유), 煤炭 (méitàn 석탄), 天然气(tiānránqì 천연가스) 등을 가리킨다. 资源 (zīyuán)은 '자원'이란 뜻으로, 천연자원과 사회자원의 통칭이며, 水资源(shuǐ zīyuán 수자원), 森林资源(sēnlín zīyuán 삼림자원), 人力资源(rénlì zīyuán 인력자원), 信息资源(xìnxī zīyuán 정보자원) 등이 있다.

0841

☐
☐

砍
kǎn

동 (칼이나 도끼로) 베다, 찍다

为保护环境，请勿乱砍树木。
Wèi bǎohù huánjìng, qǐng wù luàn kǎn shùmù.
환경을 보호하기 위해, 나무를 함부로 베지 마세요.

+ 保护 bǎohù 동 보호하다 | 勿 wù 부 ~하지 마라 |
乱 luàn 부 함부로 | 树木 shùmù 명 나무, 수목

0842

☐
☐

恶劣*
èliè

형 열악하다, 아주 나쁘다

沙漠地区的恶劣环境逐渐得到了改善。
Shāmò dìqū de èliè huánjìng zhújiàn dédàole gǎishàn.
사막 지역의 열악한 환경이 점차 개선되었다.

+ 沙漠 shāmò 명 사막 |
地区 dìqū 명 지역 | 逐渐 zhújiàn 부 점차 |
得到 dédào 동 얻다 | 改善 gǎishàn 동 개선하다

빈출 ▌호응 표현 독해 제1부분

- 恶劣的天气 èliè de tiānqì 악천후, 거친 날씨
- 恶劣的条件 èliè de tiáojiàn 열악한 조건
- 恶劣的行为 èliè de xíngwéi 나쁜 행위

0843

☐
☐

煤炭
méitàn

명 석탄

这里有丰富的煤炭资源。
Zhèlǐ yǒu fēngfù de méitàn zīyuán.
여기에 풍부한 석탄 자원이 있다.

+ 丰富 fēngfù 형 풍부하다 |
资源 zīyuán 명 자원

DAY
16

DAY
17

DAY
18

DAY
19

DAY
20

DAY
21

DAY
22

DAY
23

DAY
24

DAY
25

DAY
26

DAY
27

DAY
28

DAY
29

DAY
30

0844
☐
☐

未必*
wèibì

반의 一定 yídìng
반드시
3급

부 반드시 ~한 것은 아니다

> 虽然外面有点儿阴，但未必会下雨。
> Suīrán wàimiàn yǒudiǎnr yīn, dàn wèibì huì xiàyǔ.
> 비록 밖이 좀 흐리긴 하지만, 반드시 비가 내릴 건 아니다.

0845
☐
☐

用途**
yòngtú

명 용도

> 太阳能用途广泛。
> Tàiyángnéng yòngtú guǎngfàn.
> 태양 에너지는 용도가 광범위하다.

> + 太阳能 tàiyángnéng 명 태양 에너지 |
> 广泛 guǎngfàn 형 광범위하다

0846
☐
☐

彩虹
cǎihóng

명 무지개

> 大雨过后，天空中出现一道彩虹。
> Dàyǔ guò hòu, tiānkōng zhōng chūxiàn yí dào cǎihóng.
> 큰비가 내린 후, 하늘에 무지개가 나타났다.

> + 天空 tiānkōng 명 하늘 |
> 出现 chūxiàn 동 나타나다 | 道 dào 형 긴 것을 세는 단위

0847
☐
☐

消失*
xiāoshī

동 사라지다, 자취를 감추다

> 这种动物在两亿年前就消失了。
> Zhè zhǒng dòngwù zài liǎng yì nián qián jiù xiāoshī le.
> 이런 동물은 2억년 전에 사라졌다.

> + 亿 yì 주 억

날씨
환경

DAY
16

DAY
17

DAY
18

DAY
19

**DAY
20**

DAY
21

DAY
22

DAY
23

DAY
24

DAY
25

DAY
26

DAY
27

DAY
28

DAY
29

DAY
30

0848
湿润*
shīrùn

형 습윤하다, 축축하다

这里气候温暖湿润，适合生活。
Zhèlǐ qìhòu wēnnuǎn shīrùn, shìhé shēnghuó.
이곳의 기후는 따뜻하고 습윤하여, 생활하기에 적합하다.

+ 气候 qìhòu 명 기후 |
温暖 wēnnuǎn 형 따뜻하다 | 适合 shìhé 동 ~에 적합하다

빈출 | 호응 표현 독해 제1부분 ▶

• 湿润的空气 shīrùn de kōngqì 습한 공기

• 湿润的土壤 shīrùn de tǔrǎng 습한 토양

• 湿润的双眼 shīrùn de shuāngyǎn 촉촉한 두 눈

0849
披
pī

동 (겉옷 등을) 걸치다, 쓰다, 덮다

外面风太大，你披上一件厚衣服吧。
Wàimiàn fēng tài dà, nǐ pīshàng yí jiàn hòu yīfu ba.
바깥 바람이 아주 세니까, 너는 두꺼운 옷을 좀 걸쳐라.

+ 厚 hòu 형 두껍다

0850
雾
wù

명 안개

这种大雾天气不会持续很久。 빈출
Zhè zhǒng dàwù tiānqì bú huì chíxù hěn jiǔ.
이런 짙은 안개 날씨는 오래 지속되지는 않을 것이다.

+ 持续 chíxù 동 지속하다

0851
冻
dòng

동 얼다

天气寒冷，地上的水都冻住了。
Tiānqì hánlěng, dìshang de shuǐ dōu dòngzhù le.
날씨가 너무 추워서, 땅 위의 물이 다 얼었다.

+ 寒冷 hánlěng 형 한랭하다, 몹시 춥다

0852
☐
☐
价值★★★
jiàzhí

명 가치

这片森林有很大的开发价值。
Zhè piàn sēnlín yǒu hěn dà de kāifā jiàzhí.
이 숲은 개발 가치가 매우 크다.

+ 片 piàn 양 편[조각, 면적 등을 세는 단위] |
森林 sēnlín 명 삼림, 숲 |
开发 kāifā 통 개발하다

빈출 ▌호응 표현 독해 제1부분 ▶

- 营养价值 yíngyǎng jiàzhí 영양가
- 艺术价值 yìshù jiàzhí 예술적 가치
- 实现价值 shíxiàn jiàzhí 가치를 실현하다

0853
☐
☐
居然★★
jūrán

부 뜻밖에, 놀랍게도

大雨居然连续下了五天。
Dàyǔ jūrán liánxù xiàle wǔ tiān.
큰비가 뜻밖에도 5일 동안 계속 내렸다.

+ 连续 liánxù 통 계속하다

0854
☐
☐
破坏★
pòhuài

동 파괴하다, 훼손하다

合理的开发并不会破坏自然环境。
Hélǐ de kāifā bìng bú huì pòhuài zìrán huánjìng.
합리적인 개발은 결코 자연환경을 파괴하지 않는다.

+ 合理 hélǐ 형 합리적이다 |
开发 kāifā 통 개발하다 | 并 bìng 부 결코, 전혀 |
自然 zìrán 명 자연

0855 奇迹
qíjì

명 기적

四十年间，这里由沙漠变成了绿洲，真是奇迹！
Sìshí niánjiān, zhèlǐ yóu shāmò biànchéngle lǜzhōu, zhēnshi qíjì!
40년 동안 이곳이 사막에서 오아시스로 바뀌다니, 정말 기적이다!

+ 年间 niánjiān 명 연간, 시기 |
由 yóu 개 ~에서 | 沙漠 shāmò 명 사막 |
变成 biànchéng 동 ~로 바뀌다 | 绿洲 lǜzhōu 명 오아시스

0856 燃烧
ránshāo

동 연소하다, 타다

这场大火燃烧了一个星期。
Zhè cháng dàhuǒ ránshāole yí ge xīngqī.
이번 큰불은 일주일 동안 타올랐다.

+ 场 cháng 양 회, 번 | 大火 dàhuǒ 명 큰불

0857 伤害*
shānghài

동 상하게 하다, 해치다

破坏环境最终伤害的是人类自己。
Pòhuài huánjìng zuìzhōng shānghài de shì rénlèi zìjǐ.
환경 파괴가 최후 해치는 것은 인류 자신이다.

+ 破坏 pòhuài 동 파괴하다 |
最终 zuìzhōng 명 최후 | 人类 rénlèi 명 인류

0858 一律
yílù

부 일률적으로

台风天气下，飞机一律禁止起飞。
Táifēng tiānqì xià, fēijī yílù jìnzhǐ qǐfēi.
태풍이 부는 날씨에는 비행기의 이륙을 일률적으로 금지한다.

+ 台风 táifēng 명 태풍 |
禁止 jìnzhǐ 동 금지하다

날씨
환경

DAY 16
DAY 17
DAY 18
DAY 19
DAY 20
DAY 21
DAY 22
DAY 23
DAY 24
DAY 25
DAY 26
DAY 27
DAY 28
DAY 29
DAY 30

0859 缺乏 ★★★
quēfá

图 결핍되다, 부족하다

该地区缺乏水资源的问题得到了解决。
Gāi dìqū quēfá shuǐzīyuán de wèntí dédàole jiějué.
이 지역의 수자원 부족 문제가 해결되었다.

+ 该 gāi 데 이, 그, 저 | 地区 dìqū 뗑 지역 |
水资源 shuǐzīyuán 뗑 수자원 | 得到 dédào 뚱 얻다

빈출 호응 표현 독해 제1부분

• 缺乏经验 quēfá jīngyàn 경험이 부족하다
• 缺乏自信 quēfá zìxìn 자신감이 부족하다
• 缺乏资金 quēfá zījīn 자금이 부족하다

0860 现象 ★★★
xiànxiàng

뗑 현상

这种现象的产生与气候变化有关。
Zhè zhǒng xiànxiàng de chǎnshēng yǔ qìhòu biànhuà yǒuguān.
이러한 현상의 발생은 기후 변화와 관련이 있다.

+ 产生 chǎnshēng 뗑 발생 |
气候 qìhòu 뗑 기후 | 有关 yǒuguān 뚱 관련이 있다

0861 项目 ★★
xiàngmù

뗑 항목, 종목, 프로젝트

这个项目的目的是研究污染的危害。
Zhège xiàngmù de mùdì shì yánjiū wūrǎn de wēihài.
이 프로젝트의 목적은 오염의 피해를 연구하는 것이다.

+ 目的 mùdì 뗑 목적 | 研究 yánjiū 뚱 연구하다 |
污染 wūrǎn 뗑 오염 | 危害 wēihài 뗑 피해, 위해

0862 着火
zháohuǒ

图 불나다, 불붙다

天气干燥，森林容易着火。
Tiānqì gānzào, sēnlín róngyì zháohuǒ.
날씨가 건조해서 삼림에 쉽게 불이 난다.

+ 干燥 gānzào 뗑 건조하다 | 森林 sēnlín 뗑 삼림, 숲

0863 代替*

☐
☐
dàitì

图 대신하다, 대체하다

目前新能源还不能完全代替煤炭。
Mùqián xīn néngyuán hái bù néng wánquán dàitì méitàn.
현재 새로운 에너지로는 아직 석탄을 완전히 대체할 수 없다.

+ 目前 mùqián 명 지금, 현재 |
能源 néngyuán 명 에너지 |
完全 wánquán 문 완전히 | 煤炭 méitàn 명 석탄

0864 威胁

☐
☐
wēixié

图 위협하다

环境污染威胁着人类，尤其是孩子们的
健康。
Huánjìng wūrǎn wēixiézhe rénlèi, yóuqí shì háizimen de
jiànkāng.
환경 오염은 인류를, 특히 아이들의 건강을 위협하고 있다.

+ 污染 wūrǎn 명 오염 |
人类 rénlèi 명 인류 | 尤其 yóuqí 문 특히

0865 影子

☐
☐
yǐngzi

명 그림자

影子会随太阳方位的变化而改变。
Yǐngzi huì suí tàiyáng fāngwèi de biànhuà ér gǎibiàn.
그림자는 태양의 방향과 위치 변화에 따라 달라진다.

+ 随 suí 개 ~에 따라 |
方位 fāngwèi 명 방향과 위치 |
而 ér 접 ~해서 | 改变 gǎibiàn 图 달라지다

0866 吹**

☐
☐
chuī

图 바람이 불다, 입으로 힘껏 불다

一阵风吹过，凉快了很多。
Yí zhèn fēng chuīguo, liángkuaile hěn duō.
한차례 바람이 불고 나니, 많이 시원해졌다.

+ 阵 zhèn 양 차례, 바탕 | 凉快 liángkuai 형 시원하다

DAY
16
DAY
17
DAY
18
DAY
19
DAY
20
DAY
21
DAY
22
DAY
23
DAY
24
DAY
25
DAY
26
DAY
27
DAY
28
DAY
29
DAY
30

0867

☐
☐

洒 ★★

să

동 (땅에) 뿌리다, 엎지르다

太干燥的话，可以在地上洒点儿水。
Tài gānzào de huà, kěyǐ zài dìshang să diǎnr shuǐ.
너무 건조하면, 바닥에 물을 좀 뿌려도 된다.

　　　　　　　　　　+ 干燥 gānzào 형 건조하다

 쓰기 출제 포인트

쓰기 작문 부분에 커피를 문서나 키보드에 엎지르는 사진이 자주
출제된다. 동사 洒를 활용하여 이런 상황을 묘사한 문장을 익히자.

• 我不小心把咖啡洒在键盘上了。 빈출
　나는 실수로 커피를 키보드 위에 엎질렀다.

• 咖啡洒在文件上了，我不得不重新打印。
　커피를 서류에 엎질러서, 나는 어쩔 수 없이 다시 인쇄한다.

　　　　　　　　　　+ 键盘 jiànpán 명 키보드 |
　　　　文件 wénjiàn 명 서류, 문건 | 不得不 bùdébù 부 어쩔 수 없이 |
　　　　重新 chóngxīn 부 다시 | 打印 dǎyìn 동 인쇄하다

0868

☐
☐

趁 ★

chèn

개 (시간, 기회를) 이용하여, ~을 틈타

趁着今天阳光好，赶紧把被子晒一晒。 빈출
Chènzhe jīntiān yángguāng hǎo, gǎnjǐn bǎ bèizi shài yi
shài.
오늘 햇빛이 좋은 틈을 타, 서둘러 이불을 햇볕에 좀 말려라.

　　　　　　　　　　+ 阳光 yángguāng 명 햇빛 |
　　　　赶紧 gǎnjǐn 부 서둘러 | 被子 bèizi 명 이불 |
　　　　晒 shài 동 햇볕에 말리다

0869 滴 ★★

dī

DAY
16

DAY
17

DAY
18

DAY
19

**DAY
20**

DAY
21

DAY
22

DAY
23

DAY
24

DAY
25

DAY
26

DAY
27

DAY
28

DAY
29

DAY
30

양 방울[한 방울씩 떨어지는 액체를 세는 단위]

外面没下几滴雨就晴了。
Wàimiàn méi xià jǐ dī yǔ jiù qíng le.
밖에 비가 몇 방울 내리지 않고 바로 맑아졌다.

명 (액체) 방울

空气中的水滴聚在一起形成了云。
Kōngqì zhōng de shuǐdī jù zài yìqǐ xíngchéngle yún.
공기 중의 물방울이 한데 모여 구름이 형성됐다.

+ **空气** kōngqì 명 공기 |
水滴 shuǐdī 명 물방울 | **聚** jù 동 모이다 |
形成 xíngchéng 동 형성되다 | **云** yún 명 구름

동 (액체가 한 방울씩) 떨어지다

他脸上的汗水一直往下滴。
Tā liǎn shang de hànshuǐ yìzhí wǎng xià dī.
그의 얼굴의 땀이 계속 떨어진다.

+ **汗水** hànshuǐ 명 땀

加把劲儿!

DAY 20 확인 √ 테스트

1 빈칸을 채우세요.

天空	tiānkōng	❶
灾害	❷	재해, 재난
燃烧	❸	연소하다, 타다
❹	xiànxiàng	현상
❺	xiāoshī	사라지다

2 단어의 병음과 뜻을 알맞게 연결하세요.

❶ 奇迹 • • ㉠ yílǜ • • ⓐ 기적
❷ 一律 • • ㉡ zháohuǒ • • ⓑ 무지개
❸ 彩虹 • • ㉢ qíjì • • ⓒ 일률적으로
❹ 着火 • • ㉣ cǎihóng • • ⓓ 불나다, 불붙다

3 빈칸에 들어갈 알맞은 단어를 고르세요.

A 吹　　B 破坏　　C 滴　　D 湿润　　E 能源

❶ 这里气候温暖_____，适合生活。
❷ 合理的开发并不会_____自然环境。
❸ 外面没下几_____雨就晴了。
❹ 科学家正在积极地寻找新_____。

336

날씨
환경

DAY
16

DAY
17

DAY
18

DAY
19

**DAY
20**

DAY
21

DAY
22

DAY
23

DAY
24

DAY
25

DAY
26

DAY
27

DAY
28

DAY
29

DAY
30

**도전!
HSK 5급** 독해 제1부분

4 빈칸에 들어갈 알맞은 단어를 고르세요.

　　沙漠鱼是一种生活在沙漠中的鱼，主要分布在北美最＿＿❶＿＿、最热的沙漠地区。为了能够在水资源＿＿❷＿＿的地方生存下去，沙漠鱼的身体器官渐渐变小，进化出较小的体型。不过随着地下水资源的不断减少，沙漠鱼的生存也面临着＿＿❸＿＿。

❶ A 干燥　　　　B 寒冷　　　　C 湿润　　　　D 潮湿

❷ A 广泛　　　　B 足够　　　　C 丰富　　　　D 缺乏

❸ A 价值　　　　B 奇迹　　　　C 威胁　　　　D 想象

**도전!
HSK 5급** 쓰기 제1부분

5 제시된 어휘로 어순에 맞게 문장을 완성하세요.

빈출 ❶ 居然　　　儿子数学考试　　　及格　　　没

_____

❷ 那款　　　用途　　　软件　　　什么　　　有

_____

빈출 ❸ 洒在　　　文件上　　　饮料　　　把　　　你别

_____

❹ 这片土地　　　很大的　　　利用价值　　　有

_____

☑ 정답 및 해석 ⇨ 553쪽

듣기&독해

급수 외

꼭 알아야 할 빈출 단어 ④

01	应届生 yīngjièshēng	본기(本期)의 졸업생	13	商机 shāngjī	사업 기회
02	创业 chuàngyè	창업하다, 사업을 시작하다	14	生效 빈출 shēngxiào	효력이 발생하다
03	就业 jiùyè	취직하다, 취업하다	15	错别字 cuòbiézì	오자, 틀린 글자와 잘못 쓴 글
04	百科全书 bǎikē quánshū	백과사전	16	输入法 shūrùfǎ	입력법
05	考研 빈출 kǎoyán	대학원에 응시하다	17	需求 xūqiú	수요, 필요, 필요로 하다
06	公务员 gōngwùyuán	공무원	18	创始人 chuàngshǐrén	창시자, 창립인
07	公开课 빈출 gōngkāikè	공개 수업, 참관 수업	19	太阳系 tàiyángxì	태양계
08	奖学金 빈출 jiǎngxuéjīn	장학금	20	月球 yuèqiú	달
09	学号 xuéhào	학번	21	火星 빈출 huǒxīng	화성
10	辅导班 fǔdǎobān	학원, 과외, 특별 활동반	22	行星 xíngxīng	행성
11	毕业典礼 bìyè diǎnlǐ	졸업식	23	光合作用 guānghé zuòyòng	광합성
12	入职 rùzhí	입사	24	暴风雨 빈출 bàofēngyǔ	폭풍우

25	衰退 shuāituì	감퇴하다, 쇠퇴하다	38	极光 jíguāng	오로라
26	雷阵雨 léizhènyǔ	천둥과 번개를 동반한 소나기	39	防火 fánghuǒ	방화하다
27	龙卷风 lóngjuǎnfēng	회오리바람, 토네이도	40	反射 fǎnshè	반사하다
28	温室效应 wēnshì xiàoyìng	온실 효과	41	沙尘暴 shāchénbào	황사, 모래바람
29	二氧化碳 빈출 èryǎnghuàtàn	이산화탄소(CO_2)	42	生态 빈출 shēngtài	생태
30	噪音 zàoyīn	소음, 잡음	43	循环 빈출 xúnhuán	순환하다
31	海拔 hǎibá	해발	44	平原 píngyuán	평원
32	灭绝 mièjué	완전히 소멸하다, 멸종하다	45	高原反应 gāoyuán fǎnyìng	고산병
33	油田 yóutián	유전	46	火山 huǒshān	화산
34	氧气 yǎngqì	산소	47	太平洋 Tàipíngyáng	태평양
35	火灾 빈출 huǒzāi	화재	48	北极 běijí	북극
36	极昼 jízhòu	백야	49	冰山 bīngshān	빙산
37	极夜 jíyè	극야	50	寒冷 hánlěng	한랭하다

쓰기 제1부분
꼭 알아야 할 빈출 구문 ④

---

1 以…的态度… yǐ…de tàidù… ~한 태도로 ~하다

他以诚恳的态度向大家道歉。 그는 진실한 태도로 모두에게 사과했다. 빈출
他以谦虚的态度接受了批评。 그는 겸손한 태도로 비판을 받아들였다.

+ 诚恳 chéngkěn 圈 진실하다 | 谦虚 qiānxū 圈 겸손하다

---

2 得到了…的一致… dédàole…de yízhì… ~의 일치된 ~을 얻었다

他的主张得到了人们的一致同意。 그의 주장은 사람들의 일치된 동의를 얻었다. 빈출
他的建议得到了大家的一致反对。 그의 건의는 모든 사람의 일치된 반대를 받았다.

+ 主张 zhǔzhāng 圀 주장, 견해

---

3 以…为主题 yǐ…wéi zhǔtí ~을 주제로 삼다

他的作品多以农村生活为主题。 그의 작품은 대부분 농촌 생활을 주제로 삼는다.
这次摄影比赛以光为主题。 이번 사진 콘테스트는 빛을 주제로 삼는다.

+ 作品 zuòpǐn 圀 작품 | 农村 nóngcūn 圀 농촌 |
摄影 shèyǐng 图 사진을 찍다

---

4 从事…工作已经… cóngshì…gōngzuò yǐjing… ~일에 종사한 지 이미 ~이다

他从事出版工作已经10年了。 그는 출판업에 종사한 지 이미 10년이 되었다. 빈출
张老师从事教育工作已经30年了。 장 선생님은 교육업에 종사한 지 이미 30년이 되었다.

+ 出版 chūbǎn 图 출판하다

---

5 …堆满了… …duīmǎnle… ~에 ~이 가득 쌓여 있다

我的办公桌上堆满了文件。 내 책상 위에 서류가 가득 쌓여 있다. 빈출
仓库里堆满了旧机器。 창고 안에 낡은 기계가 가득 쌓여 있다.

+ 文件 wénjiàn 圀 서류, 문건 | 仓库 cāngkù 圀 창고 |
机器 jīqì 圀 기계

쓰기 제2부분
자주 나오는 주제 계약하기

☑ 99번 문제 빈출 단어

- **实习** shíxí 图 실습하다
- **强调** qiángdiào 图 강조하다
- **合作** hézuò 图 협력하다
- **出色** chūsè 匮 출중하다, 훌륭하다
- **项目** xiàngmù 图 프로젝트
- **再三** zàisān 튀 거듭
- **成果** chéngguǒ 图 성과

☑ 100번 문제 빈출 사진

활용 단어

签合同 qiān hétong 계약을 체결하다
握手 wòshǒu 악수하다

활용 단어

鼓掌 gǔzhǎng 박수하다
肯定 kěndìng 인정하다

활용 단어

加油 jiāyóu 힘을 내다
鼓励 gǔlì 격려하다

☑ 참고 답안 *시험에서 '계약하기' 주제 관련 문제가 나오면 아래 문장을 활용하세요.

		我	在	一	家	软	件	开	发	公	司	实	习	。		最
近	我	们	部	门	正	在	负	责	一	个	项	目	,		老	板
再	三	强	调	这	个	项	目	很	重	要	,		希	望	我	们
能	出	色	完	成	。	昨	天	,	我	们	成	功	与		合	作
公	司	签	了	合	同	,	我	们	的	成	果	得	到	了		大
家	的	一	致	肯	定	。										

　　나는 소프트웨어 개발 회사에서 실습하고 있다. 최근 우리 부서에서는 한 프로젝트를 담당하고 있는데, 사장님은 이 프로젝트가 매우 중요하다고 거듭 강조하시며, 우리가 훌륭하게 해낼 수 있기를 바라셨다. 어제, 우리는 협력 회사와 계약을 체결하는 데 성공했고, 우리의 성과는 모두의 일치된 인정을 받았다.

DAY 21

Track48

돈의 흐름이 보인다

_금융, 무역

HSK 5급에 이런 내용이 나온다!

금융과 무역 관련 내용에는 투자, 재테크, 대출, 장사, 수입과 수출 등이 출제됩니다. 금융에서는 **投资**(tóuzī 투자하다), **趋势**(qūshì 추세), **贷款**(dàikuǎn 대출하다), **风险**(fēngxiǎn 위험) 등, 무역에서는 **贸易**(màoyì 무역), **运输**(yùnshū 운송하다), **谈判**(tánpàn 협상하다) 등의 단어가 자주 나오는데, 무역 관련 내용은 다소 난이도가 높으니 빈출 단어를 반복적으로 암기하세요.

한눈에 파악하는 단어

투자

投资 tóuzī 투자하다
黄金 huángjīn 황금
股票 gǔpiào 주식
利息 lìxī 이자
汇率 huìlǜ 환율
人民币 Rénmínbì 인민폐
利润 lìrùn 이윤

사업

企业 qǐyè 기업
经营 jīngyíng 경영하다
贷款 dàikuǎn 대출하다
营业 yíngyè 영업하다
经商 jīngshāng 장사하다
贸易 màoyì 무역
进口 jìnkǒu 수입하다
出口 chūkǒu 수출하다

0870
☐ ☐

贷款★★
dàikuǎn

동 대출하다

越来越多的人选择贷款买房。👆빈출
Yuè lái yuè duō de rén xuǎnzé dàikuǎn mǎi fáng.
점점 더 많은 사람들이 대출해서 집을 사는 것을 선택한다.

명 대부금, 대여금, 대출금

我每个月10号还贷款。
Wǒ měi ge yuè shí hào huán dàikuǎn.
나는 매달 10일에 대출금을 갚는다.

DAY 16
DAY 17
DAY 18
DAY 19
DAY 20
DAY 21
DAY 22
DAY 23
DAY 24
DAY 25
DAY 26
DAY 27
DAY 28
DAY 29
DAY 30

0871
☐ ☐

黄金
huángjīn

참고 银 yín 은
5급 ⋯→ p.80
铜 tóng 동, 구리
6급

명 황금, 금

这周黄金的价格十分稳定。👆빈출
Zhè zhōu huángjīn de jiàgé shífēn wěndìng.
이번 주는 황금 가격이 매우 안정적이다.

＋价格 jiàgé 명 가격 |
十分 shífēn 부 매우 | 稳定 wěndìng 형 안정적이다

0872
☐ ☐

利息
lìxī

명 이자

那种房屋贷款的利息很高。
Nà zhǒng fángwū dàikuǎn de lìxī hěn gāo.
그런 종류의 주택 대출금의 이자는 매우 높다.

＋房屋 fángwū 명 집, 주택 |
贷款 dàikuǎn 명 대출금

0873
☐ ☐

人民币
Rénmínbì

명 인민폐[중국의 법정 화폐]

请帮我把这些人民币换成美元。
Qǐng bāng wǒ bǎ zhèxiē Rénmínbì huànchéng měiyuán.
이 인민폐들을 달러로 바꿔 주세요.

＋换成 huànchéng 동 ~으로 바꾸다 |
美元 Měiyuán 명 미국 달러

0874 资金
zījīn

명 자금

这次产品开发投入了大量的资金。
Zhè cì chǎnpǐn kāifā tóurùle dàliàng de zījīn.
이번 제품 개발에 대량의 자금을 투입했다.

+ 产品 chǎnpǐn **명** 제품 | 开发 kāifā **동** 개발하다 |
投入 tóurù **동** 투입하다 | 大量 dàliàng **형** 대량의

0875 税
shuì

명 세금

企业应向政府交税。
Qǐyè yīng xiàng zhèngfǔ jiāo shuì.
기업은 정부에 세금을 내야 한다.

+ 企业 qǐyè **명** 기업 |
政府 zhèngfǔ **명** 정부 | 交 jiāo **동** 내다

0876 股票*
gǔpiào

명 주식, 증권

我买的股票最近涨了不少。
Wǒ mǎi de gǔpiào zuìjìn zhǎngle bù shǎo.
내가 산 주식이 최근에 많이 올랐다.

+ 涨 zhǎng **동** 오르다

맛있는 단어 TIP	재테크 종류
• 股票 gǔpiào 주식	• 基金 jījīn 펀드
• 债券 zhàiquàn 채권	• 外汇 wàihuì 외환, 외화
• 黄金 huángjīn 황금	• 储蓄 chǔxù 저축

0877 兑换
duìhuàn

동 환전하다, (현금으로) 바꾸다

这些钱能兑换成多少人民币?
Zhèxiē qián néng duìhuàn chéng duōshao Rénmínbì?
이 돈들을 얼마의 인민폐로 바꿀 수 있습니까?

+ 人民币 Rénmínbì **명** 인민폐

0878 风险*

fēngxiǎn

명 위험, 모험

在线支付存在一定的风险。
Zàixiàn zhīfù cúnzài yídìng de fēngxiǎn.
온라인 결제에는 어느 정도의 위험이 존재한다.

　＋ 在线 zàixiàn 명 온라인 | 支付 zhīfù 결제하다 |
存在 cúnzài 동 존재하다 | 一定 yídìng 형 어느 정도의

> **빈출 | 호응 표현 독해 제1부분 ▶**
>
> • 降低风险 jiàngdī fēngxiǎn 위험을 낮추다
> • 冒着风险 màozhe fēngxiǎn 위험을 무릅쓰다
> • 承担风险 chéngdān fēngxiǎn 위험을 감당하다

0879 涨

zhǎng

반의 跌 diē
떨어지다
6급

동 (수위, 물가 등이) 오르다

从今年初开始水果的价格一直在上涨。
Cóng jīnnián chū kāishǐ shuǐguǒ de jiàgé yìzhí zài
shàngzhǎng.
올해 초부터 과일 가격이 계속 오르고 있다.

　＋ 初 chū 명 초기 | 价格 jiàgé 명 가격 |
上涨 shàngzhǎng 동 오르다

0880 贸易**

màoyì

명 무역

对外贸易在当地经济中有重要地位。
Duìwài màoyì zài dāngdì jīngjì zhōng yǒu zhòngyào dìwèi.
대외 무역은 현지 경제에서 중요한 위치를 차지하고 있다.

　＋ 对外贸易 duìwài màoyì 명 대외 무역 |
当地 dāngdì 명 현지 | 经济 jīngjì 명 경제 |
地位 dìwèi 명 (사회적) 위치

DAY 16
DAY 17
DAY 18
DAY 19
DAY 20
DAY 21
DAY 22
DAY 23
DAY 24
DAY 25
DAY 26
DAY 27
DAY 28
DAY 29
DAY 30

0881 汇率
□
□
huìlǜ

명 환율

人民币的汇率一直很稳定。
Rénmínbì de huìlǜ yìzhí hěn wěndìng.
인민폐의 환율이 줄곧 안정적이다.

+ 人民币 Rénmínbì 뗑 인민폐 |
稳定 wěndìng 혱 안정적이다

0882 利润
□
□
lìrùn

명 이윤

产品销量扩大了，但利润却变少了。
Chǎnpǐn xiāoliàng kuòdà le, dàn lìrùn què biànshǎo le.
제품 판매량은 늘었지만, 이윤은 오히려 줄어들었다.

+ 产品 chǎnpǐn 뗑 제품 |
销量 xiāoliàng 뗑 판매량 |
扩大 kuòdà 뚱 확대하다 | 却 què 믿 오히려

0883 利益**
□
□
lìyì

명 이익, 이득

利益分配不均导致双方产生了矛盾。
Lìyì fēnpèi bù jūn dǎozhì shuāngfāng chǎnshēngle máodùn.
이익 분배의 불균등은 쌍방의 갈등 발생을 야기했다.

+ 分配 fēnpèi 뚱 분배하다 | 均 jūn 혱 균등하다 |
导致 dǎozhì 뚱 (어떤 사태를) 야기하다 |
双方 shuāngfāng 뗑 쌍방 | 产生 chǎnshēng 뚱 발생하다 |
矛盾 máodùn 뗑 갈등

0884 进口*
□
□
jìnkǒu

반의 出口 chūkǒu
수출하다
5급 ···› p.347

동 수입하다

这些新设备是从欧洲进口的。
Zhèxiē xīn shèbèi shì cóng Ōuzhōu jìnkǒu de.
이 새로운 설비들은 유럽에서 수입한 것이다.

+ 设备 shèbèi 뗑 설비, 시설 | 欧洲 Ōuzhōu 고유 유럽

금융
무역

DAY
16

DAY
17

DAY
18

DAY
19

DAY
20

DAY
21

DAY
22

DAY
23

DAY
24

DAY
25

DAY
26

DAY
27

DAY
28

DAY
29

DAY
30

0885
☐
☐

出口*

chūkǒu

[반의] 进口 jìnkǒu
수입하다
5급 ··· p.346

동 수출하다

我们公司的产品出口至很多国家。
Wǒmen gōngsī de chǎnpǐn chūkǒu zhì hěn duō guójiā.
우리 회사의 제품은 많은 국가로 수출한다.

+ 产品 chǎnpǐn 몡 제품 |
至 zhì 동 ~에 이르다

0886
☐
☐

投资**

tóuzī

동 투자하다

投资必须承担一定的风险。[반출]
Tóuzī bìxū chéngdān yídìng de fēngxiǎn.
투자하려면 어느 정도의 위험을 감당해야 한다.

+ 承担 chéngdān 동 감당하다 |
一定 yídìng 혱 어느 정도의 | 风险 fēngxiǎn 몡 위험

명 투자(금)

政府加大了对教育的投资。
Zhèngfǔ jiādàle duì jiàoyù de tóuzī.
정부는 교육에 대한 투자를 늘렸다.

+ 政府 zhèngfǔ 몡 정부 |
加大 jiādà 동 확대하다, 늘리다 | 教育 jiàoyù 몡 교육

0887
☐
☐

经商

jīngshāng

동 장사하다, 상업에 종사하다

老张这几年经商赚了不少钱。
Lǎo Zhāng zhè jǐ nián jīngshāng zhuànle bù shǎo qián.
라오장은 요 몇 년 동안 장사해서 많은 돈을 벌었다.

+ 赚 zhuàn 동 돈을 벌다

0888 谈判* tánpàn

[동] 담판하다, 협상하다

双方代表进行了友好的谈判。
Shuāngfāng dàibiǎo jìnxíngle yǒuhǎo de tánpàn.
양측 대표는 우호적인 협상을 진행했다.

+ 双方 shuāngfāng [명] 양측 | 代表 dàibiǎo [명] 대표 |
进行 jìnxíng [동] 진행하다 | 友好 yǒuhǎo [형] 우호적이다

독해 출제 포인트

협상의 예절이나 주의사항 관련 내용이 독해 제2부분에 자주 출제된다.
주로 출제되는 핵심 내용을 알아 두자.

• 谈判时应学会让步。 협상 시에는 양보할 줄 알아야 한다.

• 谈判前要充分了解对方。
  협상 전에 상대방을 충분히 알아야 한다.

+ 让步 ràngbù [동] 양보하다 |
充分 chōngfèn [부] 충분히 | 对方 duìfāng [명] 상대방

0889 经营 jīngyíng

[동] 경영하다, 운영하다

他除了开餐厅，还经营了一家网店。
Tā chúle kāi cāntīng, hái jīngyíngle yì jiā wǎngdiàn.
그는 식당을 연 것 외에, 온라인 쇼핑몰도 운영한다.

+ 开 kāi [동] 열다 | 餐厅 cāntīng [명] 식당 |
网店 wǎngdiàn [명] 온라인 쇼핑몰

0890 商务 shāngwù

[명] 상무, 비즈니스

你安排两辆商务车接王总。
Nǐ ānpái liǎng liàng shāngwùchē jiē Wáng zǒng.
너는 비즈니스 차량 두 대로 왕 사장님을 마중할 수 있게 안배해라.

+ 安排 ānpái [동] 안배하다 |
总 zǒng [명] 직책에 있는 사람을 호칭할 때 앞에 성을 붙여 쓰는 말

금융
무역

DAY
16

DAY
17

DAY
18

DAY
19

DAY
20

**DAY
21**

DAY
22

DAY
23

DAY
24

DAY
25

DAY
26

DAY
27

DAY
28

DAY
29

DAY
30

0891
☐
☐

商业*
shāngyè

명 상업

很多商业广告借助名人来吸引消费者。
Hěn duō shāngyè guǎnggào jièzhù míngrén lái xīyǐn xiāofèizhě.
많은 상업 광고가 유명인의 도움을 빌려 소비자를 끌어당긴다.

+ 广告 guǎnggào 명 광고 |
借助 jièzhù 동 도움을 빌다 | 吸引 xīyǐn 동 끌어당기다 |
消费者 xiāofèizhě 명 소비자

0892
☐
☐

破产
pòchǎn

동 파산하다, 도산하다, 부도나다

那个企业2年前就已经破产了。
Nàge qǐyè liǎng nián qián jiù yǐjing pòchǎn le.
그 기업은 2년 전에 이미 파산했다.

+ 企业 qǐyè 명 기업

0893
☐
☐

繁荣*
fánróng

형 번영하다, 번창하다

随着经济发展，文化市场也繁荣起来了。
Suízhe jīngjì fāzhǎn, wénhuà shìchǎng yě fánróng qǐlai le.
경제 발전에 따라, 문화 시장도 번영하기 시작했다.

+ 随着 suízhe 개 ~에 따라 |
经济 jīngjì 명 경제 | 发展 fāzhǎn 동 발전하다 |
市场 shìchǎng 명 시장

> **빈출 | 호응 표현** 독해 제1부분 ▶
>
> • 市场繁荣 shìchǎng fánróng 시장이 번영하다
> • 经济繁荣 jīngjì fánróng 경제가 번영하다
> • 文化繁荣 wénhuà fánróng 문화가 번영하다

0894 营业** yíngyè

동 영업하다

办理营业执照的材料都带齐了吗？ ^{빈출}
Bànlǐ yíngyè zhízhào de cáiliào dōu dàiqí le ma?
영업 허가증 발급 자료는 모두 구비해 오셨습니까?

+ 办理 bànlǐ 동 처리하다 | 执照 zhízhào 명 허가증 |
材料 cáiliào 명 자료 | 齐 qí 형 구비하다

0895 吨 dūn

양 톤(1,000kg)

这辆卡车能装5吨货物。
Zhè liàng kǎchē néng zhuāng wǔ dūn huòwù.
이 트럭은 5톤의 화물을 실을 수 있다.

+ 卡车 kǎchē 명 트럭 |
装 zhuāng 동 싣다 | 货物 huòwù 명 화물

맛있는 단어 TIP	계량 단위 관련 어휘
• 厘米 límǐ 센티미터(cm)	• 毫米 háomǐ 밀리미터(mm)
• 米 mǐ 미터(m)	• 公里 gōnglǐ 킬로미터(km)
• 克 kè 그램(g)	• 升 shēng 리터(ℓ)
• 吨 dūn 톤(t)	• 斤 jīn 근
• 公斤 gōngjīn(= 千克 qiānkè) 킬로그램(kg)	
• 平方米 píngfāngmǐ 제곱미터, 평방미터(㎡)	
• 摄氏度 shèshìdù 섭씨(온도 ℃)	

0896 会计 kuàijì

명 회계, 회계원

她在这家外贸公司做了三年的会计。
Tā zài zhè jiā wàimào gōngsī zuòle sān nián de kuàijì.
그녀는 이 무역회사에서 3년 동안 회계를 했다.

+ 外贸 wàimào 명 대외 무역

0897 趋势*** qūshì

명 추세, 경향

无现金社会已经成为一种趋势。👆빈출
Wú xiànjīn shèhuì yǐjing chéngwéi yì zhǒng qūshì.
무현금 사회는 이미 일종의 추세가 되었다.

+ 无 wú **동** 없다 | 现金 xiànjīn **명** 현금 |
社会 shèhuì **명** 사회 | 成为 chéngwéi **동** ~이 되다

0898 亿 yì

수 억

公司上半年损失了1亿元。
Gōngsī shàngbànnián sǔnshīle yí yì yuán.
회사는 상반기에 1억 위안의 손해를 보았다.

+ 上半年 shàngbànnián 상반기 |
损失 sǔnshī **동** 손해를 보다

0899 批 pī

양 무더기, 무리, 묶음

第一批新产品将于下个月销售。
Dì-yī pī xīn chǎnpǐn jiāng yú xià ge yuè xiāoshòu.
첫 번째 신제품은 다음 달에 판매할 것이다.

+ 产品 chǎnpǐn **명** 제품 |
将 jiāng **부** 장차 ~할 것이다 | 于 yú **개** ~에 |
销售 xiāoshòu **동** 판매하다

> **빈출** **호응 표현** 독해 제1부분 ▶
>
> • 一批货物 yì pī huòwù 한 더미의 화물
> • 一批商品 yì pī shāngpǐn 한 더미의 제품
> • 一批志愿者 yì pī zhìyuànzhě 한 무리의 자원봉사자

DAY 16
DAY 17
DAY 18
DAY 19
DAY 20
DAY 21
DAY 22
DAY 23
DAY 24
DAY 25
DAY 26
DAY 27
DAY 28
DAY 29
DAY 30

0900 信任 ★★★
xìnrèn

동 신임하다, 신뢰하다

彼此信任是合作的基础。
Bǐcǐ xìnrèn shì hézuò de jīchǔ.
서로 신임하는 것은 협력의 기본이다.

+ 彼此 bǐcǐ 때 서로 |
合作 hézuò 동 협력하다 |
基础 jīchǔ 명 기초, 기본

0901 中心 ★★
zhōngxīn

명 중심, 센터

这次活动在会展中心举行。
Zhè cì huódòng zài huìzhǎn zhōngxīn jǔxíng.
이번 행사는 컨벤션 센터에서 개최한다.

+ 活动 huódòng 명 행사 |
会展中心 huìzhǎn zhōngxīn 명 회의 전시 센터, 컨벤션 센터 |
举行 jǔxíng 동 개최하다

0902 支票
zhīpiào

명 수표

我想把这张支票换成现金。
Wǒ xiǎng bǎ zhè zhāng zhīpiào huànchéng xiànjīn.
나는 이 수표를 현금으로 바꾸고 싶다.

+ 现金 xiànjīn 명 현금

0903 运输 ★★
yùnshū

동 운송하다, 운수하다

这些货物将通过火车运输到欧洲。
Zhèxiē huòwù jiāng tōngguò huǒchē yùnshū dào Ōuzhōu.
이 화물들은 기차를 통해 유럽으로 운송될 것이다.

+ 货物 huòwù 명 화물 |
将 jiāng 부 장차 ~할 것이다 |
通过 tōngguò 개 ~을 통해 | 欧洲 Ōuzhōu 고유 유럽

금융
무역

DAY
16

DAY
17

DAY
18

DAY
19

DAY
20

DAY
21

DAY
22

DAY
23

DAY
24

DAY
25

DAY
26

DAY
27

DAY
28

DAY
29

DAY
30

0904
逐步 *
zhúbù

부 점차, 한 걸음 한 걸음

公司正逐步扩大海外市场。
Gōngsī zhèng zhúbù kuòdà hǎiwài shìchǎng.
회사는 점차 해외 시장을 확장하고 있다.

+ 扩大 kuòdà 동 확장하다 |
海外 hǎiwài 명 해외 | 市场 shìchǎng 명 시장

0905
企业 **
qǐyè

명 기업

创新是一个企业不断成长的关键。
Chuàngxīn shì yí ge qǐyè búduàn chéngzhǎng de guānjiàn.
혁신은 한 기업이 끊임없이 성장하는 것의 관건이 된다.

+ 创新 chuàngxīn 명 혁신 | 不断 búduàn 부 끊임없이 |
成长 chéngzhǎng 동 성장하다 | 关键 guānjiàn 명 관건

0906
赔偿
péicháng

동 배상하다, 변상하다

这家公司拒绝向消费者赔偿损失。
Zhè jiā gōngsī jùjué xiàng xiāofèizhě péicháng sǔnshī.
이 회사는 소비자에게 손해 배상을 거절했다.

+ 拒绝 jùjué 동 거절하다 |
消费者 xiāofèizhě 명 소비자 | 损失 sǔnshī 명 손해

0907
业务 **
yèwù

명 업무

贷款业务需本人亲自办理。
Dàikuǎn yèwù xū běnrén qīnzì bànlǐ.
대출 업무는 본인이 직접 처리해야 한다.

+ 贷款 dàikuǎn 동 대출하다 |
本人 běnrén 명 본인 | 亲自 qīnzì 부 직접 |
办理 bànlǐ 동 처리하다

0908 失去* shīqù

反의 获得 huòdé 획득하다, 얻다
4급

동 잃다, 잃어버리다, 상실하다

公司破产后，他失去了工作。
Gōngsī pòchǎn hòu, tā shīqùle gōngzuò.
회사가 파산한 후, 그는 일자리를 잃었다.

+ 破产 pòchǎn 동 파산하다

빈출 | 호응 표현 독해 제1부분

• 失去意义 shīqù yìyì 의미를 상실하다
• 失去资格 shīqù zīgé 자격을 상실하다
• 失去自我 shīqù zìwǒ 자아를 잃다

0909 多余* duōyú

형 여분의, 쓸데없는

把生活中多余的钱存在银行好吗？
Bǎ shēnghuó zhōng duōyú de qián cún zài yínháng hǎo ma?
생활하면서 남는 돈은 은행에 저금하는 것이 어떻겠습니까?

+ 存 cún 동 저금하다

0910 干脆 gāncuì

부 아예, 차라리

你的股票很久没涨了，干脆都卖了吧。
Nǐ de gǔpiào hěn jiǔ méi zhǎng le, gāncuì dōu mài le ba.
당신의 주식은 오랫동안 오르지 않았으니, 차라리 다 파시지요.

+ 股票 gǔpiào 명 주식 |
涨 zhǎng 동 오르다

0911 翻
fān

동 뒤집다, 들추다, 펴다

我的信用卡不见了，怎么翻也找不到。

Wǒ de xìnyòngkǎ bújiàn le, zěnme fān yě zhǎo bu dào.

내 신용 카드가 없어졌는데, 아무리 뒤져도 찾을 수가 없다.

 독해 출제 포인트

翻은 倍(bèi 배)나 番(fān 번, 차례)과 결합하여 '수량이 배로 증가하다'라는 의미를 나타낸다. 독해 영역에 翻一倍와 翻一番이라는 표현이 나오면 이는 '수량이 원래의 2배'라는 의미임을 알아 두자.

0912 综合*
zōnghé

동 종합하다

综合分析，近十年该市经济一直在增长。

Zōnghé fēnxī, jìn shí nián gāi shì jīngjì yìzhí zài zēngzhǎng.

분석을 종합하면, 최근 10년간 이 도시의 경제는 줄곧 신장하고 있다.

＋分析 fēnxī 동 분석하다 |
该市 gāi shì 이 도시 | 经济 jīngjì 명 경제 |
增长 zēngzhǎng 동 신장하다

DAY 16
DAY 17
DAY 18
DAY 19
DAY 20
DAY 21
DAY 22
DAY 23
DAY 24
DAY 25
DAY 26
DAY 27
DAY 28
DAY 29
DAY 30

加把劲儿!

1 빈칸을 채우세요.

贸易	❶	무역
利益	lìyì	❷
综合	zōnghé	❸
❹	xìnrèn	신임하다, 신뢰하다
谈判	❺	담판하다, 협상하다

2 단어의 병음과 뜻을 알맞게 연결하세요.

❶ 经商 •　　　• ㉠ kuàijì　　• ⓐ 번영하다

❷ 繁荣 •　　　• ㉡ gāncuì　　• ⓑ 장사하다

❸ 会计 •　　　• ㉢ jīngshāng •　• ⓒ 아예, 차라리

❹ 干脆 •　　　• ㉣ fánróng　　• ⓓ 회계, 회계원

3 빈칸에 들어갈 알맞은 단어를 고르세요.

> A 多余　　　B 运输　　　C 业务　　　D 批　　　E 汇率

❶ 贷款＿＿＿＿＿＿需本人亲自办理。

❷ 把生活中＿＿＿＿＿＿的钱存在银行好吗?

❸ 第一＿＿＿＿＿＿新产品将于下个月销售。

❹ 这些货物将通过火车＿＿＿＿＿＿到欧洲。

금융
무역

DAY 16
DAY 17
DAY 18
DAY 19
DAY 20
DAY 21
DAY 22
DAY 23
DAY 24
DAY 25
DAY 26
DAY 27
DAY 28
DAY 29
DAY 30

듣기 제2부분

4 녹음을 듣고 알맞은 답을 고르세요.

❶ A 开网店 　　　　　　　　B 手机付款

　 C 智能城市 　　　　　　　D 投资股票

❷ A 搞优惠活动 　　　　　　 B 制作宣传片

　 C 增加推广费用 　　　　　 D 转变经营方式

쓰기 제1부분

5 제시된 어휘로 어순에 맞게 문장을 완성하세요.

 ❶ 的风险 　　　投资必须 　　　一定 　　　承担

_____

❷ 很多 　　　搬到了 　　　企业 　　　郊区

_____

❸ 我们商店的 　　　这 　　　营业 　　　是 　　　执照

_____

❹ 觉得 　　　涨 　　　吗 　　　这只股票会 　　　你

_____

☑ 정답 및 해석 ⇨ 554쪽

HSK 5급 0913~0956

DAY 22

Track50

검색어를 입력하세요
_미디어, 인터넷

HSK 5급에 이런 내용이 나온다!

미디어 관련 주제에서는 신문사, 출판사, 방송국 등 대중 매체 내용이 주로 출제되고, 인터넷 관련 주제에서는 컴퓨터 사용, 문서 작성, 소프트웨어 등의 내용이 출제됩니다. 빈출 단어로는 采访(cǎifǎng 취재하다), 病毒(bìngdú 바이러스), 网络(wǎngluò 인터넷), 软件(ruǎnjiàn 소프트웨어) 등이 있습니다.

한눈에 파악하는 단어

媒体 méitǐ 대중 매체	网络 wǎngluò 인터넷
报社 bàoshè 신문사	搜索 sōusuǒ 검색하다
采访 cǎifǎng 취재하다	输入 shūrù 입력하다
报道 bàodào 보도하다	下载 xiàzài 다운로드하다
出版 chūbǎn 출판하다	软件 ruǎnjiàn 소프트웨어
编辑 biānjí 편집하다	硬件 yìngjiàn 하드웨어
频道 píndào 채널	数据 shùjù 데이터
电台 diàntái 라디오 방송국	病毒 bìngdú 바이러스
主持 zhǔchí 사회를 보다	
传播 chuánbō 전파하다	

0913 媒体* méitǐ

명 대중 매체, 매스 미디어

这件事引起了媒体的广泛关注。 ^{빈출}
Zhè jiàn shì yǐnqǐle méitǐ de guǎngfàn guānzhù.
이 일은 대중 매체의 광범위한 관심을 불러일으켰다.

+ 引起 yǐnqǐ 통 불러일으키다 |
广泛 guǎngfàn 형 광범위하다 | 关注 guānzhù 명 관심

0914 报社 bàoshè

명 신문사

他在这家报社工作十年了。
Tā zài zhè jiā bàoshè gōngzuò shí nián le.
그는 이 신문사에서 10년을 근무했다.

0915 采访*** cǎifǎng

동 취재하다, 인터뷰하다

希望单位能派我去采访这次比赛。
Xīwàng dānwèi néng pài wǒ qù cǎifǎng zhè cì bǐsài.
회사에서 이번 경기를 취재하러 저를 파견해 주시길 바랍니다.

+ 单位 dānwèi 명 직장, 회사 |
派 pài 동 파견하다

쓰기 출제 포인트

쓰기 작문 부분에 기자가 마이크를 들고 운동선수나 정장 입는 사람을 취재하는 사진이 자주 출제된다. 이런 문제에는 采访을 사용해야 좋은 점수를 받을 수 있다.

• 比赛结束后，我采访了其中一名选手。
경기가 끝난 후, 나는 그중 한 명의 선수를 인터뷰했다.

• 我接受了电视台记者的采访。 ^{빈출}
나는 방송국 기자의 인터뷰를 받아들였다.

+ 其中 qízhōng 대 그중 |
选手 xuǎnshǒu 명 운동선수 |
接受 jiēshòu 동 받아들이다 | 记者 jìzhě 명 기자

DAY 16
DAY 17
DAY 18
DAY 19
DAY 20
DAY 21
DAY 22
DAY 23
DAY 24
DAY 25
DAY 26
DAY 27
DAY 28
DAY 29
DAY 30

0916 出版* chūbǎn

동 출판하다, 출간하다

今年最受期待的小说就要出版了。
Jīnnián zuì shòu qīdài de xiǎoshuō jiù yào chūbǎn le.
올해 가장 기대되는 소설이 곧 출판될 것이다.

+ 期待 qīdài 동 기대하다 |
小说 xiǎoshuō 명 소설

0917 电台 diàntái

명 라디오 방송국, 라디오 방송

我们电台没有体育节目。
Wǒmen diàntái méiyǒu tǐyù jiémù.
우리 라디오 방송국에는 스포츠 프로그램이 없다.

0918 动画片 dònghuàpiàn

명 만화 영화, 애니메이션

听说这部动画片制作了五年。[빈출]
Tīngshuō zhè bù dònghuàpiàn zhìzuòle wǔ nián.
듣자 하니 이 애니메이션은 5년간 제작되었다고 한다.

+ 部 bù 양 편, 권[영화, 서적을 세는 단위] |
制作 zhìzuò 동 제작하다

0919 报道** bàodào

명 보도

这是一篇关于环保的报道。
Zhè shì yì piān guānyú huánbǎo de bàodào.
이것은 환경 보호에 관한 보도이다.

+ 篇 piān 양 편[완결된 문장을 세는 단위] |
环保 huánbǎo 명 환경 보호

동 보도하다

多家媒体都对此事进行了报道。[빈출]
Duō jiā méitǐ dōu duì cǐ shì jìnxíngle bàodào.
여러 매체가 이 일에 대해 보도를 진행했다.

+ 媒体 méitǐ 명 대중 매체 |
此 cǐ 대 이, 이것 | 进行 jìnxíng 동 진행하다

미디어
인터넷

DAY
16

DAY
17

DAY
18

DAY
19

DAY
20

DAY
21

DAY
22

DAY
23

DAY
24

DAY
25

DAY
26

DAY
27

DAY
28

DAY
29

DAY
30

맛있는 단어 TIP

报道와 报到

报道와 报到(bàodào 도착 보고를 하다)는 발음은 같지만, 뜻이 완전히 다르니 특히 듣기 문제를 풀 때 유의해야 한다.

- 报道新闻 bàodào xīnwén 뉴스를 보도하다
  报道事件 bàodào shìjiàn 사건을 보도하다
- 新生报到 xīnshēng bàodào 신입생이 도착 보고를 하다
  到公司报到 dào gōngsī bàodào 회사에 도착 보고를 하다

0920

导演 ★★

dǎoyǎn

명 감독, 연출자

很多国际著名导演都将出席本届电影节。
Hěn duō guójì zhùmíng dǎoyǎn dōu jiāng chūxí běn jiè diànyǐngjié.
여러 국제적으로 유명한 감독들이 이번 영화제에 참석할 것이다.

+ 国际 guójì 혱 국제적인 |
著名 zhùmíng 혱 유명하다 | 将 jiāng 튀 장차 ~할 것이다 |
出席 chūxí 통 참석하다 | 本 běn 데 이번의 | 届 jiè 양 회

통 감독하다, 연출하다

学摄影的他导演了很多优秀电影。
Xué shèyǐng de tā dǎoyǎnle hěn duō yōuxiù diànyǐng.
촬영을 배운 그는 많은 우수한 영화를 감독했다.

+ 摄影 shèyǐng 통 촬영하다 |
优秀 yōuxiù 혱 우수하다

0921

嘉宾

jiābīn

명 귀빈, 게스트, 귀한 손님

下面有请神秘嘉宾上台。
Xiàmiàn yǒuqǐng shénmì jiābīn shàngtái.
다음은 신비한 게스트를 무대로 모시겠습니다.

+ 下面 xiàmiàn 몡 다음 |
有请 yǒuqǐng 통 어서 들어오십시오[손님을 맞이할 때의 인사말] |
神秘 shénmì 혱 신비하다 | 上台 shàngtái 통 무대에 오르다

0922

☐
☐

角色*

juésè

명 역할, 배역

他演的那个角色很有魅力。 빈출

Tā yǎn de nàge juésè hěn yǒu mèilì.

그가 연기한 그 역할은 아주 매력 있다.

+ 演 yǎn 통 연기하다 | 魅力 mèilì 명 매력

독해 출제 포인트

'~역할을 하다'라는 뜻의 扮演角色(bànyǎn juésè)는 6급 표현이지만 5급 독해 영역에 자주 출제된다. 원문에 扮演重要角色(중요한 역할을 하다)가 제시되고, 보기에 起重要作用(중요한 작용을 하다)이나 很重要(매우 중요하다)가 정답으로 출제되기도 한다.

0923

☐
☐

明星

míngxīng

명 스타

这次开幕式邀请了很多明星。

Zhè cì kāimùshì yāoqǐngle hěn duō míngxīng.

이번 개막식에 많은 스타들을 초대했다.

+ 开幕式 kāimùshì 명 개막식 |
邀请 yāoqǐng 통 초대하다

0924

☐
☐

编辑*

biānjí

통 편집하다

这篇文章的格式不对，需要重新编辑。

Zhè piān wénzhāng de géshi bú duì, xūyào chóngxīn biānjí.

이 글의 격식이 맞지 않아, 다시 편집해야 한다.

+ 篇 piān 양 편 | 文章 wénzhāng 명 글, 완결된 문장 |
格式 géshi 명 격식, 형식 | 重新 chóngxīn 부 다시, 처음부터

명 편집자

他当了几十年的编辑了。

Tā dāngle jǐ shí nián de biānjí le.

그는 몇 십 년간 편집자로 일했다.

0925 发表
fābiǎo

图 발표하다, (글, 그림 등을) 게재하다

张教授将在电视上发表演讲。
Zhāng jiàoshòu jiàng zài diànshì shang fābiǎo yǎnjiǎng.
장 교수는 텔레비전에서 연설을 발표할 것이다.

+ 教授 jiàoshòu 뗑 교수 |
将 jiāng 뛩 장차 ~할 것이다 | 演讲 yǎnjiǎng 뗑 강연, 연설

┌─────────────────────────┐
빈출 | 호응 표현 독해 제1부분

• 发表论文 fābiǎo lùnwén 논문을 발표하다
• 发表意见 fābiǎo yìjiàn 의견을 발표하다
• 发表作品 fābiǎo zuòpǐn 작품을 발표하다
└─────────────────────────┘

0926 主持
zhǔchí

图 사회를 보다, 주관하다

这个音乐节目由一个歌手主持。
Zhège yīnyuè jiémù yóu yí ge gēshǒu zhǔchí.
이 음악 프로그램은 한 가수가 사회를 본다.

+ 由 yóu 꽤 ~이/가

0927 频道
píndào

뗑 채널

该频道每晚7点播放新闻。
Gāi píndào měi wǎn qī diǎn bōfàng xīnwén.
이 채널은 매일 저녁 7시에 뉴스를 방송한다.

+ 该 gāi 떼 이, 그, 저 |
播放 bōfàng 图 방송하다

0928 病毒★★★
bìngdú

뗑 바이러스

我的电脑好像中病毒了。
Wǒ de diànnǎo hǎoxiàng zhòng bìngdú le.
내 컴퓨터가 바이러스에 감염된 것 같다.

+ 好像 hǎoxiàng 뛩 마치 ~같다 |
中病毒 zhòng bìngdú 바이러스에 감염되다

DAY 16
DAY 17
DAY 18
DAY 19
DAY 20
DAY 21
DAY 22
DAY 23
DAY 24
DAY 25
DAY 26
DAY 27
DAY 28
DAY 29
DAY 30

0929 软件 ★★★
ruǎnjiàn

참고 硬件 yìngjiàn
하드웨어
5급 … p.364

명 소프트웨어

同事给我推荐了一个特别实用的软件。
Tóngshì gěi wǒ tuījiànle yí ge tèbié shíyòng de ruǎnjiàn.
동료가 나에게 아주 실용적인 소프트웨어를 추천해 주었다.

╋推荐 tuījiàn 동 추천하다 | 实用 shíyòng 형 실용적이다

듣기 출제 포인트

软件은 매번 시험에서 듣기 부분에 꼭 나오는 어휘이다. 软件과 관련
된 빈출 표현은 杀毒软件(shādú ruǎnjiàn 백신 프로그램), 社交软
件(shèjiāo ruǎnjiàn 소셜 네트워크), 安装软件(ānzhuāng ruǎnjiàn
소프트웨어를 설치하다), 下载软件(xiàzài ruǎnjiàn 소프트웨어를
다운로드하다) 등이 있다.

0930 硬件
yìngjiàn

참고 软件 ruǎnjiàn
소프트웨어
5급 … p.364

명 하드웨어

这部手机无论硬件还是软件都很突出。
Zhè bù shǒujī wúlùn yìngjiàn háishi ruǎnjiàn dōu hěn tūchū.
이 휴대폰은 하드웨어든 소프트웨어든 모두 매우 뛰어나다.

╋部 bù 양 대[차량이나 기계를 세는 단위] |
无论…还是…都 wúlùn…háishi…dōu ~든 ~든 모두 |
突出 tūchū 형 뛰어나다

0931 输入 ★
shūrù

동 입력하다

请输入并确认您的密码。
Qǐng shūrù bìng quèrèn nín de mìmǎ.
당신의 비밀번호를 입력 및 확인해 주세요.

╋并 bìng 접 그리고, 아울러 |
确认 quèrèn 동 확인하다 | 密码 mìmǎ 명 비밀번호

맛있는 단어 TIP   输入와 관련된 어휘

• 键盘 jiànpán 키보드   • 手写 shǒuxiě 필기(입력)
• 打字 dǎzì 타자를 치다   • 输入法 shūrùfǎ 입력기
• 拼音输入法 pīnyīn shūrùfǎ 병음 입력기

0932 数据 ★★
☐
☐ shùjù

명 데이터

这张表格上的数据是电脑自动计算的。
Zhè zhāng biǎogé shang de shùjù shì diànnǎo zìdòng
jìsuàn de.
이 표의 데이터는 컴퓨터가 자동으로 계산한 것이다.

+ 表格 biǎogé 명 표, 양식 |
自动 zìdòng 형 자동으로 | 计算 jìsuàn 동 계산하다

0933 数码
☐
☐ shùmǎ

명 디지털

这台数码相机的拍摄效果很不错。
Zhè tái shùmǎ xiàngjī de pāishè xiàoguǒ hěn búcuò.
이 디지털 카메라의 촬영 효과가 매우 좋다.

+ 台 tái 양 대 | 相机 xiàngjī 명 카메라 |
拍摄 pāishè 동 촬영하다 | 效果 xiàoguǒ 명 효과

0934 搜索
☐
☐ sōusuǒ

동 (인터넷에) 검색하다

有什么不懂的可以直接上网搜索。
Yǒu shénme bù dǒng de kěyǐ zhíjiē shàngwǎng sōusuǒ.
모르는 것이 있으면 바로 인터넷에서 검색할 수 있다.

+ 直接 zhíjiē 부 바로

0935 网络 ★★★
☐
☐ wǎngluò

유의 互联网
hùliánwǎng
인터넷
4급

명 인터넷

近年来，网络语言的发展很迅速。
Jìn nián lái, wǎngluò yǔyán de fāzhǎn hěn xùnsù.
최근 몇 년 동안, 인터넷 언어의 발전은 매우 빠르다.

+ 语言 yǔyán 명 언어 |
发展 fāzhǎn 동 발전하다 | 迅速 xùnsù 형 신속하다

DAY
16
DAY
17
DAY
18
DAY
19
DAY
20
DAY
21
DAY
22
DAY
23
DAY
24
DAY
25
DAY
26
DAY
27
DAY
28
DAY
29
DAY
30

0936
□
□

系统*
xìtǒng

명 계통, 체계, 시스템

公司的电脑系统该升级了。[반출]
Gōngsī de diànnǎo xìtǒng gāi shēngjí le.
회사 컴퓨터의 시스템은 업그레이드해야 한다.

+升级 shēngjí 통 업그레이드하다

0937
□
□

下载***
xiàzài

반의 上传 shàngchuán
업로드하다

동 다운로드하다

这首歌只能播放不能下载。[반출]
Zhè shǒu gē zhǐ néng bōfàng bù néng xiàzài.
이 노래는 재생만 할 수 있고 다운로드는 할 수 없다.

+首 shǒu 양 곡[시, 노래 등을 세는 단위] |
播放 bōfàng 통 재생하다

0938
□
□

充电器
chōngdiànqì

명 충전기

这款充电器的充电速度非常快。
Zhè kuǎn chōngdiànqì de chōngdiàn sùdù fēicháng kuài.
이 충전기의 충전 속도는 매우 빠르다.

+款 kuǎn 양 양식이나 종류를 세는 단위 |
充电 chōngdiàn 통 충전하다 | 速度 sùdù 명 속도

듣기 출제 포인트

듣기 대화문에 핸드폰 배터리가 나가거나 충전기를 집에 두고 나오는
상황이 자주 출제된다. 관련 표현을 익혀 두자.

- 电池没电了。 배터리가 나갔다.
- 充电器忘在家里了。 충전기를 깜빡하고 집에 두고 왔다.
- 共享充电宝 공유 보조배터리

+电池 diànchí 명 건전지, 배터리 |
忘 wàng 통 잊다 | 共享 gòngxiǎng 통 함께 누리다 |
充电宝 chōngdiànbǎo 명 보조배터리

0939

键盘

jiànpán

명 키보드

这台电脑的数字键盘被锁住了。

Zhè tái diànnǎo de shùzì jiànpán bèi suǒzhù le.

이 컴퓨터의 숫자 키보드가 잠겼다.

+ 台 tái 양 대 |

数字 shùzì 명 숫자 | 锁 suǒ 동 잠그다

0940

粘贴

zhāntiē

동 붙이다, 바르다

请把这行文字粘贴到表格里。

Qǐng bǎ zhè háng wénzì zhāntiē dào biǎogé li.

이 문장 한 줄을 표 안에 붙여 넣으세요.

+ 行 háng 양 줄, 행열 |

文字 wénzì 명 문자, 문장 | 表格 biǎogé 명 표, 양식

0941

注册**

zhùcè

동 등록하다, 가입하다

下载前你得注册该网站的会员。

Xiàzài qián nǐ děi zhùcè gāi wǎngzhàn de huìyuán.

다운로드하기 전에 이 사이트의 회원으로 등록을 해야 한다.

+ 下载 xiàzài 동 다운로드하다 | 该 gāi 대 이, 그, 저 |

网站 wǎngzhàn 명 웹사이트 | 会员 huìyuán 명 회원

0942

账户*

zhànghù

유의 账号 zhànghào
계좌 번호, 계정

명 계좌, 계정

你这是网络购票，钱会退到你的账户里。

Nǐ zhè shì wǎngluò gòu piào, qián huì tuìdào nǐ de zhànghù li.

당신은 인터넷으로 티켓을 구입했으니, 돈은 당신의 계좌로 환불될 것입니다.

+ 网络 wǎngluò 명 인터넷 |

购 gòu 동 구입하다 | 退 tuì 동 환불하다

DAY 16
DAY 17
DAY 18
DAY 19
DAY 20
DAY 21
DAY 22
DAY 23
DAY 24
DAY 25
DAY 26
DAY 27
DAY 28
DAY 29
DAY 30

0943 删除 ★★
shānchú

동 삭제하다, 제거하다

你可以把不用的软件删除。👆🗨️
Nǐ kěyǐ bǎ bú yòng de ruǎnjiàn shānchú.
당신이 사용하지 않는 소프트웨어는 삭제해도 된다.

+软件 ruǎnjiàn 명 소프트웨어

맛있는 단어 **TIP**   문서 작성 관련 어휘

• 复制 fùzhì 복사   • 剪切 jiǎnqiē 잘라내기
• 插入 chārù 삽입   • 粘贴 zhāntiē 붙여넣기
• 删除 shānchú 삭제   • 保存 bǎocún 저장

0944 鼠标
shǔbiāo

명 마우스

我新买的无线鼠标没有声音。
Wǒ xīn mǎi de wúxiàn shǔbiāo méiyǒu shēngyīn.
내가 새로 산 무선 마우스는 소리가 없다.

+无线 wúxiàn 형 무선의

0945 信号
xìnhào

명 신호, 사인

车库里手机信号太弱了。👆🗨️
Chēkù li shǒujī xìnhào tài ruò le.
차고 안에서는 휴대폰 신호가 매우 약하다.

+车库 chēkù 명 차고 | 弱 ruò 형 약하다

0946 电池 ★★
diànchí

명 건전지, 배터리

这部手机如果换了新电池，还能用两年。
Zhè bù shǒujī rúguǒ huànle xīn diànchí, hái néng yòng
liǎng nián.
이 휴대폰은 새 배터리로 바꾸면, 2년은 더 사용할 수 있다.

+部 bù 양 대[차량이나 기계를 세는 단위]

0947

功能***

gōngnéng

명 기능, 효능

智能手机的功能越来越强大了。
Zhìnéng shǒujī de gōngnéng yuè lái yuè qiángdà le.
스마트폰의 기능이 점점 막강해지고 있다.

+ 智能手机 zhìnéng shǒujī 명 스마트폰 |
强大 qiángdà 형 막강하다

0948

传播***

chuánbō

동 전파하다, 널리 퍼뜨리다

新闻事件在网络上的传播速度很快。
Xīnwén shìjiàn zài wǎngluò shang de chuánbō sùdù hěn
kuài.
뉴스 사건은 인터넷 상에서 전파되는 속도가 매우 빠르다.

+ 事件 shìjiàn 명 사건 |
网络 wǎngluò 명 인터넷 | 速度 sùdù 명 속도

0949

寿命

shòumìng

명 수명, 목숨

这款手机的使用寿命达到5年。
Zhè kuǎn shǒujī de shǐyòng shòumìng dádào wǔ nián.
이 휴대폰의 사용 수명은 5년에 달한다.

+ 款 kuǎn 명 양식이나 종류를 세는 단위 |
使用 shǐyòng 동 사용하다 | 达到 dádào 동 도달하다

0950

青少年*

qīngshàonián

명 청소년

新开发的游戏软件受到了青少年的欢迎。
Xīn kāifā de yóuxì ruǎnjiàn shòudàole qīngshàonián de
huānyíng.
새로 개발한 게임 소프트웨어는 청소년들에게 인기가 많다.

+ 开发 kāifā 동 개발하다 |
软件 ruǎnjiàn 명 소프트웨어 | 受到 shòudào 동 받다

미디어
인터넷

DAY
16

DAY
17

DAY
18

DAY
19

DAY
20

DAY
21

**DAY
22**

DAY
23

DAY
24

DAY
25

DAY
26

DAY
27

DAY
28

DAY
29

DAY
30

DAY 22 검색어를 입력하세요_미디어, 인터넷   369

0951

娱乐
yúlè

☐
☐

명 오락, 레크리에이션

我们通过网络能看到很多娱乐节目。
Wǒmen tōngguò wǎngluò néng kàndào hěn duō yúlè jiémù.
우리는 인터넷을 통해 많은 오락 프로그램을 볼 수 있다.

+ 通过 tōngguò 깨 ~을 통해 |
网络 wǎngluò 명 인터넷

동 오락하다, 즐겁게 보내다

到周末了，咱们去娱乐一下吧。
Dào zhōumò le, zánmen qù yúlè yíxià ba.
주말이 되었으니, 우리 오락이나 하러 갑시다.

+ 咱们 zánmen 대 우리(들)

0952

浏览＊
liúlǎn

☐
☐

참고 游览 yóulǎn
유람하다
5급 ··· p.109

동 대충 훑어보다

不少人每天在互联网中无目的地浏览信息。
Bù shǎo rén měi tiān zài hùliánwǎng zhōng wú mùdì de
liúlǎn xìnxī.
적지 않은 사람들이 매일 인터넷에서 목적 없이 정보를 훑어본다.

+ 互联网 hùliánwǎng 명 인터넷 |
无 wú 동 없다 | 目的 mùdì 명 목적 | 信息 xìnxī 명 정보

0953

宣传＊＊
xuānchuán

☐
☐

동 선전하다, 홍보하다

现在很多公司通过网络宣传新产品。
Xiànzài hěn duō gōngsī tōngguò wǎngluò xuānchuán xīn
chǎnpǐn.
현재 많은 회사들이 인터넷을 통해 신제품을 홍보한다.

+ 通过 tōngguò 깨 ~을 통해 |
网络 wǎngluò 명 인터넷 | 产品 chǎnpǐn 명 제품

0954 巧妙 ★★

qiǎomiào

형 교묘하다

该节目巧妙地把音乐和京剧结合在了一起。
Gāi jiémù qiǎomiào de bǎ yīnyuè hé jīngjù jiéhé zàile yìqǐ.
이 프로그램은 교묘하게 음악과 경극을 한데 결합했다.

+ 该 gāi 때 이, 그, 저 |
京剧 jīngjù 명 경극 | 结合 jiéhé 동 결합하다

> **빈출 ┃┃ 호응 표현 독해 제1부분**

- 巧妙的方法 qiǎomiào de fāngfǎ 교묘한 방법
- 巧妙的设计 qiǎomiào de shèjì 교묘한 설계
- 巧妙的回答 qiǎomiào de huídá 교묘한 대답

0955 运用 ★★

yùnyòng

동 운용하다, 활용하다

运用多媒体进行教学可以提高学习效果。
Yùnyòng duōméitǐ jìnxíng jiàoxué kěyǐ tígāo xuéxí xiàoguǒ.
멀티미디어를 활용하여 수업을 진행하면 학습 효과를 높일 수 있다.

+ 多媒体 duōméitǐ 명 멀티미디어 |
进行 jìnxíng 동 진행하다 |
教学 jiàoxué 명 수업, 교육 | 效果 xiàoguǒ 명 효과

0956 个别

gèbié

형 개개의, 개별적인, 일부의

网络犯罪并不是个别现象。
Wǎngluò fànzuì bìng bú shì gèbié xiànxiàng.
인터넷 범죄는 결코 개별적인 현상이 아니다.

+ 网络 wǎngluò 명 인터넷 |
犯罪 fànzuì 명 범죄 |
并 bìng 부 결코 | 现象 xiànxiàng 명 현상

DAY 16
DAY 17
DAY 18
DAY 19
DAY 20
DAY 21
DAY 22
DAY 23
DAY 24
DAY 25
DAY 26
DAY 27
DAY 28
DAY 29
DAY 30

1 빈칸을 채우세요.

❶	bàodào	보도하다
频道	❷	채널
出版	chūbǎn	❸
系统	xìtǒng	❹
嘉宾	❺	귀빈, 게스트

2 단어의 병음과 뜻을 알맞게 연결하세요.

❶ 硬件 · · ㉠ chuánbō · · ⓐ 키보드

❷ 键盘 · · ㉡ yìngjiàn · · ⓑ 전파하다

❸ 传播 · · ㉢ liúlǎn · · ⓒ 대충 훑어보다

❹ 浏览 · · ㉣ jiànpán · · ⓓ 하드웨어

3 빈칸에 들어갈 알맞은 단어를 고르세요.

A 输入   B 导演   C 角色   D 个别   E 信号

❶ 他演的那个＿＿＿＿很有魅力。

❷ 网络犯罪并不是＿＿＿＿现象。

❸ 车库里手机＿＿＿＿太弱了。

❹ 请＿＿＿＿并确认您的密码。

미디어
인터넷

DAY
16

DAY
17

DAY
18

DAY
19

DAY
20

DAY
21

DAY
22

DAY
23

DAY
24

DAY
25

DAY
26

DAY
27

DAY
28

DAY
29

DAY
30

 **듣기** 제1부분

4 녹음을 듣고 알맞은 답을 고르세요.

❶ A 歌曲不能下载　　　　　　B 无法注册账号

　 C 歌曲不能播放　　　　　　D 电影没有字幕

❷ A 重新开机　　　　　　　　B 维修电脑

　 C 安装杀毒软件　　　　　　D 删除多余的软件

쓰기 제1부분

5 제시된 어휘로 어순에 맞게 문장을 완성하세요.

❶ 文件　　　我　　　删除了　　　不小心把

_____

❷ 真实性　　　怀疑　　　令人　　　那些数据的

_____

❸ 读者见面会上　　　作家在　　　新书　　　宣传了

_____

❹ 记者的　　　他　　　巧妙地　　　问题　　　回答了

_____

☑ 정답 및 해석 ⇨ 555쪽

DAY 23

Track52

스마트한 세상이야!
_과학, 기술

HSK 5급에 이런 내용이 나온다!

과학과 기술 관련 주제에서는 과학 연구, 기술의 발전, 기술이 끼치는 영향, 최신 기술 소개, 제품의 발명 등의 내용이 출제됩니다. 관련 단어로는 促进(cùjìn 촉진하다), 进步(jìnbù 진보하다), 贡献(gòngxiàn 공헌), 发明(fāmíng 발명하다) 등이 자주 나옵니다.

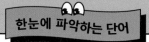
한눈에 파악하는 단어

기술 발전의 장단점

장점	단점
促进进步 cùjìn jìnbù 진보를 촉진시키다	限制自由 xiànzhì zìyóu 자유를 제한하다
改变生活 gǎibiàn shēnghuó 생활을 변화시키다	破坏环境 pòhuài huánjìng 환경을 파괴하다
为人类做贡献 wèi rénlèi zuò gòngxiàn 인류에 공헌을 하다	

과학
기술

DAY
16

DAY
17

DAY
18

DAY
19

DAY
20

DAY
21

DAY
22

DAY
23

DAY
24

DAY
25

DAY
26

DAY
27

DAY
28

DAY
29

DAY
30

0957
自动
zìdòng

형 (기계, 장치 등이) 자동적인

这家公司设计了一款特殊的自动**售货机。**
Zhè jiā gōngsī shèjìle yì kuǎn tèshū de zìdòng shòuhuòjī.
이 회사는 특수한 자동판매기를 설계했다.

+ 设计 shèjì 통 설계하다 |
款 kuǎn 영 양식이나 종류를 세는 단위 |
特殊 tèshū 형 특수하다 | 售货机 shòuhuòjī 명 판매기

부 자발적으로, 저절로

他自动**放弃了这次比赛。**
Tā zìdòng fàngqìle zhè cì bǐsài.
그는 자발적으로 이번 경기를 포기했다.

+ 放弃 fàngqì 통 포기하다

0958
标志＊
biāozhì

명 표지, 상징, 지표

科技进步是人类发展的重要标志。
Kējì jìnbù shì rénlèi fāzhǎn de zhòngyào biāozhì.
과학 기술의 진보는 인류 발전의 중요한 지표이다.

+ 科技 kējì 명 과학 기술 | 进步 jìnbù 통 진보하다 |
人类 rénlèi 명 인류 | 发展 fāzhǎn 명 발전

동 상징하다

电的应用标志**着人类进入现代文明社会。**
Diàn de yìngyòng biāozhìzhe rénlèi jìnrù xiàndài wénmíng
shèhuì.
전기의 사용은 인류가 현대 문명사회에 진입했음을 상징하고 있다.

+ 应用 yìngyòng 통 사용하다 | 现代 xiàndài 명 현대 |
文明 wénmíng 명 문명 | 社会 shèhuì 명 사회

0959 促进***

cùjìn

[유의] 促使 cùshǐ
~하게 하다
5급 ··· p.376

동 촉진하다, 촉진시키다

互联网技术促进了传统产业的升级。
Hùliánwǎng jìshù cùjìnle chuántǒng chǎnyè de shēngjí.
인터넷 기술은 전통 산업의 향상을 촉진시켰다.

+ 互联网 hùliánwǎn 명 인터넷 |
技术 jìshù 명 기술 | 传统 chuántǒng 명 전통 |
产业 chǎnyè 명 산업 | 升级 shēngjí 명 향상, 업그레이드

0960 促使

cùshǐ

[유의] 促进 cùjìn
촉진하다
5급 ··· p.376

동 ~하게 하다, ~하도록 (재촉)하다

有人说，"懒"是促使科技进步的一大动力。
Yǒu rén shuō, "lǎn" shì cùshǐ kējì jìnbù de yí dà dònglì.
어떤 사람들은 '게으름'이 과학 기술을 진보하게 하는 큰 원동력이라고
말한다.

+ 懒 lǎn 형 게으르다 | 科技 kējì 명 과학 기술 |
进步 jìnbù 동 진보하다 | 动力 dònglì 명 원동력

맛있는 단어 TIP   促进과 促使

促进과 促使는 모두 '어떤 결과를 이루도록 하다'의 뜻이지만, 促进은
뒤에 긍정적인 결과만 쓸 수 있고, 促使는 뒤에 결과가 긍정적이든
부정적이든 상관없이 모두 쓸 수 있다.

• 促进社会进步 사회의 진보를 촉진시키다
　　　　　긍정적인 결과

• 促使我努力 나를 노력하게 하다
　　　　　긍정적인 결과

　促使他放弃 그가 포기하게 하다
　　　　　부정적인 결과

0961 项*

xiàng

양 항목, 조항, 가지

一项技术的应用离不开大量的实验。
Yí xiàng jìshù de yìngyòng lí bu kāi dàliàng de shíyàn.
한 가지 기술의 응용은 많은 실험과 떼려야 뗄 수 없다.

+ 技术 jìshù 명 기술 | 应用 yìngyòng 명 응용 |
离不开 lí bu kāi 떨어질 수 없다 |
大量 dàliàng 형 대량의, 많은 양의 | 实验 shíyàn 명 실험

0962 地位 **
dìwèi

명 (사회적) 지위, 위치

这个理论在世界上占有重要地位。
Zhège lǐlùn zài shìjiè shang zhànyǒu zhòngyào dìwèi.
이 이론은 세계적으로 중요한 위치를 차지하고 있다.

+ 理论 lǐlùn 명 이론 |
占有 zhànyǒu 동 (어떤 위치를) 차지하다

0963 核心 *
héxīn

명 핵심

他明确指出了问题的核心。 🔖
Tā míngquè zhǐchūle wèntí de héxīn.
그는 문제의 핵심을 명확하게 지적했다.

+ 明确 míngquè 형 명확하다 |
指出 zhǐchū 동 지적하다

0964 范围 ***
fànwéi

명 범위

这项技术的应用范围很广。 🔖
Zhè xiàng jìshù de yìngyòng fànwéi hěn guǎng.
이 기술의 응용 범위는 매우 넓다.

+ 项 xiàng 양 가지 |
技术 jìshù 명 기술 | 应用 yìngyòng 명 응용 |
广 guǎng 형 넓다

0965 或许
huòxǔ

부 아마(도), 어쩌면, 혹시

刷脸支付或许并不安全。
Shuā liǎn zhīfù huòxǔ bìng bù ānquán.
안면 인식 결제는 어쩌면 결코 안전하지 않다.

유의 也许 yěxǔ
아마도, 어쩌면
4급

+ 刷脸 shuā liǎn 안면 인식 |
支付 zhīfù 동 결제하다 | 并 bìng 부 결코

DAY
16

DAY
17

DAY
18

DAY
19

DAY
20

DAY
21

DAY
22

DAY
23

DAY
24

DAY
25

DAY
26

DAY
27

DAY
28

DAY
29

DAY
30

0966 发达★★★
☐
☐ fādá

형 발달하다, 번창하다

发达的医学技术使很多疾病得到了治疗。
Fādá de yīxué jìshù shǐ hěn duō jíbìng dédàole zhìliáo.
발달된 의학 기술로 많은 질병을 치료하게 됐다.

+ 医学 yīxué 명 의학 | 技术 jìshù 명 기술 |
疾病 jíbìng 명 질병 | 得到 dédào 동 ~하게 되다 |
治疗 zhìliáo 동 치료하다

빈출 ‖ 호응 표현 독해 제1부분 ▶

• 经济发达 jīngjì fādá 경제가 발달하다
• 头脑发达 tóunǎo fādá 두뇌가 발달하다
• 工业发达 gōngyè fādá 공업이 발달하다

0967 发明
☐
☐ fāmíng

동 발명하다

第一架飞机是100多年前发明的。
Dì-yī jià fēijī shì yìbǎi duō nián qián fāmíng de.
첫 번째 비행기는 100여 년 전에 발명되었다.

+ 架 jià 양 대[기계 장치가 되어 있는 것을 세는 단위]

명 발명(품)

电话是一个伟大的发明。
Diànhuà shì yí ge wěidà de fāmíng.
전화는 하나의 위대한 발명품이다.

+ 伟大 wěidà 형 위대하다

0968 复制
☐
☐ fùzhì

동 복제하다

很多古代的奇迹用现代技术也无法复制。
Hěn duō gǔdài de qíjì yòng xiàndài jìshù yě wúfǎ fùzhì.
많은 고대의 기적들은 현대 기술로도 복제할 수 없다.

+ 古代 gǔdài 명 고대 |
奇迹 qíjì 명 기적 | 现代 xiàndài 명 현대 |
技术 jìshù 명 기술 | 无法 wúfǎ 동 ~할 수 없다

0969
☐
☐

工程师
gōngchéngshī

명 기술자, 기사, 엔지니어

他的父亲是一名工程师。
Tā de fùqīn shì yì míng gōngchéngshī.
그의 아버지는 엔지니어이시다.

+ 父亲 fùqīn 몡 아버지, 부친

0970
☐
☐

计算*
jìsuàn

동 계산하다

电脑的计算速度比想象的还快。
Diànnǎo de jìsuàn sùdù bǐ xiǎngxiàng de hái kuài.
컴퓨터의 계산하는 속도는 생각보다 더 빠르다.

+ 速度 sùdù 몡 속도 | 想象 xiǎngxiàng 동 상상하다

0971
☐
☐

贡献*
gòngxiàn

명 공헌

电灯的发明为人类做出了巨大的贡献。
Diàndēng de fāmíng wèi rénlèi zuòchūle jùdà de gòngxiàn.
전등의 발명은 인류를 위해 아주 큰 공헌을 했다.

+ 电灯 diàndēng 몡 전등 | 发明 fāmíng 몡 발명 |
人类 rénlèi 몡 인류 | 巨大 jùdà 혱 아주 크다

동 공헌하다, 기여하다

大家都在为社会的发展贡献自己的力量。
Dàjiā dōu zài wèi shèhuì de fāzhǎn gòngxiàn zìjǐ de lìliàng.
모든 사람이 사회의 발전을 위해 자신의 역량을 기여하고 있다.

+ 社会 shèhuì 몡 사회 |
发展 fāzhǎn 동 발전하다 | 力量 lìliàng 몡 힘, 역량

0972
☐
☐

性质
xìngzhì

명 성질, 성분

这两件事情性质不同，应分开看。
Zhè liǎng jiàn shìqing xìngzhì bùtóng, yīng fēnkāi kàn.
이 두 가지 사건은 성질이 다르니, 분리해서 봐야 한다.

+ 不同 bùtóng 혱 다르다 | 分开 fēnkāi 동 분리하다

0973 艰巨* jiānjù

형 어렵고 힘들다, 막중하다

这是一项艰巨而伟大的工程。 ^{빈출}
Zhè shì yí xiàng jiānjù ér wěidà de gōngchéng.
이것은 어렵고도 위대한 사업이다.

+ 项 xiàng 窗 가지 | 伟大 wěidà 囹 위대하다 |
工程 gōngchéng 圐 프로젝트, 사업

빈출 **호응 표현 독해 제1부분**

- 艰巨的任务 jiānjù de rènwu 막중한 임무
- 艰巨的劳动 jiānjù de láodòng 어렵고 힘든 노동
- 艰巨的工作 jiānjù de gōngzuò 어렵고 힘든 일

0974 进步** jìnbù

반의 退步 tuìbù
퇴보하다
5급 ⋯ p.317

동 진보하다

随着技术的进步，生活越来越方便了。
Suízhe jìshù de jìnbù, shēnghuó yuè lái yuè fāngbiàn le.
기술이 진보함에 따라, 생활은 점점 편리해졌다.

+ 随着 suízhe 껜 ~에 따라 | 技术 jìshù 圐 기술

0975 领域* lǐngyù

명 영역, 분야

人工智能已被很多领域广泛应用。 ^{빈출}
Réngōng zhìnéng yǐ bèi hěn duō lǐngyù guǎngfàn yìngyòng.
인공 지능은 이미 많은 분야에서 폭넓게 응용되고 있다.

+ 人工智能 réngōng zhìnéng 圐 인공 지능 |
广泛 guǎngfàn 囹 폭넓다 | 应用 yìngyòng 동 응용하다

0976 特征*** tèzhēng

유의 特点 tèdiǎn
특징
4급

명 특징

环保、高效是无纸化办公的特征。
Huánbǎo, gāoxiào shì wúzhǐhuà bàngōng de tèzhēng.
환경 보호와 높은 효율이 무서류화 사무의 특징이다.

+ 环保 huánbǎo 圐 환경 보호 |
高效 gāoxiào 圐 높은 효율 | 无纸化 wúzhǐhuà 무서류화

DAY
16

DAY
17

DAY
18

DAY
19

DAY
20

DAY
21

DAY
22

**DAY
23**

DAY
24

DAY
25

DAY
26

DAY
27

DAY
28

DAY
29

DAY
30

0977

□
□

掌握★★

zhǎngwò

유의 把握 bǎwò
장악하다
5급 ⋯→ p.305

🄓 장악하다, 파악하다, 정통하다

掌握核心技术是企业发展的关键。

Zhǎngwò héxīn jìshù shì qǐyè fāzhǎn de guānjiàn.

핵심 기술을 장악하는 것이 기업 발전의 관건이다.

＋核心 héxīn 몡 핵심 | 技术 jìshù 몡 기술 |
企业 qǐyè 몡 기업 | 发展 fāzhǎn 툉 발전하다 |
关键 guānjiàn 몡 관건

맛있는 단어 TIP   掌握와 把握

掌握와 把握는 모두 '장악하다, 파악하다'의 뜻이 있지만, 掌握는
어떤 기술, 언어, 지식 등을 통달했을 때 사용하고, 把握는 주로 기회나
시기를 잡을 때 많이 사용한다.

• 掌握外语 zhǎngwò wàiyǔ 외국어를 통달하다
  掌握知识 zhǎngwò zhīshi 지식에 정통하다

• 把握机会 bǎwò jīhuì 기회를 잡다
  把握时机 bǎwò shíjī 시기를 잡다

0978

□
□

不断★★★

búduàn

🄑 계속해서, 끊임없이

科学不断改变着人类的生活。🗨️

Kēxué búduàn gǎibiànzhe rénlèi de shēnghuó.

과학은 끊임없이 인류의 생활을 변화시키고 있다.

＋科学 kēxué 몡 과학 |
改变 gǎibiàn 툉 바꾸다 | 人类 rénlèi 몡 인류

🄓 끊임없다

表演结束后，观众们的掌声不断。

Biǎoyǎn jiéshù hòu, guānzhòngmen de zhǎngshēng
búduàn.

공연이 끝난 후, 관중들의 박수 소리가 끊임없다.

＋表演 biǎoyǎn 몡 공연 | 观众 guānzhòng 몡 관중 |
掌声 zhǎngshēng 몡 박수 소리

0979 成果[★]
chéngguǒ

명 성과, 결과

经过多年研究，我们终于取得了重大成果。
Jīngguò duō nián yánjiū, wǒmen zhōngyú qǔdéle zhòngdà chéngguǒ.
다년간의 연구를 거쳐, 우리는 마침내 중대한 성과를 얻었다.

+ 研究 yánjiū 图 연구하다 |
取得 qǔdé 图 얻다 | 重大 zhòngdà 图 중대하다

0980 专家
zhuānjiā

명 전문가

专家称，机器人将代替大部分人工工作。
Zhuānjiā chēng, jīqìrén jiāng dàitì dàbùfen réngōng gōngzuò.
전문가들은 로봇이 대부분의 수공 작업을 대체하게 될 것이라고 말한다.

+ 称 chēng 图 말하다 | 机器人 jīqìrén 图 로봇 |
将 jiāng 图 ~하게 될 것이다 | 代替 dàitì 图 대체하다 |
人工 réngōng 图 수공, 인력

0981 理论
lǐlùn

명 이론

任何理论都是在实验的基础上得出的。
Rènhé lǐlùn dōu shì zài shíyàn de jīchǔ shang déchū de.
어떠한 이론이든 모두 실험의 토대 위에서 얻어지는 것이다.

+ 任何 rènhé 때 어떠한 | 实验 shíyàn 图 실험 |
基础 jīchǔ 图 기초, 토대 | 得出 déchū 图 얻어 내다

0982 转变
zhuǎnbiàn

동 전변하다, 바꾸다, 바뀌다

互联网技术转变了人们的消费观念。
Hùliánwǎng jìshù zhuǎnbiànle rénmen de xiāofèi guānniàn.
인터넷 기술은 사람들의 소비 관념을 바꾸었다.

+ 互联网 hùliánwǎng 图 인터넷 | 技术 jìshù 图 기술 |
消费 xiāofèi 图 소비하다 | 观念 guānniàn 图 관념

DAY
16

DAY
17

DAY
18

DAY
19

DAY
20

DAY
21

DAY
22

**DAY
23**

DAY
24

DAY
25

DAY
26

DAY
27

DAY
28

DAY
29

DAY
30

빈출 **호응 표현** 독해 제1부분

- 转变态度 zhuǎnbiàn tàidù 태도를 바꾸다
- 转变思想 zhuǎnbiàn sīxiǎng 생각을 바꾸다
- 转变方向 zhuǎnbiàn fāngxiàng 방향을 바꾸다

0983 迟早
□
□
chízǎo

🔹 부 조만간, 머지않아

旧技术迟早会被新技术取代。
Jiù jìshù chízǎo huì bèi xīn jìshù qǔdài.
오래된 기술은 머지않아 새로운 기술로 대체될 것이다.

+ 技术 jìshù 몡 기술 |
取代 qǔdài 통 대체하다

0984 接近
□
□
jiējìn

🔹 통 접근하다, 가까이하다

这款产品设计得接近完美。
Zhè kuǎn chǎnpǐn shèjì de jiējìn wánměi.
이 제품은 완벽에 가깝게 설계되었다.

+ 款 kuǎn 양 양식이나 종류를 세는 단위 |
产品 chǎnpǐn 몡 제품 | 设计 shèjì 통 설계하다 |
完美 wánměi 톙 완벽하다

0985 联合
□
□
liánhé

🔹 통 연합하다, 단결하다

这个机器人是由多家公司联合开发的。
Zhège jīqìrén shì yóu duō jiā gōngsī liánhé kāifā de.
이 로봇은 여러 회사가 연합하여 개발한 것이다.

+ 机器人 jīqìrén 몡 로봇 |
由 yóu 개 ~이/가 | 开发 kāifā 통 개발하다

0986 巨大*
jùdà

형 (수량, 규모 등이) 거대하다, 아주 크다

这项工程面临着巨大的挑战。
Zhè xiàng gōngchéng miànlínzhe jùdà de tiǎozhàn.
이 프로젝트는 아주 큰 도전에 직면해 있다.

+ 项 xiàng 영 항목, 조항, 가지 |
工程 gōngchéng 영 프로젝트, 사업 |
面临 miànlín 동 직면하다 | 挑战 tiǎozhàn 영 도전

빈출 호응 표현 독해 제1부분

- 巨大的贡献 jùdà de gòngxiàn 아주 큰 공헌
- 巨大的能量 jùdà de néngliàng 거대한 에너지
- 巨大的收益 jùdà de shōuyì 거대한 수익

0987 说不定
shuōbudìng

부 아마, 어쩌면, 대개

说不定将来人们都不用工作了。
Shuōbudìng jiānglái rénmen dōu búyòng gōngzuò le.
어쩌면 미래에는 사람들이 일할 필요가 없을지도 모른다.

+ 将来 jiānglái 영 장래, 미래

0988 限制***
xiànzhì

동 제한하다, 한정하다

限制科技发展最大的因素是什么?
Xiànzhì kējì fāzhǎn zuì dà de yīnsù shì shénme?
과학 기술의 발전을 제한하는 가장 큰 요인은 무엇인가?

+ 科技 kējì 영 과학 기술 |
发展 fāzhǎn 영 발전 | 因素 yīnsù 영 요인

명 제한, 한계

这份工作对学历有严格的限制。
Zhè fèn gōngzuò duì xuélì yǒu yángé de xiànzhì.
이 직업은 학력에 대한 엄격한 제한이 있다.

+ 份 fèn 양 일을 세는 단위 |
学历 xuélì 영 학력 | 严格 yángé 영 엄격하다

과학
기술

DAY
16

DAY
17

DAY
18

DAY
19

DAY
20

DAY
21

DAY
22

**DAY
23**

DAY
24

DAY
25

DAY
26

DAY
27

DAY
28

DAY
29

DAY
30

0989

凭★
píng

동 ~에 근거하여, ~에 의거하여

凭他的能力，一定能完成这项任务。
Píng tā de nénglì, yídìng néng wánchéng zhè xiàng rènwu.
그의 능력에 의거하여, 반드시 이 임무를 완수할 수 있다.

+ 能力 nénglì 명 능력 |
项 xiàng 양 항목, 조항, 가지 | 任务 rènwu 명 임무

듣기 출제 포인트

凭은 다소 어려운 동사지만 듣기 영역에 자주 나오는 어휘로, 凭 대신
凭借(píngjiè ~에 의거하여)를 쓰기도 한다. 凭이나 凭借를 활용한
문장을 살펴보고 凭의 사용법을 익혀 두자.

• 凭/凭借购物小票退货。 쇼핑 영수증에 근거하여 반품하다.

• 凭/凭借这种精神，他成就了一番事业。
이런 정신에 의거하여 그는 사업을 이루었다.

+ 购物 gòuwù 동 쇼핑하다 |
小票 xiǎo piào 명 영수증[구매 증명서] |
退货 tuìhuò 동 반품하다 | 精神 jīngshén 명 정신 |
成就 chéngjiù 동 (사업을) 이루다 | 番 fān 양 번, 차례, 바탕 |
事业 shìyè 명 사업

0990

悄悄
qiāoqiāo

부 은밀하게, 조용히

手机正**悄悄**影响我们的生活习惯。
Shǒujī zhèng qiāoqiāo yǐngxiǎng wǒmen de shēnghuó
xíguàn.
휴대폰은 은밀하게 우리의 생활 습관에 영향을 미치고 있다.

0991

次要
cìyào

참고 首要 shǒuyào
가장 중요하다
6급

형 부차적인, 다음으로 중요한

技术的创新是**次要**的，重要的是实用。
Jìshù de chuàngxīn shì cìyào de, zhòngyào de shì shíyòng.
기술의 혁신은 부차적인 것이고, 중요한 것은 실용성이다.

+ 技术 jìshù 명 기술 | 创新 chuàngxīn 명 혁신 |
实用 shíyòng 형 실용적이다

0992 事物
shìwù

☐
☐

명 사물

科学研究的目的是掌握事物发展的规律。
Kēxué yánjiū de mùdì shì zhǎngwò shìwù fāzhǎn de guīlǜ.
과학 연구의 목적은 사물 발전의 법칙을 파악하는 것이다.

+ 科学 kēxué 과학 | 研究 yánjiū 통 연구하다 |
目的 mùdì 명 목적 | 掌握 zhǎngwò 통 파악하다 |
发展 fāzhǎn 명 발전 | 规律 guīlǜ 명 법칙

0993 彻底★★
chèdǐ

☐
☐

형 철저하다, 투철하다

人工智能真的会彻底改变社会吗?
Réngōng zhìnéng zhēnde huì chèdǐ gǎibiàn shèhuì ma?
인공 지능이 정말 철저하게 사회를 바꿀 수 있을까?

+ 人工智能 réngōng zhìnéng 명 인공 지능 |
改变 gǎibiàn 통 바꾸다 | 社会 shèhuì 명 사회

0994 程度★★★
chéngdù

☐
☐

명 정도

翻译软件还没有达到能完全取代人工翻译的
程度。
Fānyì ruǎnjiàn hái méiyǒu dádào néng wánquán qǔdài
réngōng fānyì de chéngdù.
번역 소프트웨어는 아직 사람의 번역을 완전히 대체할 수 있는
정도까지는 이르지 못했다.

+ 翻译 fānyì 통 번역하다 | 软件 ruǎnjiàn 명 소프트웨어 |
达到 dádào 통 이르다 | 完全 wánquán 부 완전히 |
取代 qǔdài 통 대체하다 | 人工 réngōng 명 수공, 인력

0995 似乎★
sìhū

☐
☐

유의 仿佛 fǎngfú
마치 ~인 것 같다
5급 ⋯ p.456

부 마치 ~인 것 같다

他的电脑技术似乎不如我。
Tā de diànnǎo jìshù sìhū bùrú wǒ.
그의 컴퓨터 기술은 나보다는 못한 것 같다.

+ 技术 jìshù 명 기술 |
不如 bùrú 통 ~만 못하다

0996
□
□

移动
yídòng

동 이동하다, 옮기다, 움직이다

用遥控器可以让这个玩具自由移动。
Yòng yáokòngqì kěyǐ ràng zhège wánjù zìyóu yídòng.
리모컨으로 이 장난감을 자유롭게 움직일 수 있다.

+ 遥控器 yáokòngqì 명 리모컨 |
玩具 wánjù 명 장난감 | 自由 zìyóu 형 자유롭다

0997
□
□

现实 ★★★
xiànshí

명 현실

古人登月的梦想如今已成为现实。
Gǔrén dēng yuè de mèngxiǎng rújīn yǐ chéngwéi xiànshí.
옛 사람들의 달 착륙의 꿈은 오늘날 이미 현실이 되었다.

+ 古人 gǔrén 명 옛 사람 |
登月 dēng yuè 달에 오르다 | 梦想 mèngxiǎng 명 꿈 |
如今 rújīn 명 지금, 오늘날 | 成为 chéngwéi 동 ~이 되다

0998
□
□

妨碍 ★
fáng'ài

유의 阻碍 zǔ'ài
방해하다
6급

동 방해하다, 지장을 주다

落后的思想会妨碍技术的进步。[빈출]
Luòhòu de sīxiǎng huì fáng'ài jìshù de jìnbù.
뒤떨어진 생각은 기술의 진보를 방해할 수 있다.

+ 落后 luòhòu 형 낙후되다 |
思想 sīxiǎng 명 사상, 생각 |
技术 jìshù 명 기술 | 进步 jìnbù 명 진보

빈출 **호응 표현 독해 제1부분**
- 妨碍工作 fáng'ài gōngzuò 일을 방해하다
- 妨碍交通 fáng'ài jiāotōng 교통을 방해하다
- 妨碍交流 fáng'ài jiāoliú 교류를 방해하다

DAY
16

DAY
17

DAY
18

DAY
19

DAY
20

DAY
21

DAY
22

**DAY
23**

DAY
24

DAY
25

DAY
26

DAY
27

DAY
28

DAY
29

DAY
30

1 빈칸을 채우세요.

核心	❶	핵심
妨碍	❷	방해하다
❸	cùjìn	촉진하다, 촉진시키다
程度	chéngdù	❹
❺	fànwéi	범위

2 단어의 병음과 뜻을 알맞게 연결하세요.

❶ 特征 • •㉠ cìyào •ⓐ 아마(도), 어쩌면

❷ 或许 • •㉡ biāozhì •ⓑ 부차적인

❸ 标志 • •㉢ tèzhēng •ⓒ 특징

❹ 次要 • •㉣ huòxǔ •ⓓ 표지, 상징, 지표

3 빈칸에 들어갈 알맞은 단어를 고르세요.

> A 艰巨   B 迟早   C 地位   D 接近   E 贡献

❶ 这是一项＿＿＿＿＿＿而伟大的工程。

❷ 旧技术＿＿＿＿＿＿会被新技术取代。

❸ 这个理论在世界上占有重要＿＿＿＿＿＿。

❹ 电灯的发明为人类做出了巨大的＿＿＿＿＿＿。

도전!/HSK 5급 독해 제1부분

4 빈칸에 들어갈 알맞은 단어를 고르세요.

有研究显示，_____❶_____一种以上的语言对大脑的发育很有益处。专家发现，精通两种语言的年轻人不仅在职场中表现得更为出色，而且更善于解决问题。小时候学语言更能从整体上理解语言的社会和情感背景，减少受到母语的_____❷_____。但无论何时学习语言，都会_____❸_____人的大脑发育，让人的头脑变得更健康、复杂和活跃。

❶ A 发明　　　　B 掌握　　　　C 妨碍　　　　D 移动

 ❷ A 限制　　　　B 意外　　　　C 复制　　　　D 支持

❸ A 导致　　　　B 进口　　　　C 培训　　　　D 促进

도전!/HSK 5급 쓰기 제1부분

5 제시된 어휘로 어순에 맞게 문장을 완성하세요.

❶ 他一直　　　压力　　　承受着　　　巨大的

_____

❷ 进步　　　很明显　　　的　　　这学期儿子

_____

❸ 不断　　　人们的　　　会　　　心情　　　变化

_____

❹ 会议室　　　悄悄　　　他　　　离开了

_____

☑ 정답 및 해석 ⇨ 556쪽

DAY 24

Track53

만유인력의 법칙을 아니?
_물리, 수학

HSK 5급에 이런 내용이 나온다!

물리 관련 주제에서는 물리 실험, 물체, 물질, 화학 등의 내용이 출제되고, 수학 관련 주제에서는 숫자, 계산, 기하학 등의 내용이 출제됩니다. 빈출 단어로는 数(shù 세다), 对象(duìxiàng 대상), 工具(gōngjù 도구), 应用(yìngyòng 응용하다), 承受(chéngshòu 견뎌 내다) 등이 있습니다.

한눈에 파악하는 단어

물리 실험 보고서 ✏️

1. 实验对象 shíyàn duìxiàng 실험 대상
2. 实验工具 shíyàn gōngjù 실험 도구
   - 管子 guǎnzi 파이프
   - 金属 jīnshǔ 금속
   - 胶水 jiāoshuǐ 풀
   - 尺子 chǐzi 자
   - 石头 shítou 돌
3. 实验步骤 shíyàn bùzhòu 실험 절차
4. 实验结论 shíyàn jiélùn 실험 결론

0999

物理
wùlǐ

명 물리(학)

他每天呆在物理实验室里。
Tā měi tiān dāi zài wùlǐ shíyànshì li.
그는 매일 물리 실험실에 머물러 있는다.

+ **呆** dāi 통 머무르다 |
实验室 shíyànshì 명 실험실

1000

表明★★
biǎomíng

통 표명하다, 분명하게 밝히다

研究表明，声音的传播速度与温度有关。
Yánjiū biǎomíng, shēngyīn de chuánbō sùdù yǔ wēndù
yǒuguān.
연구에서 밝힌 바에 의하면, 소리의 전파 속도는 온도와 관련이 있다고
한다.

+ **研究** yánjiū 통 연구하다 |
传播 chuánbō 통 전파하다 | **速度** sùdù 명 속도 |
温度 wēndù 명 온도 | **有关** yǒuguān 통 관련이 있다

빈출 **호응 표현** 독해 제1부분

• 表明立场 biǎomíng lìchǎng 입장을 표명하다
• 表明态度 biǎomíng tàidù 태도를 분명하게 하다
• 表明身份 biǎomíng shēnfèn 신분을 밝히다

1001

物质
wùzhì

명 물질

空调内部堆积了很多对人有害的物质。
Kōngtiáo nèibù duījīle hěn duō duì rén yǒuhài de wùzhì.
에어컨 내부에는 사람에게 유해한 물질이 많이 쌓여 있다.

+ **内部** nèibù 명 내부 | **堆积** duījī 통 쌓여 있다 |
有害 yǒuhài 통 유해하다, 해롭다

DAY
16
DAY
17
DAY
18
DAY
19
DAY
20
DAY
21
DAY
22
DAY
23
DAY
24
DAY
25
DAY
26
DAY
27
DAY
28
DAY
29
DAY
30

1002 步骤

bùzhòu

명 (작업의) 절차, 순서

按说明书上面的步骤进行就行。 🖐빈출

Àn shuōmíngshū shàngmiàn de bùzhòu jìnxíng jiù xíng.

설명서 상의 순서에 따라 진행하면 된다.

+ 按 àn 께 ~에 따라 |
说明书 shuōmíngshū 명 설명서 |
进行 jìnxíng 동 진행하다

1003 成分★★

chéngfèn

명 (구성) 성분, 요소

肥皂含有很多化学成分。

Féizào hányǒu hěn duō huàxué chéngfèn.

비누는 많은 화학 성분을 함유하고 있다.

+ 肥皂 féizào 명 비누 |
含有 hányǒu 동 함유하다 | 化学 huàxué 명 화학

1004 承受★★

chéngshòu

참고 承担 chéngdān
맡다
5급 ⋯ p.44

동 견뎌 내다, 감당하다

这个电梯能承受1吨的重量。

Zhège diàntī néng chéngshòu yì dūn de zhòngliàng.

이 엘리베이터는 1톤의 무게를 견딜 수 있다.

+ 吨 dūn 양 톤(1,000kg) |
重量 zhòngliàng 명 중량, 무게

빈출 호응 표현 독해 제1부분 ▶

• 承受压力 chéngshòu yālì 스트레스를 견뎌 내다
• 承受痛苦 chéngshòu tòngkǔ 고통을 견뎌 내다
• 承受重担 chéngshòu zhòngdàn 중책을 감당하다

물리
수학

DAY
16

DAY
17

DAY
18

DAY
19

DAY
20

DAY
21

DAY
22

DAY
23

**DAY
24**

DAY
25

DAY
26

DAY
27

DAY
28

DAY
29

DAY
30

1005
☐
☐

处理 ★★★

chǔlǐ

유의 办理 bànlǐ
처리하다,
(수속을) 밟다
5급 ··· p.107

동 처리하다, (문제를) 해결하다

废电池需要进行特殊处理。 🖐빈출
Fèi diànchí xūyào jìnxíng tèshū chǔlǐ.
폐전지는 특수 처리를 진행해야 한다.

╋ 废 fèi 형 쓸모없는 | 电池 diànchí 명 건전지 |
进行 jìnxíng 동 진행하다 | 特殊 tèshū 형 특수하다

맛있는 단어 TIP

处理와 办理

处理는 어떤 일을 해결하거나 사물 또는 사람을 안배할 때 사용하고,
办理는 사무적으로 어떤 절차를 거쳐 처리할 때 사용한다.

• 处理问题 chǔlǐ wèntí 문제를 해결하다
  处理垃圾 chǔlǐ lājī 쓰레기를 처리하다
• 办理手续 bànlǐ shǒuxù 수속을 밟다
  办理护照 bànlǐ hùzhào 여권을 만들다

1006
☐
☐

等于

děngyú

동 ~과 같다, ~이나 다름없다

六乘以八等于四十八。
Liù chéngyǐ bā děngyú sìshíbā.
6 곱하기 8은 48이다.

╋ 乘以 chéngyǐ 곱하다

1007
☐
☐

断

duàn

동 끊다, 부러뜨리다, 자르다

大雪把树枝压断了。 🖐빈출
Dàxuě bǎ shùzhī yāduàn le.
큰 눈이 나뭇가지를 눌러 부러뜨렸다.

╋ 树枝 shùzhī 명 나뭇가지 |
压 yā 동 (주로 위에서 아래로) 압력을 가하다

对象 ★★
duìxiàng

명 대상, (연애나 결혼의) 상대

实验对象是非常常见的圆珠笔。
Shíyàn duìxiàng shì fēicháng chángjiàn de yuánzhūbǐ.
실험 대상은 굉장히 흔한 볼펜이다.

+ 实验 shíyàn 몡 실험 |
常见 chángjiàn 톙 흔한, 흔히 보는 |
圆珠笔 yuánzhūbǐ 몡 볼펜

分别
fēnbié

유의 区别 qūbié
차이, 구별하다
4급

명 구별, 차이

两个物体在形状上没有分别。
Liǎng ge wùtǐ zài xíngzhuàng shang méiyǒu fēnbié.
두 물체는 모양 상에 차이가 없다.

+ 物体 wùtǐ 몡 물체 | 形状 xíngzhuàng 몡 모양

동 구별하다

我分别不出来它们两个的差异。
Wǒ fēnbié bu chūlai tāmen liǎng ge de chāyì.
나는 그 둘의 차이를 구별하지 못한다.

+ 差异 chāyì 몡 차이

동 헤어지다, 이별하다

我们分别不久后又见面了。
Wǒmen fēnbié bùjiǔ hòu yòu jiànmiàn le.
우리는 헤어진 지 얼마 되지 않아 또 만났다.

+ 不久 bùjiǔ 톙 오래지 않다

부 각각, 각자

老师给两个小组分别布置了任务。
Lǎoshī gěi liǎng ge xiǎozǔ fēnbié bùzhìle rènwu.
선생님은 두 조에게 각각 임무를 할당했다.

+ 小组 xiǎozǔ 몡 조, 팀 |
布置 bùzhì 동 할당하다 | 任务 rènwu 몡 임무

1010 管子
guǎnzi

명 파이프, 관, 호스

这个管子可能堵住了。 ^{빈출}
Zhège guǎnzi kěnéng dǔzhù le.
이 파이프는 아마 막힌 것 같다.

+ 堵住 dǔzhù 동 막히다

1011 反复**
fǎnfù

부 반복하여, 되풀이해서

他反复计算后，终于得出正确结果。
Tā fǎnfù jìsuàn hòu, zhōngyú déchū zhèngquè jiéguǒ.
그는 계산을 반복한 뒤, 마침내 정확한 결과를 얻어 냈다.

+ 计算 jìsuàn 동 계산하다 | 得出 déchū 동 얻어 내다 |
正确 zhèngquè 형 정확하다 | 结果 jiéguǒ 명 결과

1012 反应*
fǎnyìng

명 반응

光合作用是一种化学反应。
Guānghé zuòyòng shì yì zhǒng huàxué fǎnyìng.
광합성은 일종의 화학 반응이다.

+ 光合作用 guānghé zuòyòng 명 광합성 |
化学 huàxué 명 화학

1013 构成*
gòuchéng

동 구성하다, 형성하다

云可以说是由水构成的。
Yún kěyǐ shuō shì yóu shuǐ gòuchéng de.
구름은 물로 이루어져 있다고 말할 수 있다.

+ 云 yún 명 구름 | 由 yóu 개 ~(으)로

쓰기 출제 포인트

构成은 A由B构成(A는 B로 이루어지다)의 형식으로 많이 사용되며,
쓰기 배열 문제에 자주 출제된다. A는 주체이고, B는 구성 요소이니
배열 순서에 유의해야 한다.

물리
수학

DAY
16

DAY
17

DAY
18

DAY
19

DAY
20

DAY
21

DAY
22

DAY
23

DAY
24

DAY
25

DAY
26

DAY
27

DAY
28

DAY
29

DAY
30

1014 工具 ★★★
gōngjù

명 도구, 수단

这个箱子里装着很多工具。👆
Zhège xiāngzi li zhuāngzhe hěn duō gōngjù.
이 상자에는 많은 도구가 담겨 있다.

+ 箱子 xiāngzi 명 상자 |
装 zhuāng 동 담다

1015 化学
huàxué

명 화학

垃圾燃烧时会产生很多化学物质。
Lājī ránshāo shí huì chǎnshēng hěn duō huàxué wùzhì.
쓰레기를 연소할 때 많은 화학 물질이 발생된다.

+ 垃圾 lājī 명 쓰레기 | 燃烧 ránshāo 동 연소하다 |
产生 chǎnshēng 동 발생하다 | 物质 wùzhì 명 물질

1016 假设
jiǎshè

동 가정하다, 꾸며 내다

假设没有太阳，会发生什么？
Jiǎshè méiyǒu tàiyáng, huì fāshēng shénme?
태양이 없다고 가정하면, 무슨 일이 발생할까?

+ 发生 fāshēng 동 발생하다

1017 金属
jīnshǔ

명 금속

金属是可以回收再利用的。
Jīnshǔ shì kěyǐ huíshōu zài lìyòng de.
금속은 회수하여 재활용할 수 있다.

+ 回收 huíshōu 동 (폐품 따위를) 회수하다 |
再利用 zài lìyòng 재활용하다

1018 结构* jiégòu

명 구성, 구조

这个建筑的结构非常复杂。👆
Zhège jiànzhù de jiégòu fēicháng fùzá.
이 건축물의 구조는 굉장히 복잡하다.

+ 建筑 jiànzhù 명 건축물 |
复杂 fùzá 형 복잡하다

1019 观察** guānchá

동 관찰하다

学生们从不同角度观察同一个物体。
Xuéshengmen cóng bùtóng jiǎodù guānchá tóng yí ge wùtǐ.
학생들은 다른 각도에서 같은 물체를 관찰한다.

+ 不同 bùtóng 형 다르다 |
角度 jiǎodù 명 각도 | 物体 wùtǐ 명 물체

1020 结论* jiélùn

명 결론

你的结论是不成立的。👆
Nǐ de jiélùn shì bù chénglì de.
당신의 결론은 성립되지 않는다.

+ 成立 chénglì 동 성립되다

빈출 호응 표현 독해 제1부분

- 下结论 xià jiélùn 결론을 내리다
- 得出结论 déchū jiélùn 결론을 얻어 내다
- 推出结论 tuīchū jiélùn 결론을 도출하다

1021 胶水 jiāoshuǐ

명 풀

请用胶水把两张纸粘在一起。👆
Qǐng yòng jiāoshuǐ bǎ liǎng zhāng zhǐ zhān zài yìqǐ.
풀을 사용해서 종이 두 장을 한데 붙이세요.

+ 粘 zhān 동 붙이다

1022 平
píng

형 평평하다

这个物体的上面是平的、下面是尖的。
Zhège wùtǐ de shàngmiàn shì píng de, xiàmiàn shì jiān de.
이 물체의 윗면은 평평하고, 아랫면은 뽀족하다.

+ 物体 wùtǐ 명 물체 | 尖 jiān 형 뾰족하다

1023 归纳
guīnà

동 귀납하다, 종합하다

这个结论是通过大量实验归纳出来的。
Zhège jiélùn shì tōngguò dàliàng shíyàn guīnà chūlai de.
이 결론은 많은 실험을 통해 귀납해 낸 것이다.

+ 结论 jiélùn 명 결론 | 通过 tōngguò 개 ~을 통해 |
大量 dàliàng 형 대량의 | 实验 shíyàn 명 실험

1024 数
shù, shǔ

명 수, 숫자[shù]

这次调查的学生数大约100名。
Zhè cì diàochá de xuésheng shù dàyuē yìbǎi míng.
이번에 조사한 학생 수는 대략 100명이다.

+ 调查 diàochá 동 조사하다 |
大约 dàyuē 부 대략

동 세다, 헤아리다[shǔ]

请数一数一共有几个三角形。
Qǐng shǔ yi shǔ yígòng yǒu jǐ ge sānjiǎoxíng.
총 몇 개의 삼각형이 있는지 세어 보세요.

+ 三角形 sānjiǎoxíng 명 삼각형

듣기 출제 포인트

数(shǔ)는 '세다'라는 뜻 외에, '손꼽(히)다'라는 파생된 의미도 가지고
있다. 듣기 대화문에 数一数二(shǔ yī shǔ èr 일이등을 다투다, 손꼽
히다), 我们班数小张成绩最好(wǒmen bān shǔ xiǎo Zhāng
chéngjì zuì hǎo 우리 반에서 샤오장의 성적이 가장 좋다)와 비슷한
내용이 종종 출제된다.

물리
수학

DAY
16

DAY
17

DAY
18

DAY
19

DAY
20

DAY
21

DAY
22

DAY
23

DAY
24

DAY
25

DAY
26

DAY
27

DAY
28

DAY
29

DAY
30

1025
□
□
石头
shítou

명 돌

这个石头的表面非常光滑。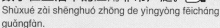
Zhège shítou de biǎomiàn fēicháng guānghuá.
이 돌의 표면은 굉장히 매끄럽다.

+ 表面 biǎomiàn 명 표면 |
光滑 guānghuá 형 매끄럽다

1026
□
□
尺子
chǐzi

명 자

请用尺子量一下桌子的长度。
Qǐng yòng chǐzi liáng yíxià zhuōzi de chángdù.
자를 사용해서 탁자의 길이를 재 보세요.

+ 量 liáng 동 재다, 측정하다 |
长度 chángdù 명 길이

1027
□
□
应用***
yìngyòng

동 응용하다, 사용하다

数学在生活中的应用非常广泛。
Shùxué zài shēnghuó zhōng de yìngyòng fēicháng
guǎngfàn.
수학은 생활 속에서 굉장히 광범위하게 응용된다.

+ 广泛 guǎngfàn 형 광범위하다

독해 출제 포인트

应用은 '스마트폰의 앱(app)'이라는 의미로 应用程序(yìngyòng
chéngxù), 应用软件(yìngyòng ruǎnjiàn), 手机应用(shǒujī
yìngyòng)이라고도 쓰인다. 독해 영역에 스마트폰 앱 관련 내용이
자주 출제되니 应用의 뜻을 제대로 이해하면 원문 내용을 쉽게 파악할
수 있다.

1028 透明
tòumíng

형 투명하다

这项实验是在一个透明的瓶子里进行的。
Zhè xiàng shíyàn shì zài yí ge tòumíng de píngzi li jìnxíng de.
이 실험은 투명한 병 안에서 진행한 것이다.

+项 xiàng 명 항목, 조항, 가지 |
实验 shíyàn 명 실험 | 进行 jìnxíng 동 진행하다

1029 硬★★
yìng

반의 软 ruǎn
부드럽다
5급 ⋯ p.21

형 딱딱하다, 단단하다

这种金属比石头还硬。
Zhè zhǒng jīnshǔ bǐ shítou hái yìng.
이런 종류의 금속은 돌보다 더 단단하다.

+金属 jīnshǔ 명 금속 | 石头 shítou 명 돌

1030 厘米
límǐ

양 센티미터(cm)

这支铅笔有20厘米长。
Zhè zhī qiānbǐ yǒu èrshí límǐ cháng.
이 연필은 길이가 20센티미터이다.

+支 zhī 양 자루 | 长 cháng 명 길이

1031 斜
xié

유의 歪 wāi
기울다, 비뚤다
5급 ⋯ p.401

형 비스듬하다, 기울다

请在黑板上画一条斜线。
Qǐng zài hēibǎn shang huà yì tiáo xiéxiàn.
칠판에 사선을 한 줄 그리세요.

+斜线 xiéxiàn 명 빗금, 사선

1032

□
□

歪
wāi

유의 **斜** xié
비스듬하다, 기울다
5급 ··· p.400

형 기울다, 비뚤다

大风把树刮歪了。
Dàfēng bǎ shù guāwāi le.
강한 바람이 불어 나무가 기울어졌다.

+ 刮 guā 통 (바람이) 불다

1033

□
□

方
fāng

반의 **圆** yuán
둥글다
5급 ··· p.401

형 각지다, 네모나다

正方形是一种特殊的四边形。
Zhèngfāngxíng shì yì zhǒng tèshū de sìbiānxíng.
정방형은 일종의 특수한 사각형이다.

+ 正方形 zhèngfāngxíng 명 정방형, 정사각형 |
特殊 tèshū 형 특수하다 | 四边形 sìbiānxíng 명 사각형

1034

□
□

圆*
yuán

반의 **方** fāng
네모나다
5급 ··· p.401

형 둥글다

谁会计算这个圆形的面积?
Shéi huì jìsuàn zhège yuánxíng de miànjī?
누가 이 원형의 면적을 계산할 수 있나요?

+ 计算 jìsuàn 통 계산하다 |
圆形 yuánxíng 명 원형 | 面积 miànjī 명 면적

맛있는 단어 TIP   도형 관련 어휘

- 点 diǎn 점
- 面 miàn 면
- 圆形 yuánxíng 원형
- 四边形 sìbiānxíng 사각형
- 正方形 zhèngfāngxíng 정사각형

- 线 xiàn 선
- 角 jiǎo 각
- 三角形 sānjiǎoxíng 삼각형

DAY
16

DAY
17

DAY
18

DAY
19

DAY
20

DAY
21

DAY
22

DAY
23

DAY
24

DAY
25

DAY
26

DAY
27

DAY
28

DAY
29

DAY
30

1035 撕
sī

동 찢다, 뜯다

老师把一张白纸撕成了两半儿。
Lǎoshī bǎ yì zhāng báizhǐ sīchéngle liǎng bànr.
선생님은 흰 종이 한 장을 반으로 찢었다.

+ 白纸 báizhǐ 圆 백지, 흰 종이 |
两半 liǎng bànr 반, 절반

1036 碰★★
pèng

동 건드리다, 부딪치다

这个瓶子里是有毒气体，千万别碰。
Zhège píngzi li shì yǒudú qìtǐ, qiānwàn bié pèng.
이 병 안에는 유독가스가 있으니, 절대 건드리지 마시오.

+ 有毒气体 yǒudú qìtǐ 圆 유독가스 |
千万 qiānwàn 圄 절대로

동 (우연히) 만나다, 마주치다

我在火车上碰到了以前的邻居。
Wǒ zài huǒchē shang pèngdàole yǐqián de línjū.
나는 기차에서 예전의 이웃을 만났다.

+ 邻居 línjū 圆 이웃

1037 克
kè

양 그램(g)

今天的实验需要大家准备100克面粉。
Jīntiān de shíyàn xūyào dàjiā zhǔnbèi yìbǎi kè miànfěn.
오늘의 실험은 여러분이 100그램의 밀가루를 준비해야 합니다.

+ 实验 shíyàn 圆 실험 |
面粉 miànfěn 圆 밀가루

물리
수학

DAY
16

DAY
17

DAY
18

DAY
19

DAY
20

DAY
21

DAY
22

DAY
23

DAY
24

DAY
25

DAY
26

DAY
27

DAY
28

DAY
29

DAY
30

1038
滚
gǔn

통 구르다, 뒹굴다

一个石头正从斜坡上往下滚。
Yí ge shítou zhèng cóng xiépō shang wǎng xià gǔn.
돌 하나가 비탈길 위에서 아래로 굴러가고 있다.

＋石头 shítou 명 돌 |
斜坡 xiépō 명 비탈, 경사진 언덕

1039
忽然★★★
hūrán

유의 突然 tūrán
갑자기
3급

부 갑자기, 문득

这位物理学家多年的疑惑忽然解开了。
Zhè wèi wùlǐ xuéjiā duō nián de yíhuò hūrán jiěkāi le.
이 물리학자의 다년간의 의혹이 갑자기 풀렸다.

＋物理学家 wùlǐ xuéjiā 명 물리학자 |
疑惑 yíhuò 명 의혹, 의심 | 解开 jiěkāi 통 (의혹을) 풀다

1040
片面★
piànmiàn

반의 全面 quánmiàn
전면적이다
5급 ⋯ p.311

형 단편적이다, 일방적이다

你的观点稍微有些片面。
Nǐ de guāndiǎn shāowēi yǒuxiē piànmiàn.
당신의 관점은 약간 좀 단편적이다.

＋观点 guāndiǎn 명 관점 |
稍微 shāowēi 부 약간

加把劲儿!

1 빈칸을 채우세요.

❶	chéngfèn	성분
物质	wùzhì	❷
❸	biǎomíng	표명하다
观察	guānchá	❹
硬	❺	딱딱하다, 단단하다

2 단어의 병음과 뜻을 알맞게 연결하세요.

❶ 假设 ·　　　　· ㉠ guīnà　　　　· ⓐ 단편적이다

❷ 胶水 ·　　　　· ㉡ jiāoshuǐ　　　· ⓑ 풀

❸ 归纳 ·　　　　· ㉢ piànmiàn　　· ⓒ 귀납하다, 종합하다

❹ 片面 ·　　　　· ㉣ jiǎshè　　　　· ⓓ 가정하다

3 빈칸에 들어갈 알맞은 단어를 고르세요.

> A 结构　　B 撕　　C 承受　　D 碰　　E 结论

❶ 这个电梯能＿＿＿＿＿1吨的重量。

❷ 老师把一张白纸＿＿＿＿＿成了两半儿。

❸ 这个建筑的＿＿＿＿＿非常复杂。

❹ 你的＿＿＿＿＿是不成立的。

도전/HSK 5급 듣기 제1부분

4 녹음을 듣고 알맞은 답을 고르세요.

❶ A 比赛下周开始　　　　　B 他们放弃参加了

　 C 比赛结果不重要　　　　D 小张会打乒乓球

❷ A 退货　　　　　　　　　B 拆了重装

　 C 照步骤安装　　　　　　D 给商店打电话

도전/HSK 5급 쓰기 제1부분

5 제시된 어휘로 어순에 맞게 문장을 완성하세요.

❶ 技术　　这项　　很多领域　　被　　应用

_____

❷ 我们的团队　　构成　　是由　　的　　大学生

_____

❸ 垃圾　　这些　　要如何　　处理呢

_____

❹ 是　　整个　　透明的　　建筑

_____

☑ 정답 및 해석 ⇨ 556쪽

물리
수학

DAY 16
DAY 17
DAY 18
DAY 19
DAY 20
DAY 21
DAY 22
DAY 23
DAY 24
DAY 25
DAY 26
DAY 27
DAY 28
DAY 29
DAY 30

HSK 5급 1041~1083

DAY 25

Track55

세상에 나쁜 동식물은 없다

_동물, 식물

HSK 5급에 이런 내용이 나온다!

동물과 식물 관련 주제에서는 각종 동식물의 명칭, 동물의 신체 부위 명칭, 식물의 부위 명칭 등이 많이 출제됩니다. 또한 종종 동식물을 보호하는 내용도 출제됩니다. 빈출 단어로는 昆虫(kūnchóng 곤충), 尾巴(wěiba 꼬리), 竹子(zhúzi 대나무), 翅膀(chìbǎng 날개), 本领(běnlǐng 재능) 등이 있습니다.

한눈에 파악하는 단어

 蝴蝶 húdié 나비   蜜蜂 mìfēng 꿀벌

| 根 gēn 뿌리 | 叶子 yèzi 잎 | 树干 shùgàn 나무줄기 | 果实 guǒshí 열매 |

生长 shēngzhǎng 성장하다

1041 大象*
dàxiàng

명 코끼리

大象的耳朵又大又薄。
Dàxiàng de ěrduo yòu dà yòu báo.
코끼리의 귀는 크고 얇다.

+ 薄 báo 혱 얇다

1042 猴子
hóuzi

명 원숭이

猴子的模仿能力很强。 빈출
Hóuzi de mófǎng nénglì hěn qiáng.
원숭이의 모방 능력은 매우 뛰어나다.

+ 模仿 mófǎng 동 모방하다 |
能力 nénglì 명 능력 | 强 qiáng 혱 뛰어나다

1043 蝴蝶
húdié

명 나비

蝴蝶有一双美丽的翅膀。 빈출
Húdié yǒu yì shuāng měilì de chìbǎng.
나비는 한 쌍의 아름다운 날개가 있다.

+ 美丽 měilì 혱 아름답다 |
翅膀 chìbǎng 명 날개

1044 昆虫
kūnchóng

명 곤충

据统计，世界上有100多万种昆虫。
Jù tǒngjì, shìjiè shang yǒu yìbǎi duō wàn zhǒng kūnchóng.
통계에 따르면, 세계적으로 100여만 종의 곤충이 있다.

+ 据 jù 개 ~에 따르면 |
统计 tǒngjì 명 통계

1045 老鼠
lǎoshǔ

명 쥐

老鼠被认为是最不受欢迎的动物。
Lǎoshǔ bèi rènwéi shì zuì bú shòu huānyíng de dòngwù.
쥐는 가장 환영 받지 못하는 동물로 여겨진다.

DAY 16
DAY 17
DAY 18
DAY 19
DAY 20
DAY 21
DAY 22
DAY 23
DAY 24
DAY 25
DAY 26
DAY 27
DAY 28
DAY 29
DAY 30

1046 龙
lóng

명 용

龙在中国象征着尊贵。
Lóng zài Zhōngguó xiàngzhēngzhe zūnguì.
용은 중국에서 존귀함을 상징한다.

+ 象征 xiàngzhēng 통 상징하다 |
尊贵 zūnguì 형 존귀하다

1047 蜜蜂*
mìfēng

명 꿀벌

蜜蜂是一种有益的昆虫。
Mìfēng shì yì zhǒng yǒuyì de kūnchóng.
꿀벌은 유익한 곤충이다.

+ 有益 yǒuyì 형 유익하다 |
昆虫 kūnchóng 명 곤충

1048 蛇
shé

명 뱀

他居然给蛇画上了四只脚。
Tā jūrán gěi shé huàshàngle sì zhī jiǎo.
그는 뜻밖에도 뱀에게 발 네 개를 그렸다.

+ 居然 jūrán 부 뜻밖에

1049 狮子
shīzi

명 사자

狮子生活在草原上。
Shīzi shēnghuó zài cǎoyuán shang.
사자는 초원에서 산다.

+ 草原 cǎoyuán 명 초원

동물
식물

DAY
16

DAY
17

DAY
18

DAY
19

DAY
20

DAY
21

DAY
22

DAY
23

DAY
24

DAY
25

DAY
26

DAY
27

DAY
28

DAY
29

DAY
30

1050
兔子*
tùzi

명 토끼

女儿想养兔子，咱们周末去宠物店给她挑一只吧。

Nǚ'ér xiǎng yǎng tùzi, zánmen zhōumò qù chǒngwùdiàn gěi tā tiāo yì zhī ba.

딸아이가 토끼를 키우고 싶어 하니, 우리 주말에 애완동물 가게에 가서 한 마리 골라 주자.

+ 养 yǎng 동 기르다, 키우다 | 咱们 zánmen 대 우리(들) |
宠物店 chǒngwùdiàn 명 애완동물 가게 |
挑 tiāo 동 고르다

1051
尾巴**
wěiba

명 (동물의) 꼬리

几乎所有的动物都有尾巴。

Jīhū suǒyǒu de dòngwù dōu yǒu wěiba.

거의 모든 동물은 꼬리가 있다.

+ 所有 suǒyǒu 형 모든

1052
猪
zhū

명 돼지

近两年，猪肉的价格不断上涨。

Jìn liǎng nián, zhūròu de jiàgé búduàn shàngzhǎng.

최근 몇 년간, 돼지고기의 가격이 계속해서 올랐다.

+ 猪肉 zhūròu 명 돼지고기 |
价格 jiàgé 명 가격 | 不断 búduàn 부 계속해서 |
上涨 shàngzhǎng 동 오르다

1053
竹子**
zhúzi

명 대나무

我去把阳台上的那盆竹子搬进来。

Wǒ qù bǎ yángtái shang de nà pén zhúzi bān jìnlai.

내가 가서 베란다에 있는 저 대나무 화분을 들여오겠다.

+ 阳台 yángtái 명 베란다 |
盆 pén 양 대야, 화분 등을 세는 단위

1054 翅膀★★
chìbǎng

명 날개

这只鸟的翅膀要断了，我们给它治疗一下吧。
Zhè zhī niǎo de chìbǎng yào duàn le, wǒmen gěi tā zhìliáo yíxià ba.
이 새의 날개가 부러질 것 같으니, 우리가 좀 치료해 주자.

+ 断 duàn **동** 끊어지다, 부러지다 |
治疗 zhìliáo **동** 치료하다

1055 骨头
gǔtou

명 뼈

这种动物没有骨头，但它却十分凶猛。
Zhè zhǒng dòngwù méiyǒu gǔtou, dàn tā què shífēn xiōngměng.
이런 동물은 뼈는 없지만, 매우 사납다.

+ 却 què **부** 그러나 |
十分 shífēn **부** 매우 | 凶猛 xiōngměng **형** 사납다

1056 乖
guāi

형 얌전하다, 말을 잘 듣다

我们家的小狗非常乖。
Wǒmen jiā de xiǎogǒu fēicháng guāi.
우리 집 강아지는 매우 얌전하다.

1057 匹★
pǐ

양 필, 마리[말을 셀 때 쓰는 단위]

只看外表很难判断一匹马的好坏。
Zhǐ kàn wàibiǎo hěn nán pànduàn yì pǐ mǎ de hǎohuài.
겉모습만 보고 말 한 마리의 좋고 나쁨을 판단하기는 어렵다.

+ 外表 wàibiǎo **명** 겉모습 |
判断 pànduàn **동** 판단하다

동물
식물

DAY
16

DAY
17

DAY
18

DAY
19

DAY
20

DAY
21

DAY
22

DAY
23

DAY
24

**DAY
25**

DAY
26

DAY
27

DAY
28

DAY
29

DAY
30

1058

果实

guǒshí

명 과실, 열매

这种植物的果实会在秋天成熟。
Zhè zhǒng zhíwù de guǒshí huì zài qiūtiān chéngshú.
이런 식물의 열매는 가을에 익는다.

+ 植物 zhíwù **명** 식물 |

成熟 chéngshú **형** 익다, 여물다

듣기 출제 포인트

果实는 성과나 수확에 비유하여 쓰이기도 하며, 듣기 단문에 자주
출제되니 기억해 두자.

• 他付出的努力终于结出了果实。
그가 들인 노력이 마침내 결실을 맺었다.

• 队员们尝到了胜利的果实。
팀원들은 승리의 열매를 맛보았다.

+ 付出 fùchū **동** 들이다 |

结 jiē **동** (열매를) 맺다 | 队员 duìyuán **명** 팀원 |

尝 cháng **동** 맛보다 | 胜利 shènglì **명** 승리

1059

根^{★★}

gēn

명 뿌리

这棵树之所以长得高，是因为根长得很深。
Zhè kē shù zhīsuǒyǐ zhǎng de gāo, shì yīnwèi gēn zhǎng
de hěn shēn.
이 나무의 키가 큰 이유는 뿌리가 깊게 자랐기 때문이다.

+ 棵 kē **양** 그루 |

之所以…是因为… zhīsuǒyǐ…shì yīnwèi… ~인 이유는 ~때문이다 |

深 shēn **형** 깊다

양 개, 가닥, 대[가늘고 긴 것을 세는 단위]

这根绳子很结实。
Zhè gēn shéngzi hěn jiēshi.
이 밧줄은 매우 튼튼하다.

+ 绳子 shéngzi **명** 밧줄 | 结实 jiēshi **형** 튼튼하다

1060 狡猾
jiǎohuá

형 교활하다, 간사하다

这只狐狸真的太狡猾了。
Zhè zhī húli zhēnde tài jiǎohuá le.
이 여우는 정말 너무 교활하다.

+ 狐狸 húli 명 여우

맛있는 단어 TIP 　　　　　　　동물을 묘사하는 표현

- 温顺的羊 wēnshùn de yáng 온순한 양
- 英勇的马 yīngyǒng de mǎ 용감한 말
- 灵活的兔子 línghuó de tùzi 날쌘 토끼
- 活泼的猴子 huópō de hóuzi 활발한 원숭이
- 凶猛的老虎 xiōngměng de lǎohǔ 사나운 호랑이
- 狡猾的狐狸 jiǎohuá de húli 교활한 여우

1061 伙伴★★
huǒbàn

명 친구, 파트너, 동반자

狗是人类最忠诚的伙伴。
Gǒu shì rénlèi zuì zhōngchéng de huǒbàn.
개는 인류의 가장 충성스러운 동반자이다.

+ 人类 rénlèi 명 인류 |
忠诚 zhōngchéng 형 충성스럽다

1062 本领★★★
běnlǐng

명 재능, 능력, 재주

其实，动物们个个都本领高强。
Qíshí, dòngwùmen gègè dōu běnlǐng gāoqiáng.
사실, 동물들은 저마다 모두 재주가 뛰어나다.

+ 个个 gègè 각각, 저마다 |
高强 gāoqiáng 형 뛰어나다

1063
☐
☐
爱心
àixīn

🔲 관심과 사랑, 사랑하는 마음

养宠物可以培养孩子的爱心。🖐️^{빈출}
Yǎng chǒngwù kěyǐ péiyǎng háizi de àixīn.
애완동물을 키우는 것은 아이에게 사랑하는 마음을 길러 줄 수 있다.

+ 养 yǎng 图 기르다, 키우다 |
宠物 chǒngwù 图 애완동물 | 培养 péiyǎng 图 기르다

1064
☐
☐
生长**
shēngzhǎng

유의 成长
chéngzhǎng
성장하다
5급 ⋯ p.51

🔲 성장하다, 자라다

这里的环境不利于植物生长。🖐️^{빈출}
Zhèlǐ de huánjìng búlìyú zhíwù shēngzhǎng.
이곳의 환경은 식물이 자라기에 불리하다.

+ 不利于 búlìyú ~에 불리하다 |
植物 zhíwù 图 식물

맛있는 단어 🔲**TIP**   生长과 成长

生长과 成长은 뜻이 비슷하지만 사용 대상에 큰 차이가 있다. 生长은
사람과 동물, 식물 등에 모두 쓰일 수 있는 반면, 成长은 주로 사람에게
사용된다. 또한 '경제가 발전하다'라는 표현은 经济成长이라고도
한다.

• 小麦生长得很好。 밀이 아주 잘 자란다.
 他生长在北京。 그는 베이징에서 자랐다.

• 合理的饮食利于孩子成长。
 합리적인 식사는 아이의 성장에 이롭다.
 当地经济成长迅速。 현지의 경제 성장이 빠르다.

+ 小麦 xiǎomài 图 밀 |
合理 hélǐ 图 합리적이다 | 饮食 yǐnshí 图 음식 |
利于 lìyú ~에 이롭다 | 当地 dāngdì 图 현지 |
经济 jīngjì 图 경제 | 迅速 xùnsù 图 신속하다

DAY
16

DAY
17

DAY
18

DAY
19

DAY
20

DAY
21

DAY
22

DAY
23

DAY
24

**DAY
25**

DAY
26

DAY
27

DAY
28

DAY
29

DAY
30

1065

形状*
xíngzhuàng

명 형상, 모양, 생김새

到底有没有形状完全相同的叶子？
Dàodǐ yǒu méiyǒu xíngzhuàng wánquán xiāngtóng de yèzi?
도대체 모양이 완전히 똑같은 잎이 있긴 한가?

+ 到底 dàodǐ 🖳 도대체 |
完全 wánquán 🖳 완전히 |
相同 xiāngtóng 🗟 (서로) 같다 | 叶子 yèzi 🖲 잎

1066

吸收***
xīshōu

[유의] 吸取 xīqǔ
흡수하다
5급 ··· p.314

동 흡수하다, 빨아들이다

树木会吸收空气中的污染物质。
Shùmù huì xīshōu kōngqì zhōng de wūrǎn wùzhì.
나무는 공기 중의 오염 물질을 흡수할 수 있다.

+ 空气 kōngqì 🖲 공기 |
污染 wūrǎn 🖲 오염 | 物质 wùzhì 🖲 물질

> **맛있는 단어** TIP
> 吸收와 吸取
>
> 吸收는 주로 营养(yíngyǎng 영양), 水分(shuǐfèn 수분), 新成员
> (xīn chéngyuán 새 맴버) 등 구체적인 물질의 목적어와 결합하여
> 쓰이고, 吸取는 주로 经验(jīngyàn 경험), 教训(jiàoxùn 교훈) 같은
> 추상적인 목적어와 결합하여 쓰이지만, 吸取도 营养, 水分과 결합할
> 수 있다.

1067

抓**
zhuā

동 잡다, 꽉 쥐다, 포착하다

这种鸟抓昆虫的方式很独特。
Zhè zhǒng niǎo zhuā kūnchóng de fāngshì hěn dútè.
이 종류의 새는 곤충을 잡는 방식이 매우 독특하다.

+ 昆虫 kūnchóng 🖲 곤충 |
方式 fāngshì 🖲 방식 | 独特 dútè 🗟 독특하다

1068 直

zhí

형 곧다

这棵树的树干长得非常直。

Zhè kē shù de shùgàn zhǎng de fēicháng zhí.

이 나무의 나무줄기는 굉장히 곧게 자랐다.

+ 棵 kē 양 그루 |
树干 shùgàn 명 나무줄기

1069 神秘

shénmì

형 신비하다

大自然中有很多神秘的现象。[반출]

Dàzìrán zhōng yǒu hěn duō shénmì de xiànxiàng.

대자연에는 신비한 현상이 많이 있다.

+ 大自然 dàzìrán 명 대자연 |
现象 xiànxiàng 명 현상

1070 岸

àn

명 물가, 해안

岸边长满了五颜六色的花草。

Ànbiān zhǎngmǎnle wǔ yán liù sè de huācǎo.

물가에 여러 가지 빛깔의 화초들이 가득 자랐다.

+ 五颜六色 wǔ yán liù sè 성 여러 가지 빛깔 |
花草 huācǎo 명 화초

1071 薄

báo

반의 厚 hòu 두껍다
4급

형 얇다, 엷다

这种花的叶子又窄又薄。

Zhè zhǒng huā de yèzi yòu zhǎi yòu báo.

이런 꽃의 잎은 폭이 좁고 얇다.

+ 叶子 yèzi 명 잎 |
窄 zhǎi 형 (폭이) 좁다

1072
□
□

不然
bùrán

유의 否则 fǒuzé
그렇지 않으면
4급

접 그렇지 않으면, 아니면

把这盆花搬到屋里，不然它会被晒死的。
Bǎ zhè pén huā bāndào wū li, bùrán tā huì bèi shàisǐ de.
이 화분을 방 안으로 옮겨라, 그렇지 않으면 햇볕에 말라 죽을 거야.

+ 盆 pén 양 대야, 화분 등을 세는 단위 |
搬 bān 동 옮기다 | 屋 wū 명 방, 집 |
晒 shài 동 햇볕에 말리다

1073
□
□

明显★★★
míngxiǎn

형 뚜렷하다, 분명하다

这两只大熊猫的样子没有明显差别。
Zhè liǎng zhī dàxióngmāo de yàngzi méiyǒu míngxiǎn
chābié.
이 판다 두 마리의 모양은 뚜렷한 차이가 없다.

+ 样子 yàngzi 명 모양 | 差别 chābié 명 차이

빈출 ▌호응 표현 독해 제1부분 ▶

• 变化明显 biànhuà míngxiǎn 변화가 뚜렷하다
• 效果明显 xiàoguǒ míngxiǎn 효과가 뚜렷하다
• 明显的特征 míngxiǎn de tèzhēng 뚜렷한 특징

1074
□
□

自由★
zìyóu

형 자유롭다

小鸟在天空中自由地飞翔。
Xiǎoniǎo zài tiānkōng zhōng zìyóu de fēixiáng.
작은 새가 하늘에서 자유롭게 날고 있다.

+ 天空 tiānkōng 명 하늘 | 飞翔 fēixiáng 동 비상하다

명 자유

自由并不是绝对的。
Zìyóu bìng bú shì juéduì de.
자유는 결코 절대적인 것이 아니다.

+ 并 bìng 부 결코 | 绝对 juéduì 형 절대적이다

동물
식물

DAY
16

DAY
17

DAY
18

DAY
19

DAY
20

DAY
21

DAY
22

DAY
23

DAY
24

**DAY
25**

DAY
26

DAY
27

DAY
28

DAY
29

DAY
30

1075 勿 ★★
□
□
wù

부 ~하지 마라, ~해서는 안 된다

请勿在森林里打猎。
Qǐng wù zài sēnlín li dǎliè.
숲속에서 사냥하지 마세요.

+森林 sēnlín 명 삼림, 숲 | 打猎 dǎliè 동 사냥하다

1076 摆 ★★
□
□
bǎi

동 놓다, 진열하다

窗台上摆着五六盆植物。 [빈출]
Chuāngtái shang bǎizhe wǔ liù pén zhíwù.
창턱 위에 식물 대여섯 화분이 놓여 있다.

+窗台 chuāngtái 명 창턱 |
盆 pén 양 대야, 화분 등을 세는 단위 | 植物 zhíwù 명 식물

쓰기 출제 포인트

쓰기 제1부분에서는 '장소+동사+着+사물' 구조의 문장이 자주
출제되니 빈출 문장을 함께 익혀 두자.

• 墙上挂着一幅画。 벽에 그림 한 폭이 걸려 있다.
　장소 동사　　사물
• 门口停着一辆汽车。 입구에 자동차 한 대가 서 있다.
　장소 동사　　사물

+墙 qiáng 명 벽 | 挂 guà 동 걸다 |
幅 fú 양 폭[옷감, 종이, 그림 등을 세는 단위] |
停 tíng 동 서다, 멈추다

1077 均匀 ★
□
□
jūnyún

형 고르다, 균등하다, 균일하다

这种茶的叶子长得很均匀。
Zhè zhǒng chá de yèzi zhǎng de hěn jūnyún.
이런 차의 잎은 매우 고르게 자란다.

+叶子 yèzi 명 잎

1078
☐
☐

群
qún

양 무리, 떼

有一大群鱼聚在池边吃食。
Yǒu yí dà qún yú jù zài chí biān chī shí.
큰 물고기 떼가 연못가에 모여 먹이를 먹고 있다.

+ 聚 jù 图 모이다 | 池边 chí biān 圆 연못가 |
吃食 chī shí 图 먹이를 먹다

명 무리, 떼

小男孩儿把羊群赶到了河边。
Xiǎo nán háir bǎ yángqún gǎndàole hé biān.
어린 소년이 양 떼를 강가로 몰았다.

+ 羊群 yángqún 圆 양 떼 |
赶 gǎn 图 몰다 | 河边 hé biān 圆 강변, 강가

1079
☐
☐

片
piàn

양 조각, 편[조각, 면적 등을 세는 단위]

小马在这片宽广的草原上奔跑。 반출
Xiǎomǎ zài zhè piàn kuānguǎng de cǎoyuán shang
bēnpǎo.
망아지가 이 드넓은 초원 위를 달린다.

+ 宽广 kuānguǎng 圈 넓다 |
草原 cǎoyuán 圆 초원 | 奔跑 bēnpǎo 图 빨리 달리다

1080
☐
☐

青
qīng

형 푸르다

这种树四季常青。
Zhè zhǒng shù sìjì cháng qīng.
이런 나무는 사계절 내내 푸르다.

+ 四季 sìjì 圆 사계절

1081

☐
☐

朵

duǒ

양 송이, 조각[꽃이나 구름을 세는 단위]

他摘下一朵花送给了妈妈。
Tā zhāixià yì duǒ huā sònggěile māma.
그는 꽃 한 송이를 꺾어 엄마에게 드렸다.

+ 摘 zhāi 동 꺾다

1082

☐
☐

杀

shā

동 죽이다

请勿捕杀野生动物。
Qǐng wù bǔshā yěshēng dòngwù.
야생 동물을 잡아 죽이지 마세요.

+ 勿 wù 부 ~하지 마라 | 捕杀 bǔshā 동 잡아 죽이다 |
野生动物 yěshēng dòngwù 야생 동물

1083

☐
☐

飘

piāo

동 (바람에) 흩날리다, 나부끼다

他伸手抓住了飘在空中的树叶。
Tā shēn shǒu zhuāzhùle piāo zài kōngzhōng de shùyè.
그는 손을 내밀어 공중에서 나부끼는 나뭇잎을 잡았다.

+ 伸 shēn 동 내밀다 | 抓住 zhuāzhù 동 움켜잡다 |
空中 kōngzhōng 명 공중 | 树叶 shùyè 명 나뭇잎

DAY
24

DAY
25

DAY
26

DAY
27

DAY
28

DAY
29

DAY
30

加把劲儿!

1 빈킨을 채우세요.

蝴蝶	húdié	❶
❷	huǒbàn	친구, 파트너
翅膀	❸	날개
❹	guǒshí	과실, 열매
昆虫	❺	곤충

2 단어의 병음과 뜻을 알맞게 연결하세요.

❶ 形状 •　　　•㉠ mìfēng　　•　　　•ⓐ 형상, 모양

❷ 蜜蜂 •　　　•㉡ xíngzhuàng •　　　•ⓑ 꿀벌

❸ 均匀 •　　　•㉢ běnlǐng　　•　　　•ⓒ 재능, 능력

❹ 本领 •　　　•㉣ jūnyún　　 •　　　•ⓓ 고르다, 균등하다

3 빈칸에 들어갈 알맞은 단어를 고르세요.

> A 薄　　　B 爱心　　　C 群　　　D 神秘　　　E 抓

❶ 大自然中有很多＿＿＿＿＿＿的现象。

❷ 这种花的叶子又窄又＿＿＿＿＿＿。

❸ 养宠物可以培养孩子的＿＿＿＿＿＿。

❹ 有一大＿＿＿＿＿＿鱼聚在池边吃食。

동물
식물

DAY
16

DAY
17

DAY
18

DAY
19

DAY
20

DAY
21

DAY
22

DAY
23

DAY
24

DAY
25

DAY
26

DAY
27

DAY
28

DAY
29

DAY
30

Track56

**도전!
HSK 5급** **듣기** 제2부분

4 녹음을 듣고 알맞은 답을 고르세요.

❶ A 调整方向　　　　　　　　B 防止受伤

C 保持平衡　　　　　　　　D 提高速度

❷ A 鸟的翅膀　　　　　　　　B 动物的尾巴

C 尾巴的缺点　　　　　　　D 猫的跑跳能力

**도전!
HSK 5급** **쓰기** 제1부분

5 제시된 어휘로 어순에 맞게 문장을 완성하세요.

❶ 明显比　　减少了　　之前　　电台的听众

_____

❷ 树　　来吸收　　主要通过　　营养　　根

_____

❸ 很多　　影响　　生长的　　因素有　　植物

_____

❹ 屋里　　那间　　摆着　　很多花儿

_____

☑ 정답 및 해석 ⇨ 557쪽

급수 외 **듣기&독해**
꼭 알아야 할 **빈출 단어** ⑤

□□ 01	送货 sòng huò	상품을 보내다, 배달하다	□□ 13	指纹 zhǐwén	지문
□□ 02	客服 kèfù	고객 서비스	□□ 14	防水 fángshuǐ	방수하다, 홍수를 막다
□□ 03	欠费 qiànfèi	요금 부족, 요금이 부족하다	□□ 15	数据线 shùjùxiàn	휴대폰 케이블
□□ 04	充值 chōngzhí	(돈을) 충전하다	□□ 16	二维码 èrwéimǎ 빈출	QR코드
□□ 05	红火 hónghuo 빈출	번창하다, 번성하다	□□ 17	扫描 sǎomiáo	스캔하다
□□ 06	二手市场 èrshǒu shìchǎng	중고 시장	□□ 18	拦截功能 lánjié gōngnéng	차단 기능
□□ 07	智能手表 zhìnéng shǒubiǎo	스마트와치	□□ 19	人脸识别 rénliǎn shíbié	안면 인식 시스템
□□ 08	基金 jījīn	기금	□□ 20	研发 yánfā 빈출	연구 개발하다
□□ 09	机器人 jīqìrén 빈출	로봇	□□ 21	蓝牙 lányá	블루투스
□□ 10	大厅 dàtīng 빈출	로비, 홀	□□ 22	耳机 ěrjī 빈출	이어폰
□□ 11	无人机 wúrénjī	무인기, 드론	□□ 23	封面 fēngmiàn	책의 겉표지
□□ 12	保修期 bǎoxiūqī	수리 보증 기간	□□ 24	电子书 diànzǐshū	전자책

422

☐☐ 25	票房 piàofáng	흥행 수입, 흥행 성적	☐☐ 38	太空 tàikōng	우주, 매우 높은 하늘
☐☐ 26	颁奖 bānjiǎng	(상장, 상품 등을) 수여하다	☐☐ 39	宇宙 yǔzhòu	우주
☐☐ 27	科幻 kēhuàn	공상 과학, SF	☐☐ 40	骆驼 luòtuo	낙타
☐☐ 28	诺贝尔奖 Nuòbèi'ěr Jiǎng	노벨상	☐☐ 41	蚊子 wénzi	모기
☐☐ 29	网页 빈출 wǎngyè	인터넷 홈페이지	☐☐ 42	虫子 chóngzi	벌레
☐☐ 30	登录 빈출 dēnglù	등록하다, 로그인하다	☐☐ 43	狐狸 빈출 húli	여우
☐☐ 31	退出 tuìchū	탈퇴하다, 로그아웃하다	☐☐ 44	松树 sōngshù	소나무
☐☐ 32	共享经济 gòngxiǎng jīngjì	공유 경제	☐☐ 45	袋鼠 dàishǔ	캥거루
☐☐ 33	移动硬盘 yídòng yìngpán	외장 하드, 이동식 하드디스크	☐☐ 46	松鼠 sōngshǔ	다람쥐
☐☐ 34	短视频 duǎnshìpín	쇼트 클립[5분 이내 의 짧은 동영상]	☐☐ 47	企鹅 qǐ'é	펭귄
☐☐ 35	表情符号 biǎoqíng fúhào	이모티콘	☐☐ 48	冬眠 빈출 dōngmián	겨울잠, 동면
☐☐ 36	飞行员 fēixíngyuán	조종사, 파일럿	☐☐ 49	进化 jìnhuà	진화하다
☐☐ 37	航天员 hángtiānyuán	우주 비행사	☐☐ 50	器官 빈출 qìguān	(생물의) 기관

Track58

쓰기 제1부분
꼭 알아야 할 빈출 구문 ⑤

1 引起…的广泛关注 yǐnqǐ…de guǎngfàn guānzhù ~의 폭넓은 관심을 끌다

这件事引起了媒体的广泛关注。 이 일은 대중 매체의 폭넓은 관심을 끌었다. 빈출
那部动画片引起了网友的广泛关注。 그 애니메이션은 네티즌의 폭넓은 관심을 끌었다.

+ 媒体 méitǐ 명 대중 매체 | 动画片 dònghuàpiàn 명 만화 영화, 애니메이션 |
网友 wǎngyǒu 명 네티즌

2 比想象的… bǐ xiǎngxiàng de… 생각보다 ~하다

电脑的计算速度比想象的还快。 컴퓨터의 계산하는 속도는 생각보다 더 빠르다.
他的情况比想象的糟糕。 그의 상황은 생각보다 엉망이다.

+ 计算 jìsuàn 동 계산하다 | 糟糕 zāogāo 형 엉망이다, 좋지 않다

3 稍微有点儿 shāowēi yǒudiǎnr 약간 좀

你的观点稍微有点儿片面。 당신의 관점은 약간 좀 단편적이다. 빈출
这里的菜稍微有点儿甜。 이곳의 음식은 약간 좀 달다.

+ 观点 guāndiǎn 명 관점 | 片面 piànmiàn 형 단편적이다

4 …摆着… …bǎizhe… ~에 ~이 놓여 있다

窗台上摆着五六盆植物。 창턱 위에 식물 대여섯 화분이 놓여 있다. 빈출
桌子上摆着一个生日蛋糕。 탁자 위에 생일 케이크 한 개가 놓여 있다.

+ 窗台 chuāngtái 명 창턱 | 盆 pén 양 대야, 화분 등을 세는 단위

5 请勿… Qǐng wù… ~하지 마세요

请勿捕杀野生动物。 야생 동물을 잡아 죽이지 마세요.
请勿乱砍树木。 나무를 함부로 베지 마세요.

+ 捕杀 bǔshā 동 잡아 죽이다 | 野生动物 yěshēng dòngwù 명 야생 동물 |
乱砍 luàn kǎn 남벌하다

쓰기 제2부분
자주 나오는 주제 팬 미팅

Track59

☑ 99번 문제 빈출 단어

- **作家** zuòjiā 명 작가
- **激动** jīdòng 형 감동하다
- **魅力** mèilì 명 매력
- **签名** qiānmíng 명 사인, 서명 동 사인하다, 서명하다

- **宣传** xuānchuán 동 홍보하다
- **排队** páiduì 동 줄을 서다
- **拥挤** yōngjǐ 형 혼잡하다

☑ 100번 문제 빈출 사진

활용 단어

观众 guānzhòng 관중
大厅 dàtīng 홀

활용 단어

演讲 yǎnjiǎng 강연
讲座 jiǎngzuò 강좌

활용 단어

歌手 gēshǒu 가수
表演 biǎoyǎn 공연

☑ 참고 답안 *시험에서 '팬 미팅' 주제 관련 문제가 나오면 아래 문장을 활용하세요.

		我	喜	欢	的	作	家	举	办	了	读	者	见	面	会,
现	场	来	了	很	多	观	众	,	非	常	拥	挤	。	他	除
了	宣	传	了	新	书	外	,	还	进	行	了	一	场	充	满
魅	力	的	演	讲	。	见	面	会	结	束	后	,	我	们	排
队	跟	他	握	手	,	还	拿	到	了	他	的	签	名	,	我
真	是	太	激	动	了	！									

내가 좋아하는 작가가 독자와의 팬 미팅을 개최했는데, 현장에 관중이 많이 와서 굉장히 혼잡했다. 그는 새 책을 홍보하는 것 외에, 매력이 넘치는 강연도 진행했다. 팬 미팅이 끝난 후, 우리는 줄을 서서 그와 악수를 하고, 그의 사인도 받았다. 나는 정말 너무 감격스러웠다!

DAY 26

Track60

귀농까지 생각했어

_공업, 농업

HSK 5급에 이런 내용이 나온다!

공업 관련 주제는 제품 가공, 기기 수리, 공업 발전 등이 출제되고, 농업 관련 주제는 농작물 명칭, 농촌 생활, 농촌 변화 등이 출제됩니다. 단어는 **机器**(jīqì 기계), **零件**(língjiàn 부속품), **制造**(zhìzào 제조하다), **状况**(zhuàngkuàng 상황) 등이 자주 출제됩니다.

한눈에 파악하는 단어

공업

工业 gōngyè 공업
工厂 gōngchǎng 공장
工人 gōngrén 노동자

농업

农业 nóngyè 농업
农村 nóngcūn 농촌
农民 nóngmín 농민

劳动 láodòng 노동
干活儿 gàn huór 일을 하다
生产 shēngchǎn 생산하다

1084 工业*
☐
☐
gōngyè

명 공업

各国都十分重视工业发展。
Gè guó dōu shífēn zhòngshì gōngyè fāzhǎn.
각국은 모두 공업 발전을 매우 중시한다.

+ 各 gè 때 각 | 十分 shífēn 児 매우 |
重视 zhòngshì 图 중시하다 | 发展 fāzhǎn 图 발전하다

1085 工厂*
☐
☐
gōngchǎng

명 공장

很多工厂都建在郊外。
Hěn duō gōngchǎng dōu jiàn zài jiāowài.
많은 공장들이 교외에 지어졌다.

+ 建 jiàn 图 짓다 |
郊外 jiāowài 명 교외

1086 工人
☐
☐
gōngrén

명 노동자

爷爷曾经是一名修水管工人。
Yéye céngjīng shì yì míng xiū shuǐguǎn gōngrén.
할아버지께서는 이전에 수도관 수리공이셨다.

+ 曾经 céngjīng 児 이전에 |
修 xiū 图 수리하다 | 水管 shuǐguǎn 명 수도관

1087 农业
☐
☐
nóngyè

명 농업

中国的农业人口正在逐年减少。〔반출〕
Zhōngguó de nóngyè rénkǒu zhèngzài zhúnián jiǎnshǎo.
중국의 농업 인구는 매년 감소하고 있다.

+ 人口 rénkǒu 명 인구 |
逐年 zhúnián 児 해마다, 매년 | 减少 jiǎnshǎo 图 감소하다

DAY
16
DAY
17
DAY
18
DAY
19
DAY
20
DAY
21
DAY
22
DAY
23
DAY
24
DAY
25
DAY
26
DAY
27
DAY
28
DAY
29
DAY
30

1088 农村*
 nóngcūn

명 농촌

他很怀念小时候在农村的生活。📱

Tā hěn huáiniàn xiǎo shíhou zài nóngcūn de shēnghuó.

그는 어린 시절 농촌에서의 생활을 매우 그리워한다.

+ 怀念 huáiniàn 통 그리워하다

1089 农民 <br> nóngmín

명 농민

政府推出很多政策来增加农民的收入。

Zhèngfǔ tuīchū hěn duō zhèngcè lái zēngjiā nóngmín de shōurù.

정부는 농민의 소득을 증가시키고자 많은 정책을 내놓았다.

+ 政府 zhèngfǔ 명 정부 |
推出 tuīchū 통 내놓다 | 政策 zhèngcè 명 정책 |
增加 zēngjiā 통 증가하다 | 收入 shōurù 명 수입, 소득

1090 控制**
 kòngzhì

통 제어하다, 억제하다, 조절하다

工厂正在想办法控制生产成本。

Gōngchǎng zhèngzài xiǎng bànfǎ kòngzhì shēngchǎn chéngběn.

공장은 생산 원가를 조절할 방법을 생각하고 있다.

+ 工厂 gōngchǎng 명 공장 |
生产 shēngchǎn 통 생산하다 | 成本 chéngběn 명 원가

빈출 호응 표현 독해 제1부분

- 控制情绪 kòngzhì qíngxù 감정을 조절하다
- 控制体重 kòngzhì tǐzhòng 체중을 조절하다
- 控制速度 kòngzhì sùdù 속도를 조절하다

공업
농업

DAY
16

DAY
17

DAY
18

DAY
19

DAY
20

DAY
21

DAY
22

DAY
23

DAY
24

DAY
25

**DAY
26**

DAY
27

DAY
28

DAY
29

DAY
30

1091
☐
☐
钢铁*
gāngtiě

명 강철

爸爸在一家钢铁集团工作了三十年。
Bàba zài yì jiā gāngtiě jítuán gōngzuòle sānshí nián.
아빠는 한 강철 그룹에서 30년간 근무하셨다.

+ 集团 jítuán 명 (기업) 그룹

1092
☐
☐
机器***
jīqì

명 기계, 기기

这个机器的外形像一台冰箱。
Zhège jīqì de wàixíng xiàng yì tái bīngxiāng.
이 기계의 외형은 마치 냉장고 같다.

+ 外形 wàixíng 명 외형 | 台 tái 양 대

1093
☐
☐
小麦*
xiǎomài

명 밀

小麦有很高的营养价值。
Xiǎomài yǒu hěn gāo de yíngyǎng jiàzhí.
밀은 매우 높은 영양가가 있다.

+ 营养 yíngyǎng 명 영양 |
价值 jiàzhí 명 가치

맛있는 단어 TIP　　　　　　　　　농작물 관련 어휘

- 大米 dàmǐ 쌀
- 小米 xiǎomǐ 좁쌀
- 玉米 yùmǐ 옥수수
- 棉花 miánhuā 목화솜
- 水稻 shuǐdào 논벼
- 小麦 xiǎomài 밀
- 大豆 dàdòu 대두, 콩
- 花生 huāshēng 땅콩

1094
☐
☐
火柴
huǒchái

명 성냥

火柴发明于一千多年前。
Huǒchái fāmíng yú yìqiān duō nián qián.
성냥은 천여 년 전에 발명되었다.

+ 发明 fāmíng 동 발명하다 | 于 yú 개 ~에

1095 劳动
láodòng

명 노동, 일

牛是农业社会的重要劳动工具。
Niú shì nóngyè shèhuì de zhòngyào láodòng gōngjù.
소는 농업 사회의 중요한 노동 수단이다.

+农业 nóngyè 명 농업 |
社会 shèhuì 명 사회 | 工具 gōngjù 명 도구, 수단

1096 关闭★★
guānbì

동 닫다, 파산하다

我家附近的很多工厂都关闭了。
Wǒ jiā fùjìn de hěn duō gōngchǎng dōu guānbì le.
우리 집 근처의 많은 공장들이 문을 닫았다.

+工厂 gōngchǎng 명 공장

반의 开放 kāifàng
개방하다
5급 ⋯ p.499

1097 零件★★
língjiàn

명 부속품, 부품

这台机器有两个零件找不到了。
Zhè tái jīqì yǒu liǎng ge língjiàn zhǎo bu dào le.
이 기계는 부품 두 개를 찾을 수가 없다.

+台 tái 양 대 | 机器 jīqì 명 기계

1098 结合★
jiéhé

동 결합하다

农业正朝着与互联网、科技结合的方向发展。
Nóngyè zhèng cháozhe yǔ hùliánwǎng、kējì jiéhé de
fāngxiàng fāzhǎn.
농업은 인터넷, 과학 기술과 결합하는 방향으로 발전하고 있다.

+农业 nóngyè 명 농업 | 朝着 cháozhe 개 ~향하여 |
互联网 hùliánwǎng 명 인터넷 | 科技 kējì 명 과학 기술 |
方向 fāngxiàng 명 방향 | 发展 fāzhǎn 동 발전하다

공업
농업

DAY
16

DAY
17

DAY
18

DAY
19

DAY
20

DAY
21

DAY
22

DAY
23

DAY
24

DAY
25

DAY
26

DAY
27

DAY
28

DAY
29

DAY
30

빈출 | 호응 표현 독해 제1부분

- 与实际结合 yǔ shíjì jiéhé 실제와 결합하다
- 把两者相结合 bǎ liǎng zhě xiāng jiéhé 양자를 서로 결합하다
- 理论结合实践 lǐlùn jiéhé shíjiàn 이론에 실천을 결합하다

1099

内部
nèibù

반의 外部 wàibù
외부

명 내부

这台机器的内部结构很复杂。
Zhè tái jīqì de nèibù jiégòu hěn fùzá.
이 기계의 내부 구조는 매우 복잡하다.

　＋台 tái 양 대 | 机器 jīqì 명 기계 |
结构 jiégòu 명 구조 | 复杂 fùzá 형 복잡하다

1100

生产*
shēngchǎn

참고 产生 chǎnshēng
생기다, 발생하다
5급 ⋯ p.197

동 생산하다

这家工厂只生产其中的一个零件。
Zhè jiā gōngchǎng zhǐ shēngchǎn qízhōng de yí ge língjiàn.
이 공장은 그중 하나의 부품만을 생산한다.

　＋工厂 gōngchǎng 명 공장 |
其中 qízhōng 대 그중 | 零件 língjiàn 명 부품

1101

设备*
shèbèi

유의 设施 shèshī
시설
5급 ⋯ p.115

명 설비, 시설

设备老化严重，需抓紧维修。
Shèbèi lǎohuà yánzhòng, xū zhuājǐn wéixiū.
시설의 노후화가 심각하니, 서둘러 보수해야 한다.

　＋老化 lǎohuà 동 노화하다 |
严重 yánzhòng 형 심각하다 | 抓紧 zhuājǐn 동 서둘러 하다 |
维修 wéixiū 동 보수하다

1102 平均* píngjūn

형 평균의, 평등한

该工厂平均每天组装2000台手机。
Gāi gōngchǎng píngjūn měi tiān zǔzhuāng liǎngqiān tái shǒujī.
이 공장은 평균적으로 매일 2000대의 휴대폰을 조립한다.

+该 gāi 때 이, 그, 저 | 工厂 gōngchǎng 명 공장 |
组装 zǔzhuāng 동 조립하다 | 台 tái 양 대

1103 绳子 shéngzi

명 노끈, 밧줄

他用绳子把车上的货物固定住了。
Tā yòng shéngzi bǎ chē shang de huòwù gùdìng zhù le.
그는 밧줄로 차 위의 화물을 고정시켰다.

+货物 huòwù 명 화물 |
固定 gùdìng 동 고정시키다

1104 损失** sǔnshī

명 손실, 손해

干旱造成的农业损失非常严重。
Gānhàn zàochéng de nóngyè sǔnshī fēicháng yánzhòng.
가뭄이 초래한 농업 손실이 굉장히 심각하다.

+干旱 gānhàn 명 가뭄 |
造成 zàochéng 동 (좋지 않은 상황을) 초래하다 |
农业 nóngyè 명 농업 | 严重 yánzhòng 형 심각하다

동 손실되다, 손해를 보다

投资失败导致他损失了很多钱。
Tóuzī shībài dǎozhì tā sǔnshīle hěn duō qián.
투자 실패로 그는 많은 돈을 손해 보게 되었다.

+投资 tóuzī 명 투자 | 失败 shībài 동 실패하다 |
导致 dǎozhì 동 (어떤 사태를) 초래하다

1105 改进
gǎijìn

동 개선하다, 개량하다

改进生产工具可以提高劳动效率。
Gǎijìn shēngchǎn gōngjù kěyǐ tígāo láodòng xiàolǜ.
생산 도구를 개량하면 노동의 능률을 높일 수 있다.

+ 生产 shēngchǎn 동 생산하다 |
工具 gōngjù 명 도구 | 劳动 láodòng 명 노동 |
效率 xiàolǜ 명 효율, 능률

빈출 | 호응 표현 독해 제1부분

- 改进方法 gǎijìn fāngfǎ 방법을 개선하다
- 改进技术 gǎijìn jìshù 기술을 개선하다
- 改进工作 gǎijìn gōngzuò 사업을 개선하다

1106 制造*
zhìzào

동 제조하다, 만들다

这种机器是按照国家标准制造的。
Zhè zhǒng jīqì shì ànzhào guójiā biāozhǔn zhìzào de.
이런 기계는 국가 표준에 따라 제조된 것이다.

+ 机器 jīqì 명 기계 |
按照 ànzhào 개 ~에 따라 | 标准 biāozhǔn 명 표준

1107 状况**
zhuàngkuàng

명 상황, 형편, 상태

工厂的设立改变了当地落后的经济状况。
Gōngchǎng de shèlì gǎibiànle dāngdì luòhòu de jīngjì
zhuàngkuàng.
공장의 설립이 현지의 낙후된 경제 상황을 바꾸었다.

+ 工厂 gōngchǎng 명 공장 | 设立 shèlì 동 설립하다 |
改变 gǎibiàn 동 바꾸다 | 当地 dāngdì 명 현지 |
落后 luòhòu 동 낙후되다 | 经济 jīngjì 명 경제

DAY
16

DAY
17

DAY
18

DAY
19

DAY
20

DAY
21

DAY
22

DAY
23

DAY
24

DAY
25

DAY
26

DAY
27

DAY
28

DAY
29

DAY
30

通常[*]
tōngcháng

형 통상적이다, 일반적이다

大油田通常位于沙漠下面。🤚^{만음}
Dà yóutián tōngcháng wèiyú shāmò xiàmiàn.
큰 유전은 일반적으로 사막 아래에 위치한다.

+ 油田 yóutián 몡 유전 |
位于 wèiyú 동 ~에 위치하다 | 沙漠 shāmò 몡 사막

1109

程序[*]
chéngxù

명 순서, 절차

一个产品的完成需要经过不少程序。
Yí ge chǎnpǐn de wánchéng xūyào jīngguò bù shǎo
chéngxù.
한 제품의 완성은 적지 않은 절차를 거쳐야 한다.

+ 产品 chǎnpǐn 몡 제품

듣기 출제 포인트

程序는 '절차'라는 의미 외에 '소프트웨어 프로그램'을 가리키기도
하는데, 듣기 영역에서 컴퓨터 관련 내용으로 程序가 언급되면 이는
소프트웨어 프로그램을 말하는 것으로 간주해야 한다. 특히 시험에는
下载程序(xiàzài chéngxù 프로그램을 다운로드하다)와 安装程序
(ānzhuāng chéngxù 프로그램을 설치하다)가 가장 많이 출제된다.

1110

必然
bìrán

반의 偶然 ǒurán
우연히, 우연하다
5급 ··· p.458

형 필연적이다

重工业的发展造成环境污染是必然的。
Zhònggōngyè de fāzhǎn zhàochéng huánjìng wūrǎn shì
bìrán de.
중공업의 발전이 환경 오염을 초래하는 것은 필연적인 것이다.

+ 重工业 zhònggōngyè 몡 중공업 | 发展 fāzhǎn 몡 발전 |
造成 zàochéng 동 (종지 않은 상황을) 초래하다 |
污染 wūrǎn 몡 오염

1111

拆
chāi

[동] (붙어 있는 것을) 뜯다, 떼어 내다

他们打算把机器拆开进行检查。
Tāmen dǎsuan bǎ jīqì chāikāi jìnxíng jiǎnchá.
그들은 기계를 뜯어서 검사를 진행할 계획이다.

+ 机器 jīqì [명] 기계 |
进行 jìnxíng [동] 진행하다

1112

原料*
yuánliào

[명] 원료

生产一个小小的零件却需要很多原料。
Shēngchǎn yí ge xiǎoxiǎo de língjiàn què xūyào hěn duō yuánliào.
작은 부품 하나를 생산하는 데 많은 원료가 필요하다.

+ 生产 shēngchǎn [동] 생산하다 |
零件 língjiàn [명] 부품

1113

具备**
jùbèi

[동] 갖추다, 구비하다

这台机器具备效率高、耗能低的特点。
Zhè tái jīqì jùbèi xiàolǜ gāo、hàonéng dī de tèdiǎn.
이 기계는 효율이 높고, 에너지 소모가 적다는 특징을 갖추고 있다.

+ 台 tái [양] 대 | 机器 jīqì [명] 기계 |
效率 xiàolǜ [명] 효율 | 耗能 hàonéng [명] 에너지 소모 |
低 dī [형] 낮다 | 特点 tèdiǎn [명] 특징

> **빈출** **호응 표현** 독해 제1부분

- 具备条件 jùbèi tiáojiàn 조건을 갖추다
- 具备资格 jùbèi zīgé 자격을 갖추다
- 具备能力 jùbèi nénglì 능력을 갖추다

DAY
16

DAY
17

DAY
18

DAY
19

DAY
20

DAY
21

DAY
22

DAY
23

DAY
24

DAY
25

DAY
26

DAY
27

DAY
28

DAY
29

DAY
30

堆**

duī

동 쌓이다, 쌓여 있다

仓库里堆满了大型设备。[반출]
Cāngkù li duīmǎnle dàxíng shèbèi.
창고 안에 대형 설비가 가득 쌓여 있다.

+仓库 cāngkù 圀 창고 |
大型 dàxíng 톙 대형의 | 设备 shèbèi 圀 설비

명 무더기, 더미

这条路两边有很多石头堆。
Zhè tiáo lù liǎngbiān yǒu hěn duō shítou duī.
이 길 양쪽에는 돌무더기가 많이 있다.

+石头 shítou 圀 돌

양 무더기, 더미

桌子上放着一大堆要处理的文件。
Zhuōzi shang fàngzhe yí dà duī yào chǔlǐ de wénjiàn.
책상 위에 처리해야 할 서류가 한 무더기 놓여 있다.

+处理 chǔlǐ 동 처리하다 |
文件 wénjiàn 圀 서류

恢复***

huīfù

동 회복하다, 회복되다

经过安全检查后，工厂恢复了生产。
Jīngguò ānquán jiǎnchá hòu, gōngchǎng huīfùle
shēngchǎn.
안전 검사를 거친 후, 공장은 생산을 재개했다.

+工厂 gōngchǎng 圀 공장 |
安全 ānquán 圀 안전 | 生产 shēngchǎn 동 생산하다

1116 干活儿
gàn huór

동 일을 하다, 노동하다

外公每天早晨去田里干活儿。
Wàigōng měi tiān zǎochen qù tián li gàn huór.
외할아버지께서는 매일 아침 밭에 가서 일하신다.

+ 外公 wàigōng 명 외할아버지 |
早晨 zǎochen 명 이른 아침 | 田 tián 명 밭

1117 轮流★★
lúnliú

동 교대로 하다, 돌아가면서 하다

两组工人白天、黑夜轮流工作。
Liǎng zǔ gōngrén báitiān、hēiyè lúnliú gōngzuò.
두 조의 노동자들이 낮과 밤에 교대로 일한다.

+ 组 zǔ 명 조, 팀 | 工人 gōngrén 명 노동자 |
白天 báitiān 명 낮 | 黑夜 hēiyè 명 컴컴한 밤

1118 占★
zhàn

동 차지하다, 점령하다

农业在一个国家的发展中占重要地位。
Nóngyè zài yí ge guójiā de fāzhǎn zhōng zhàn zhòngyào dìwèi.
농업은 한 나라의 발전에 중요한 위치를 차지한다.

+ 农业 nóngyè 명 농업 |
发展 fāzhǎn 명 발전 | 地位 dìwèi 명 (사회적) 위치

빈출 │ 호응 표현 독해 제1부분 ▶

• 占位置 zhàn wèizhì 자리를 차지하다
• 占优势 zhàn yōushì 우위를 차지하다
• 占比例 zhàn bǐlì 비중을 차지하다

DAY 16
DAY 17
DAY 18
DAY 19
DAY 20
DAY 21
DAY 22
DAY 23
DAY 24
DAY 25
DAY 26
DAY 27
DAY 28
DAY 29
DAY 30

1119 整体* zhěngtǐ

반의 个体 gètǐ 개체

6급

명 전체, 전부

从整体上看，中国的农业发展不平衡。
Cóng zhěngtǐ shang kàn, Zhōngguó de nóngyè fāzhǎn bù pínghéng.
전체적으로 볼 때, 중국의 농업 발전은 균형이 맞지 않는다.

+ 农业 nóngyè 명 농업 |
发展 fāzhǎn 명 발전 | 平衡 pínghéng 형 균형이 맞다

1120 危害* wēihài

명 피해, 위해

我们要控制工业污染带来的危害。
Wǒmen yào kòngzhì gōngyè wūrǎn dàilái de wēihài.
우리는 공업 오염이 가져오는 피해를 통제해야 한다.

+ 控制 kòngzhì 통 통제하다 |
工业 gōngyè 명 공업 | 污染 wūrǎn 명 오염

통 해치다, 손상시키다

吸烟危害身体健康。
Xīyān wēihài shēntǐ jiànkāng.
흡연은 신체 건강을 해친다.

+ 吸烟 xīyān 통 흡연하다

1121 建立** jiànlì

통 세우다, 건립하다, 맺다

很多汽车公司在这里建立了工厂。
Hěn duō qìchē gōngsī zài zhèlǐ jiànlìle gōngchǎng.
많은 자동차 회사가 이곳에 공장을 세웠다.

+ 工厂 gōngchǎng 명 공장

빈출 호응 표현 독해 제1부분

- 建立学校 jiànlì xuéxiào 학교를 세우다
- 建立友谊 jiànlì yǒuyì 우정을 맺다
- 建立关系 jiànlì guānxi 관계를 맺다

438

1122

吵
chǎo

형 시끄럽다, 떠들썩하다

机器工作的声音太吵，影响工人健康。
Jīqì gōngzuò de shēngyīn tài chǎo, yǐngxiǎng gōngrén
jiànkāng.
기계 작업 소리가 너무 시끄러워서, 노동자들의 건강에 영향을 미친다.

+ 机器 jīqì 명 기계 |
工人 gōngrén 명 노동자

1123

重量**
zhòngliàng

명 중량, 무게

根据货物的重量和大小，运费会不同。
Gēnjù huòwù de zhòngliàng hé dàxiǎo, yùnfèi huì bùtóng.
화물의 무게와 크기에 따라, 운송비가 다를 수 있다.

+ 货物 huòwù 명 화물 | 大小 dàxiǎo 명 크기 |
运费 yùnfèi 명 운송비 | 不同 bùtóng 형 다르다

맛있는 단어 TIP
물리량 명칭

- 长度 chángdù 길이
- 面积 miànjī 면적
- 时间 shíjiān 시간
- 频率 pínlǜ 주파수
- 重量 zhòngliàng 무게
- 体积 tǐjī 부피
- 速度 sùdù 속도
- 功率 gōnglǜ 일률

1124

甲
jiǎ

명 갑[천간(天干)의 첫째]

甲方应依法为劳动者交保险费。
Jiǎfāng yīng yīfǎ wèi láodòngzhě jiāo bǎoxiǎnfèi.
갑측은 법에 따라 노동자를 위해 보험료를 내야 한다.

+ 甲方 jiǎfāng 명 갑측 | 依法 yīfǎ 동 법에 따르다 |
劳动者 láodòngzhě 명 노동자 | 交 jiāo 동 내다 |
保险费 bǎoxiǎnfèi 명 보험료

1125
□
□

乙
yǐ

명 을[천간(天干)의 둘째]

我们公司与甲、乙两家工厂签了加工合同。
Wǒmen gōngsī yǔ jiǎ、yǐ liǎng jiā gōngchǎng qiānle jiāgōng
hétong.
우리 회사는 갑, 을 두 공장과 가공 계약을 체결했다.

+ 工厂 gōngchǎng 명 공장 |
签合同 qiān hétong 계약을 체결하다 | 加工 jiāgōng 명 가공

1126
□
□

完善★★
wánshàn

형 완전하다, 완벽하다, 나무랄 데가 없다

中国有一套完善的工业体系。
Zhōngguó yǒu yí tào wánshàn de gōngyè tǐxì.
중국은 하나의 완벽한 공업 체계가 있다.

+ 套 tào 양 가지[체계를 이루고 있는 것을 세는 단위] |
工业 gōngyè 명 공업 | 体系 tǐxì 명 체계

빈출 호응 표현 독해 제1부분

• 完善的制度 wánshàn de zhìdù 완벽한 제도

• 完善的设施 wánshàn de shèshī 완벽한 시설

• 完善的系统 wánshàn de xìtǒng 완벽한 시스템

공업
농업

DAY
16

DAY
17

DAY
18

DAY
19

DAY
20

DAY
21

DAY
22

DAY
23

DAY
24

DAY
25

**DAY
26**

DAY
27

DAY
28

DAY
29

DAY
30

1127 **使劲儿**[*]

shǐjìnr

동 힘을 쓰다

为了在天黑前把活儿干完，大家都很
使劲儿。
Wèile zài tiān hēi qián bǎ huór gànwán, dàjiā dōu hěn
shǐjìnr.
날이 어두워지기 전에 일을 끝내기 위해, 모두들 매우 힘쓴다.

+ **天黑** tiān hēi 날이 어두워지다 |
干活儿 gàn huór 동 일을 하다

맛있는 단어 TIP   劲儿이 들어가는 어휘

劲儿은 '힘, 기운'이라는 뜻이고, 주로 구어체에서 많이 쓰인다.

• 没劲儿 méi jìnr 힘이 없다, 흥미가 없다

• 加把劲儿 jiā bǎ jìnr 힘을 내다

• 干劲儿 gànjìnr (일을 하려고 하는) 의욕

• 手劲儿 shǒujìnr 손힘

加把劲儿!

1 빈칸을 채우세요.

农村	❶	농촌
❷	jīqì	기계, 기기
小麦	xiǎomài	❸
❹	zhuàngkuàng	상황, 형편, 상태
完善	❺	완전하다, 완벽하다

2 단어의 병음과 뜻을 알맞게 연결하세요.

❶ 危害 •   • ㉠ wēihài •   • ⓐ 중량, 무게

❷ 重量 •   • ㉡ zhòngliàng •   • ⓑ 피해, 위해

❸ 必然 •   • ㉢ bìrán •   • ⓒ 순서, 절차

❹ 程序 •   • ㉣ chéngxù •   • ⓓ 필연적이다

3 빈칸에 들어갈 알맞은 단어를 고르세요.

A 火柴   B 农业   C 平均   D 关闭   E 轮流

❶ 我家附近的很多工厂都_____了。

❷ 中国的_____人口正在逐年缩小。

❸ 该工厂_____每天组装2000台手机。

❹ 两组工人白天、黑夜_____工作。

공업
농업

DAY
16

DAY
17

DAY
18

DAY
19

DAY
20

DAY
21

DAY
22

DAY
23

DAY
24

DAY
25

DAY
26

DAY
27

DAY
28

DAY
29

DAY
30

 듣기 제1부분

4 녹음을 듣고 알맞은 답을 고르세요.

❶ A 报警   B 计算损失

   C 重新记录   D 打印材料

❷ A 要做手术   B 恢复得很好

   C 还需要检查   D 暂时不能出院

 쓰기 제1부분

5 제시된 어휘로 어순에 맞게 문장을 완성하세요.

❶ 人们   自己的   很难   情绪   控制

_____

❷ 堆   角落里   一些木箱子   着

_____

❸ 大家   照顾   生病的奶奶   轮流

_____

❹ 参加比赛的   他   资格   不具备

_____

☑ 정답 및 해석 ⇨ 558쪽

DAY 27

Track62

우리의 전통을 찾아서~
_역사, 전통

HSK 5급에 이런 내용이 나온다!

역사 관련 주제는 전설, 신화, 역사 이야기 등이 출제되고, 전통 관련 주제는 전통 문화, 지역 풍속 등이 출제됩니다. 빈출 단어로는 **传统**(chuántǒng 전통), **悠久**(yōujiǔ 유구하다), **保存**(bǎocún 보존하다), **深刻** (shēnkè 깊다), **讲究**(jiǎngjiu 중요시하다) 등이 있습니다.

한눈에 파악하는 단어

역사

历史 lìshǐ 역사
古代 gǔdài 고대
从前 cóngqián 이전, 옛날
曾经 céngjīng 일찍이, 이전에
传说 chuánshuō 전설
神话 shénhuà 신화

전통

传统 chuántǒng 전통
风俗 fēngsú 풍속
习俗 xísú 습관과 풍습

↓

流传至今 liúchuán zhìjīn
오늘날까지 대대로 전해지고 있다

依然保留 yīrán bǎoliú
여전히 유지하다

1128 传统★★
□
□
chuántǒng

형 전통적이다

尊敬老人是我们的传统美德。👉
Zūnjìng lǎorén shì wǒmen de chuántǒng měidé.
노인을 공경하는 것은 우리의 전통적인 미덕이다.

+ 尊敬 zūnjìng 동 존경하다 |
老人 lǎorén 명 노인 | 美德 měidé 명 미덕

명 전통

中秋节吃月饼是中国的传统。
Zhōngqiū Jié chī yuèbǐng shì Zhōngguó de chuántǒng.
중추절에 월병을 먹는 것은 중국의 전통이다.

+ 中秋节 Zhōngqiū Jié 명 추석, 중추절 |
月饼 yuèbǐng 명 월병

1129 传说
□
□
chuánshuō

명 전설

这是一个关于龙的传说。👉
Zhè shì yí ge guānyú lóng de chuánshuō.
이것은 용에 관한 전설이다.

+ 龙 lóng 명 용

1130 流传★
□
□
liúchuán

동 대대로 전해 내려오다, 유전되다

李白写的很多诗都流传至今。
Lǐ Bái xiě de hěn duō shī dōu liúchuán zhìjīn.
이백이 쓴 많은 시들이 오늘날까지 대대로 전해 내려오고 있다.

+ 李白 Lǐ Bái 고유 이백[당대의 저명한 시인] |
诗 shī 명 시 | 至今 zhìjīn 부 오늘날까지

DAY 16
DAY 17
DAY 18
DAY 19
DAY 20
DAY 21
DAY 22
DAY 23
DAY 24
DAY 25
DAY 26
DAY 27
DAY 28
DAY 29
DAY 30

1131

☐
☐

文明
wénmíng

명 문명

文字的出现是一个文明诞生的标志。
Wénzì de chūxiàn shì yí ge wénmíng dànshēng de biāozhì.
문자의 출현은 하나의 문명 탄생의 상징이다.

> ╋文字 wénzì 명 문자 | 出现 chūxiàn 동 출현하다 |
> 诞生 dànshēng 동 탄생하다 | 标志 biāozhì 명 상징

형 교양이 있다, 예의 바르다

乱扔垃圾是一种不文明的行为。🈲️
Luàn rēng lājī shì yì zhǒng bù wénmíng de xíngwéi.
함부로 쓰레기를 버리는 것은 교양 없는 행동이다.

> ╋乱 luàn 부 함부로 |
> 扔垃圾 rēng lājī 쓰레기를 버리다 |
> 行为 xíngwéi 명 행위, 행동

1132

☐
☐

悠久 **
yōujiǔ

형 유구하다

外公告诉我这些胡同历史悠久。🈲️
Wàigōng gàosu wǒ zhèxiē hútòng lìshǐ yōujiǔ.
외할아버지께서는 나에게 이 골목들의 역사가 유구하다고 알려 주셨다.

> ╋外公 wàigōng 명 외할아버지 |
> 胡同 hútòng 명 골목

▶ 빈출 ▏ 호응 표현 독해 제1부분 ▶

- 历史悠久 lìshǐ yōujiǔ 역사가 유구하다
- 文化悠久 wénhuà yōujiǔ 문화가 유구하다
- 传统悠久 chuántǒng yōujiǔ 전통이 유구하다

1133

☐
☐

风俗*

fēngsú

유의 习俗 xísú
습관과 풍습
6급

명 풍속

过年吃饺子是中国北方的传统风俗。
Guònián chī jiǎozi shì Zhōngguó běifāng de chuántǒng
fēngsú.
설을 쇨 때 교자를 먹는 것은 중국 북방의 전통적인 풍속이다.

+ 过年 guònián 통 설을 쇠다 |
饺子 jiǎozi 명 교자, 만두 |
传统 chuántǒng 형 전통적이다

듣기 출제 포인트

중국에 百里不同风,千里不同俗(고장마다 풍속이 다르다)라는 속담
이 있는데, 이 속담을 설명하면서 중국 각 지역의 풍속을 소개하는
내용이 듣기 단문 문제에 자주 출제된다. 이런 문제는 各地风俗不同
(각지의 풍속이 다르다)이 정답으로 잘 나온다.

1134

☐
☐

神话*

shénhuà

명 신화

这个神话传说已经流传了上千年。
Zhège shénhuà chuánshuō yǐjing liúchuánle shàng
qiān nián.
이 신화 전설은 이미 천여 년 동안 전해져 내려왔다.

+ 传说 chuánshuō 명 전설 |
流传 liúchuán 통 대대로 전해 내려오다 |
上 shàng 통 (일정한 수량이나 정도에) 달하다

1135

☐
☐

古代*

gǔdài

명 고대

在古代，人们就非常重视饮食的多样性。
Zài gǔdài, rénmen jiù fēicháng zhòngshì yǐnshí de
duōyàngxìng.
고대에는, 사람들이 음식의 다양성을 굉장히 중시했다.

+ 重视 zhòngshì 통 중시하다 |
饮食 yǐnshí 명 음식 | 多样性 duōyàngxìng 명 다양성

DAY
16

DAY
17

DAY
18

DAY
19

DAY
20

DAY
21

DAY
22

DAY
23

DAY
24

DAY
25

DAY
26

DAY
27

DAY
28

DAY
29

DAY
30

1136

☐
☐

保留*
bǎoliú

동 보류하다, 남겨 두다, 유지하다

很多地方依然保留着传统的结婚形式。
Hěn duō dìfang yīrán bǎoliúzhe chuántǒng de jiéhūn
xíngshì.
많은 곳에서 여전히 전통적인 결혼 형식을 유지하고 있다.

+ **依然** yīrán 〔부〕 여전히 |
传统 chuántǒng 〔형〕 전통적이다 |
形式 xíngshì 〔명〕 형식

빈출 ┃ 호응 표현 독해 제1부분 ▶

- 保留**传统** bǎoliú chuántǒng 전통을 유지하다
- 保留**特点** bǎoliú tèdiǎn 특징을 유지하다
- 保留**原样** bǎoliú yuányàng 원형을 유지하다

1137

☐
☐

保存***
bǎocún

동 보존하다

这一部分的长城城墙保存得很完整。
Zhè yí bùfen de Chángchéng chéngqiáng bǎocún de
hěn wánzhěng.
이 부분의 만리장성 성벽은 온전하게 보존되었다.

+ **长城** Chángchéng 〔고유〕 창청, 만리장성 |
城墙 chéngqiáng 〔명〕 성벽 |
完整 wánzhěng 〔형〕 온전하다

1138

☐
☐

曾经**
céngjīng

부 일찍이, 이전에

南京曾经是明代的首都。
Nánjīng céngjīng shì Míngdài de shǒudū.
난징은 이전에 명대의 수도였다.

+ **南京** Nánjīng 〔고유〕 난징 |
明代 Míngdài 〔고유〕 명대 | **首都** shǒudū 〔명〕 수도

1139 从前
cóngqián

유의 以前 yǐqián
이전, 과거
3급

명 이전, 옛날

从前，这里的商业十分发达。 반출
Cóngqián, zhèlǐ de shāngyè shífēn fādá.
옛날에, 이곳의 상업이 매우 발달했었다.

+ 商业 shāngyè 명 상업 |
十分 shífēn 부 매우 | 发达 fādá 형 발달하다

1140 据说
jùshuō

동 듣자 하니 ~라 한다

据说，这个房子有两百多年的历史。
Jùshuō, zhège fángzi yǒu liǎngbǎi duō nián de lìshǐ.
듣자 하니, 이 집은 200여 년의 역사를 가지고 있다고 한다.

+ 房子 fángzi 명 집

1141 艰苦*
jiānkǔ

형 고달프다, 어렵고 힘들다

战争年代，人们过着非常艰苦的生活。
Zhànzhēng niándài, rénmen guòzhe fēicháng jiānkǔ de shēnghuó.
전쟁 시기에, 사람들은 굉장히 어렵고 힘든 삶을 살았다.

+ 战争 zhànzhēng 명 전쟁 |
年代 niándài 명 시대, 시기

1142 讲究**
jiǎngjiu

동 중요시하다, 소중히 여기다

古人很讲究建筑的方向和位置。
Gǔrén hěn jiǎngjiu jiànzhù de fāngxiàng hé wèizhì.
옛 사람들은 건축물의 방향과 위치를 매우 중요시했다.

+ 古人 gǔrén 명 옛 사람 |
建筑 jiànzhù 명 건축물 | 方向 fāngxiàng 명 방향 |
位置 wèizhì 명 위치

DAY
16

DAY
17

DAY
18

DAY
19

DAY
20

DAY
21

DAY
22

DAY
23

DAY
24

DAY
25

DAY
26

DAY
27

DAY
28

DAY
29

DAY
30

1143 落后* luòhòu

반의 先进 xiānjìn
선진적이다
6급

형 낙후되다

一百年前，这里科技水平非常落后。
Yìbǎi nián qián, zhèlǐ kējì shuǐpíng fēicháng luòhòu.
100년 전에, 여기의 과학 기술 수준은 굉장히 낙후됐었다.

+ 科技 kējì 명 과학 기술

동 뒤처지다

我们已经落后对方10分了。
Wǒmen yǐjing luòhòu duìfāng shí fēn le.
우리는 이미 상대방에게 10점 뒤처졌다.

+ 对方 duìfāng 명 상대방

1144 命运** mìngyùn

명 운명

我想命运掌握在自己手里。
Wǒ xiǎng mìngyùn zhǎngwò zài zìjǐ shǒuli.
나는 운명이 자신의 손에 달렸다고 생각한다.

+ 掌握 zhǎngwò 동 장악하다

1145 国王 guówáng

명 국왕

在古代，国王拥有最高的权力。
Zài gǔdài, guówáng yōngyǒu zuì gāo de quánlì.
고대에는 국왕이 최고의 권력을 가졌다.

+ 古代 gǔdài 명 고대 |
拥有 yōngyǒu 동 가지다 | 权力 quánlì 명 권력

1146 伟大* wěidà

반의 渺小
miǎoxiǎo
보잘것없다
6급

형 위대하다

他是历史上最伟大的科学家。
Tā shì lìshǐ shang zuì wěidà de kēxuéjiā.
그는 역사상 가장 위대한 과학자이다.

+ 科学家 kēxuéjiā 명 과학자

DAY
16

DAY
17

DAY
18

DAY
19

DAY
20

DAY
21

DAY
22

DAY
23

DAY
24

DAY
25

DAY
26

**DAY
27**

DAY
28

DAY
29

DAY
30

1147

无数
wúshù

형 무수하다, 매우 많다

这个民间故事感动了无数人。
Zhège mínjiān gùshi gǎndòngle wúshù rén.
이 민간 이야기는 매우 많은 사람들을 감동시켰다.

+ 民间 mínjiān 명 민간 |
感动 gǎndòng 동 감동시키다

1148

成语★★★
chéngyǔ

명 성어

成语是传统文化的重要组成部分。
Chéngyǔ shì chuántǒng wénhuà de zhòngyào zǔchéng bùfen.
성어는 전통문화의 중요한 구성 부분이다.

+ 传统 chuántǒng 명 전통 |
组成 zǔchéng 명 구성

1149

王子
wángzǐ

참고 公主 gōngzhǔ
공주
5급 ⋯ p.49

명 왕자

国王选了一个王子做他的继承人。
Guówáng xuǎnle yí ge wángzǐ zuò tā de jìchéngrén.
국왕은 한 명의 왕자를 그의 왕위 계승자로 선택했다.

+ 国王 guówáng 명 국왕 |
选 xuǎn 동 선택하다 |
继承人 jìchéngrén 명 왕위 계승자

1150

土地
tǔdì

명 토지, 땅

这片土地养活了几代人。
Zhè piàn tǔdì yǎnghuole jǐ dài rén.
이 토지가 몇 세대를 먹여 살렸다.

+ 片 piàn 양 편[조각, 면적 등을 세는 단위] |
养活 yǎnghuo 동 먹여 살리다 | 代 dài 명 세대

1151

规模 ***
guīmó

명 규모

这里是一座规模很大的古城。
Zhèlǐ shì yí zuò guīmó hěn dà de gǔchéng.
이곳은 규모가 매우 큰 고도이다.

+ 座 zuò 양 부피가 크거나 고정된 물체를 세는 단위 |
古城 gǔchéng 명 고도, 오래된 도시

1152

完整 **
wánzhěng

형 완전하다, 완벽하다

这件历史文物被完整地保存下来了。 ^{빈출}
Zhè jiàn lìshǐ wénwù bèi wánzhěng de bǎocún xiàlai le.
이 역사적 문물은 완전하게 보존되어 왔다.

+ 文物 wénwù 명 문물, 문화재 |
保存 bǎocún 동 보존하다

빈출 | 호응 표현 독해 제1부분

- 完整的结构 wánzhěng de jiégòu 완전한 구조
- 完整的故事 wánzhěng de gùshi 완전한 이야기
- 完整的领土 wánzhěng de lǐngtǔ 완전한 영토

1153

日子 **
rìzi

명 날, 날짜, 기간

我时常怀念那段艰苦的日子。 ^{빈출}
Wǒ shícháng huáiniàn nà duàn jiānkǔ de rìzi.
나는 그때의 고달픈 날들을 늘 그리워한다.

+ 时常 shícháng 부 늘, 자주 |
怀念 huáiniàn 동 그리워하다 |
段 duàn 양 동안 | 艰苦 jiānkǔ 형 고달프다

1154 至于* zhìyú

개 ~으로 말하면, ~에 관해서

至于这个问题，我觉得需要进一步讨论。
Zhìyú zhège wèntí, wǒ juéde xūyào jìnyíbù tǎolùn.
이 문제에 관해서, 나는 진일보한 토론이 필요하다고 생각한다.

> + 进一步 jìnyíbù 閉 진일보하다 |
> 讨论 tǎolùn 图 토론하다

동 ~의 정도에 이르다

如果早点儿治疗，就不至于住院了。
Rúguǒ zǎo diǎnr zhìliáo, jiù bú zhìyú zhùyuàn le.
만약 좀 일찍 치료했다면, 입원할 정도에 이르진 않았을텐데.

> + 治疗 zhìliáo 图 치료하다 |
> 住院 zhùyuàn 图 입원하다

1155 从而** cóng'ér

접 따라서, 그리하여

我们要认真学习历史，从而吸取教训。
Wǒmen yào rènzhēn xuéxí lìshǐ, cóng'ér xīqǔ jiàoxùn.
우리는 역사를 진지하게 배워서 교훈을 얻어야 한다.

> + 吸取 xīqǔ 图 얻다 |
> 教训 jiàoxùn 圀 교훈

1156 真实** zhēnshí

형 진실하다

这是历史上存在的真实事件。
Zhè shì lìshǐ shang cúnzài de zhēnshí shìjiàn.
이것은 역사에 존재하는 진실한 사건이다.

> + 存在 cúnzài 图 존재하다 |
> 事件 shìjiàn 圀 사건

[반의] 虚假 xūjiǎ
허위의
6급

DAY
16

DAY
17

DAY
18

DAY
19

DAY
20

DAY
21

DAY
22

DAY
23

DAY
24

DAY
25

DAY
26

DAY
27

DAY
28

DAY
29

DAY
30

总算
zǒngsuàn

부 드디어, 마침내

经过多年的奋斗，老百姓总算过上了幸福生活。

Jīngguò duō nián de fèndòu, lǎobǎixìng zǒngsuàn guòshàngle xìngfú shēnghuó.

다년간의 분투를 거쳐, 국민들은 마침내 행복한 생활을 하게 되었다.

+ 奋斗 fèndòu 图 분투하다 |
老百姓 lǎobǎixìng 명 백성, 국민 |
幸福 xìngfú 형 행복하다

쓰기 출제 포인트

总算 뒤에는 항상 긍정적인 내용이 와야 하므로 쓰기 작문 시 이점에 꼭 유의하자. 부정적인 내용을 쓰려면 最终(zuìzhōng 결국)이나 最后(zuìhòu 결국) 등의 어휘를 사용할 수 있다.

• 经过抢救，病人总算睁开了眼睛。
응급 처치로 환자가 드디어 눈을 떴다.

• 他连续工作了20个小时，总算晕倒了。(X)
_{부정적인 내용임}

→ 他连续工作了20个小时，最终晕倒了。(O)
그는 20시간을 계속 일하다가, 결국 쓰러졌다.

+ 抢救 qiǎngjiù 图 응급 처치하다 | 病人 bìngrén 명 환자 |
睁眼睛 zhēng yǎnjing 눈을 뜨다 | 连续 liánxù 图 계속하다 |
晕倒 yūndǎo 图 기절하여 쓰러지다

整个
zhěnggè

형 전체의, 전부의

我不太了解这段历史的整个经过。

Wǒ bú tài liǎojiě zhè duàn lìshǐ de zhěnggè jīngguò.

나는 이 동안의 역사 전체 과정을 잘 모르겠다.

+ 段 duàn 양 동안

1159 显示 ★★
☐
☐
xiǎnshì

[동] 나타내 보이다, 보여주다

研究显示，这里曾经是一片森林。 🖐️_{빈출}
Yánjiū xiǎnshì, zhèlǐ céngjīng shì yí piàn sēnlín.
연구에 따르면, 이곳은 이전에 숲이었다.

+ 研究 yánjiū 몡 연구 | 曾经 céngjīng 뷔 이전에 |
片 piàn 얭 편[조각, 면적 등을 세는 단위] |
森林 sēnlín 몡 삼림, 숲

> **빈출** 호응 표현 독해 제1부분 ▶

- 数据显示 shùjù xiǎnshì 데이터로 보여주다
- 结果显示 jiéguǒ xiǎnshì 결과로 보여주다
- 调查显示 diàochá xiǎnshì 조사에서 보여주다

1160 重复 ★
☐
☐
chóngfù

[동] 반복하다, 되풀이하다

有位哲学家说，人类一直在重复历史。
Yǒu wèi zhéxuéjiā shuō, rénlèi yìzhí zài chóngfù lìshǐ.
어떤 철학자가 말하길, 인류는 계속 역사를 반복하고 있다고 한다.

+ 哲学家 zhéxuéjiā 몡 철학자 |
人类 rénlèi 몡 인류

1161 相似
☐
☐
xiāngsì

[형] 비슷하다, 닮다

这两个地区的饮食文化很相似。
Zhè liǎng ge dìqū de yǐnshí wénhuà hěn xiāngsì.
이 두 지역의 음식 문화는 매우 비슷하다.

+ 地区 dìqū 몡 지역 |
饮食 yǐnshí 몡 음식

DAY
16

DAY
17

DAY
18

DAY
19

DAY
20

DAY
21

DAY
22

DAY
23

DAY
24

DAY
25

DAY
26

**DAY
27**

DAY
28

DAY
29

DAY
30

1162

□
□

集体*

jítǐ

반의 个人 gèrén 개인
5급 ⋯ p.164

명 집단, 단체

> 这段历史是我们集体的回忆。
> Zhè duàn lìshǐ shì wǒmen jítǐ de huíyì.
> 이 동안의 역사는 우리 단체의 추억이다.
>
> ＋段 duàn 명 동안 | 回忆 huíyì 명 추억

1163

□
□

深刻***

shēnkè

형 (인상이) 깊다, 강렬하다, 깊이가 있다

> 宋朝人丰富的文化生活给我留下了深刻的
> 印象。
> Sòngcháorén fēngfù de wénhuà shēnghuó gěi wǒ liúxiàle
> shēnkè de yìnxiàng.
> 송나라 사람들의 풍부한 문화생활은 나에게 깊은 인상을 남겼다.
>
> ＋宋朝 Sòngcháo 고유 송조, 송나라 |
> 丰富 fēngfù 형 풍부하다 | 留下 liúxià 동 남기다 |
> 印象 yìnxiàng 명 인상

> 빈출 ‖ 호응 표현 독해 제1부분 ▶
>
> • 深刻的教训 shēnkè de jiàoxùn 깊이 있는 교훈
> • 深刻的记忆 shēnkè de jìyì 강렬한 기억
> • 深刻的道理 shēnkè de dàolǐ 심오한 이치

1164

□
□

仿佛

fǎngfú

유의 似乎 sìhū
마치 ~인 것 같다
5급 ⋯ p.386

부 마치 ~인 것 같다

> 通过读这本历史书，我仿佛回到了书中那个
> 年代。
> Tōngguò dú zhè běn lìshǐshū, wǒ fǎngfú huídàole shū
> zhōng nàge niándài.
> 이 역사책을 읽으면서, 나는 마치 책 속의 그 시대로 돌아간 것 같다.
>
> ＋通过 tōngguò 개 ~을 통해 |
> 年代 niándài 명 연대, 시대

1165 感想

gǎnxiǎng

유의 感受 gǎnshòu
느낌
5급 ··· p.163

명 감상, 느낌

看完那部电影后，我产生了很多感想。
Kànwán nà bù diànyǐng hòu, wǒ chǎnshēngle hěn duō
gǎnxiǎng.
그 영화를 본 후, 나는 많은 것을 느꼈다.

+ 部 bù 영 편[영화, 서적을 세는 단위] |
产生 chǎnshēng 통 생기다, 발생하다

1166 此外

cǐwài

접 이 밖에, 이 외에

此外，我们还要保护好传统文化。
Cǐwài, wǒmen hái yào bǎohù hǎo chuántǒng wénhuà.
이 외에, 우리는 전통문화도 잘 보호해야 한다.

+ 保护 bǎohù 통 보호하다 |
传统 chuántǒng 명 전통

맛있는 단어 TIP
선후 관계를 나타내는 어휘

문장의 선후 관계를 나타내는 어휘는 듣기와 독해 영역에서도 많이
나오고, 쓰기 작문 시에도 활용할 수 있으니 잘 정리해 두자.

• 首先 shǒuxiān 맨 먼저, 우선
• 其次 qícì 다음, 그다음
• 再次 zàicì 재차, 두 번째
• 此外 cǐwài 이 밖에, 이 외에
• 最后 zuìhòu 최후, 맨 마지막

1167 形容*

xíngróng

통 형용하다, 묘사하다

那里的美景无法用语言来形容。
Nàlǐ de měijǐng wúfǎ yòng yǔyán lái xíngróng.
그곳의 아름다운 풍경은 말로 형용할 수 없다.

+ 美景 měijǐng 명 아름다운 풍경 |
无法 wúfǎ 통 ~할 수 없다 | 语言 yǔyán 명 언어, 말

역사
전통

DAY
16

DAY
17

DAY
18

DAY
19

DAY
20

DAY
21

DAY
22

DAY
23

DAY
24

DAY
25

DAY
26

DAY
27

DAY
28

DAY
29

DAY
30

1168 抄
chāo

동 베끼다, 베껴 쓰다

他每天抄写一篇古诗。
Tā měi tiān chāoxiě yì piān gǔshī.
그는 매일 고시 한 편을 베껴 쓴다.

+ 抄写 chāoxiě **동** 필사하다, 베껴 쓰다 |
篇 piān **양** 편[완결된 문장을 세는 단위] |
古诗 gǔshī **명** 고시, 옛 시

1169 偶然*
ǒurán

반의 必然 bìrán
필연적이다
5급 … p.434

형 우연하다

这件事的发生并不偶然。
Zhè jiàn shì de fāshēng bìng bù ǒurán.
이 일의 발생은 결코 우연한 것이 아니다.

+ 发生 fāshēng **동** 발생하다 |
并 bìng **부** 결코

부 우연히

他偶然在图书馆翻到了这本明代的画册。
Tā ǒurán zài túshūguǎn fāndàole zhè běn Míngdài de
huàcè.
그는 우연히 도서관에서 이 명대의 화집을 펼쳤다.

+ 翻 fān **동** 펴다 |
明代 Míngdài **고유** 명대 |
画册 huàcè **명** 화첩, 화집

맛있는 단어 TIP   然이 들어가는 어휘

- 偶然 ǒurán 우연하다   - 必然 bìrán 필연적이다
- 忽然 hūrán 갑자기   - 突然 tūrán 갑자기
- 居然 jūrán 놀랍게도   - 竟然 jìngrán 뜻밖에도
- 依然 yīrán 여전히   - 仍然 réngrán 여전히
- 果然 guǒrán 과연   - 显然 xiǎnrán 분명하다

1170

延长 *

yáncháng

동 연장하다

我们虽然无法延长生命的长度，但能延长它的宽度。

Wǒmen suīrán wúfǎ yáncháng shēngmìng de chángdù, dàn néng yáncháng tā de kuāndù.

우리는 비록 생명의 길이는 연장할 수 없지만, 그것의 폭은 늘릴 수 있다.

+ 无法 wúfǎ 동 ~할 수 없다 |
生命 shēngmìng 명 생명 |
长度 chángdù 명 길이 | 宽度 kuāndù 명 폭, 너비

빈출 | 호응 표현 독해 제1부분

- 延长时间 yáncháng shíjiān 시간을 연장하다
- 延长寿命 yáncháng shòumìng 수명을 연장하다
- 延长期限 yáncháng qīxiàn 기한을 연장하다

DAY 16
DAY 17
DAY 18
DAY 19
DAY 20
DAY 21
DAY 22
DAY 23
DAY 24
DAY 25
DAY 26
DAY 27
DAY 28
DAY 29
DAY 30

加把劲儿!

1 빈칸을 채우세요.

艰苦	❶	고달프다
❷	ǒurán	우연히
曾经	❸	일찍이, 이전에
落后	luòhòu	❹
延长	yáncháng	❺

2 단어의 병음과 뜻을 알맞게 연결하세요.

❶ 文明 •   • ㉠ guīmó •   • ⓐ 운명

❷ 规模 •   • ㉡ mìngyùn •   • ⓑ 신화

❸ 神话 •   • ㉢ wénmíng •   • ⓒ 문명

❹ 命运 •   • ㉣ shénhuà •   • ⓓ 규모

3 빈칸에 들어갈 알맞은 단어를 고르세요.

> A 保留   B 形容   C 据说   D 讲究   E 整个

❶ 那里的美景无法用语言来_____。

❷ 古人很_____建筑的方向和位置。

❸ 我不太了解这段历史的_____经过。

❹ 很多地方依然_____着传统的结婚形式。

듣기 제2부분

4 녹음을 듣고 알맞은 답을 고르세요.

❶ A 北方人热情　　　　　　　B 南方气候温暖

　　C 气候影响饮食　　　　　　D 各地风俗不同

❷ A 大米　　　　　　　　　　B 面食

　　C 玉米　　　　　　　　　　D 土豆

독해 제1부분

5 빈칸에 들어갈 알맞은 단어를 고르세요.

　　　位于北京市中心的北海公园历史＿＿**❶**＿＿，属于中国古代皇家园林。园内景点众多，分为北岸景区、东岸景区、琼岛景区、团城景区。这里经常举办花卉展览、＿＿**❷**＿＿表演等多种活动。北海公园是中国＿＿**❸**＿＿最完整、最有代表性的皇家园林之一。

 ❶ A 遥远　　　B 充分　　　C 依然　　　D 悠久

❷ A 伟大　　　B 传统　　　C 热烈　　　D 退休

 ❸ A 讲究　　　B 深刻　　　C 保存　　　D 报告

☑ 정답 및 해석 ⇨ 559쪽

역사
전통

DAY 16
DAY 17
DAY 18
DAY 19
DAY 20
DAY 21
DAY 22
DAY 23
DAY 24
DAY 25
DAY 26
DAY 27
DAY 28
DAY 29
DAY 30

DAY 28

Track64

예술학개론
_문학, 예술

HSK 5급에 이런 내용이 나온다!

문학과 예술 관련 주제는 소설, 시, 그림, 음악, 영화, 촬영 등의 내용이 듣기, 독해, 쓰기 모든 영역에서 골고루 자주 출제됩니다. 빈출 단어로는 博物馆(bówùguǎn 박물관), 描写(miáoxiě 묘사하다), 反映(fǎnyìng 반영하다), 欣赏(xīnshǎng 감상하다), 表达(biǎodá 표현하다) 등이 있습니다.

한눈에 파악하는 단어

음악회

乐器 yuèqì 악기
鼓掌 gǔzhǎng 박수하다
一首歌 yì shǒu gē 노래 한 곡
古典音乐 gǔdiǎn yīnyuè 클래식
优美 yōuměi 우아하고 아름답다

전시회

美术 měishù 미술
展览 zhǎnlǎn 전람하다
一幅画 yì fú huà 그림 한 폭
摄影作品 shèyǐng zuòpǐn 촬영 작품

1171 文学** ★★
☐
☐
wénxué

명 문학

他专门研究古代文学。
Tā zhuānmén yánjiū gǔdài wénxué.
그는 고대 문학을 전문적으로 연구한다.

+ 专门 zhuānmén **부** 전문적으로 |
研究 yánjiū **동** 연구하다 | 古代 gǔdài **명** 고대

1172 幅* ★
☐
☐
fú

양 폭[종이, 그림, 옷감 등을 세는 단위]

这幅画简直太完美了。
Zhè fú huà jiǎnzhí tài wánměi le.
이 그림은 그야말로 너무 완벽하다.

+ 简直 jiǎnzhí **부** 그야말로 |
完美 wánměi **형** 완벽하다

1173 交换 ★
☐
☐
jiāohuàn

동 교환하다

演出结束后，演员们交换了礼物。
Yǎnchū jiéshù hòu, yǎnyuánmen jiāohuànle lǐwù.
공연이 끝난 후에, 배우들은 선물을 교환했다.

+ 演出 yǎnchū **명** 공연 |
演员 yǎnyuán **명** 배우

빈출 | **호응 표현 독해 제1부분**

• 交换意见 jiāohuàn yìjiàn 의견을 교환하다
• 交换商品 jiāohuàn shāngpǐn 상품을 교환하다
• 交换联系方式 jiāohuàn liánxì fāngshì 연락처를 교환하다

DAY
16

DAY
17

DAY
18

DAY
19

DAY
20

DAY
21

DAY
22

DAY
23

DAY
24

DAY
25

DAY
26

DAY
27

**DAY
28**

DAY
29

DAY
30

1174 作品 ***
zuòpǐn

명 작품, 창작품

他的作品主题与中国传统文化有关。 🈂️
Tā de zuòpǐn zhǔtí yǔ Zhōngguó chuántǒng wénhuà yǒuguān.
그의 작품 주제는 중국 전통문화와 관련이 있다.

+ 主题 zhǔtí 명 주제 |
传统 chuántǒng 명 전통 |
有关 yǒuguān 통 관련이 있다

1175 戏剧
xìjù

명 연극, 희극

举办了十年的戏剧节促进了当地文化发展。
Jǔbànle shí nián de xìjùjié cùjìnle dāngdì wénhuà fāzhǎn.
10년 동안 연극제를 개최하여 현지의 문화 발전을 촉진시켰다.

+ 举办 jǔbàn 통 개최하다 |
促进 cùjìn 통 촉진시키다 | 当地 dāngdì 명 현지 |
发展 fāzhǎn 명 발전

1176 讽刺 *
fěngcì

통 풍자하다

这是一部讽刺现实的作品。 🈂️
Zhè shì yí bù fěngcì xiànshí de zuòpǐn.
이것은 현실을 풍자한 작품이다.

+ 部 bù 양 편, 권[영화, 서적을 세는 단위] |
现实 xiànshí 명 현실 | 作品 zuòpǐn 명 작품

1177 乐器 *
yuèqì

명 악기

开幕式上的乐器表演很精彩。
Kāimùshì shang de yuèqì biǎoyǎn hěn jīngcǎi.
개막식에서의 악기 공연은 매우 훌륭했다.

+ 开幕式 kāimùshì 명 개막식 |
表演 biǎoyǎn 명 공연 | 精彩 jīngcǎi 형 훌륭하다

1178 展览** zhǎnlǎn

图 전람하다, 전시하다

他的工艺品在很多城市展览过。
Tā de gōngyìpǐn zài hěn duō chéngshì zhǎnlǎnguo.
그의 공예품은 많은 도시에서 전시한 적이 있다.

+ 工艺品 gōngyìpǐn 명 공예품

명 전람, 전시(회)

这个山水画展览吸引了很多人。
Zhège shānshuǐhuà zhǎnlǎn xīyǐnle hěn duō rén.
이 산수화 전시회는 많은 사람들을 매료시켰다.

+ 山水画 shānshuǐhuà 명 산수화 |
吸引 xīyǐn 동 매료시키다

1179 博物馆** bówùguǎn

명 박물관

国家博物馆于春节期间对外开放。
Guójiā Bówùguǎn yú Chūnjié qījiān duìwài kāifàng.
국가 박물관은 춘절 기간에 대외적으로 개방한다.

+ 于 yú 개 ~에 | 春节 Chūnjié 명 설, 춘절 |
期间 qījiān 명 기간 | 对外 duìwài 형 대외적인 |
开放 kāifàng 동 개방하다

1180 鼓掌* gǔzhǎng

图 박수하다, 손뼉을 치다

请大家为这场精彩的表演鼓掌。
Qǐng dàjiā wèi zhè chǎng jīngcǎi de biǎoyǎn gǔzhǎng.
여러분은 이 멋진 공연을 위해 박수를 쳐 주세요.

+ 场 chǎng 양 회, 번 |
精彩 jīngcǎi 형 멋지다 | 表演 biǎoyǎn 명 공연

DAY 16
DAY 17
DAY 18
DAY 19
DAY 20
DAY 21
DAY 22
DAY 23
DAY 24
DAY 25
DAY 26
DAY 27
DAY 28
DAY 29
DAY 30

善于 ★★★

shànyú

[유의] 擅长 shàncháng
정통하다
6급

[동] ~을 잘하다, ~에 능숙하다

这位导演善于拍摄纪录片。
Zhè wèi dǎoyǎn shànyú pāishè jìlùpiàn.
이 감독님은 다큐멘터리 촬영을 잘한다.

+ 导演 dǎoyǎn 명 감독 | 拍摄 pāishè 동 촬영하다 |
纪录片 jìlùpiàn 명 다큐멘터리 영화

> **쓰기 출제 포인트**
>
> 善于는 항상 동사구 앞에 쓰여 '~하는 것을 잘하다'라는 의미로 사용
> 한다. '善于+동사구' 형식은 쓰기 제1부분에 자주 출제되니 善于의
> 위치에 유의하자.
>
> • 这位画家善于画马。 이 화가는 말을 그리는 것을 잘한다.
>   동사구

评价 ★

píngjià

1182

[명] 평가

人们对这幅作品的评价极高。
Rénmen duì zhè fú zuòpǐn de píngjià jí gāo.
사람들의 이 작품에 대한 평가가 매우 높다.

+ 幅 fú 양 폭[종이, 그림, 옷감 등을 세는 단위] |
作品 zuòpǐn 명 작품 | 极 jí 부 극히, 매우

[동] 평가하다

评价一部电影的好坏要考虑很多因素。
Píngjià yí bù diànyǐng de hǎohuài yào kǎolǜ hěn duō yīnsù.
한 편의 영화의 좋고 나쁨을 평가하려면 많은 요인을 고려해야 한다.

+ 部 bù 양 편 | 考虑 kǎolǜ 동 고려하다 |
因素 yīnsù 명 요인

DAY
16

DAY
17

DAY
18

DAY
19

DAY
20

DAY
21

DAY
22

DAY
23

DAY
24

DAY
25

DAY
26

DAY
27

**DAY
28**

DAY
29

DAY
30

1183 幻想
huànxiǎng

명 환상, 공상

这部科幻小说包含了作者对科学的幻想。
Zhè bù kēhuàn xiǎoshuō bāohánle zuòzhě duì kēxué de huànxiǎng.
이 공상 과학 소설은 저자의 과학에 대한 환상을 담고 있다.

+ 科幻 kēhuàn 명 공상 과학(SF) | 小说 xiǎoshuō 명 소설 |
包含 bāohán 통 포함하다 | 作者 zuòzhě 명 작자, 저자 |
科学 kēxué 명 과학 | 幻想 huànxiǎng 명 환상

동 환상을 가지다, 공상하다

他幻想生活在古代。
Tā huànxiǎng shēnghuó zài gǔdài.
그는 고대에 사는 환상을 가지고 있다.

+ 古代 gǔdài 명 고대

독해 출제 포인트

최근 시험에 공상 과학 소설에 대한 내용이 독해 영역에서 종종 출제된
다. 공상 과학계의 노벨상이라 불리는 최고 권위의 SF 문학상인 휴고상
(雨果奖 Yǔguǒjiǎng)을 탄 중국 SF 소설가 刘慈欣(Liú Cíxīn)과
그의 작품《三体》(《삼체》) 등의 배경 지식을 알면 독해 문제를 보다
빨리 풀 수 있다.

1184 美术
měishù

명 미술

文学和美术之间有着密切的联系。
Wénxué hé měishù zhījiān yǒuzhe mìqiè de liánxì.
문학과 미술 사이에는 밀접한 관계가 있다.

+ 文学 wénxué 명 문학 |
之间 zhījiān 명 사이 | 密切 mìqiè 형 밀접하다 |
联系 liánxì 명 관계

1185 印刷
yìnshuā

동 인쇄하다

他的新书已经印刷了100万册。
Tā de xīn shū yǐjīng yìnshuāle yìbǎi wàn cè.
그의 새 책은 이미 100만 권을 인쇄했다.

+ 册 cè 영 권[책을 세는 단위]

1186 诗
shī

명 시

那首诗表达了他对妻子的思念。
Nà shǒu shī biǎodále tā duì qīzi de sīniàn.
그 시는 그의 아내에 대한 그리움을 표현했다.

+ 首 shǒu 영 수[시, 노래 등을 세는 단위] |
表达 biǎodá 동 표현하다 | 思念 sīniàn 명 그리움

1187 古典
gǔdiǎn

형 고전적인

这部古典小说被拍成了电影。
Zhè bù gǔdiǎn xiǎoshuō bèi pāichéngle diànyǐng.
이 고전 소설은 영화로 촬영되었다.

+ 部 bù 영 편 |
小说 xiǎoshuō 명 소설 | 拍 pāi 동 촬영하다

빈출 호응 표현 독해 제1부분

• 古典音乐 gǔdiǎn yīnyuè 고전 음악, 클래식
• 古典园林 gǔdiǎn yuánlín 고전 원림
• 古典诗歌 gǔdiǎn shīgē 고전 시가

1188 描写★★
miáoxiě

동 묘사하다, 그려 내다

那位作家善于描写人物心理。
Nà wèi zuòjiā shànyú miáoxiě rénwù xīnlǐ.
그 작가는 인물의 심리를 묘사하는 데 능하다.

+ 作家 zuòjiā 명 작가 | 善于 shànyú 동 ~에 능하다 |
人物 rénwù 명 인물 | 心理 xīnlǐ 명 심리

1189 反映 ★★
fǎnyìng

동 반영하다

这幅画儿反映了当地人的生活。[빈출]
Zhè fú huàr fǎnyìngle dāngdìrén de shēnghuó.
이 그림은 현지인들의 생활을 반영했다.

+ 幅 fú 양 폭 | 当地人 dāngdìrén 명 현지인

빈출 호응 표현 독해 제1부분

• 反映性格 fǎnyìng xìnggé 성격을 반영하다
• 反映现实 fǎnyìng xiànshí 현실을 반영하다
• 反映问题 fǎnyìng wèntí 문제를 반영하다

1190 首
shǒu

양 수, 곡[시, 노래 등을 세는 단위]

最近学校广播台总放这首歌。
Zuìjìn xuéxiào guǎngbōtái zǒng fàng zhè shǒu gē.
최근 학교 방송국에서는 늘 이 노래를 방송한다.

+ 广播台 guǎngbōtái 명 방송국 |
放 fàng 동 방송하다

명 시작, 머리, 우두머리

他的成绩在全国居首。
Tā de chéngjì zài quánguó jū shǒu.
그의 성적은 전국에서 일등을 차지했다.

+ 全国 quánguó 명 전국 |
居 jū 동 차지하다

형 처음의, 최고의

这是他首次参加世界杯。
Zhè shì tā shǒucì cānjiā Shìjièbēi.
이번은 그가 처음 월드컵에 참가하는 것이다.

+ 参加 cānjiā 동 참가하다 |
世界杯 Shìjièbēi 명 월드컵

DAY 16
DAY 17
DAY 18
DAY 19
DAY 20
DAY 21
DAY 22
DAY 23
DAY 24
DAY 25
DAY 26
DAY 27
DAY 28
DAY 29
DAY 30

1191

背景★★

bèijǐng

명 배경

这部小说以20世纪30年代的上海为背景。

Zhè bù xiǎoshuō yǐ èrshí shìjì sānshí niándài de Shànghǎi wéi bèijǐng.

이 소설은 20세기 30년대(1930년대)의 상하이를 배경으로 삼았다.

╋部 bù 명편 | 小说 xiǎoshuō 명소설 |
以…为… yǐ…wéi… ~을 ~으로 삼다 | 世纪 shìjì 명세기 |
年代 niándài 명연대, 시대

1192

经典

jīngdiǎn

형 (사물이) 전형적이고 영향력이 비교적 큰, 권위 있는

这部经典电影将于下周重新上映。

Zhè bù jīngdiǎn diànyǐng jiāng yú xià zhōu chóngxīn shàngyìng.

이 권위 있는 영화는 다음 주에 재상영할 것이다.

╋部 bù 명편 | 将 jiāng 부장차 ~할 것이다 |
于 yú 개 ~에 | 重新 chóngxīn 부다시, 재차 |
上映 shàngyìng 동상영하다

1193

欣赏★★★

xīnshǎng

동 감상하다

京剧有很多值得欣赏的地方。

Jīngjù yǒu hěn duō zhídé xīnshǎng de dìfang.

경극은 감상할 만한 부분이 많이 있다.

╋京剧 jīngjù 명경극 |
值得 zhídé 동 ~할 만하다

빈출 **호응 표현 독해 제1부분**

• 欣赏风景 xīnshǎng fēngjǐng 풍경을 감상하다

• 欣赏音乐 xīnshǎng yīnyuè 음악을 감상하다

• 欣赏画作 xīnshǎng huàzuò 그림을 감상하다

1194 表达 ★★★
biǎodá

[유의] 表现 biǎoxiàn
표현하다
5급 … p.307

[동] 표현하다, 나타내다

很多诗人通过诗歌来表达爱情。 👆[빈출]
Hěn duō shīrén tōngguò shīgē lái biǎodá àiqíng.
많은 시인들이 시를 통해 사랑을 표현한다.

+ **诗人** shīrén 몡 시인 | **通过** tōngguò 꽤 ~을 통해 |
  诗歌 shīgē 몡 시, 시가 | **爱情** àiqíng 몡 사랑

맛있는 단어 TIP　　　　　　　　　　　　　表达와 表现

表达는 '어떤 생각이나 감정 등을 표현하다'는 뜻이고, 表现은 '사람의
능력, 행동 등을 표현하다'는 뜻이다. 또한 表现은 명사로 쓰여 '표현,
태도, 행동'이라는 의미를 나타내기도 한다.

• **表达感情** biǎodá gǎnqíng 감정을 표현하다
  表达想法 biǎodá xiǎngfǎ 생각을 표현하다
• **表现很差** biǎoxiàn hěn chà 태도가 나쁘다
  表现得很出色 biǎoxiàn de hěn chūsè 매우 뛰어나게 표현하다

1195 参与
cānyù

[유의] 参加 cānjiā
참가하다
3급

[동] 참여하다, 참가하다

共有一千多人参与到这部动画片的制作。
Gòng yǒu yìqiān duō rén cānyù dào zhè bù dònghuàpiàn
de zhìzuò.
총 천여 명의 사람들이 이 애니메이션 제작에 참여했다.

+ **动画片** dònghuàpiàn 몡 만화 영화, 애니메이션 |
  部 bù 양 편 | **制作** zhìzuò 동 제작하다

1196 姑娘
gūniang

[참고] 小伙子
xiǎohuǒzi 총각
4급

[명] 아가씨, 처녀

这个电影讲的是一个小姑娘卖花的故事。
Zhè ge diànyǐng jiǎng de shì yí ge xiǎo gūniang mài huā de
gùshi.
이 영화의 이야기는 어린 아가씨가 꽃을 파는 이야기이다.

DAY 16
DAY 17
DAY 18
DAY 19
DAY 20
DAY 21
DAY 22
DAY 23
DAY 24
DAY 25
DAY 26
DAY 27
DAY 28
DAY 29
DAY 30

1197 优美* yōuměi

휑 우아하고 아름답다

在这家咖啡厅里可以欣赏到很多优美的音乐。
Zài zhè jiā kāfēitīng li kěyǐ xīnshǎng dào hěn duō yōuměi de yīnyuè.
이 커피숍에서는 우아하고 아름다운 음악을 많이 감상할 수 있다.

+ 欣赏 xīnshǎng 동 감상하다

빈출 ▌호응 표현 독해 제1부분 ▶

- 优美的语言 yōuměi de yǔyán 우아하고 아름다운 언어
- 优美的动作 yōuměi de dòngzuò 우아하고 아름다운 동작
- 优美的环境 yōuměi de huánjìng 우아하고 아름다운 환경

1198 赞美 zànměi

동 찬미하다, 찬양하다

诗人用生动的语言赞美大自然。
Shīrén yòng shēngdòng de yǔyán zànměi dàzìrán.
시인은 생동감 있는 언어로 대자연을 찬미한다.

+ 诗人 shīrén 명 시인 |
生动 shēngdòn 형 생동감 있다 |
语言 yǔyán 명 언어 | 大自然 dàzìrán 명 대자연

1199 青春 qīngchūn

명 청춘

这部电视剧让我回忆起了美好的青春。
Zhè bù diànshìjù ràng wǒ huíyì qǐle měihǎo de qīngchūn.
이 드라마는 나로 하여금 아름다운 청춘을 회상하게 했다.

+ 部 bù 양 편 | 电视剧 diànshìjù 명 드라마 |
回忆 huíyì 동 회상하다 | 美好 měihǎo 형 아름답다

1200 召开
zhàokāi

동 열다, 개최하다

第19届美术展在苏州顺利召开。
Dì-shíjiǔ jiè měishùzhǎn zài Sūzhōu shùnlì zhàokāi.
제19회 미술전이 쑤저우에서 순조롭게 개최되었다.

+ 届 jiè 양 회 | 美术展 měishùzhǎn 미술전 |
苏州 Sūzhōu 고유 쑤저우 | 顺利 shùnlì 형 순조롭다

1201 想象★★
xiǎngxiàng

동 상상하다

这部作品的故事是作者想象出来的。
Zhè bù zuòpǐn de gùshi shì zuòzhě xiǎngxiàng chūlai de.
이 작품의 이야기는 저자가 상상해 낸 것이다.

+ 部 bù 양 편 | 作品 zuòpǐn 명 작품 |
作者 zuòzhě 명 작가, 저자

1202 形象★
xíngxiàng

명 형상, 이미지

龙的形象经常出现在文学作品中。
Lóng de xíngxiàng jīngcháng chūxiàn zài wénxué
zuòpǐn zhōng.
용의 형상은 문학 작품 속에 자주 등장한다.

+ 龙 lóng 명 용 | 出现 chūxiàn 동 출현하다 |
文学 wénxué 명 문학 | 作品 zuòpǐn 명 작품

형 구체적이고 생동감 있다, 생생하다

他对动物的描写很形象。
Tā duì dòngwù de miáoxiě hěn xíngxiàng.
그의 동물에 대한 묘사는 매우 구체적이고 생동감 있다.

+ 描写 miáoxiě 동 묘사하다

DAY
16

DAY
17

DAY
18

DAY
19

DAY
20

DAY
21

DAY
22

DAY
23

DAY
24

DAY
25

DAY
26

DAY
27

DAY
28

DAY
29

DAY
30

1203 抽象
chōuxiàng

[반의] 具体 jùtǐ
구체적이다
5급 ··· p.319

형 추상적이다

他的画很抽象，很多人不理解。
Tā de huà hěn chōuxiàng, hěn duō rén bù lǐjiě.
그의 그림은 아주 추상적이라, 많은 사람들이 이해하지 못한다.

╋理解 lǐjiě **동** 이해하다

1204 建筑*
jiànzhù

명 건축물

这个建筑的外形像古代的酒杯。👆✋
Zhè ge jiànzhù de wàixíng xiàng gǔdài de jiǔbēi.
이 건축물의 외형은 고대의 술잔과 비슷하다.

╋外形 wàixíng **명** 외형 | 古代 gǔdài **명** 고대

1205 启发*
qǐfā

동 일깨우다, 계발하다

好的作品可以启发人思考。👆✋
Hǎo de zuòpǐn kěyǐ qǐfā rén sīkǎo.
좋은 작품은 사람의 사고를 계발할 수 있다.

╋作品 zuòpǐn **명** 작품 | 思考 sīkǎo **동** 사고하다

명 깨우침

张老师的话给了我很大的启发。
Zhāng lǎoshī de huà gěile wǒ hěn dà de qǐfā.
장 선생님의 말씀은 나에게 큰 깨우침을 주었다.

1206 摄影*
shèyǐng

동 사진을 찍다, (영화를) 촬영하다

这部摄影作品记录了他每天的生活。
Zhè bù shèyǐng zuòpǐn jìlùle tā měi tiān de shēnghuó.
이 촬영 작품은 그의 매일 생활을 기록했다.

╋部 bù **양** 편 |
作品 zuòpǐn **명** 작품 | 记录 jìlù **동** 기록하다

1207 人物**
rénwù

명 인물

他生动地刻画了很多人物形象。✍
Tā shēngdòng de kèhuàle hěn duō rénwù xíngxiàng.
그는 많은 인물 형상을 생동감 있게 묘사했다.

+ 生动 shēngdòng 형 생동감 있다 |
刻画 kèhuà 동 묘사하다 | 形象 xíngxiàng 명 형상

1208 热爱
rè'ài

동 열렬히 사랑하다

这位著名的钢琴家从小就热爱音乐。
Zhè wèi zhùmíng de gāngqínjiā cóngxiǎo jiù rè'ài yīnyuè.
이 유명한 피아니스트는 어릴 때부터 음악을 열렬히 사랑했다.

+ 著名 zhùmíng 형 저명하다, 유명하다 |
钢琴家 gāngqínjiā 명 피아니스트 |
从小 cóngxiǎo 부 어릴 때부터

빈출 | 호응 표현 독해 제1부분 ▶

• 热爱生活 rè'ài shēnghuó 삶을 열렬히 사랑하다
• 热爱祖国 rè'ài zǔguó 조국을 열렬히 사랑하다
• 热爱大自然 rè'ài dàzìrán 대자연을 열렬히 사랑하다

1209 宝贵*
bǎoguì

형 귀중한, 소중한

这些经典作品可以说是宝贵的财富。
Zhèxiē jīngdiǎn zuòpǐn kěyǐ shuō shì bǎoguì de cáifù.
이 권위 있는 작품들은 귀중한 재산이라고 말할 수 있다.

+ 经典 jīngdiǎn 형 권위 있는 |
作品 zuòpǐn 명 작품 | 财富 cáifù 명 재산

빈출 | 호응 표현 독해 제1부분 ▶

• 宝贵的时间 bǎoguì de shíjiān 소중한 시간
• 宝贵的经验 bǎoguì de jīngyàn 소중한 경험
• 宝贵的生命 bǎoguì de shēngmìng 소중한 생명

문학
예술

DAY
16

DAY
17

DAY
18

DAY
19

DAY
20

DAY
21

DAY
22

DAY
23

DAY
24

DAY
25

DAY
26

DAY
27

DAY
28

DAY
29

DAY
30

1210

模仿★★
mófǎng

동 모방하다, 흉내 내다

他早期的画有很多是模仿齐白石的。
Tā zǎoqī de huà yǒu hěn duō shì mófǎng Qí Báishí de.
그의 초기 그림은 치바이스를 모방한 것이 많이 있다.

+早期 zǎoqī 몡 초기 |
齐白石 Qí Báishí 고유 치바이스[중국 근대의 화가]

1211

极其
jíqí

부 아주, 매우, 몹시

该文学奖对作品的评判标准极其严格。
Gāi wénxuéjiǎng duì zuòpǐn de píngpàn biāozhǔn jíqí yángé.
이 문학상은 작품에 대한 심사 기준이 매우 엄격하다.

+该 gāi 데 이, 그, 저 | 文学奖 wénxuéjiǎng 몡 문학상 |
作品 zuòpǐn 몡 작품 | 评判 píngpàn 동 심사하다 |
标准 biāozhǔn 몡 기준 | 严格 yángé 형 엄격하다

맛있는 단어 TIP	빈출 정도부사
• 很 hěn 매우	• 挺 tǐng 매우, 아주
• 更 gèng 더욱	• 最 zuì 가장, 제일
• 非常 fēicháng 대단히	• 十分 shífēn 매우, 대단히
• 格外 géwài 유달리	• 尤其 yóuqí 특히
• 极其 jíqí 몹시	• 过于 guòyú 지나치게
• 稍微 shāowēi 조금	• 比较 bǐjiào 비교적
• 几乎 jīhū 거의	• 多么 duōme 얼마나

DAY
16

DAY
17

DAY
18

DAY
19

DAY
20

DAY
21

DAY
22

DAY
23

DAY
24

DAY
25

DAY
26

DAY
27

DAY
28

DAY
29

DAY
30

1212
依然★★
yīrán

[유의] 仍然 réngrán
여전히
4급

부 여전히

70岁的爷爷依然活跃在舞台上。
Qīshí suì de yéye yīrán huóyuè zài wǔtái shang.
70세의 할아버지께서 여전히 무대 위에서 활약하신다.

+ 活跃 huóyuè 동 활약하다 |
舞台 wǔtái 명 무대

1213
色彩★
sècǎi

명 색채, 색깔

电影里导演用色彩的明暗表现人物的情绪。
Diànyǐng li dǎoyǎn yòng sècǎi de míng'àn biǎoxiàn rénwù
de qíngxù.
영화에서 감독은 색채의 명암을 사용해서 인물의 감정을 표현한다.

+ 导演 dǎoyǎn 명 감독 |
明暗 míng'àn 명 명암 | 表现 biǎoxiàn 동 표현하다 |
人物 rénwù 명 인물 | 情绪 qíngxù 명 정서, 감정

加把劲儿!

1 빈칸을 채우세요.

❶	píngjià	평가(하다)
鼓掌	❷	박수하다
摄影	shèyǐng	❸
赞美	❹	찬미하다, 찬양하다
描写	miáoxiě	❺

2 단어의 병음과 뜻을 알맞게 연결하세요.

❶ 讽刺 •　　　• ㉠ sècǎi　　•　　　• ⓐ 추상적이다

❷ 宝贵 •　　　• ㉡ chōuxiàng •　　• ⓑ 풍자하다

❸ 抽象 •　　　• ㉢ bǎoguì　•　　　• ⓒ 귀중한, 소중한

❹ 色彩 •　　　• ㉣ fěngcì　　•　　　• ⓓ 색채, 색깔

3 빈칸에 들어갈 알맞은 단어를 고르세요.

> A 首　　　B 反映　　　C 建筑　　　D 印刷　　　E 经典

❶ 这个＿＿＿＿＿＿的外形像古代的酒杯。

❷ 这幅画儿＿＿＿＿＿＿了当地人的生活。

❸ 他的新书已经＿＿＿＿＿＿了100万册。

❹ 最近学校广播台总放这＿＿＿＿＿＿歌。

문학
예술

DAY
16

DAY
17

DAY
18

DAY
19

DAY
20

DAY
21

DAY
22

DAY
23

DAY
24

DAY
25

DAY
26

DAY
27

**DAY
28**

DAY
29

DAY
30

**도전!
HSK 5급** **독해** 제1부분

4 빈칸에 들어갈 알맞은 단어를 고르세요.

《平凡的世界》是著名作家路遥创作的一部长篇小说。这本书的
_____❶_____是中国70年代中期到80年代中期的城乡生活。在这部_____❷_____
中，作者生动地刻画了众多人物_____❸_____，深刻展示了普通人在那个
时代中所走过的艰辛道路。

❶ A 角色　　　　B 魅力　　　　C 背景　　　　D 观点

❷ A 产品　　　　B 作品　　　　C 表演　　　　D 历史

❸ A 形象　　　　B 表面　　　　C 色彩　　　　D 成人

**도전!
HSK 5급** **쓰기** 제1부분

5 제시된 어휘로 어순에 맞게 문장을 완성하세요.

❶ 感情的　　　微笑　　　表达　　　一种方式　　　是

_____

❷ 动作　　　他　　　模仿别人的　　　善于

_____

❸ 在文学研究　　　包含　　　诗歌　　　的范围之内

_____

❹ 欣赏　　　我们　　　他人的　　　应学会　　　优点

_____

☑ 정답 및 해석 ⇨ 560쪽

DAY 29

Track65

법을 지킵시다!
_법률, 정치

HSK 5급에 이런 내용이 나온다!

법률 관련 주제에서는 사기, 도둑, 음주 운전 같은 불법 행동 내용이, 정치 관련 주제에서는 외교, 군대, 전쟁 등의 내용이 주로 출제됩니다. 관련 단어로 合法(héfǎ 합법적이다), 士兵(shìbīng 사병), 后果(hòuguǒ 결과), 行动(xíngdòng 행동) 등이 자주 나옵니다.

한눈에 파악하는 단어

법률

法院 fǎyuàn 법원
法律 fǎlù 법률
律师 lùshī 변호사
合法 héfǎ 합법적이다
违法 wéifǎ 위법하다
非法 fēifǎ 불법적인
证据 zhèngjù 증거

정치

政治 zhèngzhì 정치
外交 wàijiāo 외교
军事 jūnshì 군사
战争 zhànzhēng 전쟁
士兵 shìbīng 사병
敌人 dírén 적
和平 hépíng 평화

1214

☐
☐

法院
fǎyuàn

명 법원

他得向法院交十万元罚款。👆빈출
Tā děi xiàng fǎyuàn jiāo shíwàn yuán fákuǎn.
그는 법원에 10만 위안의 벌금을 내야 한다.

＋交 jiāo 동 내다 |
罚款 fákuǎn 명 벌금, 과태료

1215

☐
☐

合法*
héfǎ

반의 非法 fēifǎ
불법적인
6급

형 합법적이다

法律会保护消费者的合法权益。👆빈출
Fǎlǜ huì bǎohù xiāofèizhě de héfǎ quányì.
법률은 소비자의 합법적인 권익을 보호할 수 있다.

＋法律 fǎlǜ 명 법률 |
保护 bǎohù 동 보호하다 |
消费者 xiāofèizhě 명 소비자 | 权益 quányì 명 권익

1216

☐
☐

合理*
hélǐ

형 합리적이다

这个办法公平而合理。
Zhège bànfǎ gōngpíng ér hélǐ.
이 방법은 공평하고 합리적이다.

＋公平 gōngpíng 형 공평하다 |
而 ér 접 그리고

빈출 호응 표현 독해 제1부분

- 合理的要求 hélǐ de yāoqiú 합리적인 요구
- 合理的安排 hélǐ de ānpái 합리적인 안배
- 合理的饮食 hélǐ de yǐnshí 합리적인 음식

DAY
16

DAY
17

DAY
18

DAY
19

DAY
20

DAY
21

DAY
22

DAY
23

DAY
24

DAY
25

DAY
26

DAY
27

DAY
28

DAY
29

DAY
30

1217 偷 tōu

图 훔치다

偷东西属于违法行为。
Tōu dōngxi shǔyú wéifǎ xíngwéi.
물건을 훔치는 것은 위법 행위에 속한다.

+ 属于 shǔyú 图 ~에 속하다 |
违法 wéifǎ 图 위법하다 | 行为 xíngwéi 图 행위, 행동

1218 政治 zhèngzhì

图 정치

我研究的方向是政治心理学。
Wǒ yánjiū de fāngxiàng shì zhèngzhì xīnlǐxué.
내가 연구하는 방향은 정치 심리학이다.

+ 研究 yánjiū 图 연구하다 |
方向 fāngxiàng 图 방향 | 心理学 xīnlǐxué 图 심리학

1219 证据 zhèngjù

图 증거

警察已经掌握了很多证据。 [빈출]
Jǐngchá yǐjing zhǎngwòle hěn duō zhèngjù.
경찰은 이미 많은 증거를 확보했다.

+ 警察 jǐngchá 图 경찰 |
掌握 zhǎngwò 图 장악하다, 정복하다

1220 战争* zhànzhēng

图 전쟁

老百姓希望战争早日结束。
Lǎobǎixìng xīwàng zhànzhēng zǎorì jiéshù.
국민들은 전쟁이 하루 빨리 끝나기를 바란다.

+ 老百姓 lǎobǎixìng 图 백성, 국민 |
早日 zǎorì 图 하루 빨리

1221 外交
☐☐
wàijiāo

명 외교

他的梦想是成为一名优秀的外交官。
Tā de mèngxiǎng shì chéngwéi yì míng yōuxiù de
wàijiāoguān.
그의 꿈은 우수한 외교관이 되는 것이다.

+ 梦想 mèngxiǎng 몡 꿈 |
成为 chéngwéi 됭 ~이 되다 |
优秀 yōuxiù 혱 우수하다 | 外交官 wàijiāoguān 몡 외교관

1222 士兵★
☐☐
shìbīng

명 사병, 병사

受伤的士兵被送往医院。
Shòushāng de shìbīng bèi sòng wǎng yīyuàn.
부상당한 병사는 병원으로 이송되었다.

+ 受伤 shòushāng 됭 부상당하다

1223 军事
☐☐
jūnshì

명 군사

马不仅被用于农业，还被用于军事领域。
Mǎ bùjǐn bèi yòng yú nóngyè, hái bèi yòng yú jūnshì lǐngyù.
말은 농업에 사용될 뿐만 아니라, 군사 영역에도 사용된다.

+ 不仅 bùjǐn 졥 ~일 뿐만 아니라 |
用于 yòng yú 됭 ~에 사용하다 |
农业 nóngyè 몡 농업 | 领域 lǐngyù 몡 영역

1224 和平★
☐☐
hépíng

명 평화

我们生活在一个和平年代。
Wǒmen shēnghuó zài yí ge hépíng niándài.
우리는 평화로운 시대에 살고 있다.

+ 年代 niándài 몡 연대, 시대

DAY
16

DAY
17

DAY
18

DAY
19

DAY
20

DAY
21

DAY
22

DAY
23

DAY
24

DAY
25

DAY
26

DAY
27

DAY
28

DAY
29

DAY
30

1225 纪律* jìlǜ

명 기율, 규율

军队里的纪律非常严格。
Jūnduì li de jìlǜ fēicháng yángé.
군대 안의 규율은 매우 엄격하다.

+ 军队 jūnduì 명 군대 | 严格 yángé 형 엄격하다

1226 命令* mìnglìng

동 명령하다

军官命令士兵继续前进。
Jūnguān mìnglìng shìbīng jìxù qiánjìn.
장교는 병사에게 계속 전진하라고 명령했다.

+ 军官 jūnguān 명 장교, 사관 | 士兵 shìbīng 명 병사 |
继续 jìxù 동 계속하다 | 前进 qiánjìn 동 전진하다

1227 逃 táo

동 도망치다, 달아나다

小偷一见到警察就逃走了。
Xiǎotōu yí jiàndào jǐngchá jiù táozǒu le.
도둑은 경찰을 보자마자 도망쳤다.

+ 小偷 xiǎotōu 명 도둑 | 警察 jǐngchá 명 경찰

1228 英雄 yīngxióng

명 영웅

战争年代产生了很多英雄。
Zhànzhēng niándài chǎnshēngle hěn duō yīngxióng.
전쟁 시대에 많은 영웅들이 생겨났다.

+ 战争 zhànzhēng 명 전쟁 |
年代 niándài 명 연대, 시대 | 产生 chǎnshēng 동 생기다

1229 行为** xíngwéi

명 행위, 행동

酒后驾驶是一种危险行为。[빈출]
Jiǔ hòu jiàshǐ shì yì zhǒng wēixiǎn xíngwéi.
음주 운전은 위험한 행위이다.

+ 驾驶 jiàshǐ 동 운전하다 | 危险 wēixiǎn 형 위험하다

유의 行动 xíngdòng
행동
5급 ··· p.485

법률
정치

DAY
16

DAY
17

DAY
18

DAY
19

DAY
20

DAY
21

DAY
22

DAY
23

DAY
24

DAY
25

DAY
26

DAY
27

DAY
28

DAY
29

DAY
30

1230
行动^{★★}
xíngdòng

유의 行为 xíngwéi
행위, 행동
5급 … p.484

명 행동

我方首先采取了作战行动。
Wǒ fāng shǒuxiān cǎiqǔle zuòzhàn xíngdòng.
우리 편이 먼저 우선 작전 행동을 취했다.

＋方 fāng 명 편, 측 |
首先 shǒuxiān 부 먼저, 우선 | 采取 cǎiqǔ 동 취하다 |
作战 zuòzhàn 동 전투하다, 작전하다

1231
存在^{★★★}
cúnzài

동 존재하다

目前法律还不完善，依然存在问题。
Mùqián fǎlǜ hái bù wánshàn, yīrán cúnzài wèntí.
현재 법률은 아직 완벽하지 못해서, 여전히 문제가 존재한다.

＋目前 mùqián 명 현재 |
法律 fǎlǜ 명 법률 | 完善 wánshàn 형 완벽하다 |
依然 yīrán 부 여전히

1232
如何^{★★}
rúhé

대 어떻게, 어떠한가

如何做才能避免战争发生呢？
Rúhé zuò cái néng bìmiǎn zhànzhēng fāshēng ne?
어떻게 해야 전쟁이 발생하는 것을 피할 수 있을까?

＋避免 bìmiǎn 동 피하다 |
战争 zhànzhēng 명 전쟁 |
发生 fāshēng 동 발생하다

맛있는 단어 **TIP**   何가 있는 어휘

대명사 何는 '무엇, 어느, 왜' 등의 의미를 가지고 있다.

• 为何 wèihé 왜, 무엇 때문에

• 何必 hébì 구태여 ~할 필요가 있는가

• 任何 rènhé 어떠한

• 何况 hékuàng 하물며

1233
□
□
当心
dāngxīn

동 조심하다, 주의하다

听说那儿小偷很多，你要当心。
Tīngshuō nàr xiǎotōu hěn duō, nǐ yào dāngxīn.
듣자 하니 그곳에 도둑이 많다던데, 너 조심해야 돼.

+ 小偷 xiǎotōu 몡 도둑

1234
□
□
后果*
hòuguǒ

명 (주로 좋지 않은) 결과

违法行为会带来严重后果。빈출
Wéifǎ xíngwéi huì dàilái yánzhòng hòuguǒ.
위법 행위는 심각한 결과를 가져올 수 있다.

+ 违法 wéifǎ 동 위법하다 |
行为 xíngwéi 명 행위 | 严重 yánzhòng 형 심각하다

1235
□
□
改正*
gǎizhèng

동 개정하다, 고치다, 시정하다

他感到很惭愧，下定决心要改正错误。
Tā gǎndào hěn cánkuì, xiàdìng juéxīn yào gǎizhèng cuòwù.
그는 매우 부끄럽게 느끼고, 잘못을 고치기로 결심했다.

+ 感到 gǎndào 동 느끼다 | 惭愧 cánkuì 형 부끄럽다 |
下定 xiàdìng 동 (결심을) 내리다 | 决心 juéxīn 명 결심 |
错误 cuòwù 명 잘못

빈출 ▌호응 표현 독해 제1부분 ▶

- 改正缺点 gǎizhèng quēdiǎn 단점을 고치다
- 改正错误 gǎizhèng cuòwù 잘못을 시정하다
- 改正坏习惯 gǎizhèng huài xíguàn 나쁜 습관을 고치다

1236
□
□
支
zhī

양 팀, 곡, 자루[막대 모양의 물건을 세는 단위]

这是一支非常年轻的队伍。빈출
Zhè shì yì zhī fēicháng niánqīng de duìwu.
이것은 매우 젊은 집단이다.

+ 队伍 duìwu 명 집단, 팀

DAY
16

DAY
17

DAY
18

DAY
19

DAY
20

DAY
21

DAY
22

DAY
23

DAY
24

DAY
25

DAY
26

DAY
27

DAY
28

DAY
29

DAY
30

빈출 **호응 표현** 독해 제1부분

- 一支乐队 yì zhī yuèduì 밴드 한 팀
- 一支歌 yì zhī gē 노래 한 곡
- 一支铅笔 yì zhī qiānbǐ 연필 한 자루

1237
□
□
上当
shàngdàng

참고 骗 piàn 속이다
4급

동 속다, 사기를 당하다

最近发生了很多老年人上当受骗的事件。
Zuìjìn fāshēngle hěn duō lǎoniánrén shàngdàng shòupiàn de shìjiàn.
최근에 많은 노인들이 사기를 당하는 사건이 발생했다.

+ 发生 fāshēng 동 발생하다 | 老年人 lǎoniánrén 노인 |
受骗 shòupiàn 동 사기를 당하다 |
事件 shìjiàn 명 사건

1238
□
□
私人
sīrén

명 개인, 민간

这里是私人空间，请勿进入。빈출
Zhèlǐ shì sīrén kōngjiān, qǐng wù jìnrù.
이곳은 사적 공간이니, 들어가지 마세요.

+ 空间 kōngjiān 명 공간 |
勿 wù 부 ~하지 마라

1239
□
□
可见**
kějiàn

접 ~을 알 수 있다

由此可见，没有法律的自由是非常危险的。
Yóucǐ kějiàn, méiyǒu fǎlǜ de zìyóu shì fēicháng wēixiǎn de.
이로써 법률이 없는 자유는 매우 위험하다는 것을 알 수 있다.

+ 由此 yóucǐ 부 이로써 | 法律 fǎlǜ 명 법률 |
自由 zìyóu 명 자유 | 危险 wēixiǎn 형 위험하다

面临 ***

miànlín

유의 面对 miànduì
직면하다
5급 ···› p.309

동 (문제나 상황에) 직면하다, 당면하다

面临危险时，士兵们互相鼓励。 [빈출]
Miànlín wēixiǎn shí, shìbīngmen hùxiāng gǔlì.
위험에 직면했을 때, 병사들은 서로 격려했다.

+ 危险 wēixiǎn 명 위험 | 士兵 shìbīng 명 병사 |
互相 hùxiāng 부 서로 | 鼓励 gǔlì 동 격려하다

맛있는 단어 TIP   面临과 面对

面临은 '주로 안 좋은 상황이나 일에 직면했을 때' 사용하고, 面对는
'사람이나 사물을 마주하고 있다'는 뜻으로 쓰이거나, 失败(shībài
실패), 现实(xiànshí 현실) 등 추상적인 명사와 결합하여 쓰인다.

• 面临困难 miànlín kùnnán 어려움에 직면하다

• 面对敌人 miànduì dírén 적과 대면하다, 적에 맞서다
  面对未来 miànduì wèilái 미래를 마주하다

敌人

dírén

명 적

面对敌人，他丝毫不慌张。
Miànduì dírén, tā sīháo bù huāngzhāng.
적과 마주하면서, 그는 조금도 당황하지 않았다.

+ 面对 miànduì 동 마주하다 |
丝毫 sīháo 부 조금도 | 慌张 huāngzhāng 형 당황하다

简直 *

jiǎnzhí

부 그야말로, 정말로

他居然杀了自己的孩子，简直疯了。
Tā jūrán shāle zìjǐ de háizi, jiǎnzhí fēng le.
놀랍게도 그가 자신의 아이를 죽였다니, 그야말로 미쳤다.

+ 居然 jūrán 부 놀랍게도 |
杀 shā 동 죽이다 | 疯 fēng 형 미치다

DAY
16

DAY
17

DAY
18

DAY
19

DAY
20

DAY
21

DAY
22

DAY
23

DAY
24

DAY
25

DAY
26

DAY
27

DAY
28

**DAY
29**

DAY
30

1243

一旦 ★★

yídàn

📖 일단, 만약 ~한다면

一旦发生战争，受苦的就是老百姓。
Yídàn fāshēng zhànzhēng, shòukǔ de jiù shì lǎobǎixìng.
만약 전쟁이 발생한다면, 고통받는 것은 백성들이다.

+ **发生** fāshēng 동 발생하다 | **战争** zhànzhēng 명 전쟁 |
受苦 shòukǔ 동 고통을 받다 | **老百姓** lǎobǎixìng 명 백성, 국민

독해 출제 포인트

一旦은 就와 결합하여 가정의 상황을 나타낸다. 一旦처럼 就와 결합
하여 가정의 상황을 나타내는 접속사로는 如果(rúguǒ), 假如(jiǎrú),
倘若(tǎngruò) 등이 있다. 장문 독해 문제를 풀 때 이런 접속사 호응
구조를 파악하면 길고 복잡한 문장을 보다 쉽게 이해할 수 있다.

1244

退

tuì

📖 후퇴하다, 물러서다

敌人退到了1公里以外。
Dírén tuìdàole yì gōnglǐ yǐwài.
적이 1킬로미터 밖으로 후퇴했다.

+ **敌人** dírén 명 적 |
公里 gōnglǐ 양 킬로미터(km) | **以外** yǐwài 명 이상, 밖

📖 (구매한 물건 등을) 반환하다, 무르다, 환불하다

这件衣服太大了，我想退货。
Zhè jiàn yīfu tài dà le, wǒ xiǎng tuìhuò.
이 옷은 너무 커서, 나는 반품하고 싶다.

+ **退货** tuìhuò 동 반품하다

1245

阻止 ★

zǔzhǐ

📖 저지하다, 막다

我们一定要阻止这场战争。
Wǒmen yídìng yào zǔzhǐ zhè chǎng zhànzhēng.
우리는 반드시 이 전쟁을 막아야 한다.

+ **场** cháng 양 회, 번 | **战争** zhànzhēng 명 전쟁

配合*
pèihé

동 협력하다, 협동하다

两支队伍配合得非常完美。
Liǎng zhī duìwu pèihé de fēicháng wánměi.
두 팀은 매우 완벽하게 협동했다.

+ 支 zhī 양 팀 | 队伍 duìwu 명 집단, 팀 |
完美 wánměi 형 완벽하다

1247

有利***
yǒulì

반의 不利 búlì
불리하다

형 유리하다, 이롭다

目前的形势对我方很有利。
Mùqián de xíngshì duì wǒ fāng hěn yǒulì.
현재의 형세는 우리 측에 매우 유리하다.

+ 目前 mùqián 명 현재 |
形势 xíngshì 명 형세, 상황 | 方 fāng 명 편, 측

쓰기 출제 포인트

형용사 有利는 A有利于B(A는 B에 유리하다/이롭다)의 형식으로
쓰기 배열 문제에 자주 출제된다. 논리에 맞게 A와 B의 순서를 틀리지
않도록 유의하자.

• 运动有利于健康。 운동은 건강에 이롭다.
• 稳定有利于发展。 안정은 발전에 이롭다.

+ 稳定 wěndìng 형 안정적이다 |
发展 fāzhǎn 동 발전하다

1248

事实*
shìshí

명 사실

他在法官面前承认了犯罪的事实。
Tā zài fǎguān miànqián chéngrènle fànzuì de shìshí.
그는 판사 앞에서 범죄 사실을 인정했다.

+ 法官 fǎguān 명 법관, 판사 |
面前 miànqián 명 면전, 앞 |
承认 chéngrèn 동 인정하다 | 犯罪 fànzuì 동 죄를 저지르다

1249 闯
chuǎng

동 돌진하다, (맹렬히) 뛰어들다

他由于闯红灯被警察罚款了。
Tā yóuyú chuǎng hóngdēng bèi jǐngchá fákuǎn le.
그는 신호 위반때문에 경찰에 의해 벌금이 부과됐다.

+ 由于 yóuyú 젭 ~때문에 |
闯红灯 chuǎng hóngdēng 신호를 위반하다 |
警察 jǐngchá 몡 경찰 | 罚款 fákuǎn 동 벌금을 부과하다

1250 补充 ★★
bǔchōng

동 보충하다, 추가하다

律师对事件的经过进行了补充。 🔖빈출

Lǜshī duì shìjiàn de jīngguò jìnxíngle bǔchōng.
변호사는 사건의 경과에 대해 보충했다.

+ 律师 lǜshī 몡 변호사 |
事件 shìjiàn 몡 사건 |
经过 jīngguò 몡 경과, 과정 | 进行 jìnxíng 동 진행하다

┃빈출┃ 호응 표현 독해 제1부분 ▶

• 补充营养 bǔchōng yíngyǎng 영양소를 보충하다
• 补充能量 bǔchōng néngliàng 에너지를 보충하다
• 补充意见 bǔchōng yìjiàn 의견을 보충하다

1251 躲藏
duǒcáng

동 숨다, 피하다

技术越来越发达的今天，犯人很难躲藏。
Jìshù yuè lái yuè fādá de jīntiān, fànrén hěn nán duǒcáng.
기술이 점점 더 발달하는 오늘날, 범인은 숨기 매우 어렵다.

+ 技术 jìshù 몡 기술 |
发达 fādá 톙 발달하다 | 犯人 fànrén 몡 범인

DAY 16
DAY 17
DAY 18
DAY 19
DAY 20
DAY 21
DAY 22
DAY 23
DAY 24
DAY 25
DAY 26
DAY 27
DAY 28
DAY 29
DAY 30

1252 针对* zhēnduì

동 겨누다, 초점을 맞추다, 겨냥하다

针对记者的问题，外交官做了详细的回答。
Zhēnduì jìzhě de wèntí, wàijiāoguān zuòle xiángxì de huídá.
기자의 질문에 초점을 맞춰, 외교관은 상세하게 대답했다.

+ 记者 jìzhě 명 기자 |
外交官 wàijiāoguān 명 외교관 |
详细 xiángxì 형 상세하다

1253 再三** zàisān

유의 一再 yízài
거듭, 반복해서
5급 … p.281

부 다시, 거듭, 몇 번씩

他再三否认自己的罪行。반출
Tā zàisān fǒurèn zìjǐ de zuìxíng.
그는 자신의 범행을 거듭 부인했다.

+ 否认 fǒurèn 동 부인하다 |
罪行 zuìxíng 명 범행

1254 追 zhuī

동 뒤쫓다, 쫓아가다

警察开着摩托车追坏人。
Jǐngchá kāizhe mótuōchē zhuī huàirén.
경찰이 오토바이를 몰며 나쁜 놈을 뒤쫓았다.

+ 警察 jǐngchá 명 경찰 |
摩托车 mótuōchē 명 오토바이 | 坏人 huàirén 명 나쁜 사람

1255 取消** qǔxiāo

동 취소하다

很多市民建议取消这条不合理的法律。
Hěn duō shìmín jiànyì qǔxiāo zhè tiáo bù hélǐ de fǎlǜ.
많은 시민들이 이 불합리한 법률을 취소하길 건의했다.

+ 市民 shìmín 명 시민 |
建议 jiànyì 동 건의하다 | 条 tiáo 양 조항, 항목 |
合理 hélǐ 형 합리적이다 | 法律 fǎlǜ 명 법률

법률
정치

DAY
16

DAY
17

DAY
18

DAY
19

DAY
20

DAY
21

DAY
22

DAY
23

DAY
24

DAY
25

DAY
26

DAY
27

DAY
28

DAY
29

DAY
30

빈출 호응 표현 독해 제1부분 ▶

- 取消资格 qǔxiāo zīgé 자격을 취소하다
- 取消成绩 qǔxiāo chéngjī 성적을 취소하다
- 取消航班 qǔxiāo hángbān 항공편 운항을 취소하다

1256
代表**
dàibiǎo

동 대표하다

外交部发言人代表的就是国家。
Wàijiāobù fāyánrén dàibiǎo de jiù shì guójiā.
외무부 대변인이 대표하는 것은 바로 국가이다.

+ 外交部 wàijiāobù 명 외무부 | 发言人 fāyánrén 명 대변인

명 대표, 대표자

双方代表在会议上发了言。
Shuāngfāng dàibiǎo zài huìyì shang fāle yán.
양측 대표가 회의에서 발언했다.

+ 双方 shuāngfāng 명 양측 | 发言 fāyán 동 발언하다

1257
紧急
jǐnjí

형 긴급하다, 절박하다

遇到紧急情况的话，请联系大使馆。
Yùdào jǐnjí qíngkuàng de huà, qǐng liánxì dàshǐguǎn.
긴급한 상황에 부딪히면, 대사관에 연락하세요.

+ 情况 qíngkuàng 명 상황 |
联系 liánxì 동 연락하다 | 大使馆 dàshǐguǎn 명 대사관

1 빈칸을 새우세요.

纪律	❶	기율, 규율
❷	cúnzài	존재하다
❸	bǔchōng	보충하다, 추가하다
证据	zhèngjù	❹
事实	shìshí	❺

2 단어의 병음과 뜻을 알맞게 연결하세요.

❶ 躲藏 •   • ㉠ zǔzhǐ •   • ⓐ 저지하다, 막다

❷ 简直 •   • ㉡ duǒcáng •   • ⓑ 그야말로

❸ 阻止 •   • ㉢ miànlín •   • ⓒ 직면하다, 당면하다

❹ 面临 •   • ㉣ jiǎnzhí •   • ⓓ 숨다, 피하다

3 빈칸에 들어갈 알맞은 단어를 고르세요.

A 合法   B 命令   C 改正   D 后果   E 如何

❶ 违法行为会带来严重_____。

❷ 军官_____士兵继续前进。

❸ _____做才能避免战争发生呢?

❹ 法律会保护消费者的_____权益。

494

 **듣기** 제1부분

4 녹음을 듣고 알맞은 답을 고르세요.

❶ A 照片很模糊 B 爷爷当过兵
　C 爷爷喜欢摄影 D 照片是彩色的

❷ A 对手实力弱 B 拿不到冠军
　C 教练不满意 D 应注意配合

쓰기 제1부분

5 제시된 어휘로 어순에 맞게 문장을 완성하세요.

 ❶ 被取消　你　了吗　参赛资格

_____

 ❷ 这项　针对　留学生　调查是　进行的

_____

❸ 独立面对　危险　这样做　有利于让孩子

_____

❹ 安排　我们　要　作息时间　合理

_____

☑ 정답 및 해석 ⇨ 560쪽

DAY 30

Track67

국민을 위한 나라
_국가, 사회

HSK 5급에 이런 내용이 나온다!

국가와 사회 관련 주제에서는 정부와 국민의 역할, 도시 건설, 사회 질서, 공익 활동 등의 내용이 출제됩니다. 빈출 단어로는 秩序(zhìxù 질서), 身份(shēnfèn 신분), 措施(cuòshī 조치), 宣布(xuānbù 선포하다) 등이 있습니다.

한눈에 파악하는 단어

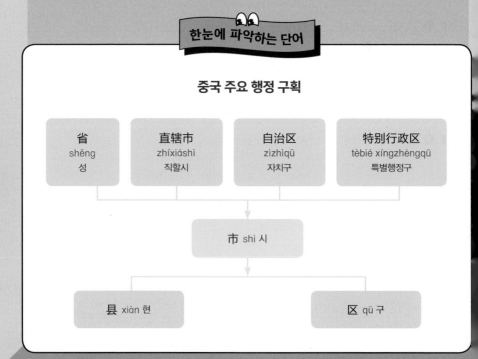

중국 주요 행정 구획

省 shěng 성	直辖市 zhíxiáshì 직할시	自治区 zìzhìqū 자치구	特別行政区 tèbié xíngzhèngqū 특별행정구

市 shì 시

县 xiàn 현	区 qū 구

1258
□
□

总统
zǒngtǒng

명 대통령

总统将出席这次运动会开幕式。
Zǒngtǒng jiāng chūxí zhè cì yùndònghuì kāimùshì.
대통령께서 이번 운동회 개막식에 참석하실 것이다.

＋ 将 jiāng 閂 장차 ~할 것이다 │
出席 chūxí 동 참석하다 │ 开幕式 kāimùshì 명 개막식

1259
□
□

爱护
àihù

동 애호하다, 아끼고 보호하다

我们要爱护身边的公共设施。
Wǒmen yào àihù shēnbiān de gōnggòng shèshī.
우리는 주변의 공공 시설을 아끼고 보호해야 한다.

＋ 身边 shēnbiān 명 신변, 곁 │
公共 gōnggòng 형 공공의 │ 设施 shèshī 명 시설

┃빈출┃ **호응 표현** 독해 제1부분 ▶

• 爱护花草 àihù huācǎo 화초를 아끼고 보호하다
• 爱护财产 àihù cáichǎn 재산을 아끼고 보호하다
• 爱护文物 àihù wénwù 문물을 애호하다

1260
□
□

道德
dàodé

명 도덕

我认为诚信是做人的基本道德。
Wǒ rènwéi chéngxìn shì zuòrén de jīběn dàodé.
나는 성실과 신용은 사람의 기본적인 도덕이라고 생각한다.

＋ 诚信 chéngxìn 형 성실하다, 신용을 지키다 │
基本 jīběn 형 기본적인

1261 身份 ★★
shēnfèn

명 신분, 지위

出门最好随身带身份证。
Chūmén zuìhǎo suíshēn dài shēnfènzhèng.
외출 시에는 신분증을 휴대하는 것이 좋다.

+ 出门 chūmén 통 외출하다 |
最好 zuìhǎo 부 ~하는 게 제일 좋다 | 随身 suíshēn 통 휴대하다 |
身份证 shēnfènzhèng 명 신분증

1262 总理
zǒnglǐ

명 총리

总理陪贵宾参观了故宫。
Zǒnglǐ péi guìbīn cānguānle Gùgōng.
총리가 귀빈을 모시고 고궁을 참관했다.

+ 陪 péi 통 모시다 |
贵宾 guìbīn 명 귀빈 | 参观 cānguān 통 참관하다 |
故宫 Gùgōng 고유 고궁, 자금성

1263 政府
zhèngfǔ

명 정부

政府决定增加对教育领域的投入。
Zhèngfǔ juédìng zēngjiā duì jiàoyù lǐngyù de tóurù.
정부는 교육 분야에 투자금을 늘리기로 결정했다.

+ 增加 zēngjiā 통 증가하다 |
教育 jiàoyù 명 교육 | 领域 lǐngyù 명 분야 |
投入 tóurù 명 투자금

1264 建设 ★
jiànshè

동 건설하다, 세우다

建设现代化城市离不开科技。
Jiànshè xiàndàihuà chéngshì lí bu kāi kējì.
현대화 도시를 건설하는 것은 과학 기술과 떼려야 뗄 수 없다.

+ 现代化 xiàndàihuà 명 현대화 |
离不开 lí bu kāi 떨어질 수 없다 |
科技 kējì 명 과학 기술

국가
사회

DAY
16

DAY
17

DAY
18

DAY
19

DAY
20

DAY
21

DAY
22

DAY
23

DAY
24

DAY
25

DAY
26

DAY
27

DAY
28

DAY
29

DAY
30

1265
开放★★
kāifàng

반의 **关闭** guānbì
닫다
5급 ⋯ p.430

동 개방하다, 해제하다

图书馆对所有读者开放。
Túshūguǎn duì suǒyǒu dúzhě kāifàng.
도서관은 모든 독자에게 개방되어 있다.

+ 所有 suǒyǒu 형 모든 |
读者 dúzhě 명 독자

1266
华裔
huáyì

명 화교

这位华裔作家的作品在中国大受欢迎。
Zhè wèi huáyì zuòjiā de zuòpǐn zài Zhōngguó dà shòu huānyíng.
이 화교 작가의 작품은 중국에서 인기가 많다.

+ 作家 zuòjiā 명 작가 |
作品 zuòpǐn 명 작품

1267
官
guān

명 국가(정부)에 속하는 것, 관리

现在很多年轻人并不想当官。
Xiànzài hěn duō niánqīngrén bìng bù xiǎng dāng guān.
오늘날 많은 젊은 사람들이 별로 관직을 맡고 싶어 하지 않는다.

+ 年轻人 niánqīngrén 명 젊은 사람 |
并 bìng 부 별로 | 当 dāng 동 맡다, 담당하다

1268
扩大★★
kuòdà

반의 **缩小** suōxiǎo
축소하다

동 확대하다, 넓히다

当地政府扩大了对新技术的投资。
Dāngdì zhèngfǔ kuòdàle duì xīn jìshù de tóuzī.
현지 정부는 신기술에 투자를 확대했다.

+ 当地 dāngdì 명 현지 |
政府 zhèngfǔ 명 정부 | 技术 jìshù 명 기술 |
投资 tóuzī 명 투자

1269 称呼*
chēnghu

동 ~(이)라고 부르다, 호칭하다

中国人称呼黄河为"母亲河"。
Zhōngguórén chēnghu Huáng Hé wéi "mǔqīnhé".
중국인들은 황허를 '어머니 강'이라고 부른다.

독해 출제 포인트

称呼는 명사로 쓰여 '호칭'이라는 뜻을 나타내기도 하는데, 시험에 礼貌的称呼(lǐmào de chēnghu 예의 바른 호칭), 特别的称呼 (tèbié de chēnghu 특별한 호칭)와 같은 표현으로 자주 나온다. 또한, 독해 영역에 全称(quánchēng 정식 명칭)과 简称(jiǎnchēng 약칭) 이라는 표현도 자주 나오니 함께 기억하자.

1270 成立
chénglì

동 성립하다, (조직, 기구 등을) 창립하다, 설립하다

新中国成立于1949年。
Xīn Zhōngguó chénglì yú yī jiǔ sì jiǔ nián.
신중국은 1949년에 설립되었다.

+于 yú 개 ~에

빈출 호응 표현 독해 제1부분

- 成立公司 chénglì gōngsī 회사를 설립하다
- 成立学会 chénglì xuéhuì 학회를 설립하다
- 结论不成立 jiélùn bù chénglì 결론이 성립되지 않는다

1271 成就*
chéngjiù

명 성취, 성과, 업적

改革开放后，中国取得了不少成就。
Gǎigé kāifàng hòu, Zhōngguó qǔdéle bù shǎo chéngjiù.
개혁 개방 후에, 중국은 많은 성과를 얻었다.

+改革开放 gǎigé kāifàng 명 개혁 개방 |
取得 qǔdé 동 취득하다, 얻다

500

국가
사회

DAY
16

DAY
17

DAY
18

DAY
19

DAY
20

DAY
21

DAY
22

DAY
23

DAY
24

DAY
25

DAY
26

DAY
27

DAY
28

DAY
29

DAY
30

통 이루다, 성취하다

成就一番事业是很多人的梦想。
Chéngjiù yì fān shìyè shì hěn duō rén de mèngxiǎng.
사업을 이루는 것은 많은 사람들의 꿈이다.

+番 fān 영 번, 차례, 바탕 |
事业 shìyè 영 사업 |
梦想 mèngxiǎng 영 꿈

1272 分布^{★★}
☐
☐
fēnbù

통 분포하다, 널려 있다

中国的人口分布不平衡。
Zhōngguó de rénkǒu fēnbù bù pínghéng.
중국의 인구는 균형이 맞지 않게 분포되어 있다.

+人口 rénkǒu 영 인구 |
平衡 pínghéng 형 균형이 맞다

빈출 호응 표현 독해 제1부분

• 分布均匀 fēnbù jūnyún 고르게 분포하다
• 分布广泛 fēnbù guǎngfàn 광범위하게 분포하다
• 分布密集 fēnbù mìjí 밀집되어 분포하다

1273 公平[★]
☐
☐
gōngpíng

형 공평하다

我希望每个人都能受到公平的对待。
Wǒ xīwàng měi ge rén dōu néng shòudào gōngpíng de
duìdài.
나는 모든 사람들이 공평한 대우를 받을 수 있길 바란다.

+受到 shòudào 통 받다 |
对待 duìdài 통 대하다

1274

培养*** □ □
péiyǎng

[동] 양성하다, 기르다, 키우다

良好的教育环境有助于培养人才。
Liánghǎo de jiàoyù huánjìng yǒuzhùyú péiyǎng réncái.
좋은 교육 환경은 인재를 양성하는 데 도움이 된다.

+ **良好** liánghǎo [형] 좋다, 양호하다 | **教育** jiàoyù [명] 교육 |
有助于 yǒuzhùyú [동] ~에 도움이 되다 | **人才** réncái [명] 인재

[빈출] 호응 표현 독해 제1부분

- 培养**学生** péiyǎng xuésheng 학생을 육성하다
- 培养**能力** péiyǎng nénglì 능력을 키우다
- 培养**自信心** péiyǎng zìxìnxīn 자신감을 키우다

1275

所 □ □
suǒ

[양] 동, 곳[집, 학교 따위를 세는 단위]

这位企业家在山区建了一所小学。
Zhè wèi qǐyèjiā zài shānqū jiànle yì suǒ xiǎoxué.
이 기업가는 산간 지역에 초등학교를 한 곳 세웠다.

+ **企业家** qǐyèjiā [명] 기업가 | **山区** shānqū [명] 산간 지역 |
建 jiàn [동] 짓다, 세우다 | **小学** xiǎoxué [명] 초등학교

독해 출제 포인트

所는 조사로 문장을 강조하는 역할을 하기도 하는데, 보통 서면어에
많이 쓰여 독해 장문에서 자주 볼 수 있다. 조사로 쓰이는 所의 두 가지
의미를 익혀 두자.

① '为/被+명사+所+동사'(~에 의해 ~되다)의 형태로 쓰여 피동을
나타낸다.
- 这本书**为/被**大家所**熟知**。
이 책은 사람들에 의해 잘 알려졌다.

② '所+타동사+的'(~하는)의 형태로 쓰여 관형어를 만든다.
- 我**所了解的**信息就是这些。
  信息의 관형어
내가 아는 정보가 바로 이것들이다.

+ **熟知** shúzhī [동] 잘 알다 | **信息** xìnxī [명] 정보

1276 移民
□□
yímín

동 이민하다

他打算移民到美国。
Tā dǎsuan yímín dào Měiguó.
그는 미국으로 이민할 계획이다.

명 이민, 이민한 사람

深圳是一座移民城市。
Shēnzhèn shì yí zuò yímín chéngshì.
선전은 이민자들의 도시이다.

+ 座 zuò 양 부피가 크거나 고정된 물체를 세는 단위 |
深圳 Shēnzhèn 고유 선전

1277 县
□□
xiàn

명 현[중국 행정 구획 단위의 하나]

该市有五个区和两个县。
Gāi shì yǒu wǔ ge qū hé liǎng ge xiàn.
이 시에는 다섯 개의 구와 두 개의 현이 있다.

+ 该 gāi 대 이, 그, 저 | 市 shì 명 (행정 구획 단위의) 시 |
区 qū 명 (행정 구획 단위의) 구

1278 义务*
□□
yìwù

명 의무

遵守法律是每个公民的义务。 빈출

Zūnshǒu fǎlǜ shì měi ge gōngmín de yìwù.
법률을 준수하는 것은 모든 공민의 의무이다.

+ 遵守 zūnshǒu 동 준수하다 |
法律 fǎlǜ 명 법률 | 公民 gōngmín 명 공민, 시민

1279 主人
□□
zhǔrén

명 주인

人民是国家的主人。
Rénmín shì guójiā de zhǔrén.
국민은 국가의 주인이다.

+ 人民 rénmín 명 인민, 국민

DAY 16
DAY 17
DAY 18
DAY 19
DAY 20
DAY 21
DAY 22
DAY 23
DAY 24
DAY 25
DAY 26
DAY 27
DAY 28
DAY 29
DAY 30

1280 措施* cuòshī

명 조치, 대책

消防员迅速采取了灭火措施。
Xiāofángyuán xùnsù cǎiqǔle mièhuǒ cuòshī.
소방관이 신속하게 진화 조치를 취했다.

+ 消防员 xiāofángyuán 소방관 |
迅速 xùnsù 형 신속하다 | 采取 cǎiqǔ 동 취하다 |
灭火 mièhuǒ 동 불을 끄다

1281 捐 juān

동 기부하다, 헌납하다

全社会向灾区捐钱、捐物。
Quán shèhuì xiàng zāiqū juān qián, juān wù.
전 사회가 재해 지역에 돈과 물품을 기부한다.

+ 全社会 quán shèhuì 전 사회 |
灾区 zāiqū 명 재해 지역

1282 财产 cáichǎn

명 재산, 자산

法律保护人民的合法财产。
Fǎlǜ bǎohù rénmín de héfǎ cáichǎn.
법률은 국민의 합법적인 재산을 보호한다.

+ 法律 fǎlǜ 명 법률 |
保护 bǎohù 동 보호하다 |
人民 rénmín 명 인민, 국민 | 合法 héfǎ 형 합법적이다

1283 统一 tǒngyī

반의 分裂 fēnliè
분열하다
6급

동 통일하다

国家统一是很多人的愿望。
Guójiā tǒngyī shì hěn duō rén de yuànwàng.
국가 통일은 많은 사람들의 소망이다.

+ 愿望 yuànwàng 명 소망

국가
사회

DAY
16

DAY
17

DAY
18

DAY
19

DAY
20

DAY
21

DAY
22

DAY
23

DAY
24

DAY
25

DAY
26

DAY
27

DAY
28

DAY
29

**DAY
30**

1284
象征 ******
xiàngzhēng

명 상징

长城是中国古代文明的象征。
Chángchéng shì Zhōngguó gǔdài wénmíng de xiàngzhēng.
만리장성은 중국 고대 문명의 상징이다.

+ **长城** Chángchéng 고유 창청, 만리장성 |
古代 gǔdài 명 고대 | **文明** wénmíng 명 문명

동 상징하다

马象征着力量与速度。
Mǎ xiàngzhēngzhe lìliàng yǔ sùdù.
말은 힘과 속도를 상징한다.

+ **力量** lìliàng 명 힘 |
速度 sùdù 명 속도

1285
秩序 ******
zhìxù

명 질서

良好的社会秩序需要我们共同维护。
Liánghǎo de shèhuì zhìxù xūyào wǒmen gòngtóng wéihù.
좋은 사회 질서는 우리가 함께 지켜야 한다.

+ **良好** liánghǎo 형 좋다, 양호하다 |
社会 shèhuì 명 사회 | **共同** gòngtóng 부 함께 |
维护 wéihù 동 지키다

1286
比例
bǐlì

명 비례, 비율

中国的城市人口比例逐年增加。
Zhōngguó de chéngshì rénkǒu bǐlì zhúnián zēngjiā.
중국의 도시 인구 비율이 해마다 증가하고 있다.

+ **人口** rénkǒu 명 인구 |
逐年 zhúnián 부 해마다 | **增加** zēngjiā 동 증가하다

1287
☐
☐
广大
guǎngdà

형 (사람 수가) 많다, 넓다, 크다

应广大市民要求，本次展览延长一周。
Yìng guǎngdà shìmín yāoqiú, běn cì zhǎnlǎn yáncháng yì zhōu.
많은 시민들의 요구에 따라, 이번 전시는 일주일 연장했다.

+ 应 yìng 통 따르다, 맞추다 | 市民 shìmín 명 시민 |
展览 zhǎnlǎn 명 전시 | 延长 yáncháng 통 연장하다

빈출 | 호응 표현 독해 제1부분

- 广大球迷 guǎngdà qiúmí 많은 축구 팬
- 广大观众 guǎngdà guānzhòng 많은 관중
- 广大消费者 guǎngdà xiāofèizhě 많은 소비자

1288
☐
☐
属于 **
shǔyú

동 ~에 속하다

公路、铁路属于公共财产。
Gōnglù、tiělù shǔyú gōnggòng cáichǎn.
도로, 철도는 공공 재산에 속한다.

+ 公路 gōnglù 명 도로 | 铁路 tiělù 명 철도 |
公共 gōnggòng 형 공공의 | 财产 cáichǎn 명 재산

1289
☐
☐
宣布 **
xuānbù

동 선포하다, 공포하다, 발표하다

交通部宣布取消部分高速公路通行费。
Jiāotōngbù xuānbù qǔxiāo bùfen gāosù gōnglù tōngxíngfèi.
교통부는 일부 고속도로의 통행료를 취소한다고 공포했다.

+ 交通部 jiāotōngbù 명 교통부 | 取消 qǔxiāo 동 취소하다 |
高速公路 gāosù gōnglù 명 고속 도로 |
通行费 tōngxíngfèi 통행료

DAY
16

DAY
17

DAY
18

DAY
19

DAY
20

DAY
21

DAY
22

DAY
23

DAY
24

DAY
25

DAY
26

DAY
27

DAY
28

DAY
29

DAY
30

빈출 호응 표현 독해 제1부분 ▶

- 宣布消息 xuānbù xiāoxi 소식을 발표하다
- 宣布结果 xuānbù jiéguǒ 결과를 발표하다
- 宣布成绩 xuānbù chéngjì 성적을 발표하다

1290

自愿
zìyuàn

동 자원하다

学生们自愿参加社会服务活动。
Xuéshengmen zìyuàn cānjiā shèhuì fúwù huódòng.
학생들은 사회봉사 활동에 자원해서 참가한다.

+ 社会 shèhuì 몡 사회 |
服务 fúwù 동 봉사하다 | 活动 huódòng 몡 활동

1291

珍惜★★
zhēnxī

유의 爱惜 àixī
아끼다,
소중히 여기다
5급 ⋯→ p.144

동 아끼다, 소중히 여기다

我们要珍惜别人的劳动成果。 🖐빈출

Wǒmen yào zhēnxī biérén de láodòng chéngguǒ.
우리는 다른 사람의 노동의 성과를 소중히 여겨야 한다.

+ 劳动 láodòng 몡 노동 |
成果 chéngguǒ 몡 성과, 결과

1292

纷纷
fēnfēn

부 잇달아, 연이어

市民们纷纷表达了对此事的看法。
Shìmínmen fēnfēn biǎodále duì cǐ shì de kànfǎ.
시민들이 잇달아 이 일에 대한 견해를 표현했다.

+ 市民 shìmín 몡 시민 |
表达 biǎodá 동 표현하다 |
此 cǐ 떼 이, 이것 | 看法 kànfǎ 몡 견해

基本*

jīběn

형 기본적인, 근본적인

平等权是公民的基本权利。^{민속}
Píngděngquán shì gōngmín de jīběn quánlì.
평등권은 공민의 기본적인 권리이다.

+ 平等权 píngděngquán 평등권, 동등권 |
公民 gōngmín 몡 공민, 시민 |
权利 quánlì 몡 권리

1294

包括***

bāokuò

유의 包含 bāohán
포함하다, 내포하다
5급 … p.260

동 포함하다, 포괄하다

公益事业包括交通、教育、卫生等方面。
Gōngyì shìyè bāokuò jiāotōng、jiàoyù、wèishēng děng fāngmiàn.
공익사업에는 교통, 교육, 위생 등의 분야가 포함된다.

+ 公益事业 gōngyì shìyè 공익사업 |
交通 jiāotōng 몡 교통 | 教育 jiàoyù 몡 교육 |
卫生 wèishēng 몡 위생 | 方面 fāngmiàn 몡 방면, 분야

맛있는 단어 TIP
包括와 包含

① 包括: 수량이나 범위상에서 총괄하고 수용함을 나타낸다.
구체적인 대상이나 추상적인 대상 모두 결합할 수 있다.

• 你交的钱包括住宿费和押金。
당신이 낸 돈에는 숙박비와 보증금이 포함되어 있다.

② 包含: 어떤 사물 안에 내포되어 있음을 나타낸다.
주로 추상적인 대상과 결합하여 쓰인다.

• 这个故事包含很多道理。
이 이야기는 많은 이치를 포함하고 있다.

+ 住宿费 zhùsùfèi 숙박비 |
押金 yājīn 몡 보증금 | 道理 dàolǐ 몡 도리, 이치

국가
사회

DAY
16

DAY
17

DAY
18

DAY
19

DAY
20

DAY
21

DAY
22

DAY
23

DAY
24

DAY
25

DAY
26

DAY
27

DAY
28

DAY
29

**DAY
30**

1295
□
□
作为*
zuòwéi

명 행위

从他的作为可以看出他性格很内向。
Cóng tā de zuòwéi kěyǐ kànchū tā xìnggé hěn nèixiàng.
그의 행위에서 그의 성격이 내성적인 것을 알 수 있다.

+ **性格** xìnggé 명 성격 |
内向 nèixiàng 형 내성적이다

동 ~으로 여기다, ~으로 삼다

我一直把他作为最好的朋友。
wǒ yìzhí bǎ tā zuòwéi zuì hǎo de péngyou.
나는 줄곧 그를 가장 좋은 친구로 여긴다.

개 ~로서

作为领导人，必须要有责任感。
Zuòwéi lǐngdǎorén, bìxū yào yǒu zérèngǎn.
지도자로서 반드시 책임감이 있어야 한다.

+ **领导人** lǐngdǎorén 지도자, 리더 |
责任感 zérèngǎn 명 책임감

쓰기 출제 포인트

쓰기 작문 부분에 변론회, 시합 등 단체 활동 주제에 '~팀의 구성원으로
서' 같은 표현을 쓸 때 作为를 활용할 수 있다.

• **作为教练，我为队员们感到很自豪。**
코치로서 나는 팀원들을 매우 자랑스럽게 여긴다.

• **作为辩论选手，把观点表达清楚很重要。**
변론 선수로서 관점을 명확하게 표현하는 것이 매우 중요하다.

+ **教练** jiàoliàn 명 코치, 감독 |
队员 duìyuán 명 팀원 | **感到** gǎndào 동 여기다 |
自豪 zìháo 형 스스로 자랑스럽게 생각하다 |
辩论 biànlùn 동 변론하다 | **选手** xuǎnshǒu 명 선수 |
观点 guāndiǎn 명 관점 | **表达** biǎodá 동 표현하다

1296

☐☐

导致***
dǎozhì

동 (어떤 사태를) 야기하다, 초래하다

道路拥挤会导致发生事故。👆 [반불]
Dàolù yōngjǐ huì dǎozhì fāshēng shìgù.
도로 혼잡은 사고 발생을 초래할 수 있다.

+ 道路 dàolù 몡 도로 |
拥挤 yōngjǐ 톙 혼잡하다 |
发生 fāshēng 동 발생하다 | 事故 shìgù 몡 사고

1297

☐☐

则
zé

양 조항, 문제, 편[항목, 문장을 이루는 조목의 수를 세는 단위]

这则消息引起了人们的广泛关注。
Zhè zé xiāoxi yǐnqǐle rénmen de guǎngfàn guānzhù.
이 소식은 사람들의 광범위한 관심을 불러일으켰다.

+ 消息 xiāoxi 몡 소식 | 引起 yǐnqǐ 동 불러일으키다 |
广泛 guǎngfàn 톙 광범위하다 | 关注 guānzhù 몡 관심

접 그러나, 오히려[대비, 역접을 나타냄]

很多人想去大城市，他则打算回家乡。
Hěn duō rén xiǎng qù dà chéngshì, tā zé dǎsuan huí jiāxiāng.
많은 사람들이 대도시로 가고 싶어 하지만, 그는 고향으로 돌아갈 계획이다.

+ 家乡 jiāxiāng 몡 고향

1298

☐☐

证件
zhèngjiàn

명 증명서, 증거 서류

请出示您的身份证件。
Qǐng chūshì nín de shēnfèn zhèngjiàn.
당신의 신분증을 제시해 주세요.

+ 出示 chūshì 동 제시하다 |
身份 shēnfèn 몡 신분

1299
☐
☐

权利
quánlì

참고 权力 quánlì
권력
5급 ··· p.511

1300
☐
☐

权力
quánlì

참고 权利 quánlì
권리
5급 ··· p.511

명 권리

要尊重每个人的合法权利。빈출
Yào zūnzhòng měi ge rén de héfǎ quánlì.
모든 사람들의 합법적인 권리를 존중해야 한다.

+ 尊重 zūnzhòng 동 존중하다 |
合法 héfǎ 형 합법적이다

명 권력, 권한

总统的权力也受到法律的限制。
Zǒngtǒng de quánlì yě shòudào fǎlǜ de xiànzhì.
대통령의 권력도 법률의 제한을 받는다.

+ 总统 zǒngtǒng 명 대통령 |
受到 shòudào 동 받다 |
法律 fǎlǜ 명 법률 | 限制 xiànzhì 명 제한

加把劲儿!

1 빈칸을 채우세요.

建设	❶	건설하다, 세우다
❷	xuānbù	선포하다, 공포하다
措施	cuòshī	❸
❹	bāokuò	포함하다
称呼	❺	~(이)라고 부르다

2 단어의 병음과 뜻을 알맞게 연결하세요.

❶ 导致 •　　　• ㉠ zhēnxī　　　• ⓐ 야기하다, 초래하다

❷ 比例 •　　　• ㉡ zhìxù　　　• ⓑ 비례, 비율

❸ 珍惜 •　　　• ㉢ dǎozhì　　　• ⓒ 질서

❹ 秩序 •　　　• ㉣ bǐlì　　　• ⓓ 소중히 여기다

3 빈칸에 들어갈 알맞은 단어를 고르세요.

> A 分布　　　B 纷纷　　　C 道德　　　D 属于　　　E 作为

❶ 中国的人口＿＿＿＿＿＿不平衡。

❷ 市民们＿＿＿＿＿＿表达了对此事的看法。

❸ ＿＿＿＿＿＿领导人，必须要有责任感。

❹ 我认为诚信是做人的基本＿＿＿＿＿＿。

국가
사회

DAY
16

DAY
17

DAY
18

DAY
19

DAY
20

DAY
21

DAY
22

DAY
23

DAY
24

DAY
25

DAY
26

DAY
27

DAY
28

DAY
29

DAY
30

도전/
HSK 5급 **독해** 제1부분

4 빈칸에 들어갈 알맞은 단어를 고르세요.

街上有两家相邻的面条店——马记和刘记，它们各有10个座位，生意都很红火。不到半年马记就开了家分店，而刘记却无力 ❶_____ 规模。原来刚煮好的面很烫，顾客只能慢慢吃，平均每位顾客要15分钟才能吃完一碗面。刘记一直这样经营，但马记店主在听到客人_____ ❷ 吃面太花时间后，就立即做了些改变，并受到了_____ ❸ 顾客的欢迎。

 ❶ A 成就　　　　B 扩大　　　　C 缩小　　　　D 制定

❷ A 抱怨　　　　B 吵架　　　　C 否认　　　　D 批准

❸ A 重大　　　　B 巨大　　　　C 广大　　　　D 广泛

도전/
HSK 5급 **쓰기** 제1부분

5 제시된 어휘로 어순에 맞게 문장을 완성하세요.

 ❶ 权力的　　　是　　　象征　　　龙

_____

❷ 很多　　　方教授　　　优秀的　　　培养出了　　　学生

_____

❸ 你　　　带着　　　最好随身　　　身份证

_____

 ❹ 俱乐部　　　那个　　　开放　　　不对外

_____

☑ 정답 및 해석 ⇨ 561쪽

	甲骨文 jiǎgǔwén	갑골문		书法 빈출 shūfǎ	서예, 서법
01			13		
02	象形字 xiàngxíngzì	상형문자	14	草书 cǎoshū	초서[한자 글자체의 하나]
03	张大千 Zhāng Dàqiān	장다치엔 [중국 현대 화가]	15	春联 빈출 chūnlián	춘련[설에 문이나 문 설주에 붙이는 대련]
04	齐白石 빈출 Qí Báishí	치바이스 [중국 근대 화가]	16	文化遗产 wénhuà yíchǎn	문화재
05	李白 Lǐ Bái	이백, 이태백 [당대 시인]	17	传承 chuánchéng	전승하다
06	杜甫 Dù Fǔ	두보 [당대 시인]	18	舞狮 wǔshī	사자춤
07	孔子 Kǒngzǐ	공자	19	指南针 zhǐnánzhēn	나침반
08	秦始皇 Qín Shǐhuáng	진시황	20	市民 shìmín	시민
09	春秋战国 Chūnqiū Zhànguó	춘추전국	21	公益活动 gōngyì huódòng	공익 활동
10	大臣 dàchén	대신	22	盲人 mángrén	시각 장애인
11	千里马 qiānlǐmǎ	천리마	23	聋哑人 lóngyǎrén	농아
12	造纸术 zàozhǐshù	제지술	24	消防员 xiāofángyuán	소방관

25	城市化 chéngshìhuà	도시화	38	组装 zǔzhuāng	조립하다
26	齐全  qíquán	완비하다	39	透气 tòuqì	환기시키다, 한숨 돌리다
27	居委会 jūwěihuì	주민 위원회	40	救生圈 jiùshēngquān	구명환, 구명 튜브
28	补贴 bǔtiē	보조금, 보조하다	41	微生物 wēishēngwù	미생물
29	联合国 Liánhéguó	유엔(UN), 국제 연합	42	违禁品 wéijìnpǐn	금지품
30	残疾人 cánjírén	장애인	43	老龄化 lǎolínghuà	노령화
31	慈善机构 císhàn jīgòu	자선 단체	44	限塑令 xiànsùlìng	비닐봉지 사용 제한 명령
32	直辖市 zhíxiáshì	직할시	45	水稻 shuǐdào	논벼
33	自治区 zìzhìqū	자치구	46	农田 nóngtián	농경지, 농토
34	偏远地区 piānyuǎn dìqū	오지, 외진 지역	47	栽种 zāizhòng	재배하다, 심다
35	引进 yǐnjìn	도입하다, 끌어들이다	48	密封 mìfēng	밀봉하다, 밀폐하다
36	悲剧 bēijù	비극	49	棉花 miánhuā	목화솜
37	隔音 géyīn	방음하다	50	二手烟 èrshǒuyān	간접 흡연

515

쓰기 제1부분
꼭 알아야 할 빈출 구문 ❻

1 正在逐年… zhèngzài zhúnián… 해마다 ~하고 있다

中国的农业人口正在逐年减少。 중국의 농업 인구는 해마다 감소하고 있다.
人们的收入正在逐年增加。 사람들의 수입은 해마다 증가하고 있다.

+ 农业 nóngyè 몡 농업 | 人口 rénkǒu 몡 인구

2 已经流传了… yǐjing liúchuánle… 이미 ~전해졌다

这个神话已经流传了上千年。 이 신화는 이미 천여 년 동안 전해졌다. 빈출
这个风俗已经流传了几百年。 이 풍속은 이미 몇 백 년 동안 전해졌다.

+ 神话 shénhuà 몡 신화 | 上千年 shàng qiān nián 천여 년 | 风俗 fēngsú 몡 풍속

3 以…为背景 yǐ…wéi bèijǐng ~을 배경으로 하다

这部小说以30年代的上海为背景。 이 소설은 30년대의 상하이를 배경으로 하고 있다.
这部电视剧以改革开放为背景。 이 드라마는 개혁 개방을 배경으로 하고 있다.

+ 年代 niándài 몡 연대, 한 세기 중의 10년 | 电视剧 diànshìjù 몡 텔레비전 드라마 |
改革开放 gǎigé kāifàng 몡 개혁 개방

4 …给我留下了… …gěi wǒ liúxiàle… ~이 나에게 ~을 남겼다

她的表现给我留下了深刻的印象。 그녀의 태도가 나에게 깊은 인상을 남겼다. 빈출
留学生活给我留下了美好的回忆。 유학 생활은 나에게 아름다운 추억을 남겼다.

+ 表现 biǎoxiàn 몡 태도 | 深刻 shēnkè 혱 깊다 | 美好 měihǎo 혱 아름답다

5 这是一个关于… Zhè shì yí ge guānyú… 이것은 ~에 관한 것이다

这是一个关于龙的传说。 이것은 용에 관한 전설이다.
这是一个关于亲情的故事。 이것은 가족의 사랑에 관한 이야기이다.

+ 龙 lóng 몡 용 | 传说 chuánshuō 몡 전설 | 亲情 qīnqíng 몡 혈육 간의 정

쓰기 제2부분
자주 나오는 주제 촬영

Track70

☑ **99번 문제** 빈출 단어

- 摄影 shèyǐng 몡 촬영 툉 촬영하다
- 记录 jìlù 툉 기록하다
- 书架 shūjià 몡 책장
- 摆 bǎi 툉 놓다, 진열하다

- 作品 zuòpǐn 몡 작품
- 欣赏 xīnshǎng 툉 감상하다
- 梦想 mèngxiǎng 몡 꿈

☑ **100번 문제** 빈출 사진

활용 단어

拍照 pāizhào 사진을 찍다
美食 měishí 맛있는 음식

활용 단어

展览 zhǎnlǎn 전시하다
摄影作品 shèyǐng zuòpǐn
촬영 작품

활용 단어

旅行 lǚxíng 여행하다
地图 dìtú 지도

☑ **참고 답안** *시험에서 '촬영' 주제 관련 문제가 나오면 아래 문장을 활용하세요.

		我	喜	欢	摄	影	,	平	时	通	过	拍	照	来	记
录	生	活	。	我	拍	人	物	、	美	食	,	还	有	美	丽
的	大	自	然	。	我	的	书	架	上	摆	满	了	自	己	的
摄	影	作	品	,	我	每	天	都	欣	赏	。	现	在	我	的
梦	想	是	举	办	一	个	个	人	摄	影	展	览	,	让	更
多	人	看	到	我	的	作	品	。							

나는 사진 촬영을 좋아해서, 평소에 사진 찍는 것을 통해 삶을 기록한다. 나는 인물, 맛있는 음식, 그리고 아름다운 대자연을 찍는다. 내 책장에는 나의 사진 작품이 가득 놓여 있어서, 나는 매일 감상한다. 지금 나의 꿈은 개인 사진 전시를 열어서, 더 많은 사람들이 내 작품을 보게 하는 것이다.

미니 √테스트 1

듣기 **제1부분** 녹음을 듣고 알맞은 답을 고르세요.

1 A 超市买的   B 味道很好
   C 盐放多了   D 是姑姑做的

2 A 正在邀请朋友   B 要办传统婚礼
   C 回老家举行婚礼   D 婚礼已经准备好了

3 A 很危险   B 怕晕船
   C 时间太长   D 条件较差

4 A 搬花   B 挂窗帘
   C 买空调   D 给花浇水

5 A 宣传新书   B 见其他作家
   C 想与读者交流   D 了解图书市场

6 A 太懒   B 很安静
   C 很淘气   D 很讲卫生

7 A 很热   B 很潮湿
   C 早晚凉快   D 持续下雨

8 A 通话费用   B 贷款业务
   C 信用卡业务   D 改套餐业务

9 A 被拒收了   B 有违禁物品
   C 包裹损坏了   D 收件人信息错了

10   A 留给亲戚用   B 让女儿单独睡
     C 以前的床坏了   D 女儿朋友要来住

11   A 名胜古迹很多   B 适合冬季旅游
     C 正在引进人才   D 有很多外国游客

12   A 运费很贵   B 正在打折
     C 安装不免费   D 价格不合理

13   A 找房屋中介   B 找开锁公司
     C 稍等一会儿   D 给物业打电话

14   A 查不到成绩   B 考试没及格
     C 考试没复习   D 电脑出问题了

15   A 是一名教练   B 对结果不满意
     C 破了世界纪录   D 想休息一段时间

16   A 记者   B 评论家
     C 老朋友   D 曾经的同事

17　A 很热情　　　　　　　　　B 不合适
　　C 十分幽默　　　　　　　　D 没有逻辑

18　A 不谦虚　　　　　　　　　B 不爱说话
　　C 易发脾气　　　　　　　　D 很有爱心

19　A 想交朋友　　　　　　　　B 怕产生矛盾
　　C 为了表现自己　　　　　　D 为了获得了解

20　A 朋友间易吵架　　　　　　B 人通常很冷淡
　　C 家人间缺少交流　　　　　D 亲近的人更相互理解

21　A 方便清洗　　　　　　　　B 使学习更集中
　　C 减轻经济负担　　　　　　D 让彼此间更平等

22　A 学校的管理技巧　　　　　B 提高成绩的方法
　　C 学生穿校服的好处　　　　D 学生之间应如何相处

[23-25]

　　我们都知道在饮食上只有营养均衡才能　　23　　最健康的状态，其实阅读如同吃饭一样，也需要平衡。合理、均衡的阅读会让大脑　　24　　清醒，并得到均衡的营养。在生活中，不少人每天在互联网中无目的地浏览，浪费掉很多　　25　　的时间，这是不可取的。无论是饮食还是阅读，都应尽可能控制时间，这样才有利于身体和精神的健康。

23　A 促使　　　　　B 保持　　　　　C 包括　　　　　D 组织

24　A 时刻　　　　　B 时期　　　　　C 时代　　　　　D 时光

25　A 实用　　　　　B 特殊　　　　　C 宝贵　　　　　D 多余

[26-29]

　　在一个家庭娱乐节目中，来自五个家庭的五对志愿者做了一个游戏——摸手认父。五个孩子被黑纱布蒙住眼睛，面前是一个屏风，上面有五个恰好能通过一只手的洞。五位父亲分别从屏风的后面　　26　　出一只手。节目　　27　　了欢乐，每当主持人问"你确定吗?"，前四个孩子都无所适从，换来换去。唯独最后一个小女孩，摸到第二只手就毫不　　28　　地说这是她的父亲。主持人试图误导她："　　29　　。"小女孩却自信地摇摇头。黑纱布摘下后，父女俩开心地拥抱在一起。

26　A 伸　　　　　　B 抄　　　　　　C 钓　　　　　　D 搞

27　A 补充　　　　　B 充分　　　　　C 充满　　　　　D 改善

28 A 爱惜   B 及格   C 犹豫   D 矛盾

29 A 恭喜你成功找到了   B 我们今天的比赛到此结束
   C 你做出决定的理由是什么   D 把五只手都摸一遍再下结论吧

독해 제2부분 지문의 내용과 일치하는 내용의 답을 고르세요.

30 "大量喝水就能瘦"的说法没有科学根据。如果正在通过饮食减肥，
   多喝水会有一定的辅助作用。但并不控制饮食，想只靠多喝水减肥的
   话，那就很难达到效果。而且饮用过多水甚至可能导致水中毒。所以
   饮水要适当。

   A 饮水过多可能有害   B 只喝水会促进减肥
   C 运动减肥效果最佳   D 应合理安排作息时间

31 运动前要做热身运动，可以让身体从静止的状态逐渐进入到运动状态
   中，从而更好地满足身体接下来的运动需求。同样冷身运动是使身体
   从运动的状态转化为静止状态的适应过程，可以避免运动者血压下降
   过快。因此，冷身运动与热身运动同样重要，都不可忽视。

   A 运动过度不利于健康   B 运动前要做冷身运动
   C 做冷身运动很有必要   D 冷身运动适合在冬天进行

32 同理心，又叫换位思考，指的是在人际交往过程中，能够体会他人的情绪、理解他人的感受，并站在他人的角度思考和处理问题。通过换位思考，我们才能理解对方的想法和做法，从而减少误会和冲突。

A 处理问题靠的是智慧　　　　B 同理心多表现在道歉时
C 换位思考有助于减少误会　　D 应把他人的感受放在第一位

33 《学记》是中国古代的一篇教育论文，也是世界上最早专门论述教育和教学问题的论文。它阐明了教育的目的及作用，教育的制度、原则和方法，教育过程中的师生关系以及同学关系等，系统而全面地总结了中国先秦时期的教育经验。

A《学记》主张师生平等　　　　B《学记》是孔子的代表作
C《学记》总结了教育经验　　　D《学记》是古代第一篇论文

34 团雾是指受局部地区气候环境的影响，在大雾中数十米至上百米的局部范围内，出现的雾气更浓、可见度更低的雾。团雾预测难、区域性强，且普遍发生在夜间到清晨，所以易导致车辆发生追尾。

A 清晨不易产生团雾　　　　B 团雾多发生在河边
C 团雾的移动速度很快　　　D 团雾会对驾驶造成威胁

[35-38]

　　如今，越来越多的智慧停车服务平台如雨后春笋一般出现。车主只要打开手机，登录相关手机软件，就可以查询附近的空闲停车位，并可以通过导航轻松到达停车位，不仅方便停车、节省时间，还可以减少因盲目寻找停车位带来的交通压力。

　　某大学中国乡村治理研究中心的一位研究员表示，人们对汽车的需求逐渐提高，但受到城市规模的限制，停车位的供给不可能无限制增长，智慧停车因此产生。

　　众所周知，车主出行最大的需求是停车。然而，在传统停车中，由于信息不对称，车主无法准确了解目的地停车场的使用情况。有可能到达目的地后发现无法停车，不仅增加了有限的道路资源负担，而且影响了车主的心情。一些相对隐蔽的停车场又很可能处于空置状态，这就造成了资源浪费。

　　智慧停车的最大作用就是将资源整合，通过将一个城市停车位信息录入系统，车主用手机就可以快速查询目的地附近停车位的使用情况，从而化解信息不对称的矛盾，使信息透明化。

35　根据第1段，智慧停车有什么特点？

　　A 费用低　　　　　　　　B 占空间小
　　C 方便省时　　　　　　　D 不需人管理

36　那位研究员认为，智慧停车出现的原因是：

　　A 人变懒了　　　　　　　B 交通拥挤
　　C 停车位有限　　　　　　D 自动驾驶的出现

37 第3段主要谈的是：

A 传统停车的缺点 B 城市交通的现状
C 智慧停车的未来 D 停车产生的污染

38 智慧停车的最大作用是：

A 减少污染 B 整合资源
C 化解社会矛盾 D 推动技术更新

[39-42]

　　最近街头上一边跑步一边捡垃圾的人越来越多，人们称这种健身运动为：拾荒慢跑。

　　跑步本来是一项很个人化的运动，但是拾荒慢跑活动却把个人锻炼与社会公益结合在一起，让跑步有了全新的意义。如果说过去单纯的跑步是为了让自己变得更好、生活更有活力、生命更有激情的话，那么拾荒慢跑则是让我们共同生活的世界变得更好。

　　据某健身软件收集的数据显示，拾荒慢跑平均每小时消耗的热量要高于普通慢跑。所以，拾荒慢跑首先会让我们的跑步锻炼更有效果。而绝大多数跑步爱好者跑步的线路、区域也都是公共场所，这些地方容易产生各种各样的生活垃圾，却未必会被及时清理，所以边跑步边捡垃圾是一件一举两得的事。

拾荒慢跑者不再是简单的过路人，而是城市的改变者、公益的践行者，他们通过看似微不足道的努力，慢慢让生活的城市变得更加美好。能够用自己的力量与行动参与世界的改变，哪怕是一些微不足道的改变，也是值得肯定与赞赏的。

39 "拾荒慢跑"指的是：

A 街头跑步   B 集体捡垃圾
C 社区健身运动   D 边跑步边捡垃圾

40 根据第2段，跑步：

A 不受时间限制   B 属于社会公益
C 有了全新的意义   D 是常见的集体运动

41 第3段主要谈的是：

A 拾荒慢跑的优势   B 普通跑步的运动效果
C 人人应参与拾荒慢跑   D 拾荒慢跑的最佳时间

42 作者对拾荒慢跑的态度是：

A 赞成   B 否定
C 无所谓   D 态度模糊

43 生产的药   他们   很好   治疗效果

44 吗   你   退了   把   戒指

45 不喜欢   他   运动项目   刺激的

46 渐渐   亮起来   了   天

47 卧室   我想   重新装修   把   一下

48 乒乓球大会   第三届   即将   开幕

49 不要   违反   请   交通   规则

50 公寓   位置   租   押金   设施

☑ 정답 및 해석 ⇨ 562쪽

Track72

듣기 제1부분 녹음을 듣고 알맞은 답을 고르세요.

1 A 商场 B 出版社
   C 印刷厂 D 设计公司

2 A 被批准了 B 方向模糊
   C 结论有问题 D 数据需修改

3 A 简历没通过 B 感到很灰心
   C 参加了面试 D 被面试官批评了

4 A 国际导演 B 著名演员
   C 著名作家 D 优秀摄影师

5 A 被抢购一空 B 只在网上卖
   C 技术不成熟 D 针对商务人士

6 A 工业设计师 B 注册会计师
   C 心理咨询师 D 股票分析师

7 A 网线问题 B 天气原因
   C 信号不好 D 使用人数多

8 A 买光盘 B 看展览
   C 做志愿者 D 听音乐会

9 A 机器出毛病了 B 可以刷身份证
   C 可以上车补票 D 出示电子票也行

528

10   A 吸引人才   B 鼓励创业
     C 增加财政收入   D 提高居民生活水平

11   A 实验设备   B 办公软件
     C 建筑材料   D 物理教材

12   A 冰箱   B 旅行箱
     C 智能电视   D 扫地机器人

13   A 办理贷款   B 签租房合同
     C 申请信用卡   D 缺少证明材料

14   A 省钱   B 速度慢
     C 污染大   D 充电不方便

15   A 内容一般   B 色彩单一
     C 故事精彩   D 导演是新人

16   A 能改善记忆   B 目的地是沙漠
     C 是一种旅游方式   D 是一种短途旅行

17 A 环保   B 增加信心
    C 缓解压力   D 能体验传统文化

18 A 怕出错   B 没有想法
    C 尊重别人的意见   D 想做最好的选择

19 A 没有缺点的   B 适合自己的
    C 获得利益的   D 被大家认同的

20 A 专注画竹子   B 在国外教书
    C 是大学教授   D 是国画大师

21 A 表示遗憾   B 十分高兴
    C 直接拒绝   D 大吃一惊

22 A 画马   B 与他合影
    C 写四个字   D 常来做客

빈칸에 들어갈 알맞은 답을 고르세요.

[23-25]

　　听音乐能增强我们的空间分析能力。像解决特别困难的问题、安排复杂的事情、解答谜题之类的活动等，都需要我们的空间分析能力。有研究　23　，进行空间分析的脑力活动和听古典音乐是相同的。所以，当我们　24　古典音乐的时候，我们的大脑就好像在　25　空间信息，在不知不觉中，大脑便得到了锻炼。

23　A 表明　　　　B 称呼　　　　C 模仿　　　　D 启发

24　A 打听　　　　B 召开　　　　C 欣赏　　　　D 游览

25　A 利于　　　　B 处理　　　　C 处于　　　　D 争取

[26-29]

　　关于人的自我认识，有心理学家认为人对自己的认识是一个　26　探索的过程，每个人的自我都有四部分：公开的自我，盲目的自我，秘密的自我，未知的自我。

　　公开的自我，也就是　27　、真实的自我，这部分自己很了解，别人也很了解；盲目的自我，　28　，自己却不了解；秘密的自我，是自己了解，但别人不了解的部分；未知的自我，　29　是别人和自己都不了解的潜在部分，一般会通过一些契机激发出来。

26　A 至于　　　　B 纷纷　　　　C 不断　　　　D 周到

27　A 优美　　　　B 委屈　　　　C 完整　　　　D 透明

28 A 是外表很冷淡   B 是别人看得很清楚
    C 是表现出优秀的一面   D 是很难得到别人的信任

29 A 非   B 竟   C 则   D 必

 독해 제2부분 지문의 내용과 일치하는 내용의 답을 고르세요.

30 俗话说："机会是留给有准备的人的。"有准备的人往往能抓住机遇，
    从此改变人生的轨迹，成就一番事业；但也有人对机遇视而不见，与
    成功失之交臂。有时我们不是缺少机会，而是没有做好准备，从而错
    过了机遇。

    A 成功靠的是运气   B 人生的轨迹很难改变
    C 人生的机遇是偶然的   D 机会留给有准备的人

31 比起垃圾、扬尘等人眼可见的污染，我们往往会忽视噪声对人的影
    响。其实，噪声也是一种污染，高分贝的噪声对人和动物都存在隐性
    伤害。一些研究显示，噪声不仅会损伤人的听觉，让人情绪变得烦
    躁，还会加速鸟类的老化。

    A 噪声可用来发电   B 噪声污染易被忽视
    C 动物不受噪声的影响   D 噪声污染属于物理学领域

32 民族舞主要来源于各民族人民的聚会、婚丧等实际生活。民族舞的动作一般比较简单，规范性不强，风格相对稳定。但民族舞形式多样、内容丰富，历来都是专业舞蹈创作中不可缺少的素材。

A 民族舞的动作复杂　　　　　B 民族舞的专业性很强
C 民族舞风格变化不大　　　　D 民族舞的表现内容单一

33 孩子在玩游戏的过程中，能体验到愉悦。这种愉悦情绪，能促进孩子的大脑发育。心理学家认为，游戏是孩子对于未来生活的预演，是学习未来生活技能的必要途径，是他们今后生活、工作的必修课。游戏有助于提高他们的探索力、观察力和创造力。

A 做游戏浪费时间　　　　　　B 父母应陪孩子玩儿游戏
C 玩游戏对孩子有重要作用　　D 孩子的习惯是从小养成的

34 联合国教科文组织发布的数据显示，全世界有7000种语言，其中一半以上的语言将在本世纪消亡，80%~90%会在未来的200年灭绝。相比之下，动植物的灭绝速度慢得多。语言的消亡速度远远超出人们的想象，平均每隔两个星期，就会有一种语言消失。

A 语言消亡的速度很快　　　　B 世界语言将走向统一
C 经济发展促使语言消亡　　　D 大部分动植物会在200年后灭绝

[35-38]

　　明末清初，苏州某地住着一家农民，生活贫苦。父亲外出打工，三个儿子在家种茶，每人一块茶田。一次，父亲从南方带回来一些树苗，栽在大儿子的茶田边上。第二年，树上开出了一朵朵小白花，很香，连大儿子的茶树也带着香气。这种带香的茶叶很受欢迎，这一年大儿子因卖香茶叶发了大财。两个弟弟认为哥哥卖茶叶的钱应分一些给他们，而哥哥却不愿意。兄弟间一直吵闹不休，两个弟弟要强行把香花毁掉。

　　乡里有位深受乡民尊敬的老人，三兄弟到他那里请他评理。老人说："你们三人是亲兄弟，应该亲密无间，不能只为眼前一点点利益，闹得四分五裂。明年你们应多种这些香花，都卖香茶，大家就都发财了。你们还要轮流看护好茶树，共同管理。为了让你们能记住我的话，我为你家的香花取个名，就叫'末利花'，意思是要学会把个人私利放在末尾。"兄弟三人听了老人的话，很受感动。从此他们和睦相处，团结劳动，生活一年比一年富裕。

35　根据第1段，那家农民：

　　A 比较穷　　　　　　　　B 土地很多
　　C 善于经商　　　　　　　D 生活幸福

36　第二年，大儿子的茶叶：

　　A 被偷了　　　　　　　　B 变香了
　　C 产量减少　　　　　　　D 被破坏了

37 三兄弟因为什么吵闹起来了?

A 土地问题   B 工作时间
C 父亲的财产   D 钱的分配问题

38 那位老人给花取名叫"末利花",是想说明什么?

A 做人要诚实守信   B 要学会互相尊重
C 幸福取决于心态   D 别太看重个人利益

[39-42]

　　哈佛大学某教授发起了一个实验:给每个志愿者看四十个句子,然后让他们把句子输入电脑中。其中一半的志愿者被要求记住这些内容,而另一半则没有被要求;一半的人了解到自己输入的内容将被存于电脑,而另一半人则被告知任务完成后输入的内容会立刻被删除。

　　实验结果是,那些被要求记住这些句子的人,记得没有比另一半人多多少,但那些知道自己输入的内容很快就会被删除的人,得分比另一半人高得多。由此可见,记住与否和有没有被要求无关,而那些能在网上、电脑中找到的信息,大脑会自动遗忘,这就是"谷歌效应"。

　　谷歌效应在日常生活中十分常见,比如人们经常使用的记录方式:拍照。有这样一个实验:一群学生被要求欣赏一幅画儿,一些人拍照,而另一些人选择做笔记。第二天,在询问这群学生关于画儿的信息时,研究者发现拍照的学生在辨别画儿、回忆细节等方面都表现较差。

科技进步让人们对电脑、网络的依赖与日俱增，我们在这样一个查找信息如此方便的时代，似乎缺少了主动学习的求知欲。

39 根据第1段，那个实验：

A 需要动手写   B 没有说服力
C 让人看句子   D 没有固定对象

40 哪些人得分比较高?

A 动手写的人   B 用电脑输入的人
C 被告诉需要记住的人   D 知道内容会被删除的人

41 那些能在网上找到的信息：

A 易被忘记   B 缺乏理论
C 有很多假内容   D 大部分人都熟悉

42 根据第3段，拍照的学生：

A 拍摄效果一般   B 对颜色记忆较深
C 能准确说出画的内容   D 对画的信息掌握得较少

43　为拍摄对象　　纪录片　　以动物　　这部

44　逐渐　　很多　　消失　　了　　风俗

45　下　　轻易　　结论　　请勿

46　理想　　差距　　是有　　的　　和现实

47　传播　　那种　　病毒的　　非常快　　速度

48　这次　　你的　　任务　　配合　　需要

49　门票　　我　　多余的　　有几张

50

☑ 정답 및 해석 ⇨ 571쪽

정답 및 해석

1
❶ 서랍 ❷ 窗帘
❸ gébì ❹ 总共
❺ 면적

2
❶ ㄴ - ⓑ ❷ ㄹ - ⓐ
❸ ㄷ - ⓓ ❹ ㄱ - ⓒ

3
❶ A ❷ D
❸ B ❹ E

4
❶ 男: 咱们的客厅要怎么装修?
女: 简单点儿就好, 不要放太多家具。
问: 他们打算做什么?

A 刷墙面　　B 换沙发
C 装修客厅　D 买新家具

남: 우리 거실을 어떻게 인테리어 할까?
여: 좀 간단한 게 좋아, 가구는 너무 많이 놓지 말자.
질문: 그들은 무엇을 할 계획인가?

A 벽면을 칠한다
B 소파를 바꾼다
C 거실을 인테리어 한다
D 새 가구를 산다

❷ 女: 送包裹的说他到楼下了, 你帮我取一下。
男: 好的, 不过你又在网上买什么了?
问: 女的让男的拿什么?

A 包裹　　B 扇子
C 水果　　D 剪刀

여: 소포 배달하시는 분이 건물 아래에 도착하셨다고 하니 당신이 좀 가져다 줘.
남: 알겠어, 그런데 당신 또 인터넷에서 뭘 산 거야?
질문: 여자는 남자에게 무엇을 가져오라고 했는가?

A 소포　　B 부채
C 과일　　D 가위

5
❶ 你的屋子打扫得很整齐。
당신의 방은 매우 단정하게 청소되어 있다.

❷ 这件衣服摸起来很软。
이 옷은 만져보면 매우 부드럽다.

❸ 阳台上晒的被子是你的吗?
베란다에서 말리고 있는 이불이 네 것이니?

❹ 我还没安装好这台空调。
나는 이 에어컨을 아직 다 설치하지 못했다.

这台空调我还没安装好。
이 에어컨을 나는 아직 다 설치하지 못했다.

1
❶ 口味 ❷ shūcài
❸ 闻 ❹ (맛이) 싱겁다
❺ 따다, 꺾다

2
❶ ㄹ - ⓐ ❷ ㄱ - ⓑ
❸ ㄴ - ⓓ ❹ ㄷ - ⓒ

3
❶ D ❷ E
❸ C ❹ A

4 ❶ 男: 你怎么不吃? 没有胃口吗?

女: 真不好意思, 我一吃海鲜就过敏。

问: 根据对话, 可以知道什么?

A 菜还没做好
B 他们打算出去吃
C 男的做菜不好吃
D 女的不能吃海鲜

남: 너는 왜 안 먹어? 입맛이 없어?
여: 정말 미안해, 나는 해산물을 먹으면 바로 알레르기가 생겨.
질문: 대화를 근거로, 알 수 있는 것은 무엇인가?

A 요리가 아직 다 되지 않았다
B 그들은 나가서 먹을 계획이다
C 남자가 한 요리는 맛없다
D 여자는 해산물을 먹을 수 없다

❷ 女: 你怎么一边吃火锅一边吃冰激凌? 这样很容易伤胃。

男: 火锅太辣了, 我受不了。

问: 女的是什么意思?

A 多喝热水   B 别吃冰激凌
C 火锅很地道   D 再点一个菜

여: 너는 왜 훠궈를 먹으면서 아이스크림을 먹니? 이러면 위가 나빠지기 쉬워.
남: 훠궈가 너무 매워서 참을 수가 없어.
질문: 여자는 무슨 뜻인가?

A 뜨거운 물을 많이 마셔라
B 아이스크림을 먹지 마라
C 훠궈가 아주 제대로다
D 요리를 하나 더 주문해라

5 사람은 도대체 매일 몇 ❶ 끼니를 먹어야 할까? 개인의 생활 습관과 신체 상태에 따라 아마 답은 달라질 것이다. 만약 하루 두 끼 식사를 하면서 허기를 느끼지 않고, 일과 생활에도 지장을 주지 않는다면 전적으로 이렇게 해도 되지만, 충분하고 풍부한 ❷ 영양이가 보장된다는 전제여야 한다. 만약 조건이 허락된다면, 당신은 대여섯 끼를 먹어도 되지만, 매번 적게 먹어야 하고, 하루에 먹는 총량이 지나치게 많으면 안 된다는 것에 주의해야 한다. 물론 건강하게 먹어야 하므로 ❸ 담백한 음식을 많이 선택하고, 기름지고 자극적인 음식은 적게 먹어야 한다.

❶ A 무더기   B 주전자
    C 끼니   D 권

❷ **A 영양**   B 가치
    C 간식   D 식욕

❸ A 튀기다   **B 담백하다**
    C 기한이 지나다   D 유행이다

DAY 03 확인 테스트   p.54

1 ❶ jiùjiu   ❷ 兄弟
    ❸ zhǎngbèi   ❹ 임신하다
    ❺ 彼此

2 ❶ ㉠ - ⓑ   ❷ ㉢ - ⓒ
    ❸ ㉡ - ⓐ   ❹ ㉣ - ⓓ

3 ❶ A   ❷ B
    ❸ E   ❹ D

4 ❶ 男: 我昨天跟女朋友领结婚证了。

女: 真的吗? 恭喜你! 什么时候举行婚礼?

问: 关于男的, 可以知道什么?

A 要贷款买房　　B 正在找工作
C 登记结婚了　　D 考上了大学

남:나 어제 여자친구랑 결혼증을 받았어.
여:정말? 축하해! 결혼식은 언제 올려?

질문:남자에 관해, 알 수 있는 것은 무엇인가?

A 대출을 받아 집을 살 것이다
B 직장을 찾고 있다
C 혼인 신고를 했다
D 대학에 합격했다

❷ 女: 你儿子真孝顺! 每个周末都回来
　　　看你。
　　男: 是啊, 他工作很忙, 还总回来。

　　问: 男的的儿子怎么样?

A 很粗心　　　　B 很大方
C 很调皮　　　　D 很孝顺

여:당신 아들은 정말 효성스럽네요! 주말마다
　　당신을 보러 오다니.
남:그러게요, 그는 일도 바쁜데, 항상 오네요.

질문:남자의 아들은 어떠한가?

A 덜렁거린다　　　　B 대범하다
C 짓궂다　　　　　　**D 효성스럽다**

5 ❶ 营养平衡才能保持健康。
　　영양이 균형 잡혀야 건강을 유지할 수 있다.

　❷ 父母应给孩子讲清楚道理。
　　부모는 마땅히 아이에게 도리를 분명하게
　　알려 주어야 한다.

　❸ 我很期待同学们的精彩表现。
　　나는 학우들의 멋진 모습이 매우 기대된다.

　❹ 他承担不起治疗的费用。
　　그는 치료 비용을 감당할 수 없다.

　　治疗的费用他承担不起。
　　치료 비용을 그는 감당할 수 없다.

1 ❶ shōujù　　　　　❷ 市场
　❸ 播放　　　　　　❹ 필요하다
　❺ 대형의

2 ❶ ⓒ - ⓓ　　　　　❷ ⓔ - ⓑ
　❸ ㉠ - ⓒ　　　　　❹ ⓛ - ⓐ

3 ❶ E　　　　　　　　❷ A
　❸ D　　　　　　　　❹ C

4 ❶ 男: 老板, 有没有给四、五岁孩子玩
　　　　儿的玩具?
　　　女: 这款锻炼孩子动手能力的挺适
　　　　合。

　　　问: 男的要给孩子买什么?

　　A 篮球　　　　　B 文具
　　C 玩具　　　　　D 小汽车

남: 사장님, 네다섯 살 된 아이가 놀만한 장난감
　　이 있나요?
여: 아이들의 손쓰는 능력을 단련시키는 이 모델
　　이 아주 적합해요.

질문: 남자는 아이에게 무엇을 사 주려고 하는가?

　　A 농구공　　　　B 문구
　　C 장난감　　　　D 승용차

　❷ 女: 您一共消费了560元。
　　　男: 我刷卡。能帮我开一下发票
　　　　吗?

　　　问: 男的让女的做什么?

　　A 打折　　　　　B 开发票
　　C 找零钱　　　　D 换菜单

여: 총 560위안을 소비하셨습니다.

남: 카드로 할게요. 영수증 좀 발급해 주시겠어요?

질문: 남자는 여자에게 무엇을 하라고 하는가?

A 할인해주다
B 영수증을 발급하다
C 잔돈을 거슬러 주다
D 메뉴를 바꾸다

5 많은 사람들이 상품을 구매할 때, 흔히 가성비가 높은 것을 선택해서 구입한다. 소위 가성비란, 한 상품이 매우 ❶ **실용적**일 뿐 아니라, 그것의 가격이 다른 유사한 상품에 비해 ❷ **상대적**으로 저렴한 것이다. 가성비를 중시하는 사람들은 정말 필요 ❸ **해야만** 사지, 그렇지 아니면 그들은 특별히 비싼 물건은 사지 않을 것이다.

❶ A **실용적인**   B 초급의
   C 전통적인   D 상세한

❷ A 만일   B ~하는 김에
   C 강렬한   **D 상대적인**

❸ A 그렇지 않으면 B 만약
   C ~해야만   D 이 밖에

DAY 05 | 확인 테스트
p.84

1 ❶ guānghuá   ❷ 浅
  ❸ 设计   ❹ díquè
  ❺ 성숙하다, 익다, 여물다

2 ❶ ㉠ – ⓐ   ❷ ㉢ – ⓑ
  ❸ ㉡ – ⓓ   ❹ ㉣ – ⓒ

3 ❶ B   ❷ C
  ❸ A   ❹ D

---

4 ❶ 男: 买这个戒指有什么优惠吗?
    女: 有,您拿着购物小票到前台可以免费领取一条丝绸围巾。

   问: 如何能得到丝绸围巾?

   A 买戒指   B 办会员卡
   C 用积分换   D 买同品牌项链

남: 이 반지를 사면 무슨 혜택이 있나요?

여: 있습니다. 물품 구입 영수증을 가지고 데스크에 가시면 실크 스카프를 무료로 받으실 수 있습니다.

질문: 어떻게 하면 실크 스카프를 받을 수 있는가?

A 반지를 산다
B 회원 카드를 만든다
C 포인트로 바꾼다
D 같은 브랜드의 목걸이를 산다

❷ 女: 你觉得我穿这件外套好看吗?
   男: 颜色太老了,一点儿都不时髦。

   问: 男的觉得那件外套怎么样?

   A 不时尚   B 适合女的
   C 做工粗糙   D 样式简单

여: 너는 내가 이 외투를 입으면 예쁘다고 생각해?

남: 색깔이 너무 올드해서 전혀 트렌디하지 않아.

질문: 남자는 그 외투가 어떻다고 생각하는가?

A 트렌디하지 않다
B 여자에게 어울린다
C 가공 기술이 조잡하다
D 디자인이 심플하다

5 ❶ 新发型不如以前的好看。
   새 헤어스타일은 예전만큼 예쁘지 않다.

❷ 这条裙子的颜色很鲜艳。
   이 치마의 색깔은 매우 선명하고 아름답다.

❸ 那里是人们休闲的好地方。
그곳은 사람들이 한가롭게 시간을 보내기에
좋은 장소이다.

❹ 西湖的风景格外美。
시후의 풍경은 유달리 아름답다.

DAY 06 **확인 테스트**
p.104

1 ❶ 수리하다, 보수하다
❷ guǎiwān   ❸ 连忙
❹ shúliàn   ❺ 节省

2 ❶ ⓒ - ⓑ   ❷ ⓔ - ⓐ
❸ ⓖ - ⓓ   ❹ ⓛ - ⓒ

3 ❶ B   ❷ A
❸ C   ❹ E

4 ❶ 男: 王教授，没想到在这里能遇见
你!
女: 你也去上海吗? 我在5号车厢,
你坐哪儿?
问: 他们最可能在什么地方?

A 飞机上   B 电梯里
C 火车上   D 餐厅里

남: 왕 교수님, 여기에서 만날 줄은 생각도 못
했어요!
여: 너도 상하이에 가니? 나는 5호 객실인데,
너는 어디에 앉아?
질문: 그들은 어디에 있을 가능성이 가장 큰가?

A 비행기 안   B 엘리베이터 안
C 기차 안   D 식당 안

❷ 女: 你怎么一脸不高兴?
男: 别提了，刚才闯红灯，被警察罚
了200块钱。

问: 男的为什么不高兴?

A 迟到了   B 被罚款了
C 要失业了   D 没有停车位了

여: 너 왜 언짢은 얼굴을 하고 있어?
남: 말도 마, 방금 신호 위반해서 경찰한테 200
위안 벌금 물렸어.

질문: 남자는 왜 언짢은가?

A 지각했다
B 벌금이 부과되었다
C 실직될 것이다
D 주차할 자리가 없다

5 혼잡 비용은 교통 혼잡으로 인해 ❶ **조성되는** 경
제적 손실을 가리키는데, 일반적으로 경제가 발달
한 도시일수록 시민들의 혼잡 비용이 크다. 연구
보고서에 의하면, 만약 월 20일 근무에, 매일 출퇴
근으로 2시간씩 소비됨을 기준으로 하여, 길에서
의 시간을 돈으로 환산하면 혼잡 비용이 ❷ **막대
하다**는 결과를 보여 준다. 혼잡 비용은 어떻게 낮
춰야 할까? 전문가들은 시민들이 자가용을 적게
❸ **운전하고**, 가능한 한 대중교통을 이용해야 한
다고 건의한다.

❶ A 도달하다   B 건립하다
C 극복하다   **D 조성하다**

❷ **A 막대하다**   B 손해를 보다
C 모호하다   D 수월하다

❸ A 보수하다   B 위반하다
C 운전하다   D 모면하다

1 ❶ 골목　❷ 时差
❸ yóulǎn　❹ 担任
❺ 일정

2 ❶ ㄹ－ⓒ　❷ ㄱ－ⓐ
❸ ⓒ－ⓓ　❹ ㄴ－ⓑ

3 ❶ C　❷ E
❸ D　❹ A

4 ❶ 男：山里的生活又安静又悠闲，唯一的缺点是没有太多的现代化设施。
女：没关系，我更喜欢这种自然的生活。
问：山里的生活怎么样？

A 蚊虫很多　B 不适合孩子
C 交通不方便　D 缺少现代设施

남: 산속 생활은 조용하고 여유로운데, 유일한 단점이 현대적인 시설이 너무 없다는 거야.
여: 괜찮아, 나는 이런 자연의 생활을 더 좋아해.
질문: 산속 생활은 어떠한가?

A 모기가 많다
B 아이에게 부적합하다
C 교통이 불편하다
D 현대 시설이 부족하다

❷ 女：我们在科技馆呆多长时间？
男：参观科技馆的时间是一个小时，请大家四点半在门口儿集合。
问：男的最可能是做什么的？

A 护士　B 警察
C 导游　D 导演

여: 우리 과학 기술관에 얼마나 머무나요？
남: 과학 기술관 참관 시간은 한 시간이니, 모두 4시 반에 입구로 모이세요.
질문: 남자는 무엇을 하는 사람일 가능성이 가장 큰가？

A 간호사　B 경찰
C 가이드　D 감독

5 핑야오 고성은 산시성 중부에 ❶ **위치한** 국가 역사 문화의 유명 도시 중 하나로, 지금까지 이미 2000여 년의 역사를 지닌 곳이다. 핑야오 고성은 1997년 《세계문화유산》에 등재되었다. 이곳에서는 아름다운 ❷ **풍경**을 감상할 수 있을 뿐 아니라, 다양한 민속 문화 행사를 ❸ **체험하고** 색다른 전통문화도 느낄 수 있다.

❶ A **위치하다**　B 처하다
C ～에 달려 있다　D 맞먹다

❷ A 매력　B 표정
C **풍경**　D 구조

❸ A 개발하다　B **체험하다**
C 중요시하다　D 왕복하다

1 ❶ bàngwǎn　❷ 现代
❸ 그리워하다, 회상하다
❹ 日历　❺ dānwu

2 ❶ ㄴ－ⓒ　❷ ⓒ－ⓓ
❸ ㄹ－ⓐ　❹ ㄱ－ⓑ

3 ❶ B　❷ C
❸ A　❹ D

4 ❶ 男: 你辞职的事情老板同意了吗？

女: 我已经办了离职手续，下个月
15号就走。

问: 女的什么时候离职？

A 下个月初　　　B 下个月末
C 下个月5号　　D 下个月中旬

남: 네가 사직하는 일에 사장님이 동의하셨어?
여: 나는 이미 이직 수속을 마쳤고, 다음 달 15
일에 떠나.

질문: 여자는 언제 직장을 떠나는가?

A 다음 달 초　　　B 다음 달 말
C 다음 달 5일　　 **D 다음 달 중순**

❷ 女: 寒假你怎么不回国？

男: 听说中国过年的时候很热闹，
我想留下来感受一下过年的气
氛。

问: 男的寒假为什么留在中国？

A 打工赚钱
B 练习中文
C 参加冬令营
D 感受过年的气氛

여: 겨울 방학인데 너는 왜 귀국하지 않니?
남: 듣자니 중국은 설 쇨 때 떠들썩하다고 해
서, 나는 남아서 설 쇠는 분위기를 좀 느껴
보고 싶어.

질문: 남자는 겨울 방학에 왜 중국에 남는가?

A 아르바이트로 돈 벌려고
B 중국어를 연습하려고
C 겨울 캠프에 참가하려고
D 설 쇠는 분위기를 느끼려고

5 ❶ 她至今已经获得了三次冠军。
그녀는 지금까지 이미 세 번이나 우승했다.

❷ 劳动节期间景区肯定特别拥挤。
노동절 기간에는 관광 지역이 틀림없이 아주
붐빌 것이다.

❸ 除夕航班也照常起飞。
섣달그믐날에도 항공편은 평소대로 이륙한다.

❹ 小张逐渐适应了新的工作。
샤오장은 점차 새로운 업무에 적응했다.

DAY 09　확인 테스트 p.152

1 ❶ 감기에 걸리다　　❷ 受伤
❸ 목　　　　　　　❹ 治疗
❺ jiānbǎng

2 ❶ ㉠ – ㉢　　　❷ ㉤ – ⓓ
❸ ㉣ – ⓐ　　　❹ ㉡ – ⓑ

3 ❶ E　　　　　❷ A
❸ B　　　　　❹ D

4 ❶ 男: 你体检还剩几项没查？

女: 就剩眼科了。我现在特别饿，查
完我要赶紧去吃早餐。

问: 他们现在最可能在哪儿？

A 邮局　　　　B 医院
C 眼镜店　　　D 维修中心

남: 너는 신체검사가 아직 몇 항목이나 남았어?
여: 안과만 남았어. 나는 지금 너무 배고파서 검
사 끝나자마자 서둘러 아침 먹으러 갈 거야.

질문: 그들은 지금 어디에 있을 가능성이 가장
큰가?

A 우체국　　　　**B 병원**
C 안경점　　　　D AS 센터

❷ 女： 你的腿怎么受伤了？

男： 唉！我下台阶时玩儿手机，一不小心就摔倒了。

问： 关于男的，可以知道什么？

A 摔倒了　　　　B 十分淘气
C 跑得很快　　　D 踢球时受伤了

여: 네 다리는 어떻게 다친 거야?

남: 에이! 계단 내려갈 때 휴대폰 가지고 놀다 가 조심하지 않아서 넘어졌어.

질문: 남자에 관해, 알 수 있는 것은 무엇인가?

A 넘어졌다
B 장난이 매우 심하다
C 빨리 달린다
D 공을 차다가 다쳤다

5 봄은 아름다운 계절이지만, 꽃가루 알레르기가 있는 사람들에게 '봄이 왔다'는 것은 결코 좋은 소식이 아니다. 그들은 꽃가루에 자극을 받아 피부가 간지럽다고 느끼거나, 계속 재채기를 하거나, 심지어 ❶ 호흡하기 곤란하고, 머리가 어지러우며, 이명이 들리기도 한다. 그렇다면 어떻게 꽃가루 알레르기를 ❷ 예방할까? 우선 화초나 나무가 우거진 곳에 가는 것을 줄이고, 함부로 화초의 ❸ 냄새를 맡지 말아야 한다. 교외로 소풍 갈 때는 소매가 긴 옷을 입는 게 좋고, 최대한 꽃가루와의 직접적인 접촉을 피해야 한다. 동시에 관련 약물을 휴대해야 한다.

❶ A 밤새다　　　　B 연소하다
　C 호흡하다　　D 검색하다

❷ A 예방하다　　　B 조정하다
　C 진단하다　　　D 접대하다

❸ A 햇볕을 쬐다　　**B 냄새를 맡다**
　C 중단하다　　　D 넘겨주다

DAY 10 **확인 테스트** p.168

1 ❶ guànjūn　　　❷ 太极拳
　❸ 훈련하다　　　❹ 姿势
　❺ pínghéng

2 ❶ ⓔ - ⓓ　　　❷ ㉠ - ⓐ
　❸ ⓒ - ⓑ　　　❹ ㉡ - ⓒ

3 ❶ B　　　　　❷ E
　❸ D　　　　　❹ C

4 ❶ 男： 我觉得这场比赛北京队没有发挥出真实的水平。

女： 我也这么认为，希望他们接下来能调整好状态。

问： 女的希望北京队怎么做？

A 专心训练　　　B 创造纪录
C 转变方法　　　D 调整状态

남: 나는 이번 경기에서 베이징팀이 진짜 실력을 발휘하지 못했다고 생각해.

여: 나도 그렇게 생각해. 그들이 다음에는 컨디션 조절을 잘하면 좋겠어.

질문: 여자는 베이징팀이 어떻게 하기를 바라는가?

A 훈련에 전념한다
B 기록을 세운다
C 방법을 바꾼다
D 컨디션을 조절한다

❷ 女： 看来我是年纪大了，爬山回来全身酸痛。

男： 你应该经常跟我去健身房运动，多锻炼锻炼。

问： 男的建议女的怎么做？

A 去体检　　　　B 经常健身
C 注意休息　　　D 少吃辣的

여: 나도 나이가 들었나 봐. 등산하고 돌아오니 온몸이 쑤시네.

남: 너는 나랑 자주 헬스장에 가서 운동하며 단련을 많이 해야 돼.

질문: 남자는 여자에게 어떻게 하라고 제안하는가?

A 신체검사를 받으로 가라
B 자주 운동해라
C 휴식에 주의해라
D 매운 것을 적게 먹어라

5 ❶ 双方的差距逐渐缩小了。
양측의 격차가 점점 좁혀졌다.

❷ 吃这种药并没让他达到减肥效果。
이런 약을 먹은 것은 그가 전혀 다이어트 효과를 거두지 못하게 했다.

❸ 专家为他制定了新的方案。
전문가는 그를 위해 새로운 방안을 세웠다.

❹ 这个球队连续五年被评为最佳团队。
이 구기팀은 5년 연속 가장 뛰어난 팀으로 선정되었다.

DAY 11 **확인 테스트**

1 ❶ xiàngqí   ❷ 业余
  ❸ 단조롭다   ❹ 独特
  ❺ línghuó

2 ❶ ⓒ – ⓑ   ❷ ⓛ – ⓐ
  ❸ ⓔ – ⓒ   ❹ ⓝ – ⓓ

3 ❶ B   ❷ D
  ❸ C   ❹ E

---

4 ❶ 男: 你换了最新款的手机?
   女: 对啊, 我以前的那部手机用了四年了, 早该让它退休了。
   问: 关于女的, 可以知道什么?

   A 中奖了   B 换手机了
   C 要退休了   D 生病住院了

남: 너 최신형 휴대폰으로 바꿨어?
여: 맞아, 전에 그 휴대폰은 4년을 썼으니, 진작에 그거 그만 썼어야 했어.

질문: 여자에 관해, 알 수 있는 것은 무엇인가?

A 당첨되었다
B 휴대폰을 바꿨다
C 퇴직할 것이다
D 아파서 입원했다

❷ 女: 书架上的这些工艺品真好看, 在哪儿买的?
   男: 不是买的, 这些都是我奶奶亲手制作的。
   问: 关于那些工艺品, 可以知道什么?

   A 不值钱   B 做工一般
   C 在上海买的   D 手工制作的

여: 책꽂이의 이 공예품들 정말 예쁘다. 어디에서 산 거야?
남: 산 게 아니라, 이것들 모두 우리 할머니가 손수 만드신 거야.

질문: 그 공예품들에 관해, 알 수 있는 것은 무엇인가?

A 값어치가 없다
B 솜씨가 보통이다
C 상하이에서 산 것이다
D 수공으로 만든 것이다

5 인공지능 기술은 우리 생활에서 이미 매우 **❶ 폭넓게** 응용되고 있다. 최근 한 스마트 무인 택배차가 모 대학 캠퍼스 내에서 큰 관심을 받는 대상이 되었다. 인터넷상에서 시간과 장소를 예약만 하면 **❷제때**에 소포를 지정된 장소로 보낼 수 있다. 무인 택배차는 열심히 일할 뿐만 아니라, **❸생동감 있고** 유머러스한 언어로 행인들과 대화도 할 수 있어 학교 선생님과 학생들에게 인기가 매우 높다.

❶ A 단조롭다 　　　　 B (사람이) 많다
　 C **폭넓다** 　　　　　 D 열렬하다

❷ A **제때** 　　　　　　 B 늘
　 C 시대 　　　　　　　 D 최소한

❸ A 비관적이다 　　　　 B 불안하다
　 C **생동감 있다** 　　　 D 냉담하다

---

4 중국에는 "군자의 사귐은 담백하기가 물과 같다."라는 말이 있는데, 그것은 우리에게 어떻게 사람과 **❶함께 지내야** 하는 지에 대한 이치를 알려 준다. 그것은 바로 진정한 친구와의 교류는 너무 복잡할 필요가 없고, 물처럼 단순하고 자연스러우면 되는 것이다. 사람과 교제하는 과정 속에서 우리는 곁에 있는 모든 사람을 평등하게 **❷ 대해야** 하고, 돈과 권력 등의 요인 때문에 고의로 남을 치켜세우거나 **❸ 깔보지** 말아야 한다.

❶ A **함께 지내다** 　　　 B 악수하다
　 C 걱정하다 　　　　　 D 생기다

❷ A 가장하다 　　　　　 B **대하다**
　 C 비교하다 　　　　　 D 구분하다

❸ A 아쉽다 　　　　　　 B 괜찮다
　 C 뛰어나다 　　　　　 D **깔보다**

5 ❶ 他度过了一段艰苦的日子。
　　 그는 어렵고 힘든 나날을 보냈다.

❷ 这是属于我们两个人的秘密。
　 이것은 우리 두 사람만의 비밀이다.

❸ 相互理解有助于减少矛盾。
　 서로 이해하는 것은 갈등을 줄이는 데 도움이 된다.

❹ 他对人的态度十分冷淡。
　 그가 사람을 대하는 태도는 매우 냉정하다.

DAY 12　확인 테스트　p.204

1 ❶ 沟通　　　　　 ❷ 다투다, 말다툼하다
　 ❸ zébèi　　　　　 ❹ 역량, 힘
　 ❺ 多亏

2 ❶ ⓒ – ⓓ　　　　 ❷ ⓛ – ⓒ
　 ❸ ㉠ – ⓐ　　　　 ❹ ㉣ – ⓑ

3 ❶ E　　　　　　　 ❷ C
　 ❸ A　　　　　　　 ❹ D

DAY 13　확인 테스트　p.220

1 ❶ wēnróu　　　　 ❷ 善良
　 ❸ jiānqiáng　　　　 ❹ 好奇
　 ❺ 모험하다, 위험을 무릅쓰다

2 ❶ ⓒ – ⓓ　　　　 ❷ ㉣ – ⓐ
　 ❸ ㉠ – ⓒ　　　　 ❹ ⓛ – ⓑ

3 **❶** D　　　　　　　**❷** C
　　❸ A　　　　　　　**❹** B

4 **❶** 男：我儿子太调皮了，新玩具一到他
　　　　　 手里就被摔碎了。
　　　 女：小孩子嘛，还不懂事，再过两年
　　　　　 就知道爱惜了。
　　　 问：男的觉得儿子怎么样？

　　　 A 很英俊　　　 B 很谦虚
　　　 C 很调皮　　　 D 很天真

　　 남: 내 아들은 장난이 너무 심해서 새 장난감이
　　　　 그 애 손에만 들어가면 부서져.
　　 여: 어린아이잖아. 아직은 철이 없지. 몇 년만
　　　　 더 지나면 소중함을 알게 될 거야.
　　 질문: 남자는 아들이 어떻다고 여기는가?

　　 A 잘생겼다　　　 B 겸손하다
　　 C 장난이 심하다　 D 천진하다

　 ❷ 女：我的皮肤比较敏感，能给我推荐
　　　　 一款合适的化妆品吗？
　　　 男：您可以试试这种纯植物化妆品。
　　　 问：关于女的，可以知道什么？

　　　 A 皮肤敏感　　　 B 性格内向
　　　 C 待人热情　　　 D 十分能干

　　 여: 제 피부가 민감한 편인데 저에게 적합한 화
　　　　 장품을 추천해 주시겠어요?
　　 남: 이 순식물성 화장품을 써 보세요.
　　 질문: 여자에 관해, 알 수 있는 것은 무엇인가?

　　 A 피부가 민감하다
　　 B 성격이 내향적이다
　　 C 사람에게 친절하다
　　 D 매우 유능하다

5 **❶** 人一定要保持乐观。
　　　 사람은 반드시 낙관성을 유지해야 한다.

　 ❷ 怎么能使课堂的气氛更活跃呢？
　　　 어떻게 해야 교실의 분위기를 더욱 활기차게
　　　 할 수 있을까?

　 ❸ 这台机器又出毛病了。
　　　 이 기계는 또 고장이 났다.

　 ❹ 父母应培养孩子独立生活的能力。
　　　 부모는 아이에게 독립적으로 생활하는 능력을
　　　 길러 줘야 한다.

1 **❶** 流泪　　　　　　 **❷** 용기
　　❸ cánkuì　　　　　 **❹** 表面
　　❺ xiǎngniàn

2 **❶** ㉠ – ⓐ　　　　　 **❷** ⓔ – ⓑ
　　❸ ㉡ – ⓒ　　　　　 **❹** ㉢ – ⓓ

3 **❶** E　　　　　　　 **❷** C
　　❸ B　　　　　　　 **❹** A

4 당신은 모를 수 있지만, 사교적인 행동은 사실 전
　　염될 수도 있다. 당신은 공연을 보고 나면 언제 박
　　수를 치는가? 또 언제 멈추는가? 한 연구는 이것
　　이 당신 주변의 다른 관중들의 **❶반응**에 달려 있
　　다는 것을 보여준다. 다른 사람들의 박수 소리가
　　❷ 열렬해질수록 당신 역시 그렇게 할 가능성이
　　크다. 다시 말해, 우리의 행동과 **❸ 정서**는 주위
　　사람들의 영향을 받을 수 있다는 것이다.

　 ❶ A 반응　　　　　 B 희망하다
　　　 C 배경　　　　　 D 본질

❷ A 깊다　　　　　B 열렬하다
　 C 지나치다　　　D 충분하다

❸ A 표면　　　　　B 보물
　 C 정서　　　　　D 각도

5 ❶ 双方对未来的合作充满信心。
　 양측은 미래의 협력에 대해 확신이 가득하다.

❷ 抱怨是解决不了任何问题的。
　 원망하는 것은 어떤 문제도 해결할 수 없다.

❸ 亲近自然有助于缓解压力。
　 자연과 친해지는 것은 스트레스 완화에
　 도움이 된다.

❹ 这种说法丝毫没有根据。
　 이런 견해는 전혀 근거가 없다.

DAY 15 　확인 테스트
p.252

1 ❶ chéngkěn　　　❷ 亲切
　 ❸ 주장하다, 주장　❹ yánsù
　 ❺ 思考

2 ❶ ⓒ – ⓑ　　　　❷ ⓔ – ⓓ
　 ❸ ⓛ – ⓒ　　　　❹ ⓐ – ⓐ

3 ❶ C　　　　　　　❷ E
　 ❸ B　　　　　　　❸ D

4 ❶ 男：新产品的设计方案确定了吗？
　　 女：没有，目前各部门的意见不
　　　　同，很难达成一致。
　　 问：方案为什么没确定？

　　 A 优势不突出
　　 B 费用比较高
　　 C 意见不一致
　　 D 需进行市场调查

남: 신제품의 설계 방안은 확정됐나요?
여: 아니요, 현재 각 부서의 의견이 달라서 일
　　 치시키기가 너무 어렵네요.
질문: 방안은 왜 확정되지 않았는가?

A 장점이 두드러지지 않아서
B 비용이 비교적 많이 들어서
C 의견이 불일치해서
D 시장 조사를 진행해야 해서

❷ 女： 这张照片是什么时候照的？我怎
　　　 么一点儿印象也没有？
　 男： 时间长了，我也记不太清楚。
　 问： 关于那张照片的拍摄日期，可以
　　　 知道什么？

A 没过多久
B 毕业时照的
C 男的很清楚
D 他们记忆模糊

여: 이 사진은 언제 찍은 거야? 나는 어떻게 조
　　 금의 인상도 없지?
남: 시간이 오래됐어, 나도 정확하게 기억나지
　　 않아.
질문: 그 사진의 촬영 날짜에 관해, 알 수 있는
　　　 것은 무엇인가?

A 얼마 지나지 않았다
B 졸업할 때 찍었다
C 남자는 정확히 안다
D 그들은 기억이 희미하다

5 ❶ 请围绕这个话题写一段话。
　 이 주제를 중심으로 한 단락을 쓰세요.

❷ 互联网转变了人们的消费观念。
　 인터넷은 사람들의 소비 관념을 바꾸었다.

❸ 他不愿意承认自己的错误。
　 그는 자신의 잘못을 인정하고 싶지 않다.

❹ 那个企业的竞争十分激烈。
　 그 기업의 경쟁은 매우 치열하다.

1 ❶ fǔdǎo   ❷ 及格
❸ 用功   ❹ lǎngdú
❺ 포함하다, 내포하다

2 ❶ ㉠ – ⓓ   ❷ ㉣ – ⓐ
❸ ㉢ – ⓑ   ❹ ㉡ – ⓒ

3 ❶ A   ❷ B
❸ E   ❹ D

4 ❶ 男: 你什么时候去学校?
女: 通知书上说8月17号开始报到,
去之前我打算先旅游。

问: 女的旅游后有什么安排?

A 准备材料
B 递交报告
C 去学校报到
D 参加口语测验

남: 너는 언제 학교에 가니?
여: 통지서에는 8월 17일에 도착 보고를 시작
한다고 했으니까, 가기 전에 먼저 여행할
계획이야.

질문: 여자는 여행 후에 어떤 일정이 있는가?

A 자료를 준비한다
B 보고서를 제출한다
C 학교에 도착 보고를 하러 간다
D 회화 테스트에 참가한다

❷ 女: 这篇作文整体上写得不错, 其中
有几个字错了, 我帮你用红笔画
出来了。
男: 谢谢, 我马上改。

问: 男的接下来要做什么?

A 交论文   B 修改错字
C 重写提纲   D 删掉结论

여: 이 글은 전체적으로 잘 썼는데, 그 중 몇 글
자가 틀려서, 내가 빨간 펜으로 체크했어.
남: 고맙습니다. 제가 바로 고칠게요.

질문: 남자는 이어서 무엇을 할 것인가?

A 논문을 제출한다
B 틀린 글자를 수정한다
C 개요를 다시 쓴다
D 결론을 삭제한다

5 ❶ 实验过程中每个细节都得注意。
실험 과정 중에는 모든 세부 사항을 주의해야
한다.

❷ 他正在专心思考公司的未来。
그는 회사의 미래에 대해 열심히 생각하고
있다.

❸ 这本书详细介绍了古代社会的常识。
이 책은 고대 사회의 상식을 상세히 소개했다.

❹ 你本科学过这门课程吗?
당신은 학부에서 이 과목을 배운 적이
있습니까?

1 ❶ 从事   ❷ 비서
❸ guīju   ❹ 合作
❺ zhìdù

2 ❶ ㉡ – ⓒ   ❷ ㉣ – ⓐ
❸ ㉠ – ⓓ   ❹ ㉢ – ⓑ

3 ❶ A   ❷ B
❸ C   ❹ E

4 ❶ 男：明明下个月中旬结婚，咱们同学
可以趁这次机会聚聚。
女：真不好意思，我下个月要去外地
参加培训，出席不了。
问：关于女的，可以知道什么？

A 跟明明不熟
B 单独见明明
C 能出席运动会
D 不能参加婚礼

남 : 밍밍이 다음 달 중순에 결혼하니, 우리 동
창들이 이번 기회에 모일 수 있겠어.
여 : 정말 미안한데, 나는 다음 달에 외지로 교
육을 받으러 가야 해서 참석할 수가 없어.
질문 : 여자에 관해, 알 수 있는 것은 무엇인가?

A 밍밍과 친하지 않다
B 밍밍과 따로 만난다
C 운동회에 참석할 수 있다
D 결혼식에 참석할 수 없다

❷ 女：你的新工作怎么样？
男：虽然工作环境一般，而且要经常
出差，但是待遇还不错。
问：男的的新工作怎么样？

A 假期少　　　B 待遇好
C 工资一般　　D 工作强度高

여 : 너의 새 직장은 어때?
남 : 비록 업무 환경은 보통이고, 출장도 자주
가야 하지만, 대우는 그런대로 괜찮아.
질문 : 남자의 새 직장은 어떠한가?

A 휴가가 적다
B 대우가 좋다
C 급여가 보통이다
D 업무 강도가 세다

5 ❶ 我已经签了购房合同。
나는 이미 주택 구매 계약을 했다.

❷ 你最好征求一下对方的意见。
당신은 상대방의 의견을 구하는 게 좋겠다.

❸ 他的辞职信被批准了。
그의 사직서는 승인되었다.

❹ 主任再三强调要注意安全。
주임은 안전에 주의해야 한다고 거듭
강조했다.

DAY 18　확인 테스트　p.302

1 ❶ jīnglì　　　❷ 학력
❸ 方式　　　❹ xìngyùn
❺ lùxù

2 ❶ ㉣ – ⓒ　　　❷ ㉡ – ⓐ
❸ ㉠ – ⓑ　　　❹ ㉢ – ⓓ

3 ❶ C　　　　　❷ B
❸ D　　　　　❹ A

4 많은 구직자들이 지나친 긴장으로 인해, 면접관
의 질문에 대답할 때 말에 ❶논리성이 부족하고,
핵심을 잡을 수 없게 한다. 이 문제를 극복하려면,
자신감을 가지는 것이 관건이다. 우선 면접 전에
❷미리 발표 원고를 준비해 놓고, 자신과 업무를
결합시켜 자신의 장점을 최대한 ❸부각시켜야 한
다. 이렇게 하면 면접을 볼 때 당신은 더욱 자신감
있고 자연스럽게 표현할 것이고, 그리하여 면접관
역시 당신이 이 일에 적합하다는 것을 발견할 수
있을 것이다.

❶ A 단원　　　　B 순서
　 C 논리　　　　D 성분

❷ A 미리　　　　B 갑자기
　 C 일찍이　　　D 각자

552

❸ A 복제하다　　　　B 고치다
　 C 경시하다　　　　**D 부각시키다**

5 ❶ 你参加这次的培训活动吗?
　　 당신은 이번 교육 행사에 참가합니까?

　 ❷ 情况的发展令人很意外。
　　 상황의 발전이 매우 의외다.
　　 (상황이 뜻하지 않게 흘러갔다.)

　 ❸ 明确的目标是成功的起点。
　　 명확한 목표는 성공의 시작점이다.

　 ❹ 我需要一份稳定的工作。
　　 나는 안정적인 직장이 필요하다.

❷ A 구하다　　　　**B 추구하다**
　 C 경시하다　　　 D 구현하다

❸ A 만약　　　　　 B 때문에
　 C 그렇지 않으면　**D 설령**

5 ❶ 艰苦的环境能培养乐观的精神。
　　 어렵고 힘든 환경은 낙관적인 정신을 길러줄
　　 수 있다.

　 ❷ 生命的意义在于付出。
　　 생명의 의의는 주는 데 있다.

　 ❸ 我的梦想逐步实现了。
　　 나의 꿈은 점차 실현되었다.

　 ❹ 办公软件提高了工作效率。
　　 사무용 소프트웨어가 업무 효율을 높였다.

DAY 19　확인 테스트　p.320

1 ❶ 把握　　　　　❷ qínfèn
　 ❸ 소홀히 하다, 경시하다
　 ❹ 결심하다, 결심　❺ 教训

2 ❶ ⓛ – ⓒ　　　　❷ ⓒ – ⓑ
　 ❸ ⓐ – ⓐ　　　　❹ ⓔ – ⓓ

3 ❶ D　　　　　　 ❷ C
　 ❸ A　　　　　　 ❹ B

4 살면서 누군가는 항상 불평한다. 나는 지금 시작하
　 기에는 너무 늦었다. 그렇지 않으면 나도 성공할
　 수 있다. 사실 이것은 게으른 ❶ 핑계에 불과하다.
　 진정으로 ❷ 추구할 것이 있는 사람에게는 삶의 모
　 든 시기가 젊고, 영원히 너무 늦은 시작이란 없다.
　 그러니 가서 당신이 좋아하는 일을 해라. ❸ 설령
　 당신이 지금 이미 80살일지라도 말이다.

　 ❶ **A 핑계**　　　　B 정신
　 　 C 이론　　　　　 D 화제

DAY 20　확인 테스트　p.336

1 ❶ 하늘　　　　　❷ zāihài
　 ❸ ránshāo　　　 ❹ 现象
　 ❺ 消失

2 ❶ ⓒ – ⓐ　　　　❷ ⓐ – ⓒ
　 ❸ ⓔ – ⓑ　　　　❹ ⓛ – ⓓ

3 ❶ D　　　　　　 ❷ B
　 ❸ C　　　　　　 ❹ E

4 사막물고기는 사막에 사는 물고기의 한 종류로,
　 주로 북미에서 가장 ❶ 건조하고, 가장 더운 사막
　 지역에 분포한다. 수자원이 ❷ 부족한 곳에서 살
　 아남기 위해 사막물고기의 신체 기관은 점점 작아
　 져서 작은 체형으로 진화했다. 하지만 지하 수자
　 원이 계속 줄어들면서 사막물고기의 생존도 ❸ 위
　 협 받고 있다.

❶ A 건조하다　　B 한랭하다
　C 습윤하다　　D 습하다

❷ A 광범위하다　B 충분하다
　C 풍부하다　　**D 부족하다**

❸ A 가치　　　　B 기적
　C 위협　　　D 상상

5 ❶ 儿子数学考试居然没及格。
　　아들이 수학 시험에서 뜻밖에도 낙제했다.

❷ 那款软件有什么用途？
　그 소프트웨어는 어떤 용도로 쓰입니까？

❸ 你别把饮料洒在文件上。
　너는 음료수를 서류에 엎지르지 마라.

❹ 这片土地有很大的利用价值。
　이 토지는 매우 큰 이용 가치가 있다.

DAY 21　확인 테스트　p.356

1 ❶ màoyì　　　　❷ 이익, 이득
　❸ 종합하다　　❹ 信任
　❺ tánpàn

2 ❶ ⓒ – ⓑ　　　❷ ⓔ – ⓐ
　❸ ⓖ – ⓓ　　　❹ ⓛ – ⓒ

3 ❶ C　　　　　　❷ A
　❸ D　　　　　　❹ B

---

4 第1到2题是根据下面一段话：

如今人们的消费方式发生了很大的变化，上网购物不再是新鲜事，¹手机付款已成为新的时代趋势。经济数据显示，中国近一半儿的电子商务交易活动都是在手机上进行的。面对新的消费趋势，²商家不得不及时转变经营模式，通过手机线上销售来吸引更多的顾客。

1~2번 문제는 다음 내용에 근거한다:

오늘날 사람들의 소비 방식은 크게 바뀌어 인터넷 쇼핑은 더 이상 새로운 일이 아니다. ¹휴대폰 결제는 이미 새로운 시대의 추세가 되었다. 경제 통계 수치는 중국의 거의 절반의 전자상거래 활동이 휴대폰으로 이루어지고 있는 것으로 나타났다. 새로운 소비 추세를 직면해서, ²상인들은 어쩔 수 없이 적시에 경영 패턴을 바꾸고, 휴대폰 온라인 판매를 통해서 더 많은 고객을 끌어담길 수 밖에 없다.

❶ 根据这段话，什么已成为新的时代趋势？
　A 开网店　　　　B 手机付款
　C 智能城市　　　D 投资股票

이 글을 근거로, 무엇이 이미 새로운 시대의 추세가 되었는가？
　A 온라인 몰 창업　　**B 휴대폰 결제**
　C 스마트 도시　　　D 주식 투자

❷ 面对新的消费趋势，商家要怎么做？
　A 搞优惠活动
　B 制作宣传片
　C 增加推广费用
　D 转变经营方式

새로운 소비 추세에 직면해서, 상인들은 어떻게 해야 하는가?

A 할인 행사를 한다
B 홍보 영상을 제작한다
C 광고 비용을 늘린다
D 경영 방식을 바꾼다

5 ❶ 投资必须承担一定的风险。
투자하려면 어느 정도의 위험을 감당해야 한다.

❷ 很多企业搬到了郊区。
많은 기업이 교외로 이전했다.

❸ 这是我们商店的营业执照。
이것은 우리 상점의 영업 허가증이다.

❹ 你觉得这只股票会涨吗?
당신은 이 주식이 오를 것이라고 생각합니까?

DAY 22 　**확인 테스트** 　p.372

1 ❶ 报道 　　　　❷ píndào
❸ 출판하다, 출근하다
❹ 계통, 체계, 시스템
❺ jiābīn

2 ❶ ⓛ – ⓓ 　　　　❷ ⓔ – ⓐ
❸ ⓙ – ⓑ 　　　　❹ ⓒ – ⓒ

3 ❶ C 　　　　❷ D
❸ E 　　　　❹ A

4 ❶ 男: 为什么这首歌只能播放不能下载呢?
女: 你得先注册个账号, 并且购买会员才可以。
问: 男的遇到了什么问题?

A 歌曲不能下载
B 无法注册账号
C 歌曲不能播放
D 电影没有字幕

남: 왜 이 노래는 재생만 되고 다운로드는 안 되는 거야?
여: 너는 먼저 계정을 등록하고 나서, 구매 회원에 가입하면 돼.
질문: 남자는 어떤 문제에 부딪쳤는가?

A 노래를 다운로드할 수 없다
B 계정을 등록할 수 없다
C 노래를 재생할 수 없다
D 영화에 자막이 없다

❷ 女: 这几天我的电脑越来越慢了。
男: 恐怕是中病毒了, 你最好装个杀毒软件。
问: 男的建议女的怎么做?

A 重新开机
B 维修电脑
C 安装杀毒软件
D 删除多余的软件

여: 요 며칠 내 컴퓨터가 갈수록 느려져.
남: 아마도 바이러스에 걸린 것 같아, 너는 백신 프로그램을 설치하는 게 좋겠어.
질문: 남자는 여자에게 어떻게 하라고 제안하는가?

A 컴퓨터를 다시 시작해라
B 컴퓨터를 수리해라
C 백신 프로그램을 설치해라
D 불필요한 프로그램은 삭제해라

5 ❶ 我不小心把文件删除了。
나는 실수로 파일을 삭제했다.

❷ 那些数据的真实性令人怀疑。
그 데이터들의 진실성이 의심스럽다.

❸ 作家在读者见面会上宣传了新书。
작가는 독자와의 팬 미팅에서 새 책을
홍보했다.

❹ 他巧妙地回答了记者的问题。
그는 기자들의 질문에 교묘하게 대답했다.

1 ❶ héxīn   ❷ fáng'ài
  ❸ 促进   ❹ 정도
  ❺ 范围

2 ❶ ⓒ – ⓒ   ❷ ⓔ – ⓐ
  ❸ ⓛ – ⓓ   ❹ ⓖ – ⓑ

3 ❶ A   ❷ B
  ❸ C   ❹ E

4 연구에서 한 가지 이상의 언어에 ❶ 정통하면 뇌
의 발육에 이롭다고 나타났다. 전문가들은 두 가
지 언어에 능통한 젊은이들이 직장에서 태도가 더
뛰어날 뿐만 아니라, 문제 해결에도 더 능숙하다
는 것을 발견했다. 어릴 때 언어를 배우면 전체적
으로 언어의 사회와 정서적 배경을 더 잘 이해하
여 모국어에서 받는 ❷ 제약을 줄일 수 있다. 하지
만 언제 언어를 배우든 상관없이 사람의 뇌 발육
을 ❸ 촉진시킬 수 있으며, 사람들의 두뇌를 더 건
강하고 복잡하고 활동적이게 한다.

❶ A 발명하다   B 정통하다
  C 방해하다   D 이동하다

❷ A 제약   B 의외의 사고
  C 복제하다   D 지지하다

❸ A 초래하다   B 수입하다
  C 양성하다   D 촉진시키다

5 ❶ 他一直承受着巨大的压力。
그는 줄곧 엄청난 스트레스를 받고 있다.

❷ 这学期儿子的进步很明显。
이번 학기에 아들의 발전이 매우 뚜렷하다.

❸ 人们的心情会不断变化。
사람들의 마음은 끊임없이 변한다.

❹ 他悄悄离开了会议室。
그는 조용히 회의실을 떠났다.

1 ❶ 成分   ❷ 물질
  ❸ 表明   ❹ 관찰하다
  ❺ yìng

2 ❶ ⓔ – ⓓ   ❷ ⓛ – ⓑ
  ❸ ⓖ – ⓒ   ❹ ⓒ – ⓐ

3 ❶ C   ❷ B
  ❸ A   ❹ E

4 ❶ 男：这次乒乓球比赛派谁参加？
  女：咱们部门数小张打乒乓球打得最
      好了，不派他派谁？
  问：根据对话，下列哪项正确？

  A 比赛下周开始
  B 他们放弃参加了
  C 比赛结果不重要
  D 小张会打乒乓球

남: 이번 탁구 경기에 누구를 참가시킬까?
여: 우리 부서에서는 샤오장이 탁구를 제일 잘
    치는데, 그를 시키지 않으면 누굴 시키겠
    어?
질문: 대화를 근거로, 다음 중 정확한 것은?

A 경기는 다음 주에 시작한다
B 그들은 참가를 포기했다
C 경기 결과는 중요하지 않다
D 샤오장은 탁구를 칠 줄 안다

❷ 女: 喂，你买的那个玩具小汽车怎么
　　 组装啊?
　　男: 你翻翻说明书，<u>按照上面的步骤</u>
　　 <u>进行就行</u>。
　　问: 男的建议女的怎么做?

　　A 退货　　　　B 拆了重装
　　C 照步骤安装　D 给商店打电话

　　여: 여보세요. 네가 산 그 장난감 자동차 어떻
　　　게 조립해?
　　남: 설명서 좀 펼쳐 봐. <u>거기의 순서대로 진행</u>
　　　<u>하면 돼.</u>
　　질문: 남자는 여자에게 어떻게 하라고 제안하
　　　는가?

　　A 반품해라
　　B 분해하고 다시 조립해라
　　C 순서대로 조립해라
　　D 상점에 전화해라

5 ❶ 这项技术被很多领域应用。
　　　이 기술은 많은 분야에서 응용되고 있다.

　　❷ 我们的团队是由大学生构成的。
　　　우리 팀은 대학생으로 구성되어 있다.

　　❸ 这些垃圾要如何处理呢?
　　　이 쓰레기들은 어떻게 처리해야 합니까?

　　❹ 整个建筑是透明的。
　　　건물 전체가 투명하다.

1 ❶ 나비　　　　　❷ 伙伴
　　❸ chìbǎng　　❹ 果实
　　❺ kūnchóng

2 ❶ ㉠ - ⓐ　　　❷ ㉠ - ⓑ
　　❸ ㉢ - ⓓ　　　❹ ㉢ - ⓒ

3 ❶ D　　　　　　❷ A
　　❸ B　　　　　　❹ C

4 第1到2题是根据下面一段话:

　　 [2]几乎所有的动物都有尾巴，它们的
长短粗细不同，作用也不同，[1]其中保持
平衡是动物尾巴的主要作用。猫的尾巴
能让它在跑跳时保持平衡，即使从高处
意外掉下来，也不至于摔倒。鸟的尾巴
是它们的方向盘，能灵活转动，便于它
们在飞行时平衡身体、调整速度以及改
变方向。

1~2번 문제는 다음 내용에 근거한다:

　　 [2]거의 모든 동물들이 꼬리를 가지고 있는데, 그
것들은 길이와 굵기가 다르고, 역할도 다르다. [1]그
중 균형을 유지하는 것이 동물 꼬리의 주요한 역
할이다. 고양이의 꼬리는 고양이가 뛸 때 균형을
유지하게 해서 설령 높은 곳에서 예상치 못하게
떨어져도 넘어지지 않게 한다. 새의 꼬리는 그들
의 핸들이 되어 민첩하게 움직일 수 있게 하고, 비
행 중에 몸의 균형을 잡고, 속도를 조절하거나 방
향을 바꾸는 것을 편리하게 한다.

　　❶ 动物尾巴的主要作用是什么?
　　　A 调整方向　　　B 防止受伤
　　　C 保持平衡　　　D 提高速度

동물 꼬리의 주요 역할은 무엇인가?

A 방향을 조정한다
B 부상을 방지한다
C 균형을 유지한다
D 속도를 높인다

❷ 这段话主要谈的是什么?

A 鸟的翅膀
B 动物的尾巴
C 尾巴的缺点
D 猫的跑跳能力

이 글에서 주요하게 이야기하는 것은 무엇인가?

A 새의 날개
B 동물의 꼬리
C 꼬리의 결점
D 고양이의 뛰는 능력

5 ❶ 电台的听众明显比之前减少了。
라디오 방송의 청취자가 이전에 비해 확연히 줄었다.

❷ 树主要通过根来吸收营养。
나무는 주로 뿌리를 통해 영양분을 흡수한다.

❸ 影响植物生长的因素有很多。
식물의 성장에 영향을 주는 요인은 많이 있다.

❹ 那间屋里摆着很多花儿。
저 방에는 많은 꽃이 놓여 있다.

DAY 26　**확인 테스트**　p.442

1 ❶ nóngcūn　　❷ 机器
　 ❸ 밀　　　　❹ 状况
　 ❺ wánshàn

2 ❶ ㉠ – ⓑ　　　❷ ㉡ – ⓐ
　 ❸ ㉢ – ⓓ　　　❹ ㉣ – ⓒ

3 ❶ D　　　　　❷ B
　 ❸ C　　　　　❹ E

4 ❶ 男: 小王，这次项目公司损失了不
　　　　少，你好好儿计算一下。
　　 女: 好的，我整理完向您报告。
　　 问: 男的让女的做什么?

　　 A 报警　　　　　B 计算损失
　　 C 重新记录　　　D 打印材料

남: 샤오왕, 이번 프로젝트로 회사의 손실이 적
　지 않으니, 자네가 잘 좀 계산해 보게.
여: 알겠습니다. 정리해서 보고 드리겠습니다.

질문: 남자는 여자에게 무엇을 하라고 했는가?

A 경찰에 신고해라
B 손실을 계산해라
C 다시 기록해라
D 자료를 인쇄해라

❷ 女: 大夫，我爷爷的检查结果怎么
　　　样? 还需要进一步检查吗?
　　 男: 他恢复得不错，可以出院了。
　　 问: 关于爷爷，可以知道什么?

　　 A 要做手术
　　 B 恢复得很好
　　 C 还需要检查
　　 D 暂时不能出院

여: 의사 선생님, 저희 할아버지의 검사 결과가
　어떤가요? 추가 검사가 더 필요한가요?
남: 회복이 잘 돼서 퇴원해도 됩니다.

질문: 할아버지에 관해, 알 수 있는 것은 무엇
　인가?

A 수술해야 한다
B 회복이 잘 되었다
C 더 검사해야 한다
D 당분간 퇴원할 수 없다

5 ❶ 人们很难控制自己的情绪。
　　사람들은 자신의 감정을 조절하기 어렵다.

　❷ 角落里堆着一些木箱子。
　　구석에 나무 상자들이 쌓여 있다.

　❸ 大家轮流照顾生病的奶奶。
　　모두가 교대로 편찮으신 할머니를 보살핀다.

　❹ 他不具备参加比赛的资格。
　　그는 경기에 참가할 자격을 갖추지 못했다.

1 ❶ jiānkǔ　　　　❷ 偶然
　❸ céngjīng
　❹ 낙후되다, 뒤처지다
　❺ 연장하다

2 ❶ ⓒ – ⓒ　　　❷ ㉠ – ⓓ
　❸ ㉣ – ⓑ　　　❹ ㉡ – ⓐ

3 ❶ B　　　　　　❷ D
　❸ E　　　　　　❹ A

4 第1到2题是根据下面一段话：

　　俗话说 "百里不同风，千里不同
俗"，¹它形容不同的地方有不同的风俗
习惯。比如春节的时候，很多北方地区
习惯吃饺子，而一些南方地区可能会吃
汤圆、或者年糕。²在山西和山东等地，
人们以馒头、饼、面条这样的面食为主
食，而在很多南方地区，老百姓每天都
吃大米。

1~2번 문제는 다음 내용에 근거한다:

　　속담에 "백 리, 천 리마다 풍속이 다르다"라는
말이 있는데, ¹그것은 지방에 따라 풍속 습관이 다
르다는 것을 형용한 것이다. 예를 들어 춘절에, 많
은 북방 지역에서는 교자를 먹는 습관이 있지만,
일부 남방 지역에서는 탕위안이나 떡을 먹을 수도
있다. ²산시성과 산둥성 등지의 사람들은 만터우
나 전병, 국수 같은 분식을 주식으로 삼지만, 많은
남방 지역에서는 사람들이 매일 쌀을 먹는다.

❶ 这段话中的 "百里不同风，千里不同
　俗" 是什么意思？
　A 北方人热情
　B 南方气候温暖
　C 气候影响饮食
　D 各地风俗不同

이 글 중 "백 리, 천 리마다 풍속이 다르다"는
무슨 뜻인가?
A 북방 사람들은 친절하다
B 남방의 기후는 따뜻하다
C 기후가 음식에 영향을 미친다
D 각지의 풍속이 다르다

❷ 山东、山西等地主要以什么为主食？
　A 大米　　　　　B 面食
　C 玉米　　　　　D 土豆

산둥성과 산시성 등지에서는 주로 무엇을 주식으로 삼는가?

A 쌀   **B 분식**
C 옥수수   D 감자

5 베이징 도심에 위치한 베이하이공원은 역사가 **❶유구하고**, 중국 고대 황실 정원에 속한다. 정원 내에 명소가 매우 많아서 북쪽 관광지구, 동쪽 관광지구, 경도 관광지구, 퇀청 관광지구로 나뉜다. 이곳에서는 화훼 전시, **❷전통적인** 공연 등 다양한 행사가 자주 열린다. 베이하이공원은 중국에서 **❸보존**이 가장 완전하고, 가장 대표적인 황실 정원 중 하나이다.

❶ A 아득히 멀다   B 충분하다
   C 여전하다   **D 유구하다**

❷ A 위대하다   **B 전통적이다**
   C 열렬하다   D 퇴직하다

❸ A 중요시하다   B 깊다
   C 보존하다   D 보고하다

DAY 28   확인 테스트   p.478

1 ❶ 评价   ❷ gǔzhǎng
   ❸ 사진을 찍다, 촬영하다
   ❹ zànměi
   ❺ 묘사하다, 그려 내다

2 ❶ ⓔ - ⓑ   ❷ ⓒ - ⓒ
   ❸ ⓛ - ⓐ   ❹ ⓖ - ⓓ

3 ❶ C   ❷ B
   ❸ D   ❹ A

---

4 《평범한 세상》은 유명 작가 루야오가 쓴 장편소설이다. 이 책의 **❶ 배경**은 중국의 70년대 중반에서 80년대 중반까지의 도시와 농촌의 생활이다. 이 **❷ 작품**에서 저자는 수많은 인물들의 **❸ 형상**을 생동감 있게 묘사하고, 보통 사람들이 그 시대에 걸었던 험난한 길을 깊이 있게 보여 주었다.

❶ A 역할   B 매력
   C 배경   D 관점

❷ A 제품   **B 작품**
   C 공연   D 역사

❸ **A 형상**   B 표면
   C 색채   D 성인

5 ❶ 微笑是表达感情的一种方式。
   미소는 감정을 표현하는 하나의 방식이다.

   ❷ 他善于模仿别人的动作。
   그는 다른 사람의 동작을 모방하는 데 능하다.

   ❸ 诗歌包含在文学研究的范围之内。
   시가는 문학 연구의 범위 내에 포함되어 있다.

   ❹ 我们应学会欣赏他人的优点。
   우리는 다른 사람의 장점을 높게 평가할 줄 알아야 한다.

DAY 29   확인 테스트   p.494

1 ❶ jìlù   ❷ 存在
   ❸ 补充   ❹ 증거
   ❺ 사실

2 ❶ ⓛ - ⓓ   ❷ ⓔ - ⓑ
   ❸ ⓖ - ⓐ   ❹ ⓒ - ⓒ

3 ❶ D   ❷ B
   ❸ E   ❹ A

4 ❶ 男: 照片上穿军装的这个人是谁?

女: 是我爷爷, 他曾经当过兵。

问: 根据对话, 可以知道什么?

A 照片很模糊

B 爷爷当过兵

C 爷爷喜欢摄影

D 照片是彩色的

남: 사진에 군복 입은 이 사람은 누구야?

여: 우리 할아버지야, 이전에 군인이셨어.

질문: 대화를 근거로, 알 수 있는 것은 무엇인가?

A 사진이 너무 희미하다

B 할아버지는 군인이셨다

C 할아버지는 촬영을 좋아하신다

D 사진은 칼라이다

❷ 女: 场上的每个运动员技术都很强。

男: 是的, 只要他们好好儿配合, 一定会拿冠军的。

问: 男的是什么意思?

A 对手实力弱　　B 拿不到冠军

C 教练不满意　　D 应注意配合

여: 경기장의 모든 선수들의 기술이 매우 뛰어나.

남: 맞아, 그들이 협력만 잘 한다면, 분명 우승할 수 있을 거야.

질문: 남자는 무슨 뜻인가?

A 상대의 실력이 약하다

B 우승을 할 수 없다

C 코치가 만족스럽지 않다

D 협력에 주의해야 한다

5 ❶ 你被取消参赛资格了吗?

당신은 참가 자격이 취소되었습니까?

❷ 这项调查是针对留学生进行的。

이 조사는 유학생들을 겨냥해서 진행한 것이다.

❸ 这样做有利于让孩子独立面对危险。

이렇게 하는 것은 아이를 독립적으로 위험에 직면하게 하는 데 유리하다.

❹ 我们要合理安排作息时间。

우리는 일과 휴식 시간을 합리적으로 안배해야 한다.

DAY 30 　확인 테스트

p.512

1 ❶ jiànshè　　　　❷ 宣布

❸ 조치, 대책　　　❹ 包括

❺ chēnghu

2 ❶ ⓒ - ⓐ　　　　❷ ⓔ - ⓑ

❸ ㄱ - ⓓ　　　　❹ ⓛ - ⓒ

3 ❶ A　　　　　　❷ B

❸ E　　　　　　❹ C

4 거리에 마지와 리우지라는 두 개의 서로 인접한 국수가게가 있었다. 두 가게에는 각각 10석의 자리가 있고, 장사가 매우 잘 되었다. 반년도 안 되어 마지는 분점을 열었는데, 리우지는 규모를 ❶**확장할** 능력이 없었다. 알고 보니 갓 끓인 면은 뜨거워서 고객들이 천천히 먹을 수 밖에 없었고, 평균 한 고객당 15분 정도 걸려야 국수 한 그릇을 다 먹을 수 있었다. 리우지는 줄곧 이렇게 운영해 왔지만, 마지의 점주는 국수를 먹는 데 너무 많은 시간이 소요된다는 손님들의 ❷**불평**을 들은 후, 곧바로 변화를 주어 ❸**많은** 고객들의 환영을 받았다.

❶ A 성취하다　　　B 확장하다
　　C 축소하다　　　D 제정하다

❷ A 불평하다　　　B 다투다
　　C 부인하다　　　D 승인하다

❸ A 중대하다　　　B 거대하다
　　C (사람이) 많다　　D 광범위하다

5 ❶ 龙是权力的象征。
　　용은 권력의 상징이다

❷ 方教授培养出了很多优秀的学生。
　　팡 교수는 많은 우수한 학생들을 배출했다.

❸ 你最好随身带着身份证。
　　당신은 신분증을 가지고 다니는 것이 좋다.

❹ 那个俱乐部不对外开放。
　　그 클럽은 대외적으로 개방하지 않는다.

HSK 5급 **미니 테스트 1** p.518

1 男：今天的鱼汤真好吃，清淡可口。
　女：这条鱼是你姑姑刚钓的，可新鲜了。

　问：关于鱼汤，可以知道什么？

　A 超市买的　　　B 味道很好
　C 盐放多了　　　D 是姑姑做的

남 : 오늘 생선탕 정말 맛있네요, 담백해서 입에 맞아요.
여 : 이 생선은 당신 고모가 방금 낚으신 거라 아주 신선해요.

질문 : 생선탕에 관해 , 알 수 있는 것은 무엇인가?

　A 마트에서 샀다
　B 맛이 매우 좋다
　C 소금을 많이 넣었다
　D 고모가 만든 것이다

2 女：听说你要结婚了，准备得怎么样了？
　男：我们打算办一场传统婚礼，正在联系婚庆公司呢。

　问：关于男的，可以知道什么？

　A 正在邀请朋友
　B 要办传统婚礼
　C 回老家举行婚礼
　D 婚礼已经准备好了

여 : 듣자니 결혼한다며, 준비는 어떻게 되어 가?
남 : 우리는 전통 혼례를 할 계획이라 웨딩 업체와 연락 중이야.

질문 : 남자에 관해, 알 수 있는 것은 무엇인가?

　A 친구를 초대하고 있다
　B 전통 혼례를 하려고 한다
　C 고향으로 돌아가 결혼식을 한다
　D 결혼 준비가 다 되었다

3 男: 这次国外旅游，我们坐船去怎么样？

女: 不行啊，我肯定会晕船的，还是坐飞机吧。

问: 女的为什么不想坐船去？

A 很危险　　　　B 怕晕船
C 时间太长　　　D 条件较差

남: 이번 해외여행에 우리 배를 타고 가는 게 어때?

여: 안 돼, 나 틀림없이 뱃멀미할 거야. 비행기를 타는 게 좋겠어.

질문: 여자는 왜 배를 타고 가고 싶어 하지 않는가?

A 위험해서
B 뱃멀미가 걱정돼서
C 시간이 오래 걸려서
D 조건이 비교적 나빠서

4 女: 客厅里太空了，显得有些单调。

男: 我们把阳台上的那盆花搬进来吧。

问: 他们接下来最可能做什么？

A 搬花　　　　　B 挂窗帘
C 买空调　　　　D 给花浇水

여: 거실이 너무 비어서, 좀 단조로워 보여.

남: 우리 베란다의 저 화분을 옮겨 들여오자.

질문: 그들은 이어서 무엇을 할 가능성이 가장 큰가?

A 꽃을 옮긴다
B 커튼을 건다
C 에어컨을 산다
D 꽃에 물을 준다

5 男: 您为什么决定参加我们这次的读书会？

女: 我想跟读者多交流交流，听听他们的想法。

问: 女的参加读书会的原因是什么？

A 宣传新书　　　　B 见其他作家
C 想与读者交流　　D 了解图书市场

남: 당신은 왜 우리의 이번 독서회에 참석하기로 결정하셨나요?

여: 독자들과 더 많이 교류하고 싶고, 그들의 의견을 듣고 싶어서요.

질문: 여자가 독서회에 참석한 이유는 무엇인가?

A 새 책을 홍보하려고
B 다른 작가를 만나려고
C 독자와 교류하고 싶어서
D 도서 시장을 알아보려고

6 女: 小猫太淘气了，居然把钱撕成了两半儿。

男: 没关系，去银行换一下就行了。

问: 女的觉得小猫怎么样？

A 太懒　　　　　B 很安静
C 很淘气　　　　D 很讲卫生

여: 고양이가 너무 장난이 심해, 놀랍게도 돈을 반으로 찢어 놨어.

남: 괜찮아, 은행에 가서 바꾸면 돼.

질문: 여자는 고양이가 어떻다고 느끼는가?

A 너무 게으르다
B 매우 조용하다
C 장난이 심하다
D 위생을 중시한다

7 男: 天气预报说，高温将持续两周。

女: 我看今年夏天咱们哪儿都别去，就在家里吹空调吧。

问: 今年夏天天气怎么样？

A 很热　　　　　B 很潮湿
C 早晚凉快　　　D 持续下雨

남: 일기 예보에서 고온이 2주 동안 지속될 거야.
여: 내가 볼 때 올 여름에 우리 어디에도 가지 말고
　　집에서 에어컨이나 쐐아지겠어.

질문: 올해 여름 날씨는 어떠한가?

A 매우 덥다
B 매우 습하다
C 아침저녁으로 쌀쌀하다
D 계속 비가 온다

8　女：你好，我想改一下手机套餐。
　　　男：这是各种套餐的相关介绍，您想改
　　　　　成哪一种？

　　　问：女的在咨询什么？

A 通话费用　　　B 贷款业务
C 信用卡业务　　D 改套餐业务

여: 안녕하세요, 휴대폰 요금제를 좀 변경하고 싶은
　　데요.
남: 이게 각종 요금제에 관한 소개인데, 당신은 어
　　떤 종류로 변경하고 싶으세요?

질문: 여자는 무엇을 문의하는 중인가?

A 통화 비용
B 대출 업무
C 신용카드 업무
D 요금제 변경 업무

9　男：我寄的包裹怎么被退回来了？
　　　女：您填写的收件人信息有误，快递员
　　　　　联系不到收件人。

　　　问：包裹为什么被退回来了？

A 被拒收了
B 有违禁物品
C 包裹损坏了
D 收件人信息错了

남: 제가 보낸 소포가 왜 되돌아온 거지요?
여: 작성하신 수취인 정보가 잘못돼서 택배 기사님
　　이 수취인과 연락하지 못했어요.

질문: 소포는 왜 되돌아왔는가?

A 거절당했다
B 금지 물품이 있다
C 소포가 파손되었다
D 수취인 정보가 틀렸다

10　女：女儿长大了，应该让她独自睡一个
　　　　房间了。
　　　男：行，咱们去家具店看看，给她买一
　　　　张小床。

　　　问：他们为什么要买床？

A 留给亲戚用　　　B 让女儿单独睡
C 以前的床坏了　　D 女儿朋友要来住

여: 딸이 컸으니, 그녀를 혼자 방에서 자게 해야
　　겠어.
남: 좋아, 우리 가구점에 가서 좀 보고, 그녀에게
　　작은 침대 하나 사 주자.

질문: 그들은 왜 침대를 사려고 하는가?

A 친척용으로 남겨 두려고
B 딸을 혼자 자게 하려고
C 예전의 침대가 고장 나서
D 딸 친구가 머물 거라서

11　男：有时间来我们家乡看看吧！
　　　女：你们那儿都有什么好玩儿的？
　　　男：除了很多名胜古迹，还有非常多的
　　　　美食。
　　　女：美食最吸引我了，有机会一定要去
　　　　一趟。

　　　问：关于男的的家乡，可以知道什么？

A 名胜古迹很多
B 适合冬季旅游
C 正在引进人才
D 有很多外国游客

남: 시간 있으면 우리 고향으로 와 봐!

여: 너네 거기에 뭐 재미있는 게 있어?

남: 많은 명승고적 외에, 맛있는 음식도 아주 많아.

여: 나는 맛있는 음식이 제일 끌린다. 기회가 되면 꼭 한번 갈게.

질문: 남자의 고향에 관해, 알 수 있는 것은 무엇인가?

A 명승고적이 많다

B 겨울에 여행하기 적합하다

C 인재를 도입하고 있다

D 외국 여행객이 많이 있다

12 女: 请问这个价格包括运费和安装费吗?

男: 运费是免费的, 安装需要另外付费。

女: 安装费多少钱?

男: 您家在几楼? 三楼以下100块, 三楼以上200块。

问: 根据这段话, 下列哪项正确?

A 运费很贵　　　B 正在打折

C 安装不免费　　D 价格不合理

여: 실례지만, 이 가격은 운송비와 설치비가 포함된 건가요?

남: 운송비는 무료고요. 설치는 따로 비용을 지불하셔야 합니다.

여: 설치비가 얼마인가요?

남: 댁이 몇 층이에요? 3층 이하는 100위안, 3층 이상은 200위안입니다.

질문: 이 글을 근거로, 다음 중 정확한 것은?

A 운송비가 비싸다

B 할인 중이다

C 설치는 무료가 아니다

D 가격은 불합리하다

13 男: 喂, 你现在在哪儿?

女: 我在参加公司运动会, 怎么了?

男: 我有一份文件忘在家里了, 但是没有钥匙。

女: 我现在回不去, 你要是着急的话, 给开锁公司打电话吧。

问: 女的让男的怎么做?

A 找房屋中介

B 找开锁公司

C 稍等一会儿

D 给物业打电话

남: 여보세요, 너 지금 어디야?

여: 나는 회사 운동회에 참석하고 있어, 왜?

남: 나 서류 하나를 집에 놓고 왔는데, 열쇠가 없어.

여: 나 지금은 못 가, 너 만약에 급한 거면, 열쇠 업체에 전화해.

질문: 여자는 남자에게 어떻게 하라고 했는가?

A 주택 중개소를 찾아라

B 열쇠 업체를 찾아라

C 잠깐만 기다려라

D 관리실에 전화해라

14 女: "音乐与心理学"那门课的成绩公布了吗?

男: 老师已经发短信说可以上网查了。

女: 我查过了, 但是没有显示。

男: 你学号多少? 我帮你看看。

问: 关于女的, 可以知道什么?

A 查不到成绩

B 考试没及格

C 考试没复习

D 电脑出问题了

여: '음악과 심리학' 그 수업 성적 발표됐어?

남: 선생님이 이미 인터넷으로 조회할 수 있다고 문자를 보내 주셨어.

여: 나는 조회해 봤는데, 안 나왔어.

남: 너는 학번이 어떻게 돼? 내가 한번 볼게.

질문: 여자에 관해, 알 수 있는 것은 무엇인가?

A 성적을 조회할 수 없다

B 시험에 불합격했다

C 시험 복습을 안 했다

D 컴퓨터에 문제가 생겼다

15 男: 恭喜你又跑了第一名！我们都为你感到自豪。

女: 谢谢你, 也谢谢支持我的人。

男: 在知道自己打破了世界纪录后, 你有什么感想？

女: 我现在没想太多, 希望以后还能保持这种状态吧。

问: 关于女的, 可以知道什么？

A 是一名教练

B 对结果不满意

C 破了世界纪录

D 想休息一段时间

남: 경주에서 또 1등 하신 거 축하합니다! 우리 모두가 당신을 자랑스럽게 생각해요.

여: 감사합니다. 저를 응원해 주시는 분들도 감사합니다.

남: 자신이 세계 기록을 깼다는 것을 알고 난 후에, 어떤 느낌이 드셨나요?

여: 지금은 많은 생각이 들지 않고요, 앞으로 이런 상태를 유지할 수 있길 바랍니다.

질문: 여자에 관해, 알 수 있는 것은 무엇인가?

A 코치이다

B 결과에 만족하지 못한다

C 세계 기록을 깼다

D 한동안 쉬고 싶다

[16-17]

第16到17题是根据下面一段话:

　　有一天, 一位著名诗人在公园里散步。在一条只能通过一个人的小道上, **16**他迎面遇到了一个曾经对他的作品提出过严厉批评的评论家。这位评论家高声喊道: "我从来不给傻子让路！"而那位诗人却一边面带笑容地让路一边说: "而我则正好相反！先生。" **17**这位诗人以幽默的方式应付无礼的对方, 被很多人称赞。

16~17번 문제는 다음 내용에 근거한다:

　　어느 날, 한 유명 시인이 공원에서 산책을 하고 있었다. 한 사람만이 지나갈 수 있는 오솔길에서 **16**그는 이전에 그의 작품에 대해 혹독한 비평을 했던 평론가와 마주치게 되었다. 이 평론가는 큰소리로 외쳤다. "나는 여태껏 바보에게는 길을 양보한 적이 없소!" 그러나 그 시인은 미소를 지으며 길을 비켜주면서 말했다. "나는 딱 정반대요! 선생." **17**이 시인은 유머러스한 방식으로 무례한 상대방에게 대응하여 많은 사람들의 칭찬을 받았다.

16 那位诗人在公园里遇到了谁？

A 记者　　　　　　B 评论家

C 老朋友　　　　　D 曾经的同事

그 시인은 공원에서 누구와 마주쳤는가?

A 기자　　　　　　**B 평론가**

C 오랜 친구　　　　D 이전의 동료

17 那位诗人的应付方式怎么样？

A 很热情　　　　　B 不合适

C 十分幽默　　　　D 没有逻辑

그 시인의 대응 방식은 어떠했는가?

A 친절하다　　　　B 부적합하다

C 매우 유머러스하다　D 논리적이지 않다

[18-20]

第18到20题是根据下面一段话：

　　很多人表示自己面对家人和朋友时是两个样子，对朋友等外人很有耐心，**18但是对家人却很容易发脾气**。这是因为我们假设别人是不了解我们的，**19要取得别人的了解和配合是需要充分沟通的**。但面对家人，我们的耐心就很有限，因为我们认为家人应该是最了解、最支持我们的。一般来说，**20确实是越亲近的人会越相互理解和支持**。

18~20번 문제는 다음 내용에 근거한다:

　　많은 사람들이 스스로 가족과 친구를 대할 때의 모습이 다르다고 표했다. 친구 등 외부 사람에게는 인내심을 갖지만, **18가족에게는 오히려 쉽게 화를 낸다**. 이것은 우리가 다른 사람이 우리를 이해하지 못하고, **19다른 사람의 이해와 협조를 얻는 것은 충분한 소통이 필요한 것이라고 가정하기 때문이다**. 하지만 가족들에게는 우리의 인내심이 매우 제한적이다. 왜냐하면 우리는 가족들이 우리를 가장 잘 알고, 지지해야 한다고 생각하기 때문이다. 일반적으로 **20확실히 가까운 사람일수록 서로 더 이해하고 지지한다**.

18 很多人面对家人会怎么样?

A 不谦虚　　　　B 不爱说话
C 易发脾气　　　D 很有爱心

많은 사람들이 가족을 대할 때 어떠한가?

A 겸손하지 않다
B 말을 잘 하지 않는다
C 쉽게 화를 낸다
D 사랑하는 마음이 있다

19 为什么我们对外人更有耐心?

A 想交朋友　　　B 怕产生矛盾
C 为了表现自己　D 为了获得了解

왜 우리는 외부 사람에게 더 인내심을 갖는가?

A 친구를 사귀고 싶어서
B 갈등이 생길까 걱정돼서
C 자신을 표현하기 위해서
D 이해를 얻기 위해서

20 根据这段话，下列哪项正确?

A 朋友间易吵架
B 人通常很冷淡
C 家人间缺少交流
D 亲近的人更相互理解

이 글을 근거로, 다음 중 정확한 것은?

A 친구끼리는 쉽게 다툰다
B 사람은 보통 냉정하다
C 가족 간에 교류가 부족하다
D 가까운 사람들은 서로 더 잘 이해한다

[21-22]

第21到22题是根据下面一段话：

　　大部分中小学都有统一的校服，**22学生穿校服有什么好处呢?** 首先，穿统一的服装，**21能使学生之间更加平等**，有助于形成相互尊重、合作的气氛；其次，学生统一着装有利于学校和班级教育活动的展开，对校园文化的建设具有促进作用。

21~22번 문제는 다음 내용에 근거한다:

　　대부분의 초중고교에는 통일된 교복이 있는데, **22학생들이 교복을 입으면 어떤 좋은 점이 있을까?** 첫째, 통일된 옷을 입으면 **21학생들의 사이를 더 평등하게 만들 수 있고**, 서로 존중하고 협력하는 분위기를 형성하는 데 도움이 된다. 둘째, 학생의 옷차림을 통일시키면 학교와 학급의 교육 활동을 전개하는 데 도움이 되고, 학교 문화 건설에 촉진 작용을 한다.

21 学生穿统一的服装有什么作用?

A 方便清洗
B 使学习更集中
C 减轻经济负担
D 让彼此间更平等

학생들이 통일된 옷을 입으면 어떤 작용을 하는가?

A 세탁이 간편하다
B 학습에 더 집중하게 한다
C 경제적 부담을 줄인다
D 서로간에 더 평등하게 한다

22 这段话主要谈的是什么?

A 学校的管理技巧
B 提高成绩的方法
C 学生穿校服的好处
D 学生之间应如何相处

이 글이 주요하게 이야기하는 것은 무엇인가?

A 학교의 관리 노하우
B 성적을 높이는 방법
C 학생이 교복을 입는 것의 장점
D 학생들간에 어떻게 함께 지내야 하는가

[23-25]

우리 모두 음식에 영양 균형이 잡혀야만 가장 건강한 상태를 **23 유지할** 수 있다는 것을 알고 있다. 사실 독서도 밥 먹는 것과 마찬가지로 균형이 필요하다. 합리적이고 균형 잡힌 독서는 뇌를 **24 항상** 깨어있게 하고, 균형 잡힌 영양소를 얻게 한다. 생활 속에서 적지 않은 사람들이 매일 인터넷을 목적 없이 훑어보며 **25 귀중한** 시간을 낭비하는 데, 이것은 바람직하지 않다. 음식이든 독서든 가능한 한 시간을 조절해야 한다. 이렇게 해야만 몸과 정신의 건강에 유익하다.

23
A ~하게 하다   **B 유지하다**
C 포함하다   D 조직하다

24
A 항상   B 시기
C 시대   D 시절

25
A 실용적이다   B 특수하다
C 귀중하다   D 쓸데없다

[26-29]

한 가족 오락 프로그램에서 다섯 가정에서 온 다섯 쌍의 지원자가 '손을 만져 아버지를 알아맞히기' 게임을 했다. 다섯 아이는 검은 거즈에 눈이 가려져 있고, 앞에는 병풍이 있는데, 거기에는 손 하나만 통과할 수 있는 구멍이 다섯 개 있었다. 다섯 명의 아버지는 각각 병풍 뒤쪽에서 한 손을 **26 내밀었다**. 프로그램은 즐거움으로 **27 가득했다**. 진행자가 "너는 확실하니?"라고 물을 때마다 앞의 네 아이는 모두 누구의 말을 믿어야 좋을지 몰라서 이리저리 바꾸었다. 오직 마지막 한 여자 아이만이 두 번째 손을 만지며 전혀 **28 망설임** 없이 그녀의 아버지라고 말했다. 진행자는 그녀가 잘못하게끔 시도했다. "**29 다섯 손을 모두 한 번씩 만지고 다시 결론을 내리자.**" 그러나 여자 아이는 자신 있게 고개를 저었다. 검은 거즈를 벗은 후, 부녀 두 사람은 기뻐하며 포옹했다.

26
A 내밀다   B 베끼다
C 낚다   D 하다

27
A 보충하다   B 충분하다
C 가득하다   D 개선하다

28
A 아끼다   B 합격하다
C 망설이다   D 모순되다

29
A 찾는 데 성공한 것을 축하합니다
B 오늘 우리의 시합은 여기에서 마칩니다
C 당신이 결정을 내린 이유가 무엇입니까
D 다섯 손을 모두 한 번씩 만지고 다시 결론을 내리세요

30 "물을 많이 마시면 살이 빠진다"라는 말은 과학적인 근거가 없다. 만약 음식으로 다이어트를 하고 있다면, 물을 많이 마시는 것이 어느 정도의 보조 작용은 할 수 있다. 하지만 음식은 조절하지 않고 물만 많이 마셔 살을 빼려고 한다면, 효과를 얻기 어렵다. 게다가 물을 너무 많이 마시면 심지어 물 중독을 초래할 수도 있다. 그러므로 물은 적당히 마셔야 한다.

A 물을 너무 많이 마시면 해로울 수 있다
B 물만 마셔도 다이어트를 촉진시킬 수 있다
C 운동으로 다이어트하는 것이 효과가 가장 좋다
D 일과 휴식 시간을 합리적으로 안배해야 한다

31 운동 전에 워밍업을 하면, 몸이 움직이지 않는 상태에서 운동하는 상태로 점차 진입하게 되어 다음에 이어지는 운동 욕구를 더욱 잘 만족시킬 수 있다. 마찬가지로 쿨다운은 몸을 운동하는 상태에서 움직이지 않는 상태로 전환하는 적응 과정으로, 운동자의 혈압이 지나치게 빨리 떨어지는 것을 피할 수 있게 한다. 따라서 쿨다운과 워밍업은 똑같이 중요하니, 모두 소홀히 해서는 안 된다.

A 지나친 운동은 건강에 좋지 않다
B 운동 전에 쿨다운을 해야 한다
C 쿨다운을 할 필요가 있다
D 쿨다운은 겨울에 하기에 적합하다

32 감정 이입은 입장을 바꾸어 생각한다고도 하는데, 사람과 사람이 교류하는 과정에서 타인의 기분을 느끼고, 타인의 감정을 이해하고, 또한 타인의 관점에서 생각하고 문제를 처리할 수 있는 것을 가리킨다. 입장을 바꾸어 생각하는 것을 통해 우리는 상대방의 생각과 방법을 이해할 수 있어서 오해와 충돌을 줄일 수 있다.

A 문제를 처리하는 것은 지혜에 달려 있다
B 감정 이입은 사과할 때 많이 나타난다
C 입장 바꿔 생각하면 오해를 줄이는 데 도움이 된다
D 타인의 감정을 최우선으로 해야 한다

33 《학기》는 중국 고대의 교육 논문이자, 세계 최초로 교육과 교학 문제를 전문적으로 논술한 논문이다. 그것은 교육의 목적과 역할, 교육의 제도, 원칙과 방법, 교육 과정 중의 사제 관계 및 학우 관계 등을 분명히 나타내어, 중국 선진 시기의 교육 경험을 체계적이고 전면적으로 총 정리했다.

A 《학기》는 사제 평등을 주장한다
B 《학기》는 공자의 대표작이다
C 《학기》는 교육 경험을 총 정리했다
D 《학기》는 고대 첫 번째 논문이다

34 안개 덩어리는 일부 지역 기후 환경의 영향을 받아, 안개 속의 수십 미터에서 100미터의 일부 범위 내에서 나타나는 더 짙고 가시도가 더 낮은 안개를 가리킨다. 안개 덩어리는 예측이 어렵고, 지역성이 강하며, 보편적으로 야간에서 새벽 사이에 발생하므로 차량 추돌을 초래하기 쉽다.

A 새벽에는 안개 덩어리가 쉽게 생기지 않는다
B 안개 덩어리는 강가에서 많이 나타난다
C 안개 덩어리는 이동 속도가 빠르다
D 안개 덩어리는 운전에 위협이 될 수 있다

[35-38]

오늘날, 갈수록 더 많은 스마트 주차 서비스 플랫폼이 우후죽순처럼 생겨나고 있다. 차주가 휴대폰을 켜고, 해당 모바일 앱을 로그인하면, 근처의 빈 주차 공간을 조회할 수 있다. 또한 내비게이션을 통해 수월하게 주차 공간으로 이동할 수 있어, ³⁵편리하게 주차할 수 있고, 시간을 절약할 수 있을 뿐 아니라, 무작정 주차 공간을 찾는 데 따른 교통 스트레스를 줄일 수 있다.

모 대학 중국 농촌 관리 연구센터의 한 연구원은 사람들의 자동차에 대한 수요는 점차 높아지고 있지만, 도시 규모에 제한을 받기 때문에, ³⁶주차 공간의 공급을 무제한적으로 늘릴 수 없어서 스마트 주차가 생겨났다고 말했다.

모두 알다시피, 차주들이 외출할 때 가장 큰 요구는 주차이다. 하지만 ³⁷전통적인 주차에서는 정보가 비대칭적이어서 차주는 목적지의 주차장 사용 상황을 정확히 알 수 없었다. 목적지에 도달한 후에야 주차할 수 없다는 것을 발견하는 것은 제한된 도로 자원의 부담을 증가시킬 뿐 아니라, 차주의 기분에 영향을 미친다. 일부 상대적으로 은폐된 주차장은 또 비어 있을 가능성이 높아서, 이것은 곧 자원 낭비를 조성한다.

³⁸스마트 주차의 가장 큰 역할은 바로 자원을 재통합해서 한 도시의 주차 공간 정보를 시스템에 입력하여, 차주가 휴대폰으로 목적지 부근 주차 공간의 사용 상황을 빠르게 조회할 수 있게 함으로써, 정보가 비대칭인 모순을 해소하고, 정보를 투명화 시키는 것이다.

35 첫 번째 단락을 근거로, 스마트 주차에는 어떤 특징이 있는가?

A 비용이 낮다
B 공간을 적게 차지한다
C 편리하고 시간을 절약한다
D 사람이 관리할 필요가 없다

36 그 연구원 생각에 스마트 주차가 생긴 원인은:

A 사람이 게을러져서
B 교통이 혼잡해서
C 주차 공간이 제한적이어서
D 자율 운전이 생겨서

37 세 번째 단락에서 주요하게 이야기하는 것은:

A 전통적인 주차의 단점
B 도시 교통의 현황
C 스마트 주차의 미래
D 주차가 발생시키는 오염

38 스마트 주차의 가장 큰 역할은:

A 오염을 줄인다
B 자원을 재통합한다
C 사회의 모순을 해소한다
D 기술의 갱신을 추진한다

[39-42]

최근 거리에는 ³⁹달리기를 하면서 쓰레기를 줍는 사람이 점점 많아지고 있는데, 사람들은 이런 건강한 운동을 '쓰레기를 줍는 조깅'이라고 부른다.

달리기는 원래 매우 개인적인 운동이지만, 쓰레기를 줍는 조깅은 개인적인 운동과 사회적인 공익이 결합되어 ⁴⁰달리기에 완전히 새로운 의미를 부여했다. 만약 과거의 단순한 달리기는 자신을 더 나아지게 하고, 생활을 더 활기차게 하고, 삶을 더 열정적으로 살기 위한 것이라고 말한다면, 쓰레기를 줍는 조깅은 우리가 함께 사는 세상을 더 아름답게 만드는 것이다.

모 헬스케어 소프트웨어가 수집한 데이터에 따르면, 쓰레기를 줍는 조깅은 매 시간당 소비되는 평균 열량이 일반 조깅보다 높은 것으로 나타났다. 따라서 쓰레기를 줍는 조깅은 우선 우리의 달리기 운동을 더 효과적으로 만든다. 또한 대다수의 달리기 마니아들이 달리는 노선과 구역도 모두 공공장소여서, 이러한 장소에는 각종 생활 쓰레기가 생기기 쉽지만, 제때에 치워지는 것은 아니기 때문에 ⁴¹달리면서 쓰레기를 줍는 것은 일석이조의 일인 것이다.

쓰레기를 줍는 조깅을 하는 사람들은 더 이상 단순한 행인이 아닌, 도시의 변화자이자 공익 실천자이며, 그들은 하찮아 보이는 노력을 통해, 서서히 우리가 사는 도시를 더 아름다운 곳으로 만든다. 스스로의 힘과 행동으로 세상의 변화에 동참할 수 있다는 것은, 설령 하찮은 변화일지라도 ⁴²인정과 칭찬을 받을 만한 것이다.

39 '쓰레기를 줍는 조깅'이 가리키는 것은:

A 거리에서의 달리기
B 단체로 쓰레기 줍기
C 동네 건강한 운동
D 달리면서 쓰레기 줍기

40 두 번째 단락을 근거로, 달리기는:

A 시간의 제한을 받지 않는다
B 사회 공익에 속한다
C 완전히 새로운 의미가 생겼다
D 흔한 단체 운동이다

41 세 번째 단락에서 주요하게 이야기하는 것은:

A 쓰레기를 줍는 조깅의 장점

B 일반 조깅의 운동 효과

C 모든 사람이 쓰레기를 줍는 조깅에 참여해야 한다

D 쓰레기를 줍는 조깅을 하기에 최적의 시간

42 작자의 쓰레기를 줍는 조깅에 대한 태도는:

A 찬성한다　　　　B 부정한다

C 상관없다　　　　D 태도가 모호하다

43 他们生产的药治疗效果很好。

그들이 생산한 약은 치료 효과가 매우 좋다.

44 你把戒指退了吗?

당신은 반지를 반품했습니까?

45 他不喜欢刺激的运动项目。

그는 자극적인 운동 종목을 좋아하지 않는다.

46 天渐渐亮起来了。

날이 점점 밝아오기 시작했다.

47 我想把卧室重新装修一下。

나는 침실을 새로 인테리어 하고 싶다.

48 第三届乒乓球大会即将开幕。

제3회 탁구대회가 곧 개막한다.

49 请不要违反交通规则。

교통 규칙을 위반하지 마세요.

50 [모범 답안]

　　昨天我通过中介租了一套公寓。那套公寓虽然租金贵了一些，但是位置离公司很近，而且休闲设施也齐全，我很满意。于是，我立刻交了押金，并和中介约好下周末签租房合同。我真希望快点儿搬到新家。

　　어제 나는 중개업체를 통해 아파트를 한 채 임대했다. 그 아파트는 비록 임대료가 좀 비싸지만, 위치가 회사와 매우 가깝고, 레저 시설도 잘 갖추어져 있어서, 나는 매우 마음에 든다. 그래서 나는 바로 보증금을 내고, 다음 주말에 임대 계약을 하기로 중개업체와 약속했다. 나는 빨리 새 집으로 이사 가고 싶다.

HSK 5급 미니 테스트 2　p.528

1 男: 你这么着急去哪儿啊?

　　女: 出版社刚刚联系我，让我过去商量一下新书宣传的事情。

　　问: 女的接下来最可能去哪儿?

A 商场　　　　　　B 出版社

C 印刷厂　　　　　D 设计公司

남: 너 이렇게 급하게 어디에 가니?

여: 출판사에서 막 연락이 왔는데, 새 책 홍보에 관한 일을 좀 상의하게 오라고 해서.

질문: 여자는 이어서 어디로 갈 가능성이 가장 큰가?

A 쇼핑센터　　　　**B 출판사**

C 인쇄 공장　　　　D 디자인 회사

2 女: 明天开会要讨论项目方案，你准备得怎么样了?

　　男: 还剩一些数据需要修改，我估计今天要加班了。

　　问: 关于那个方案，可以知道什么?

A 被批准了　　　　B 方向模糊

C 结论有问题　　　D 数据需修改

여: 내일 회의에서 프로젝트 방안을 토론해야 하는데, 어떻게 준비했어요?

남: 아직 수정할 데이터기 좀 남아서, 저는 오늘 야근해야 할 것 같아요.

질문: 그 방안에 관해, 알 수 있는 것은?

A 승인 받았다

B 방향이 모호하다

C 결론에 문제가 있다

D 데이터를 수정해야 한다

3 男: 面试结果怎么样? 有希望吗?

女: 面试官认为我虽然没有相关经验, 但性格很适合这个工作。

问: 关于女的, 可以知道什么?

A 简历没通过　　B 感到很灰心
C 参加了面试　　D 被面试官批评了

남: 면접 결과는 어때? 희망이 있어?

여: 면접관은 비록 내가 관련 경험은 없지만, 성격은 이 일에 잘 맞는다고 생각해.

질문: 여자에 관해, 알 수 있는 것은 무엇인가?

A 이력서를 통과하지 못했다

B 매우 낙심했다

C 면접에 참석했다

D 면접관에게 질책 당했다

4 女: 听说很多国际著名导演都会出席这届电影节。

男: 是的, 这次是规模最大的一届, 真想去现场看看。

问: 哪些人将参加这届电影节?

A 国际导演　　B 著名演员
C 著名作家　　D 优秀摄影师

여: 듣자니 이번 영화제에 국제적으로 유명한 감독들이 많이 참석한다고 해.

남: 맞아, 이번이 규모가 가장 큰 최라고 하니, 정말 현장에 가서 보고 싶어.

질문: 어떤 사람들이 이번 영화제에 참석하는가?

A 국제적인 감독　　B 유명 배우
C 유명 작가　　D 우수한 촬영 기사

5 男: 这部手机真先进, 就是太贵了。

女: 目前技术还不成熟, 没有大量生产, 所以很贵。

问: 关于那部手机, 下列哪项正确?

A 被抢购一空　　B 只在网上卖
C 技术不成熟　　D 针对商务人士

남: 이 휴대폰은 선진적이지만, 너무 비싸.

여: 지금은 아직 기술이 미숙해서, 대량 생산이 안돼서 비싼 거야.

질문: 그 휴대폰에 관해, 다음 중 정확한 것은?

A 매진되었다

B 온라인에서만 판매한다

C 기술이 미숙하다

D 비즈니스맨을 대상으로 한다

6 女: 听说你报了注册会计师考试。

男: 对, 但是考试太难了, 我没有把握。

问: 男的准备参加什么考试?

A 工业设计师　　B 注册会计师
C 心理咨询师　　D 股票分析师

여: 듣자니 너 공인 회계사 시험을 신청했다며.

남: 맞아, 하지만 시험이 너무 어려워서, 나는 자신이 없어.

질문: 남자는 어떤 시험에 참가할 준비를 하는가?

A 공업 설계사　　**B 공인 회계사**
C 심리 상담사　　D 주식 분석가

7 男：今天的网速真慢，到底是怎么回事？

女：挺快的啊！是不是你的网线没插好？

问：女的认为网速慢的原因是什么？

A 网线问题　　　B 天气原因
C 信号不好　　　D 使用人数多

남：오늘 인터넷 속도가 정말 느리네, 도대체 어떻게 된 거지？

여：엄청 빠른데！ 너의 랜선이 잘 꽂히지 않은 거 아니야？

질문：여자는 인터넷 속도가 느린 이유가 무엇이라고 생각하는가？

A 랜선 문제　　　B 날씨 원인
C 신호가 좋지 않아서　D 사용자가 많아서

8 女：市博物馆正在举办青年画家作品展，你想去看吗？

男：听说有很多优秀作品，这周末一起去看怎么样？

问：他们打算做什么？

A 买光盘　　　B 看展览
C 做志愿者　　D 听音乐会

여：시 박물관에서 청년 화가들의 작품전을 열고 있는데, 너 보러 갈 생각 있니？

남：듣자니 우수한 작품이 많다더라, 이번 주말에 같이 보러 가는 게 어때？

질문：그들은 무엇을 할 계획인가？

A CD를 산다　　　**B 전시를 본다**
C 자원봉사자를 한다　D 음악회에 간다

9 男：糟了，我忘了取高铁票，现在排队取票还来得及吗？

女：不要紧，直接刷身份证就行，不用取票。

问：女的为什么说不用取票？

A 机器出毛病了　　B 可以刷身份证
C 可以上车补票　　D 出示电子票也行

남：큰일 났다, 고속 열차 티켓 찾으러 가는 걸 깜박했네, 지금 줄을 서서 티켓을 찾아도 안 늦을까？

여：괜찮아, 그냥 신분증을 태그 하면 돼, 티켓은 찾을 필요 없어.

질문：여자는 왜 티켓을 찾을 필요가 없다고 하는가？

A 기계에 문제가 생겼다
B 신분증을 태그 해도 된다
C 차에 타고 표를 살 수 있다
D 전자 티켓을 제시해도 된다

10 女：现在很多地方政府为了吸引人才，出台了一些优惠政策。

男：是啊，年轻人可选择的方向变多了，不一定非去北京、上海不可。

问：很多地方政府为什么出台优惠政策？

A 吸引人才
B 鼓励创业
C 增加财政收入
D 提高居民生活水平

여：지금 많은 지방 정부에서 인재를 끌어들이기 위해 약간의 우대 정책을 내놓았어.

남：맞아, 젊은이들이 선택할 수 있는 방향이 많아져서 꼭 베이징이나 상하이에 가지 않아도 돼.

질문：많은 지방 정부에서는 왜 우대 정책을 내놓았는가？

A 인재를 끌어들이려고
B 창업을 장려하려고
C 재정 수입을 늘리려고
D 거주민의 생활 수준을 높이려고

11 男: 你买这学期物理课的教材了吗?

女: 学校书店里卖光了, 我打算上网买一本。

男: 顺便帮我也买一本吧, 我给你转账。

女: 好的, 我买完以后告诉你多少钱。

问: 他们要买什么?

A 实验设备　　　　B 办公软件
C 建筑材料　　　　D 物理教材

남: 너 이번 학기 물리 과목 교재 샀니?

여: 학교 서점은 다 팔렸어, 나는 인터넷으로 한 권 살 계획이야.

남: 사는 김에 나도 한 권 사 줘. 내가 계좌 이체해 줄게.

여: 좋아, 사고 나서 얼마인지 알려 줄게.

질문: 그들은 무엇을 사려고 하는가?

A 실험 설비　　　　B 사무용 소프트웨어
C 건축 자재　　　　**D 물리 교재**

12 女: 你手里提的箱子是什么?

男: 商场搞活动, 我中了一个扫地机器人。

女: 你可真幸运, 中了个这么大的奖!

男: 其实我消费了五千多块, 所以才有机会抽奖的。

问: 男的拿的是什么?

A 冰箱　　　　　　B 旅行箱
C 智能电视　　　　D 扫地机器人

여: 너 손에 들고 있는 상자는 뭐야?

남: 쇼핑센터에서 행사를 하는데, 내가 로봇 청소기에 당첨됐어.

여: 너 정말 운도 좋다, 이렇게 큰 상에 당첨되다니!

남: 사실 나 5000위안 넘게 소비했거든, 그래서 추첨할 기회가 있었어.

질문: 남자가 들고 있는 것은 무엇인가?

A 냉장고　　　　　　B 여행용 트렁크
C 스마트 TV　　　　**D 로봇 청소기**

13 男: 你好, 我来办理购房贷款。

女: 需要的材料都带齐了吗?

男: 都带了, 我按照你上次打电话的要求准备的。

女: 您稍等, 我先看一下。

问: 关于男的, 下列哪项正确?

A 办理贷款　　　　B 签租房合同
C 申请信用卡　　　D 缺少证明材料

남: 안녕하세요, 주택 구입 대출을 받으러 왔습니다.

여: 필요한 서류는 다 가지고 오셨나요?

남: 모두 가져왔습니다. 지난번 당신과 통화할 때 요구하신 대로 준비했습니다.

여: 잠시만 기다려 주세요, 제가 우선 좀 볼게요.

질문: 남자에 관해, 다음 중 정확한 것은?

A 대출 수속을 밟는다
B 임대 계약을 한다
C 신용카드를 신청한다
D 증빙 자료가 부족하다

14 女: 我想买辆车, 你有推荐的吗?

男: 买新能源汽车怎么样?

女: 我听很多人说新能源汽车充电麻烦。

男: 现在充电设施很完善了, 而且这种车价格也不高。

问: 女的认为新能源汽车怎么样?

A 省钱　　　　　　B 速度慢
C 污染大　　　　　D 充电不方便

574

여: 저는 차를 사고 싶은데요, 당신이 추천해 줄 게
　있나요?

남: 신에너지 자동차로 사는 게 어떠세요?

여: 제가 듣기로는 많은 사람들이 신에너지 자동차
　는 충전이 번거롭다고 하던데요.

남: 지금은 충전 시설이 잘 갖춰져 있고, 이런 차는
　가격도 높지 않아요.

질문: 여자는 신에너지 자동차를 어떻게 생각하
　는가?

A 돈이 절약된다　　B 속도가 느리다
C 크게 오염된다　　**D 충전이 불편하다**

15 男: 这部电影你看了吗?

女: 没有, 我不太喜欢动画片.

男: 听说这部电影制作了五年, 画面很
　美, 故事也超级精彩.

女: 真的吗? 我都有点儿好奇了!

问: 关于那部电影, 可以知道什么?

A 内容一般　　B 色彩单一
C 故事精彩　　D 导演是新人

남: 이 영화 너는 봤니?

여: 아니, 나는 애니메이션을 별로 안 좋아해.

남: 듣자니 이 영화는 5년간 제작했는데, 화면도
　아름답고, 스토리도 엄청 훌륭하대.

여: 정말? 나 좀 궁금해지네!

질문: 그 영화에 관해, 알 수 있는 것은 무엇인가?

A 내용이 일반적이다

B 색채가 단일하다

C 스토리가 훌륭하다

D 감독이 신인이다

[16-17]

第16到17题是根据下面一段话:

　　骑车旅行又叫骑行, **16**是一种健康且自
然的运动旅游方式, 深受年轻人的喜爱.
带上一个背包, 骑着一辆自行车, 就可以
出门远行, **17**既简单又环保. 在骑行途中会
有很多困难和挑战, 当然也会遇到美丽的
风景与善良的人.

16~17번 문제는 다음 내용에 근거한다:

　　자전거 여행은 사이클링이라고도 불리는데, **16**건강
하고 자연적인 운동 여행 방식으로 젊은이들에게 인
기가 많다. 배낭을 메고 자전거를 타면 **17**간단하면서도
친환경적으로 먼 길을 갈 수 있다. 사이클링 도중에
어려움과 도전이 많을 수 있으나, 당연히 아름다운 풍
경과 착한 사람들을 만날 수도 있다.

16 关于骑行, 可以知道什么?

A 能改善记忆

B 目的地是沙漠

C 是一种旅游方式

D 是一种短途旅行

사이클링에 관해, 알 수 있는 것은?

A 기억을 개선할 수 있다

B 목적지는 사막이다

C 일종의 여행 방식이다

D 일종의 단거리 여행이다

17 骑行有什么优势?

A 环保　　　　B 增加信心
C 缓解压力　　D 能体验传统文化

사이클링에는 어떤 장점이 있는가?

A 친환경적이다

B 자신감을 키운다

C 스트레스를 완화시킨다

D 전통문화를 체험할 수 있다

[18-19]

第18到19题是根据下面一段话：

　　生活中有很多事情都需要我们做出选择，大到职业、爱情，小到购物、吃饭，我们每时每刻都在做选择。**¹⁸有的人在做选择前总是犹豫不决，担心出错**，然而，做选择其实不分对与错，**¹⁹适合自己才是最重要的**。

18~19번 문제는 다음 내용에 근거한다:

삶 속에서 우리는 많은 일들을 선택해야 한다. 크게는 직업과 사랑, 작게는 쇼핑과 식사, 우리는 매 순간 선택을 한다. **¹⁸어떤 사람들은 선택하기 전에 항상 결정을 못 하고 망설이며 실수를 걱정하지만**, 선택한다는 것은 사실 옳고 그름으로 나누는 것이 아니라, **¹⁹자신에게 맞는 것이 가장 중요하다**.

18 为什么有的人在选择前犹豫不决？

A 怕出错
B 没有想法
C 尊重别人的意见
D 想做最好的选择

왜 어떤 사람들은 선택하기 전에 결정을 못 하고 망설이는가?

A 실수할까 걱정돼서
B 생각이 없어서
C 다른 사람의 의견을 존중해서
D 가장 좋은 선택을 하고 싶어서

19 什么样的选择最重要？

A 没有缺点的
B 适合自己的
C 获得利益的
D 被大家认同的

어떤 선택이 가장 중요한가?

A 단점이 없는 것
B 자신에게 맞는 것
C 이익을 얻는 것
D 모두에게 인정받는 것

[20-22]

第20到22题是根据下面一段话：

　　²⁰国画大师张大千经常到一家餐馆吃饭。一次，这家餐馆的老板请张大千画一幅画儿挂在店里，**²¹没想到张大千却直接拒绝了**。他说："你的菜味道确实很好，我可以多付钱给你，但我的画儿不适合挂在餐厅里，如果你看得起我，**²²我可以和你拍张合影作为纪念**。"老板高兴地点头，店里的气氛一下子轻松了起来。

20~22번 문제는 다음 내용에 근거한다:

²⁰중국화의 대가 장다치엔은 자주 한 음식점에 가서 식사를 했다. 이 식당의 주인이 장다치엔에게 가게에 걸 그림 한 폭을 그려 달라고 청했는데, **²¹뜻밖에도 장다치엔은 바로 거절했다**. 그는 말했다. "당신의 요리는 맛이 정말 좋아서 나는 돈을 더 낼 수는 있지만, 나의 그림은 식당에 걸어두기엔 적합하지 않습니다. 만약 당신이 나를 존중한다면, **²²나는 기념으로 당신과 함께 사진은 찍을 수 있습니다**." 사장은 기뻐하며 고개를 끄덕였고, 가게의 분위기는 단번에 편안해졌다.

20 关于张大千，可以知道什么？

A 专注画竹子　　B 在国外教书
C 是大学教授　　D 是国画大师

장다치엔에 관해, 알 수 있는 것은 무엇인가？

A 대나무를 그리는 데 전념한다
B 외국에서 가르친다
C 대학 교수이다
D 중국화의 대가이다

21 当老板让张大千画一幅画儿时，张大千有什么反应？

A 表示遗憾　　　B 十分高兴
C 直接拒绝　　　D 大吃一惊

사장이 장다치엔에게 그림 한 폭을 그려 달라고 했을 때, 장다치엔은 어떤 반응을 했는가?

A 유감을 표했다　　B 매우 기뻐했다
C 바로 거절했다　D 크게 놀랐다

22 张大千答应了老板什么？

A 画马　　　　　**B 与他合影**
C 写四个字　　　D 常来做客

장다치엔은 사장에게 무엇을 승낙했는가?

A 말을 그리는 것
B 그와 함께 사진을 찍는 것
C 네 글자를 쓰는 것
D 자주 손님으로 오는 것

[23-25]

음악을 들으면 우리의 공간 분석 능력을 강화시킬 수 있다. 특별히 어려운 문제를 해결하거나, 복잡한 일을 안배하거나, 수수께끼를 푸는 등의 활동 같은 것은 모두 우리의 공간 분석 능력이 필요하다. 연구에서 **23 밝히길**, 공간 분석을 진행하는 두뇌 활동과 클래식 음악을 듣는 것은 동일한 것이라고 한다. 그래서 우리가 클래식 음악을 **24 감상할** 때, 우리의 뇌는 공간 정보를 **25 처리하는** 것처럼, 자신도 모르는 사이에 뇌를 단련하는 것이다.

23 A **밝히다**　　　B 부르다
　　C 모방하다　　　D 계발하다

24 A 알아보다　　　B 열다
　　C **감상하다**　　　D 유람하다

25 A ~에 이롭다　　**B 처리하다**
　　C ~에 처하다　　　D 쟁취하다

[26-29]

인간의 자아 인식에 관해. 어떤 심리학자는 자신에 대한 인식은 **26 끊임없이** 탐구하는 과정이며, 모든 사람의 자아는 네 부분이 있다고 여긴다. 공개된 자아, 맹목적인 자아, 비밀스러운 자아, 미지의 자아.

공개된 자아는 **27 투명하고** 진실된 자아로, 이 부분은 스스로 잘 알고 있으며, 다른 사람들도 잘 알고 있다. 맹목적인 자아는 **28 다른 사람은 명확히 보지만**, 자신은 오히려 잘 모른다. 비밀스러운 자아는 스스로는 잘 알고 있지만, 다른 사람은 모르는 부분이다. 미지의 자아는 **29 오히려** 타인과 자신 모두 잘 모르는 잠재적인 부분으로, 보통 약간의 계기를 통해 유발된다.

26 A ~에 관해서　　　B 잇달아
　　C **끊임없이**　　　　D 세심하다

27 A 아름답다　　　　B 억울하다
　　C 완전하다　　　　D **투명하다**

28 A 겉모습이 매우 냉담하다
　　B **다른 사람은 명확히 본다**
　　C 우수한 면을 표현한다
　　D 다른 사람의 신임을 얻기 어렵다

29 A ~이 아니다　　　B 뜻밖에
　　C **오히려**　　　　　D 틀림없이

30 속담에 "기회는 준비된 사람에게 남겨진다"라는 말이 있다. 준비된 사람들은 종종 기회를 붙잡을 수 있고, 이때부터 인생의 궤적을 바꾸고 사업을 이룬다. 그러나 어떤 사람은 기회를 알아보지 못하고 성공의 기회를 놓친다. 때때로 우리는 기회가 부족한 것이 아니라, 준비가 잘 되지 않아서 기회를 놓치기도 한다.

A 성공은 운에 달렸다
B 인생의 궤적은 바꾸기 어렵다
C 인생의 기회는 우연한 것이다
D 기회는 준비된 사람에게 남겨진다

31 쓰레기나 날림 먼지 같은 사람들의 눈에 보이는 오염과 비교했을 때, 우리는 종종 소음이 사람에게 미치는 영향을 간과한다. 사실, 소음 역시 일종의 오염으로, 높은 데시벨의 소음은 사람과 동물 모두에게 잠재적인 피해를 준다. 몇몇 연구에서는 소음이 사람의 청각을 손상시키며, 사람의 감정을 초조하게 할 뿐 아니라, 조류의 노화를 가속화시키는 것으로 밝혔다.

A 소음으로 전기를 만들 수 있다
B 소음 공해는 간과하기 쉽다
C 동물은 소음의 영향을 받지 않는다
D 소음 공해는 물리학 분야에 속한다

32 민속춤은 주로 각 민족 사람들의 모임, 결혼, 장례 등 실제 생활에서 유래됐다. 민속춤의 동작은 일반적으로 비교적 간단하고, 규범성이 강하지 않으며, 풍격은 상대적으로 안정적이다. 그러나 민속춤은 형식이 다양하고, 내용이 풍부해서, 예로부터 전문적인 무용 창작에 불가결한 소재이다.

A 민속춤은 동작이 복잡하다
B 민속춤은 전문성이 강하다
C 민속춤은 풍격의 변화가 크지 않다
D 민속춤의 표현 내용은 단일하다

33 아이들은 놀이를 하는 과정에서 즐거움을 경험할 수 있다. 이런 즐거운 감정은 아이의 두뇌 발달을 촉진시킬 수 있다. 심리학자들은 놀이가 아이들의 미래 삶에 대한 리허설이고, 미래 삶의 기능을 배우는 데 필요한 절차이며, 그들이 앞으로 생활하고 일하는 데 필수 과정이라고 생각한다. 놀이는 그들의 탐색 능력, 관찰력, 그리고 창의력을 향상시키는 데 도움을 준다.

A 놀이를 하는 것은 시간 낭비이다
B 부모는 아이와 함께 놀이를 해야 한다
C 놀이는 아이에게 중요한 작용을 한다
D 아이의 습관은 어릴 때부터 길러진다

34 유네스코가 발표한 수치에 따르면, 전 세계적으로 7,000종의 언어가 있는데, 그 중 절반 이상의 언어가 금세기에 소멸될 것이고, 80~90%가 앞으로 200년이면 사라질 것이라고 한다. 그것과 비교하면, 동식물의 멸종 속도는 훨씬 느리다. 언어의 소멸 속도는 사람들의 상상을 훨씬 뛰어넘어 평균 2주 간격으로 하나의 언어가 사라질 것이다.

A 언어 소멸의 속도는 매우 빠르다
B 세계의 언어는 통일될 것이다
C 경제 발전이 언어의 소멸을 촉진시킨다
D 대부분의 동식물은 200년 후에 멸종될 것이다

[35-38]

명나라 말 청나라 초, 쑤저우 모처에 한 농민 가족이 살았는데 **35**생활이 빈곤했다. 아버지는 외지로 나가 품팔이하고, 세 아들은 집에서 차를 심었는데, 한 사람당 한 뙈기의 차 밭이 있었다. 한번은, 아버지가 남방에서 묘목들을 좀 가져와 큰 아들의 차 밭 옆에 심었다. **36**이듬해 나무에 작고 흰 꽃이 피었는데, 매우 향기로워 큰 아들의 차 나무에까지 향기가 났다. 이런 향긋한 찻잎은 인기를 끌어, 그 해에 큰 아들은 향기 나는 찻잎을 팔아 큰돈을 벌었다. **37**두 동생은 형이 찻잎 판 돈을 그들에게 조금씩 나눠 줘야 한다고 생각했지만, 형은 원치 않았다. 형제간에 계속 다툼이 끊이질 않았고, 두 동생은 강제로 향기 나는 꽃을 망가뜨리려 했다.

마을에는 마을 사람들의 존경을 받는 노인이 있었는데, 삼 형제는 그에게 가서 시비를 가려 달라고 부탁했다. 노인이 말했다. "너희 셋은 친형제이니 격의 없이 친하게 지내야지, 눈앞의 약간의 이익만을 위해 다투며 서로 분열돼서는 안 된다. 내년에 너희는 이 향기로운 꽃들을 많이 심어서 모두 향기 나는 차를 팔면, 다 같이 부자가 될 것이다. 너희는 교대로 차 나무를 잘 보살피며 함께 관리해야 한다. 너희가 내 말을 기억하도록 내가 너희 집의 향기로운 꽃에 ³⁸'말리꽃'이라는 이름을 지어주마. 개인의 사리는 말미에 둘 줄 알아야 한다는 뜻이다." 형제 세 사람은 노인의 말을 듣고 매우 감동했다. 이때부터 그들은 화목하게 지내고, 단결하여 일하면서, 생활이 해가 갈수록 부유해졌다.

35 첫 번째 단락을 근거로, 그 농민 가족은:

A 비교적 가난하다   B 토지가 매우 많다
C 장사에 능숙하다   D 삶이 행복하다

36 이듬해 큰 아들의 찻잎은:

A 도둑맞았다   **B 향기로워졌다**
C 생산량이 줄었다   D 훼손되었다

37 삼 형제는 무엇 때문에 다투기 시작했는가?

A 토지 문제   B 작업 시간
C 아버지의 재산   **D 돈의 분배 문제**

38 그 노인이 꽃에 '말리'이라는 이름을 지어준 것은, 무엇을 설명하고 싶어서인가?

A 사람은 성실하고 신의를 지켜야 한다
B 서로 존중할 줄 알아야 한다
C 행복은 마음가짐에 달렸다
D 개인의 이익을 너무 중시하지 마라

[39-42]

하버드 대학의 한 교수가 실험을 하나 시작했다. ³⁹모든 지원자들에게 40개의 문장을 보여 주고, 그들에게 문장을 컴퓨터에 입력하게 하는 것이다. 그중 지원자의 절반은 이 내용들을 기억하라는 요구를 받았지만, 나머지 절반은 요구를 받지 않았다. 절반의 사람들은 자신이 입력한 것들이 컴퓨터에 저장된다고 알고 있었으나, 나머지 절반은 임무가 완료된 후 입력한 내용이 바로 삭제된다고 알고 있었다.

실험 결과, 이 문장들을 기억하도록 요구 받은 사람들이 기억하는 것은 나머지 절반의 사람들보다 얼마 많지 않지만, ⁴⁰자신이 입력한 내용이 곧 삭제된다는 것을 아는 사람들은 나머지 절반의 사람들보다 훨씬 높은 점수를 받았다. 이로써 기억 여부는 요구를 받았는지 여부와는 상관이 없다는 것, ⁴¹또한 인터넷이나 컴퓨터에서 찾을 수 있는 정보들은 대뇌에서 자동적으로 잊어버린다는 것을 알 수 있는데, 이것이 바로 '구글 효과'이다.

구글 효과는 일상생활에서 흔히 볼 수 있는 것으로, 예를 들면 사람들이 자주 사용하는 기록 방식인 '사진 촬영'이 그러하다. 이런 실험이 있었다. 한 무리의 학생들은 그림 한 폭을 감상하는데, 일부 사람들은 사진을 찍고, 나머지 일부 사람들은 필기를 하도록 요구받았다. 다음 날, 그림에 관한 정보를 이 무리의 학생들에게 물어볼 때, ⁴²연구원들은 사진을 찍은 학생들이 그림을 판별하고, 세부적인 것들을 기억하는 등의 방면에서 표현이 비교적 떨어진다는 것을 발견했다.

과학 기술의 진보는 사람들이 컴퓨터와 인터넷에 대한 의존도가 높아지게 한다. 우리는 정보 검색이 이토록 편리한 시대에 살고 있어서, 주동적으로 학습하려는 지식욕이 부족한 것 같다.

39 첫 번째 단락을 근거로, 그 실험은:

A 손으로 써야 한다
B 설득력이 없다
C 사람에게 문장을 보게 한다
D 고정된 대상이 없다

40 어떤 사람들의 득점이 비교적 높았나?

A 손으로 쓴 사람
B 컴퓨터로 입력한 사람
C 기억해야 된다고 통지 받은 사람
D 내용이 삭제될 것임을 아는 사람

41 인터넷에서 찾을 수 있는 정보들은:

A 잊어버리기 쉽다
B 이론이 부족하다
C 가짜 내용이 많다
D 대부분의 사람들에게 익숙하다

42 세 번째 단락을 근거로, 사진 촬영한 학생은:

A 촬영 효과가 보통이다

B 색깔에 대한 기억이 깊다

C 그림의 내용을 정확히 말할 수 있다

D 그림에 대한 정보를 잘 파악하지 못했다

43 这部纪录片以动物为拍摄对象。

이 다큐멘터리는 동물을 촬영 대상으로 했다.

44 很多风俗逐渐消失了。

많은 풍속이 점차 사라졌다.

45 请勿轻易下结论。

쉽게 결론을 내리지 마세요.

46 理想和现实是有差距的。

이상과 현실은 차이가 있다.

47 那种病毒的传播速度非常快。

그런 바이러스의 전파 속도는 굉장히 빠르다.

48 这次任务需要你的配合。

이번 임무는 너의 협력이 필요하다.

49 我有几张多余的门票。

나는 여분의 티켓이 몇 장 있다.

50 [모범 답안]

今天上班的路上，我发生了一起交通事故。我在路口要拐弯的时候，前边突然出现一辆车，那辆车跟我的车撞在了一起。我们双方都很生气，但是没有办法，我只好给保险公司打电话，让他们来处理了。

오늘 출근길에 나는 교통사고가 났다. 내가 길목에서 방향을 바꾸려고 할 때, 앞에서 갑자기 차 한 대가 나타나 내 차와 부딪혔다. 우리는 양쪽 모두 화가 났지만, 방법이 없어서, 나는 어쩔 수 없이 보험회사에 전화를 걸어 처리해 달라고 했다.

100만 독자의 선택
맛있는 중국어 HSK 시리즈

기본서

▶ **시작**에서 **합격**까지 **4주** 완성
▶ **모의고사 동영상** 무료 제공(6급 제외)
▶ **기본서+해설집+모의고사** All In One 구성
▶ 필수 **단어장** 별책 제공

| 맛있는 중국어 HSK 1~2급 첫걸음 | 맛있는 중국어 HSK 3급 | 맛있는 중국어 HSK 4급 | 맛있는 중국어 HSK 5급 | 맛있는 중국어 HSK 6급 |

모의고사

맛있는 중국어 HSK 1~2급 첫걸음 400제　맛있는 중국어 HSK 3급 400제　맛있는 중국어 HSK 4급 1000제　맛있는 중국어 HSK 5급 1000제　맛있는 중국어 HSK 6급 1000제

▶ 실전 HSK **막판 뒤집기!**
▶ 상세하고 친절한 **해설집 PDF 파일 제공**
▶ 학습 효과를 높이는 **듣기 MP3 파일 제공**

단어장

맛있는 중국어 HSK 1~4급 단어장　맛있는 중국어 HSK 1~3급 단어장　맛있는 중국어 HSK 4급 단어장　맛있는 중국어 HSK 5급 단어장

▶ 주제별 분류로 **연상 학습** 가능
▶ HSK 출제 포인트와 **기출 예문**이 한눈에!
▶ 단어 암기부터 HSK **실전 문제 적용**까지 한 권에!
▶ 단어&예문 **암기 동영상** 제공

加把劲儿！

맛있는 중국어 HSK 시리즈

THE 맛있게
THE 쉽게 즐기세요!

시작에서 합격까지 4주 완성!

맛있는 중국어 新HSK 1~2급 첫걸음

기본서   모의고사 2회   단어장   동영상강의   MP3 파일

박수진 저 | 19,500원

기본서, 해설집, 모의고사 All In One 구성

한눈에 보이는 공략   간략하고 명쾌한   실전에 강한

 + + +

기본서   해설집   모의고사   필수단어 300

박수진 저 | 22,500원

왕수인 저 | 23,500원

장영미 저 | 24,500원

JRC 중국어연구소 저 | 25,500원

HSK **5급** 합격을 위한 1300단어 **30일** 완성!

맛있는 중국어
HSK
단어장 5급

JRC 중국어연구소 기획·저

암기 노트

맛있는 books

맛있는 중국어 HSK 5급 단어장

JRC 중국어연구소 기획·저
왕수인 역

암기 노트

맛있는 books

A

Track-A

□ 哎	āi	p.223	감 (놀람, 반가움 등을 나타내는) 어! 야!
□ 唉	āi	p.223	감 (탄식하는 소리로) 후, 아이고
□ 爱护	àihù	p.497	동 애호하다, 아끼고 보호하다
□ 爱惜	àixī	p.144	동 아끼다, 소중히 여기다
□ 爱心	àixīn	p.413	명 관심과 사랑, 사랑하는 마음
□ 安慰 ★	ānwèi	p.48	형 (마음에) 위로가 되다, 마음이 편하다
			동 위로하다
□ 安装 ★	ānzhuāng	p.15	동 설치하다, 고정시키다
□ 岸	àn	p.415	명 물가, 해안
□ 暗 ★	àn	p.18	형 어둡다, 캄캄하다
□ 熬夜 ★	áoyè	p.145	동 밤새다

B

Track-B

□ 把握	bǎwò	p.305	동 잡다, 장악하다, 파악하다 명 확신, 자신(감)
□ 摆 ★	bǎi	p.417	동 놓다, 진열하다
□ 办理 ★	bànlǐ	p.107	동 처리하다, (수속을) 밟다
□ 傍晚	bàngwǎn	p.123	명 저녁 무렵
□ 包裹 ★	bāoguǒ	p.20	명 소포, 보따리
□ 包含 ★	bāohán	p.260	동 포함하다, 내포하다
□ 包括 ★	bāokuò	p.508	동 포함하다, 포괄하다
□ 薄	báo	p.415	형 얇다, 엷다

□ 宝贝	bǎobèi	p.58	명	귀염둥이, 보배
□ 宝贵	bǎoguì	p.475	형	귀중한, 소중한
□ 保持 ★	bǎochí	p.50	동	유지하다, 지키다
□ 保存 ★	bǎocún	p.448	동	보존하다
□ 保留	bǎoliú	p.448	동	보류하다, 남겨 두다, 유지하다
□ 保险	bǎoxiǎn	p.95	명 보험 형	안전하다, 믿음직스럽다
□ 报到 ★	bàodào	p.268	동	도착 보고를 하다
□ 报道 ★	bàodào	p.360	명 보도 동	보도하다
□ 报告 ★	bàogào	p.273	명	보고서, 리포트
□ 报社	bàoshè	p.359	명	신문사
□ 抱怨	bàoyuàn	p.233	동	원망하다, 불평불만을 품다
□ 背	bēi	p.78	동	(등에) 업다, 메다
□ 悲观	bēiguān	p.232	형	비관적이다
□ 背景 ★	bèijǐng	p.470	명	배경
□ 被子	bèizi	p.17	명	이불
□ 本科	běnkē	p.259	명	(대학교의) 학부, 본과
□ 本领 ★	běnlǐng	p.412	명	재능, 능력, 재주
□ 本质	běnzhì	p.196	명	본질, 본성
□ 比例	bǐlì	p.505	명	비례, 비율
□ 彼此 ★	bǐcǐ	p.49	대	피차, 서로
□ 必然	bìrán	p.434	형	필연적이다
□ 必要	bìyào	p.61	형	필요하다
□ 毕竟 ★	bìjìng	p.49	부	결국, 어쨌든
□ 避免 ★	bìmiǎn	p.96	동	피하다, 모면하다, (나쁜 상황을) 방지하다
□ 编辑	biānjí	p.362	동 편집하다 명	편집자
□ 鞭炮	biānpào	p.130	명	폭죽

☐ 便	biàn	p.318	부	곧, 바로
☐ 辩论	biànlùn	p.240	동	변론하다, 토론하다
☐ 标点	biāodiǎn	p.263	명	구두점, 문장 부호
☐ 标志	biāozhì	p.375	명 표지, 상징, 지표 동 상징하다
☐ 表达 ★	biǎodá	p.471	동	표현하다, 나타내다
☐ 表面 ★	biǎomiàn	p.229	명	표면, 겉
☐ 表明 ★	biǎomíng	p.391	동	표명하다, 분명하게 밝히다
☐ 表情 ★	biǎoqíng	p.110	명	표정
☐ 表现	biǎoxiàn	p.307	동 표현하다, 나타내다 명 표현, 태도, 행동
☐ 冰激凌	bīngjīlíng	p.34	명	아이스크림
☐ 病毒 ★	bìngdú	p.363	명	바이러스
☐ 玻璃	bōli	p.17	명	유리
☐ 播放 ★	bōfàng	p.59	동	방송하다, 방영하다
☐ 脖子	bózi	p.143	명	목
☐ 博物馆 ★	bówùguǎn	p.465	명	박물관
☐ 补充 ★	bǔchōng	p.491	동	보충하다, 추가하다
☐ 不安	bù'ān	p.196	형	불안하다
☐ 不得了	bùdéliǎo	p.235	형	(정도가) 매우 심하다
☐ 不断 ★	búduàn	p.381	부 계속해서, 끊임없이 동 끊임없다
☐ 不见得	bújiànde	p.110	부	반드시 ~한 것은 아니다
☐ 不耐烦	bú nàifán	p.99	형	귀찮다, 성가시다, 못 참다
☐ 不然	bùrán	p.416	접	그렇지 않으면, 아니면
☐ 不如 ★	bùrú	p.76	접 ~하는 편이 낫다 동 ~만 못하다
☐ 不要紧	búyàojǐn	p.250	형	괜찮다, 문제될 것이 없다
☐ 不足	bùzú	p.196	명 부족한 점, 단점 형 부족하다, 충분하지 않다
☐ 布	bù	p.73	명	천, 베

4

☐ 步骤	bùzhòu	p.392	명 (작업의) 절차, 순서
☐ 部门 ★	bùmén	p.276	명 부, 부서, 부문

Track-C

B

C

C

☐ 财产	cáichǎn	p.504	명 재산, 자산
☐ 采访 ★	cǎifǎng	p.359	동 취재하다, 인터뷰하다
☐ 采取 ★	cǎiqǔ	p.293	동 채택하다, 취하다
☐ 彩虹	cǎihóng	p.328	명 무지개
☐ 踩	cǎi	p.146	동 밟다, 짓밟다
☐ 参考 ★	cānkǎo	p.262	동 참고하다, 참조하다
☐ 参与	cānyù	p.471	동 참여하다, 참가하다
☐ 惭愧	cánkuì	p.224	형 부끄럽다, 송구스럽다
☐ 操场	cāochǎng	p.157	명 운동장
☐ 操心 ★	cāoxīn	p.49	동 걱정하다, 마음을 쓰다, 신경을 쓰다
☐ 册	cè	p.264	명 책자, 책 양 권, 책[책을 세는 단위]
☐ 测验	cèyàn	p.264	동 시험하다, 테스트하다
☐ 曾经 ★	céngjīng	p.448	부 일찍이, 이전에
☐ 叉子	chāzi	p.38	명 포크
☐ 差距	chājù	p.162	명 차이, 격차
☐ 插	chā	p.184	동 꽂다, 끼우다, 삽입하다
☐ 拆	chāi	p.435	동 (붙어 있는 것을) 뜯다, 떼어 내다
☐ 产品 ★	chǎnpǐn	p.60	명 제품, 생산품
☐ 产生	chǎnshēng	p.197	동 생기다, 발생하다
☐ 长途	chángtú	p.112	형 장거리의, 먼 거리의

암기 노트　5

☐ 常识	chángshí	p.264	명	상식
☐ 抄	chāo	p.458	동	베끼다, 베껴 쓰다
☐ 超级	chāojí	p.66	형	최상급의, 뛰어난
☐ 朝	cháo, zhāo	p.113	개	~을 향하여, ~쪽으로[cháo]
			명	아침[zhāo]
☐ 潮湿	cháoshī	p.323	형	습하다, 축축하다
☐ 吵	chǎo	p.439	형	시끄럽다, 떠들썩하다
☐ 吵架	chǎojià	p.193	동	다투다, 말다툼하다
☐ 炒	chǎo	p.38	동	볶다
☐ 车库	chēkù	p.22	명	차고
☐ 车厢	chēxiāng	p.91	명	(열차 등의) 객실, 화물칸
☐ 彻底 ★	chèdǐ	p.386	형	철저하다, 투철하다
☐ 沉默	chénmò	p.225	동	침묵하다, 말하지 않다
☐ 趁	chèn	p.334	개	(시간, 기회를) 이용하여, ~을 틈타
☐ 称 ★	chēng	p.59	동	(무게를) 측정하다, 재다 동 부르다, 칭하다
☐ 称呼	chēnghu	p.500	동	~(이)라고 부르다, 호칭하다
☐ 称赞 ★	chēngzàn	p.212	동	칭찬하다
☐ 成分 ★	chéngfèn	p.392	명	(구성) 성분, 요소
☐ 成果	chéngguǒ	p.382	명	성과, 결과
☐ 成就	chéngjiù	p.500	명	성취, 성과, 업적 동 이루다, 성취하다
☐ 成立	chénglì	p.500	동	성립하다, (조직, 기구 등을) 창립하다, 설립하다
☐ 成人	chéngrén	p.269	명	성인
☐ 成熟 ★	chéngshú	p.80	형	성숙하다 동 (열매나 씨가) 익다, 여물다
☐ 成语 ★	chéngyǔ	p.451	명	성어
☐ 成长 ★	chéngzhǎng	p.51	동	성장하다, 자라다
☐ 诚恳	chéngkěn	p.243	형	진실하다, 간절하다

☐ 承担 ★	chéngdān	p.44	동	맡다, 책임지다, 담당하다
☐ 承认 ★	chéngrèn	p.246	동	인정하다, 시인하다
☐ 承受 ★	chéngshòu	p.392	동	견뎌 내다, 감당하다
☐ 程度 ★	chéngdù	p.386	명	정도
☐ 程序	chéngxù	p.434	명	순서, 절차
☐ 吃亏	chīkuī	p.64	동	손해를 보다, 손해를 입다
☐ 池塘	chítáng	p.175	명	(비교적 작고 얕은) 못, 연못
☐ 迟早	chízǎo	p.383	부	조만간, 머지않아
☐ 持续 ★	chíxù	p.133	동	지속하다, 끊임없다
☐ 尺子	chǐzi	p.399	명	자
☐ 翅膀 ★	chìbǎng	p.410	명	날개
☐ 冲	chōng	p.325	동 (물로) 씻어 내다 동	돌진하다, 충돌하다
☐ 充电器	chōngdiànqì	p.366	명	충전기
☐ 充分 ★	chōngfèn	p.312	형	충분하다
☐ 充满 ★	chōngmǎn	p.224	동	충만하다, 넘치다, 가득하다
☐ 重复	chóngfù	p.455	동	반복하다, 되풀이하다
☐ 宠物	chǒngwù	p.175	명	애완동물
☐ 抽屉 ★	chōuti	p.13	명	서랍
☐ 抽象	chōuxiàng	p.474	형	추상적이다
☐ 丑	chǒu	p.76	형	추하다, 못생기다
☐ 臭	chòu	p.35	형	(냄새가) 지독하다, 구리다
☐ 出版	chūbǎn	p.360	동	출판하다, 출간하다
☐ 出口	chūkǒu	p.347	동	수출하다
☐ 出色 ★	chūsè	p.187	형	특별히 좋다, 대단히 뛰어나다
☐ 出示	chūshì	p.119	동	내보이다, 제시하다
☐ 出席 ★	chūxí	p.277	동	(회의, 행사 등에) 참석하다, 출석하다

C

☐ 初级	chūjí	p.184	형	초급의, 가장 낮은 단계의
☐ 除非	chúfēi	p.61	접	오직 ~해야
☐ 除夕	chúxī	p.125	명	섣달그믐날(밤), 제야
☐ 处理 ★	chǔlǐ	p.393	동	처리하다, (문제를) 해결하다
☐ 传播 ★	chuánbō	p.369	동	전파하다, 널리 퍼뜨리다
☐ 传染	chuánrǎn	p.139	동	전염하다, 감염하다, 옮다
☐ 传说	chuánshuō	p.445	명	전설
☐ 传统 ★	chuántǒng	p.445	형 전통적이다 명 전통	
☐ 窗帘 ★	chuānglián	p.14	명	커튼
☐ 闯	chuǎng	p.491	동	돌진하다, (맹렬히) 뛰어들다
☐ 创造	chuàngzào	p.159	동	창조하다, 만들다
☐ 吹 ★	chuī	p.333	동	바람이 불다, 입으로 힘껏 불다
☐ 词汇	cíhuì	p.265	명	어휘, 용어
☐ 辞职	cízhí	p.273	동	사직하다
☐ 此外	cǐwài	p.457	접	이 밖에, 이 외에
☐ 次要	cìyào	p.385	형	부차적인, 다음으로 중요한
☐ 刺激 ★	cìjī	p.63	동	자극하다
☐ 匆忙	cōngmáng	p.64	형	매우 바쁘다, 다급하다
☐ 从此	cóngcǐ	p.162	부	지금부터, 그로부터, 이후로
☐ 从而 ★	cóng'ér	p.453	접	따라서, 그리하여
☐ 从前	cóngqián	p.449	명	이전, 옛날
☐ 从事 ★	cóngshì	p.273	동	종사하다
☐ 粗糙	cūcāo	p.74	형	까칠까칠하다, 거칠다, 조잡하다
☐ 促进 ★	cùjìn	p.376	동	촉진하다, 촉진시키다
☐ 促使	cùshǐ	p.376	동	~하게 하다, ~하도록 (재촉)하다
☐ 醋	cù	p.36	명	식초

☐	催	cuī	p.52	동	재촉하다, 독촉하다
☐	存在 ★	cúnzài	p.485	동	존재하다
☐	措施	cuòshī	p.504	명	조치, 대책

D

☐	答应 ★	dāying	p.202	동	동의하다, 승낙하다
☐	达到 ★	dádào	p.163	동	달성하다, 도달하다
☐	打工	dǎgōng	p.274	동	아르바이트하다
☐	打交道	dǎ jiāodao	p.191	동	왕래하다, 만나다, 사귀다
☐	打喷嚏	dǎ pēntì	p.142	동	재채기하다
☐	打听	dǎting	p.197	동	알아보다, 물어보다, 탐문하다
☐	大方	dàfang	p.208	형	대범하다, 시원시원하다, 인색하지 않다
☐	大厦	dàshà	p.297	명	빌딩, 고층 건물
☐	大象	dàxiàng	p.407	명	코끼리
☐	大型	dàxíng	p.64	형	대형의
☐	呆	dāi	p.135	동 머무르다 형	멍하다, 어리둥절하다
☐	代表 ★	dàibiǎo	p.493	동 대표하다 명	대표, 대표자
☐	代替	dàitì	p.333	동	대신하다, 대체하다
☐	贷款 ★	dàikuǎn	p.343	동 대출하다 명	대부금, 대여금, 대출금
☐	待遇 ★	dàiyù	p.273	명	대우, 대접
☐	担任 ★	dānrèn	p.112	동	맡다, 담당하다
☐	单纯	dānchún	p.211	형 단순하다 부	단순히, 오로지
☐	单调	dāndiào	p.178	형	단조롭다
☐	单独	dāndú	p.178	부	단독으로, 혼자서

☐ 单位	dānwèi	p.274	명	직장, 기관, 단체, 부서
☐ 单元	dānyuán	p.19	명 (교재 등의) 단원 명 (아파트, 빌딩 등의) 현관	
☐ 耽误 ★	dānwu	p.133	동 (시간을 지체하다가) 일을 그르치다, 지체하다	
☐ 胆小鬼	dǎnxiǎoguǐ	p.208	명	겁쟁이
☐ 淡 ★	dàn	p.33	형	(맛이) 싱겁다
☐ 当地	dāngdì	p.110	명	현지, 현장
☐ 当心	dāngxīn	p.486	동	조심하다, 주의하다
☐ 挡	dǎng	p.96	동	막다, 저지하다
☐ 导演 ★	dǎoyǎn	p.361	명 감독, 연출자 동 감독하다, 연출하다	
☐ 导致 ★	dǎozhì	p.510	동	(어떤 사태를) 야기하다, 초래하다
☐ 岛屿	dǎoyǔ	p.111	명	섬, 도서
☐ 倒霉	dǎoméi	p.95	형	운이 없다, 재수 없다
☐ 到达 ★	dàodá	p.95	동	도달하다, 도착하다
☐ 道德	dàodé	p.497	명	도덕
☐ 道理	dàolǐ	p.52	명	도리, 일리, 이치
☐ 登记 ★	dēngjì	p.48	동	등록하다, 신고하다, 기재하다
☐ 等待	děngdài	p.293	동	기다리다
☐ 等于	děngyú	p.393	동	~과 같다, ~이나 다름없다
☐ 滴 ★	dī	p.335	양 방울[한 방울씩 떨어지는 액체를 세는 단위] 명 (액체) 방울 동 (액체가 한 방울씩) 떨어지다	
☐ 的确 ★	díquè	p.78	부	확실히, 분명히
☐ 敌人	dírén	p.488	명	적
☐ 地道	dìdao	p.38	형	정통의, 오리지널의
☐ 地理	dìlǐ	p.117	명	지리
☐ 地区	dìqū	p.117	명	지역, 지구
☐ 地毯	dìtǎn	p.16	명	양탄자, 카펫

☐ 地位 ★	dìwèi	p.377	명 (사회적) 지위, 위치
☐ 地震	dìzhèn	p.324	명 지진
☐ 递	dì	p.82	동 전해 주다, 건네다
☐ 点心	diǎnxin	p.35	명 간식, 과자
☐ 电池 ★	diànchí	p.368	명 건전지, 배터리
☐ 电台	diàntái	p.360	명 라디오 방송국, 라디오 방송
☐ 钓 ★	diào	p.175	동 낚시하다, 낚시질하다
☐ 顶	dǐng	p.79	양 개, 채[꼭대기가 있는 물건을 세는 양사] 명 꼭대기, 최고점 동 무릅쓰다
☐ 动画片	dònghuàpiàn	p.360	명 만화 영화, 애니메이션
☐ 冻	dòng	p.329	동 얼다
☐ 洞	dòng	p.118	명 구멍, 동굴
☐ 豆腐	dòufu	p.29	명 두부
☐ 逗	dòu	p.217	동 웃기다 형 우습다, 재미있다
☐ 独立	dúlì	p.218	동 독립하다, 혼자의 힘으로 하다
☐ 独特 ★	dútè	p.180	형 독특하다, 특이하다
☐ 度过 ★	dùguò	p.197	동 보내다, 지내다
☐ 断	duàn	p.393	동 끊다, 부러뜨리다, 자르다
☐ 堆 ★	duī	p.436	동 쌓이다, 쌓여 있다 명 무더기, 더미 양 무더기, 더미
☐ 对比	duìbǐ	p.64	동 대비하다, (상대적으로) 비교하다
☐ 对待	duìdài	p.198	동 대하다, 다루다, 대처하다
☐ 对方 ★	duìfāng	p.97	명 상대방, 상대편
☐ 对手	duìshǒu	p.160	명 상대, 라이벌
☐ 对象 ★	duìxiàng	p.394	명 대상, (연애나 결혼의) 상대
☐ 兑换	duìhuàn	p.344	동 환전하다, (현금으로) 바꾸다

□ 吨	dūn	p.350	양 톤(1,000kg)
□ 蹲	dūn	p.159	동 쪼그리고 앉다, 웅크리고 앉다
□ 顿 ★	dùn	p.39	양 번, 끼니[식사, 질책 등을 세는 단위]
□ 多亏 ★	duōkuī	p.200	동 덕분이다, 은혜를 입다
□ 多余	duōyú	p.354	형 여분의, 쓸데없는
□ 朵	duǒ	p.419	양 송이, 조각[꽃이나 구름을 세는 단위]
□ 躲藏	duǒcáng	p.491	동 숨다, 피하다

E

□ 恶劣	èliè	p.327	형 열악하다, 아주 나쁘다
□ 耳环	ěrhuán	p.73	명 귀걸이

F

□ 发表	fābiǎo	p.363	동 발표하다, (글, 그림 등을) 게재하다
□ 发愁	fāchóu	p.226	동 걱정하다, 근심하다
□ 发达 ★	fādá	p.378	형 발달하다, 번창하다
□ 发抖	fādǒu	p.298	동 (몸을) 떨다, 떨리다
□ 发挥 ★	fāhuī	p.164	동 발휘하다
□ 发明	fāmíng	p.378	동 발명하다 명 발명(품)
□ 发票	fāpiào	p.57	명 영수증
□ 发言 ★	fāyán	p.243	동 발언하다 명 발언, 발표
□ 罚款 ★	fákuǎn	p.91	명 벌금, 과태료 동 벌금을 부과하다

☐ 法院	fǎyuàn	p.481	명	법원
☐ 翻	fān	p.355	동	뒤집다, 들추다, 펴다
☐ 繁荣	fánróng	p.349	형	번영하다, 번창하다
☐ 反而 ★	fǎn'ér	p.78	부	오히려, 도리어
☐ 反复 ★	fǎnfù	p.395	부	반복하여, 되풀이해서
☐ 反应	fǎnyìng	p.395	명	반응
☐ 反映 ★	fǎnyìng	p.469	동	반영하다
☐ 反正	fǎnzhèng	p.285	부	어쨌든, 아무튼, 어차피
☐ 范围 ★	fànwéi	p.377	명	범위
☐ 方	fāng	p.401	형	각지다, 네모나다
☐ 方案 ★	fāng'àn	p.276	명	방안
☐ 方式 ★	fāngshì	p.291	명	방식
☐ 妨碍 ★	fáng'ài	p.387	동	방해하다, 지장을 주다
☐ 仿佛	fǎngfú	p.456	부	마치 ~인 것 같다
☐ 非	fēi	p.83	접두	~이 아니다[명사나 명사성 단어 앞에 쓰여 어떠한 범위에 속하지 않음을 나타냄]
☐ 肥皂	féizào	p.67	명	비누
☐ 废话	fèihuà	p.201	명	쓸데없는 말
☐ 分别	fēnbié	p.394	명 구별, 차이 동 구별하다 동 헤어지다, 이별하다 부 각각, 각자
☐ 分布 ★	fēnbù	p.501	동	분포하다, 널려 있다
☐ 分配 ★	fēnpèi	p.284	동	분배하다, 배정하다
☐ 分手	fēnshǒu	p.193	동	헤어지다, 이별하다
☐ 分析 ★	fēnxī	p.248	동	분석하다
☐ 纷纷	fēnfēn	p.507	부	잇달아, 연이어
☐ 奋斗 ★	fèndòu	p.307	동	분투하다, 노력하다

D
E
F

□ 风格 ★	fēnggé	p.79	명	풍격, 스타일
□ 风景 ★	fēngjǐng	p.108	명	풍경, 경치
□ 风俗	fēngsú	p.447	명	풍속
□ 风险	fēngxiǎn	p.345	명	위험, 모험
□ 疯狂	fēngkuáng	p.179	형	미친 듯이 날뛰다, 실성하다
□ 讽刺	fěngcì	p.464	동	풍자하다
□ 否定	fǒudìng	p.249	동	부정하다
□ 否认 ★	fǒurèn	p.246	동	부정하다, 부인하다
□ 扶	fú	p.94	동	부축하다, 받치다, 짚다
□ 服装	fúzhuāng	p.71	명	의류, 의상, 복장
□ 幅	fú	p.463	양	폭[종이, 그림, 옷감 등을 세는 단위]
□ 辅导	fǔdǎo	p.262	동	(학습, 훈련 등을) 지도하다, 과외하다
□ 妇女	fùnǚ	p.63	명	부녀자
□ 复制	fùzhì	p.378	동	복제하다

G

□ 改革	gǎigé	p.277	동	개혁하다
□ 改进	gǎijìn	p.433	동	개선하다, 개량하다
□ 改善	gǎishàn	p.98	동	개선하다
□ 改正	gǎizhèng	p.486	동	개정하다, 고치다, 시정하다
□ 盖	gài	p.20	동	덮다
□ 概括	gàikuò	p.250	동	개괄하다, 요약하다, 간추리다
□ 概念	gàiniàn	p.266	명	개념
□ 干脆	gāncuì	p.354	부	아예, 차라리

□ 干燥	gānzào	p.323	형	건조하다, 마르다
□ 赶紧	gǎnjǐn	p.67	부	서둘러, 재빨리
□ 赶快 ★	gǎnkuài	p.134	부	황급히, 재빨리
□ 感激 ★	gǎnjī	p.163	동	감격하다, 고마워하다
□ 感受	gǎnshòu	p.163	명 느낌, 인상 동 느끼다, 받다	
□ 感想	gǎnxiǎng	p.457	명	감상, 느낌
□ 干活儿	gàn huór	p.437	동	일을 하다, 노동하다
□ 钢铁	gāngtiě	p.429	명	강철
□ 高档	gāodàng	p.23	형	고급의, 상등의
□ 高级	gāojí	p.65	형	(품질, 수준, 단계 등) 고급의, 상급의
□ 搞	gǎo	p.63	동	하다, 처리하다
□ 告别	gàobié	p.202	동	이별을 고하다, 작별 인사를 하다
□ 格外 ★	géwài	p.81	부	유달리, 각별히
□ 隔壁 ★	gébì	p.16	명	옆집, 이웃집
□ 个别	gèbié	p.371	형	개개의, 개별적인, 일부의
□ 个人	gèrén	p.164	명	개인
□ 个性 ★	gèxìng	p.20	명	개성
□ 各自	gèzì	p.53	대	각자, 제각기
□ 根 ★	gēn	p.411	명	뿌리
			양	개, 가닥, 대[가늘고 긴 것을 세는 단위]
□ 根本 ★	gēnběn	p.312	형 근본적인, 결정적인, 중요한 부 전혀, 아예	
□ 工厂	gōngchǎng	p.427	명	공장
□ 工程师	gōngchéngshī	p.379	명	기술자, 기사, 엔지니어
□ 工具 ★	gōngjù	p.396	명	도구, 수단
□ 工人	gōngrén	p.427	명	노동자
□ 工业	gōngyè	p.427	명	공업

☐ 公布	gōngbù	p.291	동	공포하다, 공표하다
☐ 公开	gōngkāi	p.198	동	공개하다, 드러내다
☐ 公平	gōngpíng	p.501	형	공평하다
☐ 公寓	gōngyù	p.13	명	아파트
☐ 公元	gōngyuán	p.125	명	서기, 기원
☐ 公主	gōngzhǔ	p.49	명	공주
☐ 功能 ★	gōngnéng	p.369	명	기능, 효능
☐ 恭喜	gōngxǐ	p.156	동	축하하다
☐ 贡献	gòngxiàn	p.379	명 공헌 동	공헌하다, 기여하다
☐ 沟通 ★	gōutōng	p.192	동	소통하다, 교류하다, 연결하다
☐ 构成	gòuchéng	p.395	동	구성하다, 형성하다
☐ 姑姑	gūgu	p.43	명	고모
☐ 姑娘	gūniang	p.471	명	아가씨, 처녀
☐ 古代	gǔdài	p.447	명	고대
☐ 古典	gǔdiǎn	p.468	형	고전적인
☐ 股票	gǔpiào	p.344	명	주식, 증권
☐ 骨头	gǔtou	p.410	명	뼈
☐ 鼓舞	gǔwǔ	p.225	동	격려하다, 고무하다, (용기를) 북돋우다
☐ 鼓掌	gǔzhǎng	p.465	동	박수하다, 손뼉을 치다
☐ 固定 ★	gùdìng	p.186	형 고정되다, 변동이 없다 동	고정시키다
☐ 挂号	guàhào	p.139	동	(병원 창구에) 접수하다, 수속하다
☐ 乖	guāi	p.410	형	얌전하다, 말을 잘 듣다
☐ 拐弯	guǎiwān	p.94	동	방향을 바꾸다, 커브를 돌다
☐ 怪不得	guàibude	p.82	부	어쩐지, 과연
☐ 关闭 ★	guānbì	p.430	동	닫다, 파산하다
☐ 观察 ★	guānchá	p.397	동	관찰하다

□	观点 ★	guāndiǎn	p.239	명 관점
□	观念	guānniàn	p.239	명 관념, 개념
□	官	guān	p.499	명 국가(정부)에 속하는 것, 관리
□	管子	guǎnzi	p.395	명 파이프, 관, 호스
□	冠军 ★	guànjūn	p.155	명 1등, 챔피언, 우승자
□	光滑	guānghuá	p.74	형 반들반들하다, 매끄럽다
□	光临	guānglín	p.66	동 광림하다, 왕림하다
□	光明	guāngmíng	p.312	형 밝다, 환하다
□	光盘	guāngpán	p.62	명 CD
□	广场	guǎngchǎng	p.177	명 광장
□	广大	guǎngdà	p.506	형 (사람 수가) 많다, 넓다, 크다
□	广泛 ★	guǎngfàn	p.177	형 광범위하다, 폭넓다
□	归纳	guīnà	p.398	동 귀납하다, 종합하다
□	规矩	guīju	p.278	명 법칙, 표준, 규정
□	规律	guīlǜ	p.149	형 규칙적이다, 규칙에 맞다 명 규율, 법칙
□	规模 ★	guīmó	p.452	명 규모
□	规则 ★	guīzé	p.94	명 규칙, 규정
□	柜台 ★	guìtái	p.57	명 카운터, 계산대
□	滚	gǔn	p.403	동 구르다, 뒹굴다
□	锅	guō	p.35	명 솥, 냄비
□	国庆节	Guóqìngjié	p.126	명 국경절
□	国王	guówáng	p.450	명 국왕
□	果然	guǒrán	p.82	부 과연, 아니나 다를까
□	果实	guǒshí	p.411	명 과실, 열매
□	过分	guòfèn	p.251	형 지나치다
□	过敏	guòmǐn	p.143	동 알레르기 반응을 보이다

| □ 过期 | guòqī | p.34 | 통 기한을 넘기다, 기일이 지나다 |

H

□ 哈	hā	p.223	감 (웃는 소리) 하하
□ 海关	hǎiguān	p.107	명 세관
□ 海鲜 ★	hǎixiān	p.29	명 해산물
□ 喊 ★	hǎn	p.201	통 외치다, 큰 소리로 부르다
□ 行业 ★	hángyè	p.279	명 직업, 직종, 업종
□ 豪华	háohuá	p.110	형 호화롭다, 사치스럽다
□ 好客 ★	hàokè	p.210	형 손님 접대를 좋아하다, 손님을 좋아하다
□ 好奇	hàoqí	p.209	형 호기심이 많다, 궁금해하다
□ 合法	héfǎ	p.481	형 합법적이다
□ 合理	hélǐ	p.481	형 합리적이다
□ 合同 ★	hétong	p.275	명 계약(서)
□ 合影	héyǐng	p.112	통 함께 사진을 찍다 명 단체 사진
□ 合作 ★	hézuò	p.274	통 협력하다, 합작하다
□ 何必	hébì	p.83	부 구태여 ~할 필요가 있는가, ~할 필요가 없다
□ 何况	hékuàng	p.202	접 하물며, 더군다나
□ 和平	hépíng	p.483	명 평화
□ 核心	héxīn	p.377	명 핵심
□ 恨	hèn	p.224	통 원망하다, 증오하다
□ 猴子	hóuzi	p.407	명 원숭이
□ 后背	hòubèi	p.150	명 등
□ 后果	hòuguǒ	p.486	명 (주로 좋지 않은) 결과

☐ 呼吸 ★	hūxī	p.148	동	호흡하다, 숨을 쉬다
☐ 忽然 ★	hūrán	p.403	부	갑자기, 문득
☐ 忽视	hūshì	p.308	동	소홀히 하다, 경시하다
☐ 胡说	húshuō	p.211	동	헛소리하다, 함부로 지껄이다
☐ 胡同	hútòng	p.108	명	골목
☐ 壶	hú	p.31	명	주전자
☐ 蝴蝶	húdié	p.407	명	나비
☐ 糊涂	hútu	p.211	형	어리석다, 흐리멍덩하다
☐ 花生	huāshēng	p.30	명	땅콩
☐ 划	huá	p.179	동	배를 젓다, 베다
☐ 华裔	huáyì	p.499	명	화교
☐ 滑	huá	p.92	형 미끄럽다 동 미끄러지다, 활강하다
☐ 化学	huàxué	p.396	명	화학
☐ 话题	huàtí	p.241	명	화제, 이야기의 주제
☐ 怀念	huáiniàn	p.131	동	그리워하다, 회상하다
☐ 怀孕	huáiyùn	p.46	동	임신하다
☐ 缓解 ★	huǎnjiě	p.232	동	풀다, 완화시키다, 완화되다, 호전되다
☐ 幻想	huànxiǎng	p.467	명 환상, 공상 동 환상을 가지다, 공상하다
☐ 慌张	huāngzhāng	p.225	형	당황하다, 허둥대다
☐ 黄金	huángjīn	p.343	명	황금, 금
☐ 灰 ★	huī	p.75	명 먼지 형 회색의, 잿빛의
☐ 灰尘	huīchén	p.13	명	먼지
☐ 灰心	huīxīn	p.164	동	낙담하다, 의기소침하다
☐ 挥	huī	p.194	동	휘두르다, 흔들다
☐ 恢复 ★	huīfù	p.436	동	회복하다, 회복되다
☐ 汇率	huìlǜ	p.346	명	환율

☐ 婚礼 ★	hūnlǐ	p.47	명	혼례, 결혼식
☐ 婚姻	hūnyīn	p.46	명	혼인, 결혼
☐ 活跃	huóyuè	p.212	형 활동적이다, 활발하다 동 활기를 띠게 하다
☐ 火柴	huǒchái	p.429	명	성냥
☐ 伙伴 ★	huǒbàn	p.412	명	친구, 파트너, 동반자
☐ 或许	huòxǔ	p.377	부	아마(도), 어쩌면, 혹시

J

☐ 机器 ★	jīqì	p.429	명	기계, 기기
☐ 肌肉	jīròu	p.158	명	근육
☐ 基本	jīběn	p.508	형	기본적인, 근본적인
☐ 激烈 ★	jīliè	p.250	형	치열하다, 격렬하다
☐ 及格 ★	jígé	p.259	동	합격하다
☐ 极其	jíqí	p.476	부	아주, 매우, 몹시
☐ 急忙	jímáng	p.251	부	급히, 황급히
☐ 急诊	jízhěn	p.139	명	응급 진료, 급진
☐ 集合	jíhé	p.119	동	모이다, 집합하다
☐ 集体	jítǐ	p.456	명	집단, 단체
☐ 集中 ★	jízhōng	p.265	동	집중하다, 한데 모으다
☐ 计算	jìsuàn	p.379	동	계산하다
☐ 记录 ★	jìlù	p.265	동 기록하다 명 기록
☐ 记忆 ★	jìyì	p.263	명	기억
☐ 纪录	jìlù	p.159	명	기록
☐ 纪律	jìlǜ	p.484	명	기율, 규율

☐ 纪念	jìniàn	p.180	동 기념하다	명 기념	
☐ 系领带	jì lǐngdài	p.291	넥타이를 매다		
☐ 寂寞	jìmò	p.50	형 외롭다, 쓸쓸하다		
☐ 夹子	jiāzi	p.63	명 집게, 클립		
☐ 家庭	jiātíng	p.43	명 가정		
☐ 家务	jiāwù	p.16	명 가사, 집안일		
☐ 家乡	jiāxiāng	p.113	명 고향		
☐ 嘉宾	jiābīn	p.361	명 귀빈, 게스트, 귀한 손님		
☐ 甲	jiǎ	p.439	명 갑[천간(天干)의 첫째]		
☐ 假如	jiǎrú	p.294	접 만약, 만일		
☐ 假设	jiǎshè	p.396	동 가정하다, 꾸며 내다		
☐ 假装	jiǎzhuāng	p.198	동 가장하다, (짐짓) ~인 체하다		
☐ 价值 ★	jiàzhí	p.330	명 가치		
☐ 驾驶 ★	jiàshǐ	p.92	동 운전하다, 조종하다		
☐ 嫁	jià	p.47	동 출가하다, 시집가다		
☐ 坚决	jiānjué	p.246	형 단호하다, 결연하다		
☐ 坚强	jiānqiáng	p.213	형 굳세다, 꿋꿋하다		
☐ 肩膀	jiānbǎng	p.143	명 어깨		
☐ 艰巨	jiānjù	p.380	형 어렵고 힘들다, 막중하다		
☐ 艰苦	jiānkǔ	p.449	형 고달프다, 어렵고 힘들다		
☐ 兼职	jiānzhí	p.289	명 겸직, 아르바이트	동 겸직하다	
☐ 捡	jiǎn	p.24	동 줍다		
☐ 剪刀	jiǎndāo	p.25	명 가위		
☐ 简历 ★	jiǎnlì	p.289	명 약력, 이력서		
☐ 简直	jiǎnzhí	p.488	부 그야말로, 정말로		
☐ 建立 ★	jiànlì	p.438	동 세우다, 건립하다, 맺다		

☐ 建设	jiànshè	p.498	동	건설하다, 세우다
☐ 建筑	jiànzhù	p.474	명	건축물
☐ 健身	jiànshēn	p.155	동	신체를 건강하게 하다, 헬스하다
☐ 键盘	jiànpán	p.367	명	키보드
☐ 讲究 ★	jiǎngjiu	p.449	동	중요시하다, 소중히 여기다
☐ 讲座 ★	jiǎngzuò	p.262	명	강좌
☐ 酱油	jiàngyóu	p.35	명	간장
☐ 交换	jiāohuàn	p.463	동	교환하다
☐ 交际	jiāojì	p.192	동	교제하다
☐ 交往	jiāowǎng	p.191	동	왕래하다, 교제하다
☐ 浇	jiāo	p.177	동	(물이나 액체 등을) 뿌리다, 물을 주다
☐ 胶水	jiāoshuǐ	p.397	명	풀
☐ 角度 ★	jiǎodù	p.225	명	각도, 관점
☐ 狡猾	jiǎohuá	p.412	형	교활하다, 간사하다
☐ 教材	jiàocái	p.260	명	교재
☐ 教练 ★	jiàoliàn	p.155	명	감독, 코치
☐ 教训 ★	jiàoxùn	p.306	명	교훈
☐ 阶段 ★	jiēduàn	p.131	명	단계, 계단
☐ 结实	jiēshi	p.160	형	(신체가) 튼튼하다, 건장하다
			형	견고하다, 단단하다
☐ 接触	jiēchù	p.180	동	접촉하다, 사귀다
☐ 接待	jiēdài	p.279	동	접대하다
☐ 接近	jiējìn	p.383	동	접근하다, 가까이하다
☐ 节省 ★	jiéshěng	p.99	동	아끼다, 절약하다
☐ 结构	jiégòu	p.397	명	구성, 구조
☐ 结合	jiéhé	p.430	동	결합하다

☐ 结论	jiélùn	p.397	명	결론
☐ 结账	jiézhàng	p.57	동	계산하다, 장부를 결산하다
☐ 戒	jiè	p.150	동	(좋지 못한 습관을) 끊다, 중단하다
☐ 戒指	jièzhi	p.72	명	반지
☐ 届	jiè	p.294	양	회, 기, 차[정기적으로 열리는 행사나 졸업 연차를 세는 단위]
☐ 借口	jièkǒu	p.308	명	핑계
☐ 金属	jīnshǔ	p.396	명	금속
☐ 尽快 ★	jǐnkuài	p.132	부	되도록 빨리
☐ 尽量 ★	jǐnliàng	p.157	부	가능한 한, 되도록
☐ 紧急	jǐnjí	p.493	형	긴급하다, 절박하다
☐ 谨慎 ★	jǐnshèn	p.98	형	신중하다, 조심스럽다
☐ 尽力	jìnlì	p.317	동	온 힘을 다하다
☐ 进步 ★	jìnbù	p.380	동	진보하다
☐ 进口	jìnkǒu	p.346	동	수입하다
☐ 近代	jìndài	p.126	명	근대
☐ 经典	jīngdiǎn	p.470	형	(사물이) 전형적이고 영향력이 비교적 큰, 권위 있는
☐ 经商	jīngshāng	p.347	동	장사하다, 상업에 종사하다
☐ 经营	jīngyíng	p.348	동	경영하다, 운영하다
☐ 精力 ★	jīnglì	p.297	명	정신과 체력, 에너지
☐ 精神 ★	jīngshén	p.310	명	정신
☐ 酒吧	jiǔbā	p.62	명	술집, 바
☐ 救	jiù	p.149	동	구하다, 구출하다
☐ 救护车	jiùhùchē	p.140	명	구급차
☐ 舅舅	jiùjiu	p.43	명	외삼촌
☐ 居然 ★	jūrán	p.330	부	뜻밖에, 놀랍게도

☐ 橘子(桔子)	júzi	p.30	명	귤	
☐ 巨大	jùdà	p.384	형	(수량, 규모 등이) 거대하다, 아주 크다	
☐ 具备 ★	jùbèi	p.435	동	갖추다, 구비하다	
☐ 具体 ★	jùtǐ	p.319	형	구체적이다	
☐ 俱乐部	jùlèbù	p.176	명	동호회, 클럽	
☐ 据说	jùshuō	p.449	동	듣자 하니 ~라 한다	
☐ 捐	juān	p.504	동	기부하다, 헌납하다	
☐ 决赛	juésài	p.156	명	결승전	
☐ 决心	juéxīn	p.308	동	결심하다, 다짐하다 명 결심	
☐ 角色	juésè	p.362	명	역할, 배역	
☐ 绝对	juéduì	p.247	형	절대적이다, 무조건적이다	
			부	절대로, 반드시	
☐ 军事	jūnshì	p.483	명	군사	
☐ 均匀	jūnyún	p.417	형	고르다, 균등하다, 균일하다	

Track-K

K

☐ 卡车	kǎchē	p.93	명	트럭	
☐ 开发 ★	kāifā	p.114	동	개발하다, 개척하다	
☐ 开放 ★	kāifàng	p.499	동	개방하다, 해제하다	
☐ 开幕式	kāimùshì	p.161	명	개막식	
☐ 开水	kāishuǐ	p.144	명	끓인 물	
☐ 砍	kǎn	p.327	동	(칼이나 도끼로) 베다, 찍다	
☐ 看不起	kànbuqǐ	p.200	동	얕보다, 깔보다, 업신여기다	
☐ 看望	kànwàng	p.144	동	방문하다, 찾아가 보다	

☐ 靠	kào	p.99	동 닿다, 접근하다　동 의지하다, ~에 달려 있다	
☐ 颗 ★	kē	p.33	양 알, 방울[둥글고 작은 알맹이를 세는 단위]	
☐ 可见 ★	kějiàn	p.487	접 ~을 알 수 있다	
☐ 可靠 ★	kěkào	p.218	형 믿을 만하다, 믿음직하다	
☐ 可怕	kěpà	p.232	형 두렵다, 무섭다	
☐ 克	kè	p.402	양 그램(g)	
☐ 克服 ★	kèfú	p.309	동 극복하다	
☐ 刻苦 ★	kèkǔ	p.165	형 고생을 참아 내다, 몹시 애를 쓰다	
☐ 客观 ★	kèguān	p.310	형 객관적이다	
☐ 课程	kèchéng	p.159	명 교육 과정, 커리큘럼	
☐ 空间 ★	kōngjiān	p.185	명 공간	
☐ 空闲	kòngxián	p.182	형 시간 여유가 있다, 한가하다	
☐ 控制 ★	kòngzhì	p.428	동 제어하다, 억제하다, 조절하다	
☐ 口味 ★	kǒuwèi	p.29	명 맛, 입맛	
☐ 夸	kuā	p.218	동 칭찬하다	
☐ 夸张	kuāzhāng	p.187	형 과장하다	
☐ 会计	kuàijì	p.350	명 회계, 회계원	
☐ 宽 ★	kuān	p.114	형 (폭이) 넓다　명 폭, 너비	
☐ 昆虫	kūnchóng	p.407	명 곤충	
☐ 扩大 ★	kuòdà	p.499	동 확대하다, 넓히다	

L

☐ 辣椒	làjiāo	p.30	명	고추
☐ 拦	lán	p.96	동	막다, 저지하다, 가로막다
☐ 烂	làn	p.37	형	썩다, 부식되다, 부패하다
☐ 朗读	lǎngdú	p.261	동	낭독하다, 소리 내어 읽다
☐ 劳动	láodòng	p.430	명	노동, 일
☐ 劳驾	láojià	p.111	동	실례합니다, 죄송합니다
☐ 老百姓	lǎobǎixìng	p.62	명	백성, 국민
☐ 老板 ★	lǎobǎn	p.61	명	사장, 주인
☐ 老婆	lǎopo	p.43	명	아내, 처
☐ 老实	lǎoshi	p.213	형	성실하다, 정직하다, 온순하다
☐ 老鼠	lǎoshǔ	p.407	명	쥐
☐ 姥姥	lǎolao	p.44	명	외할머니
☐ 乐观 ★	lèguān	p.213	형	낙관적이다
☐ 雷	léi	p.323	명	우레, 천둥
☐ 类型	lèixíng	p.181	명	유형, 종류
☐ 冷淡	lěngdàn	p.191	형	냉담하다, 쌀쌀맞다
☐ 厘米	límǐ	p.400	양	센티미터(cm)
☐ 离婚	líhūn	p.48	동	이혼하다
☐ 梨	lí	p.35	명	배
☐ 理论	lǐlùn	p.382	명	이론
☐ 理由 ★	lǐyóu	p.244	명	이유, 까닭
☐ 力量 ★	lìliàng	p.198	명	역량, 힘
☐ 立即	lìjí	p.151	부	즉시, 바로

☐ 立刻	lìkè	p.132	부	즉시, 바로
☐ 利润	lìrùn	p.346	명	이윤
☐ 利息	lìxī	p.343	명	이자
☐ 利益 ★	lìyì	p.346	명	이익, 이득
☐ 利用	lìyòng	p.175	동	이용하다
☐ 连忙	liánmáng	p.97	부	급히, 서둘러
☐ 连续	liánxù	p.158	동	연속하다, 계속하다
☐ 联合	liánhé	p.383	동	연합하다, 단결하다
☐ 恋爱	liàn'ài	p.194	동 연애하다 명 연애
☐ 良好 ★	liánghǎo	p.199	형	좋다, 양호하다
☐ 粮食 ★	liángshi	p.37	명	양식, 식량
☐ 亮 ★	liàng	p.18	형	밝다, 빛나다
☐ 了不起	liǎobuqǐ	p.226	형	대단하다, 굉장하다
☐ 列车	lièchē	p.91	명	열차
☐ 临时	línshí	p.111	부 임시로 형 임시의, 일시적인
☐ 灵活 ★	línghuó	p.181	형 민첩하다 형 융통성이 있다, 유연하다
☐ 铃	líng	p.23	명	방울, 종, 벨
☐ 零件 ★	língjiàn	p.430	명	부속품, 부품
☐ 零食	língshí	p.31	명	간식, 군것질
☐ 领导 ★	lǐngdǎo	p.275	명 지도자, 리더, 대표 동 지도하다, 이끌다
☐ 领域	lǐngyù	p.380	명	영역, 분야
☐ 浏览	liúlǎn	p.370	동	대충 훑어보다
☐ 流传	liúchuán	p.445	동	대대로 전해 내려오다, 유전되다
☐ 流泪	liúlèi	p.226	동	눈물을 흘리다
☐ 龙	lóng	p.408	명	용
☐ 漏	lòu	p.24	동	(물체에 구멍이나 틈이 생겨) 새다, 빠지다

□ 陆地	lùdì	p.119	명	육지, 땅
□ 陆续	lùxù	p.300	부	계속하여, 잇따라, 끊임없이
□ 录取	lùqǔ	p.261	동	채용하다, 선발하다
□ 录音	lùyīn	p.259	동 녹음하다 명 녹음	
□ 轮流 ★	lúnliú	p.437	동	교대로 하다, 돌아가면서 하다
□ 论文 ★	lùnwén	p.289	명	논문
□ 逻辑	luójí	p.297	명	논리
□ 落后	luòhòu	p.450	형 낙후되다 동 뒤처지다	

M

□ 骂	mà	p.231	동	욕하다, 꾸짖다
□ 麦克风	màikèfēng	p.181	명	마이크
□ 馒头	mántou	p.31	명	찐빵[소를 넣지 않고 밀가루만을 발효시켜 만든 것]
□ 满足 ★	mǎnzú	p.295	동 만족하다 동 만족시키다	
□ 毛病	máobìng	p.214	명 (개인의) 나쁜 버릇, 약점, 문제	
			명 (기계의) 결함, 흠, 고장	
□ 矛盾 ★	máodùn	p.193	명	갈등, 대립, 모순
□ 冒险	màoxiǎn	p.214	동	모험하다, 위험을 무릅쓰다
□ 贸易 ★	màoyì	p.345	명	무역
□ 眉毛	méimao	p.144	명	눈썹
□ 媒体	méitǐ	p.359	명	대중 매체, 매스 미디어
□ 煤炭	méitàn	p.327	명	석탄
□ 美术	měishù	p.467	명	미술
□ 魅力	mèilì	p.109	명	매력

☐ 梦想 ★	mèngxiǎng	p.305	명 꿈, 이상 동 갈망하다, 간절히 바라다
☐ 秘密 ★	mìmì	p.196	명 비밀, 기밀
☐ 秘书 ★	mìshū	p.275	명 비서
☐ 密切 ★	mìqiè	p.195	형 (관계가) 밀접하다, 긴밀하다
☐ 蜜蜂	mìfēng	p.408	명 꿀벌
☐ 面对 ★	miànduì	p.309	동 직면하다, 대면하다, 마주하다
☐ 面积 ★	miànjī	p.24	명 면적
☐ 面临 ★	miànlín	p.488	동 (문제나 상황에) 직면하다, 당면하다
☐ 苗条	miáotiao	p.209	형 날씬하다, 호리호리하다
☐ 描写 ★	miáoxiě	p.468	동 묘사하다, 그려 내다
☐ 敏感	mǐngǎn	p.213	형 민감하다, 예민하다
☐ 名牌	míngpái	p.71	명 유명 상표, 명품
☐ 名片	míngpiàn	p.118	명 명함
☐ 名胜古迹	míngshèng gǔjì	p.107	명 명승고적
☐ 明确	míngquè	p.313	형 명확하다, 확실하다
			동 명확하게 하다, 분명하게 하다
☐ 明显 ★	míngxiǎn	p.416	형 뚜렷하다, 분명하다
☐ 明星	míngxīng	p.362	명 스타
☐ 命令	mìnglìng	p.484	동 명령하다
☐ 命运 ★	mìngyùn	p.450	명 운명
☐ 摸	mō	p.235	동 (손으로) 짚어 보다, 어루만지다
☐ 模仿 ★	mófǎng	p.476	동 모방하다, 흉내 내다
☐ 模糊	móhu	p.244	형 모호하다, 분명하지 않다, 흐릿하다
☐ 模特	mótè	p.74	명 모델
☐ 摩托车	mótuōchē	p.93	명 오토바이
☐ 陌生	mòshēng	p.50	형 낯설다, 생소하다

□ 某	mǒu	p.285	대	어느, 어떤 사람
□ 木头	mùtou	p.18	명	나무, 목재
□ 目标 ★	mùbiāo	p.298	명	목표
□ 目录	mùlù	p.299	명	목록, 목차
□ 目前	mùqián	p.129	명	현재, 지금

N

□ 哪怕 ★	nǎpà	p.313	접	설령 ~라 해도
□ 难怪 ★	nánguài	p.64	부	어쩐지, 과연
□ 难免	nánmiǎn	p.161	형	면하기 어렵다, ~하기 마련이다
□ 脑袋	nǎodai	p.145	명	머리, 두뇌
□ 内部	nèibù	p.431	명	내부
□ 内科	nèikē	p.140	명	내과
□ 嫩	nèn	p.37	형	(음식이) 부드럽다, 연하다, 말랑말랑하다
□ 能干 ★	nénggàn	p.216	형	유능하다, 일을 잘하다
□ 能源 ★	néngyuán	p.326	명	에너지(원)
□ 嗯	ǹg	p.246	감	응, 그래
□ 年代	niándài	p.123	명	시대, 시기, 연대
□ 年纪 ★	niánjì	p.76	명	나이
□ 念	niàn	p.185	동	(소리내어) 읽다, 낭독하다
□ 宁可 ★	nìngkě	p.82	부	차라리 ~할지언정
□ 牛仔裤	niúzǎikù	p.71	명	청바지
□ 农村	nóngcūn	p.428	명	농촌
□ 农民	nóngmín	p.428	명	농민

□ 农业	nóngyè	p.427	명	농업
□ 浓	nóng	p.217	형	(색깔이) 짙다, 진하다
			형	(정도가) 깊다, 심하다
□ 女士	nǚshì	p.77	명	여사, 숙녀

O

□ 欧洲	Ōuzhōu	p.108	고유	유럽
□ 偶然	ǒurán	p.458	형 우연하다	부 우연히

P

□ 拍	pāi	p.184	동	(사진, 영화 등을) 찍다, 촬영하다
			동	(손바닥으로) 치다, 두드리다
□ 派 ★	pài	p.162	동	파견하다
□ 盼望	pànwàng	p.231	동	간절히 바라다, 학수고대하다
□ 培训 ★	péixùn	p.294	동	양성하다, 훈련하다
□ 培养 ★	péiyǎng	p.502	동	양성하다, 기르다, 키우다
□ 赔偿	péicháng	p.353	동	배상하다, 변상하다
□ 佩服	pèifú	p.217	동	감탄하다, 탐복하다
□ 配合	pèihé	p.490	동	협력하다, 협동하다
□ 盆	pén	p.15	명 대야, 화분	양 대야, 화분 등을 세는 단위
□ 碰 ★	pèng	p.402	동	건드리다, 부딪치다
			동	(우연히) 만나다, 마주치다

☐ 批	pī	p.351	양	무더기, 무리, 묶음
☐ 批准	pīzhǔn	p.277	동	승인하나, 어가아다
☐ 披	pī	p.329	동	(겉옷 등을) 걸치다, 쓰다, 덮다
☐ 疲劳 ★	píláo	p.97	형	피곤하다, 지치다
☐ 匹	pǐ	p.410	양	필, 마리[말을 셀 때 쓰는 단위]
☐ 片	piàn	p.418	양	조각, 편[조각, 면적 등을 세는 단위]
☐ 片面	piànmiàn	p.403	형	단편적이다, 일방적이다
☐ 飘	piāo	p.419	동	(바람에) 흩날리다, 나부끼다
☐ 拼音	pīnyīn	p.261	명	(한어)병음
☐ 频道	píndào	p.363	명	채널
☐ 平	píng	p.398	형	평평하다
☐ 平安	píng'ān	p.101	형	평안하다, 무사하다
☐ 平常	píngcháng	p.167	명	평소, 평상시
☐ 平等 ★	píngděng	p.295	형	평등하다, 대등하다
☐ 平方	píngfāng	p.22	명	제곱, 평방
☐ 平衡	pínghéng	p.161	형	균형이 맞다, 평형이 되다
☐ 平静	píngjìng	p.227	형	(감정, 환경 등이) 평온하다, 차분하다
☐ 平均	píngjūn	p.432	형	평균의, 평등한
☐ 评价	píngjià	p.466	명	평가 동 평가하다
☐ 凭	píng	p.385	동	~에 근거하여, ~에 의거하여
☐ 迫切	pòqiè	p.228	형	절실하다, 간절하다
☐ 破产	pòchǎn	p.349	동	파산하다, 도산하다, 부도나다
☐ 破坏	pòhuài	p.330	동	파괴하다, 훼손하다

☐ 期待	qīdài	p.53	동	기대하다
☐ 期间	qījiān	p.123	명	기간, 시간
☐ 其余	qíyú	p.219	대	나머지, 남은 것
☐ 奇迹	qíjì	p.331	명	기적
☐ 企业 ★	qǐyè	p.353	명	기업
☐ 启发	qǐfā	p.474	동 일깨우다, 계발하다 명 깨우침
☐ 气氛 ★	qìfēn	p.130	명	분위기
☐ 汽油	qìyóu	p.93	명	휘발유, 가솔린
☐ 谦虚	qiānxū	p.210	형	겸손하다, 겸허하다
☐ 签 ★	qiān	p.274	동	사인하다, 서명하다
☐ 前途 ★	qiántú	p.314	명	전도, 앞날, 전망
☐ 浅	qiǎn	p.77	형	(색깔이) 연하다, 얕다, 평이하다
☐ 欠	qiàn	p.234	동	빚지다, 부족하다
☐ 枪	qiāng	p.162	명	총, 창
☐ 强调 ★	qiángdiào	p.284	동	강조하다
☐ 强烈	qiángliè	p.227	형	강렬하다
☐ 墙 ★	qiáng	p.21	명	벽, 담, 울타리
☐ 抢	qiǎng	p.62	동	빼앗다, 약탈하다
☐ 悄悄	qiāoqiāo	p.385	부	은밀하게, 조용히
☐ 瞧	qiáo	p.203	동	보다, 구경하다
☐ 巧妙 ★	qiǎomiào	p.371	형	교묘하다
☐ 切	qiē	p.36	동	(칼로) 썰다, 자르다, 끊다
☐ 亲爱	qīn'ài	p.50	형	사랑하다, 친애하다

☐	亲切	qīnqiè	p.239	형	친절하다, 친근하다
☐	亲自	qīnzì	p.187	부	직접, 손수
☐	勤奋	qínfèn	p.306	형	근면하다, 부지런하다, 꾸준하다
☐	青	qīng	p.418	형	푸르다
☐	青春	qīngchūn	p.472	명	청춘
☐	青少年	qīngshàonián	p.369	명	청소년
☐	轻视	qīngshì	p.308	동	경시하다, 얕보다, 무시하다
☐	轻易	qīngyì	p.314	형	쉽다, 수월하다, 간단하다
				부	함부로, 마음대로
☐	清淡	qīngdàn	p.33	형	담백하다
☐	情景	qíngjǐng	p.185	명	정경, 장면
☐	情绪 ★	qíngxù	p.223	명	정서, 기분, 감정
☐	请求	qǐngqiú	p.195	명 요구, 부탁 동	요구하다, 부탁하다
☐	庆祝 ★	qìngzhù	p.51	동	경축하다, 축하하다
☐	球迷	qiúmí	p.155	명	축구 팬, 구기 마니아
☐	趋势 ★	qūshì	p.351	명	추세, 경향
☐	取消 ★	qǔxiāo	p.492	동	취소하다
☐	娶	qǔ	p.47	동	장가가다, 아내를 얻다
☐	去世	qùshì	p.45	동	돌아가다, 세상을 뜨다
☐	圈	quān	p.201	명	범위, 구역
☐	权力	quánlì	p.511	명	권력, 권한
☐	权利	quánlì	p.511	명	권리
☐	全面	quánmiàn	p.311	형	전면적이다, 전반적이다
☐	劝	quàn	p.251	동	권하다, 타이르다, 설득하다
☐	缺乏 ★	quēfá	p.332	동	결핍되다, 부족하다
☐	确定 ★	quèdìng	p.134	동	확정하다

| □ 确认 ★ | quèrèn | p.284 | 통 확인하다 |
| □ 群 | qún | p.418 | 양 무리, 떼   명 무리, 떼 |

R

□ 燃烧	ránshāo	p.331	통 연소하다, 타다
□ 绕	rào	p.101	통 휘감다, 돌아서 가다
□ 热爱	rè'ài	p.475	통 열렬히 사랑하다
□ 热烈 ★	rèliè	p.230	형 열렬하다
□ 热心	rèxīn	p.214	형 열성적이다, 친절하다
□ 人才	réncái	p.290	명 인재
□ 人口	rénkǒu	p.115	명 인구
□ 人类	rénlèi	p.114	명 인류
□ 人民币	Rénmínbì	p.343	명 인민폐[중국의 법정 화폐]
□ 人生	rénshēng	p.306	명 인생
□ 人事	rénshì	p.276	명 (직원의 채용, 배치 등의) 인사
□ 人物 ★	rénwù	p.475	명 인물
□ 人员	rényuán	p.278	명 인원, 요원
□ 忍不住 ★	rěn bu zhù	p.227	참을 수 없다, 견딜 수 없다
□ 日常	rìcháng	p.183	형 일상적인, 일상의
□ 日程	rìchéng	p.115	명 일정
□ 日历	rìlì	p.129	명 달력
□ 日期	rìqī	p.129	명 날짜, 기간
□ 日用品	rìyòngpǐn	p.67	명 일용품
□ 日子 ★	rìzi	p.452	명 날, 날짜, 기간

□	如何	rúhé	p.485	대	어떻게, 어떠한가
□	如今	rújīn	p.293	명	현재, 지금, 오늘날
□	软	ruǎn	p.21	형	부드럽다, 연하다
□	软件 ★	ruǎnjiàn	p.364	명	소프트웨어
□	弱	ruò	p.185	형	약하다, 허약하다

S

□	洒 ★	sǎ	p.334	동	(땅에) 뿌리다, 엎지르다
□	嗓子	sǎngzi	p.145	명	목, 목구멍
□	色彩	sècǎi	p.477	명	색채, 색깔
□	杀	shā	p.419	동	죽이다
□	沙漠	shāmò	p.324	명	사막
□	沙滩	shātān	p.119	명	모래사장, 백사장
□	傻	shǎ	p.209	형	어리석다, 미련하다
□	晒 ★	shài	p.16	동	햇볕을 쬐다, 햇볕에 말리다
□	删除 ★	shānchú	p.368	동	삭제하다, 제거하다
□	闪电	shǎndiàn	p.324	명	번개
□	扇子	shànzi	p.325	명	부채
□	善良 ★	shànliáng	p.209	형	선량하다, 착하다
□	善于 ★	shànyú	p.466	동	~을 잘하다, ~에 능숙하다
□	伤害	shānghài	p.331	동	상하게 하다, 해치다
□	商品 ★	shāngpǐn	p.60	명	상품
□	商务	shāngwù	p.348	명	상무, 비즈니스
□	商业	shāngyè	p.349	명	상업

□ 上当	shàngdàng	p.487	동	속다, 사기를 당하다
□ 蛇	shé	p.408	명	뱀
□ 舍不得	shěbude	p.231	동	(헤어지기) 아쉽다, 섭섭하다
□ 设备	shèbèi	p.431	명	설비, 시설
□ 设计 ★	shèjì	p.77	동	설계하다, 디자인하다　명 설계, 디자인
□ 设施	shèshī	p.115	명	시설
□ 射击	shèjī	p.155	동	사격하다, 쏘다
□ 摄影	shèyǐng	p.474	동	사진을 찍다, (영화를) 촬영하다
□ 伸	shēn	p.149	동	펴다, 펼치다, 내밀다
□ 身材	shēncái	p.208	명	몸매, 체격
□ 身份 ★	shēnfèn	p.498	명	신분, 지위
□ 深刻 ★	shēnkè	p.456	형	(인상이) 깊다, 강렬하다, 깊이가 있다
□ 神话	shénhuà	p.447	명	신화
□ 神秘	shénmì	p.415	형	신비하다
□ 升	shēng	p.282	동	오르다, 진급하다, 떠오르다　양 리터(liter)
□ 生产	shēngchǎn	p.431	동	생산하다
□ 生动	shēngdòng	p.186	형	생동감 있다, 생생하다
□ 生长 ★	shēngzhǎng	p.413	동	성장하다, 자라다
□ 声调	shēngdiào	p.262	명	성조
□ 绳子	shéngzi	p.432	명	노끈, 밧줄
□ 省略	shěnglüè	p.134	동	생략하다
□ 胜利	shènglì	p.158	명	승리　동 승리하다, 성공하다
□ 失眠	shīmián	p.146	동	잠을 자지 못하다, 불면증에 걸리다
□ 失去	shīqù	p.354	동	잃다, 잃어버리다, 상실하다
□ 失业	shīyè	p.290	동	실업하다, 직업을 잃다
□ 诗	shī	p.468	명	시

☐ 狮子	shīzi	p.408	명	사자	
☐ 湿润	shīrùn	p.329	형	습윤하다, 축축하다	
☐ 石头	shítou	p.399	명	돌	
☐ 时差	shíchā	p.109	명	시차	
☐ 时代	shídài	p.127	명	시대, 시기	
☐ 时刻	shíkè	p.127	부	시시각각, 늘 명 시각, 순간	
☐ 时髦	shímáo	p.72	형	유행이다, 현대적이다	
☐ 时期	shíqī	p.127	명	시기, 특정한 때	
☐ 时尚 ★	shíshàng	p.72	명	유행 형 유행이다, 트렌디하다	
☐ 实话	shíhuà	p.80	명	진실, 사실, 솔직한 말	
☐ 实践	shíjiàn	p.301	동	실천하다, 실행하다 명 실천	
☐ 实习	shíxí	p.290	동	실습하다	
☐ 实现 ★	shíxiàn	p.311	동	실현하다, 달성하다, 이루다	
☐ 实验 ★	shíyàn	p.266	명	실험	
☐ 实用 ★	shíyòng	p.66	형	실용적이다	
☐ 食物	shíwù	p.31	명	음식물	
☐ 使劲儿	shǐjìnr	p.441	동	힘을 쓰다	
☐ 始终	shǐzhōng	p.132	부	시종일관, 줄곧, 한결같이	
☐ 士兵	shìbīng	p.483	명	사병, 병사	
☐ 市场 ★	shìchǎng	p.58	명	시장	
☐ 似的	shìde	p.135	조	~과 같다, ~과 비슷하다	
☐ 事实	shìshí	p.490	명	사실	
☐ 事物	shìwù	p.386	명	사물	
☐ 事先	shìxiān	p.295	부	사전(에), 미리	
☐ 试卷	shìjuàn	p.262	명	시험지	
☐ 收获	shōuhuò	p.310	명	수확 동 수확하다, 거두다	

☐ 收据	shōujù	p.57	명	영수증, 수취증
☐ 手工	shǒugōng	p.176	명	수공, 수작업
☐ 手术 ★	shǒushù	p.140	명 수술 동 수술하다
☐ 手套	shǒutào	p.20	명	장갑
☐ 手续 ★	shǒuxù	p.292	명	수속, 절차
☐ 手指	shǒuzhǐ	p.145	명	손가락
☐ 首	shǒu	p.469	양 수, 곡[시, 노래 등을 세는 단위]
			명 시작, 머리, 우두머리 형 처음의, 최고의
☐ 寿命	shòumìng	p.369	명	수명, 목숨
☐ 受伤 ★	shòushāng	p.140	동	상처를 입다, 부상을 당하다
☐ 书架	shūjià	p.13	명	책꽂이, 책장, 서가
☐ 梳子	shūzi	p.17	명	빗
☐ 舒适	shūshì	p.146	형	기분이 좋다, 쾌적하다, 편안하다
☐ 输入	shūrù	p.364	동	입력하다
☐ 蔬菜 ★	shūcài	p.32	명	채소
☐ 熟练 ★	shúliàn	p.98	형	능숙하다
☐ 属于 ★	shǔyú	p.506	동	~에 속하다
☐ 鼠标	shǔbiāo	p.368	명	마우스
☐ 数	shù, shǔ	p.398	명 수, 숫자[shù] 동 세다, 헤아리다[shǔ]
☐ 数据 ★	shùjù	p.365	명	데이터
☐ 数码	shùmǎ	p.365	명	디지털
☐ 摔倒 ★	shuāidǎo	p.141	동	넘어지다, 엎어지다
☐ 甩	shuǎi	p.81	동	휘두르다, 뿌리치다, 떼어 놓다
☐ 双方 ★	shuāngfāng	p.165	명	쌍방, 양측
☐ 税	shuì	p.344	명	세금
☐ 说不定	shuōbudìng	p.384	부	아마, 어쩌면, 대개

☐ 说服	shuōfú	p.279	동	설득하다
☐ 丝绸	sīchóu	p.75	명	비단, 실크
☐ 丝毫	sīháo	p.234	부	조금도, 추호도
☐ 私人	sīrén	p.487	명	개인, 민간
☐ 思考 ★	sīkǎo	p.239	동	사고하다, 사색하다
☐ 思想	sīxiǎng	p.240	명	생각, 의사, 견해
☐ 撕	sī	p.402	동	찢다, 뜯다
☐ 似乎	sìhū	p.386	부	마치 ~인 것 같다
☐ 搜索	sōusuǒ	p.365	동	(인터넷에) 검색하다
☐ 宿舍	sùshè	p.260	명	기숙사
☐ 随身	suíshēn	p.60	동	몸에 지니다, 휴대하다
☐ 随时 ★	suíshí	p.129	부	수시로, 언제나
☐ 随手	suíshǒu	p.18	부	~하는 김에
☐ 碎	suì	p.22	동	부서지다, 깨지다
☐ 损失 ★	sǔnshī	p.432	명 손실, 손해 동 손실되다, 손해를 보다
☐ 缩短	suōduǎn	p.98	동	(시간, 거리, 길이 등을) 줄이다, 단축하다
☐ 所	suǒ	p.502	양	동, 곳[집, 학교 따위를 세는 단위]
☐ 锁	suǒ	p.14	명 자물쇠 동 잠그다, 채우다

T

☐ 台阶	táijiē	p.151	명	계단
☐ 太极拳 ★	tàijíquán	p.156	명	태극권
☐ 太太	tàitai	p.44	명	부인, 아내
☐ 谈判	tánpàn	p.348	동	담판하다, 협상하다

□ 坦率	tǎnshuài	p.215	형	솔직하다, 정직하다
□ 烫	tàng	p.32	형 몹시 뜨겁다 동	(머리를) 파마하다
□ 逃	táo	p.484	동	도망치다, 달아나다
□ 逃避	táobì	p.309	동	도피하다, 피하다, 회피하다
□ 桃	táo	p.32	명	복숭아
□ 淘气	táoqì	p.207	형	장난이 심하다
□ 讨价还价	tǎojià huánjià	p.58	성	값을 흥정하다
□ 套 ★	tào	p.52	양	채[집을 세는 단위]
□ 特色 ★	tèsè	p.39	명	특색, 특징
□ 特殊	tèshū	p.80	형	특수하다, 특별하다
□ 特征 ★	tèzhēng	p.380	명	특징
□ 疼爱	téng'ài	p.45	동	매우 귀여워하다, 매우 사랑하다
□ 提倡	tíchàng	p.279	동	제창하다, 주장하다
□ 提纲	tígāng	p.267	명	개요, 요점
□ 提问	tíwèn	p.165	동	질문하다
□ 题目	tímù	p.264	명	제목, (시험) 문제
□ 体会	tǐhuì	p.53	동	경험하다, 이해하다
			명	(체험에서 얻은) 경험, 이해
□ 体贴	tǐtiē	p.51	동	자상하게 돌보다, 자상하다
□ 体现	tǐxiàn	p.319	동	구현하다, 구체적으로 드러내다
□ 体验 ★	tǐyàn	p.116	동	체험하다
□ 天空	tiānkōng	p.324	명	하늘
□ 天真	tiānzhēn	p.212	형	천진하다, 순진하다
□ 调皮	tiáopí	p.207	형	장난스럽다, 짓궂다
□ 调整 ★	tiáozhěng	p.166	동	조정하다, 조절하다
□ 挑战 ★	tiǎozhàn	p.315	명 도전 동	도전하다

□ 通常	tōngcháng	p.434	형	통상적이다, 일반적이다	
□ 统一	tǒngyī	p.504	동	통일하다	
□ 痛苦	tòngkǔ	p.224	형	고통스럽다, 괴롭다	
□ 痛快	tòngkuài	p.229	형	시원스럽다, 통쾌하다	
□ 偷	tōu	p.482	동	훔치다	
□ 投入 ★	tóurù	p.280	동	투입하다, 투자하다 형 몰두하다	
□ 投资 ★	tóuzī	p.347	동	투자하다 명 투자(금)	
□ 透明	tòumíng	p.400	형	투명하다	
□ 突出 ★	tūchū	p.292	형	돋보이다, 눈에 띄다, 뛰어나다	
			동	돋보이게 하다, 부각시키다, 돌출하다	
□ 土地	tǔdì	p.451	명	토지, 땅	
□ 土豆	tǔdòu	p.32	명	감자	
□ 吐	tù	p.36	동	토하다	
□ 兔子	tùzi	p.409	명	토끼	
□ 团	tuán	p.133	명	단체, 집단	
□ 推辞	tuīcí	p.203	동	거절하다, 사양하다	
□ 推广	tuīguǎng	p.282	동	널리 보급하다	
□ 推荐 ★	tuījiàn	p.116	동	추천하다	
□ 退	tuì	p.489	동	후퇴하다, 물러서다	
			동	(구매한 물건 등을) 반환하다, 무르다, 환불하다	
□ 退步	tuìbù	p.317	동	퇴보하다, 나빠지다	
□ 退休	tuìxiū	p.176	동	퇴직하다, 퇴임하다	

☐ 歪	wāi	p.401	형	기울다, 비뚤다
☐ 外公	wàigōng	p.44	명	외할아버지
☐ 外交	wàijiāo	p.483	명	외교
☐ 完美	wánměi	p.310	형	완미하다, 완벽하다, 매우 훌륭하다
☐ 完善 ★	wánshàn	p.440	형	완전하다, 완벽하다, 나무랄 데가 없다
☐ 完整 ★	wánzhěng	p.452	형	완전하다, 완벽하다
☐ 玩具	wánjù	p.58	명	장난감, 완구
☐ 万一	wànyī	p.133	접	만약, 만일
☐ 王子	wángzǐ	p.451	명	왕자
☐ 网络 ★	wǎngluò	p.365	명	인터넷
☐ 往返	wǎngfǎn	p.107	동	왕복하다
☐ 危害	wēihài	p.438	명 피해, 위해 동 해치다, 손상시키다
☐ 威胁	wēixié	p.333	동	위협하다
☐ 微笑 ★	wēixiào	p.60	동 미소를 짓다 명 미소
☐ 违反 ★	wéifǎn	p.102	동	위반하다
☐ 围巾	wéijīn	p.75	명	목도리
☐ 围绕 ★	wéirào	p.241	동	(어떤 문제나 사건 등을) 중심에 두다, 둘러싸다
☐ 唯一	wéiyī	p.296	형	유일하다
☐ 维修	wéixiū	p.93	동	수리하다, 보수하다
☐ 伟大	wěidà	p.450	형	위대하다
☐ 尾巴 ★	wěiba	p.409	명	(동물의) 꼬리
☐ 委屈	wěiqu	p.228	형	억울하다
			동	억울하게 하다, 불편을 느끼게 하다

☐ 未必	wèibì	p.328	부	반드시 ~한 것은 아니다
☐ 未来 ★	wèilái	p.100	명	미래
☐ 位于 ★	wèiyú	p.118	동	~에 위치하다
☐ 位置	wèizhì	p.117	명	위치
☐ 胃	wèi	p.145	명	위
☐ 胃口	wèikǒu	p.29	명	식욕
☐ 温暖	wēnnuǎn	p.323	형	따뜻하다, 온난하다
☐ 温柔 ★	wēnróu	p.207	형	온유하다, 부드럽고 상냥하다
☐ 文件 ★	wénjiàn	p.283	명	문건, 문서, 서류
☐ 文具	wénjù	p.266	명	문구
☐ 文明	wénmíng	p.446	명 문명 형	교양이 있다, 예의 바르다
☐ 文学	wénxué	p.463	명	문학
☐ 文字 ★	wénzì	p.266	명	문자, 글자
☐ 闻 ★	wén	p.30	동	냄새를 맡다
☐ 吻	wěn	p.48	동	입맞춤하다, 키스하다
☐ 稳定 ★	wěndìng	p.299	형	안정적이다, 안정되다
☐ 问候	wènhòu	p.192	동	안부를 묻다, 문안을 드리다
☐ 卧室	wòshì	p.17	명	침실
☐ 握手	wòshǒu	p.192	동	악수하다
☐ 屋子	wūzi	p.19	명	방
☐ 无奈	wúnài	p.226	동	어찌 할 도리가 없다, 부득이하다
☐ 无数	wúshù	p.451	형	무수하다, 매우 많다
☐ 无所谓	wúsuǒwèi	p.244	동	상관없다, 관계없다
☐ 武术	wǔshù	p.157	명	무술
☐ 勿 ★	wù	p.417	부	~하지 마라, ~해서는 안 된다
☐ 物理	wùlǐ	p.391	명	물리(학)

□ 物质	wùzhì	p.391	명	물질
□ 雾	wù	p.329	명	안개

X

Track-X

□ 吸取 ★	xīqǔ	p.314	동	받아들이다, 흡수하다, 얻다
□ 吸收 ★	xīshōu	p.414	동	흡수하다, 빨아들이다
□ 戏剧	xìjù	p.464	명	연극, 희극
□ 系	xì	p.269	명	학과, 계열
□ 系统	xìtǒng	p.366	명	계통, 체계, 시스템
□ 细节	xìjié	p.315	명	세부 사항, 사소한 부분, 자세한 사정
□ 瞎	xiā	p.216	동	실명하다, 시력을 잃다
			부	제멋대로, 함부로, 괜히
□ 下载 ★	xiàzài	p.366	동	다운로드하다
□ 吓	xià	p.231	동	놀라다, 놀라게 하다
□ 夏令营	xiàlìngyíng	p.268	명	여름 캠프
□ 鲜艳 ★	xiānyàn	p.73	형	(색이) 선명하고 아름답다, 화려하다
□ 显得 ★	xiǎnde	p.280	동	드러나다, ~하게 보이다, ~인 것 같다
□ 显然	xiǎnrán	p.241	형	명백하다, 분명하다
□ 显示 ★	xiǎnshì	p.455	동	나타내 보이다, 보여주다
□ 县	xiàn	p.503	명	현[중국 행정 구획 단위의 하나]
□ 现代	xiàndài	p.128	명	현대, 오늘날
□ 现实 ★	xiànshí	p.387	명	현실
□ 现象 ★	xiànxiàng	p.332	명	현상
□ 限制 ★	xiànzhì	p.384	동	제한하다, 한정하다 명 제한, 한계

☐ 相处	xiāngchǔ	p.191	동	함께 지내다, 함께 살다
☐ 相当	xiāngdāng	p.234	부 상당히, 제법 동 엇비슷하다, 상당하다
☐ 相对	xiāngduì	p.66	형	상대적이다, 비교적
☐ 相关	xiāngguān	p.280	동	상관이 있다, 관련되다
☐ 相似	xiāngsì	p.455	형	비슷하다, 닮다
☐ 香肠	xiāngcháng	p.33	명	소시지
☐ 享受 ★	xiǎngshòu	p.182	동	누리다, 즐기다
☐ 想念	xiǎngniàn	p.230	동	그리워하다, 생각하다
☐ 想象 ★	xiǎngxiàng	p.473	동	상상하다
☐ 项	xiàng	p.376	양	항목, 조항, 가지
☐ 项链	xiàngliàn	p.72	명	목걸이
☐ 项目 ★	xiàngmù	p.332	명	항목, 종목, 프로젝트
☐ 象棋	xiàngqí	p.175	명	(중국) 장기
☐ 象征 ★	xiàngzhēng	p.505	명 상징 동 상징하다
☐ 消费 ★	xiāofèi	p.61	동	소비하다
☐ 消化 ★	xiāohuà	p.146	동	소화하다
☐ 消极	xiāojí	p.247	형	소극적이다, 부정적이다
☐ 消失	xiāoshī	p.328	동	사라지다, 자취를 감추다
☐ 销售	xiāoshòu	p.65	동	팔다, 판매하다
☐ 小麦	xiǎomài	p.429	명	밀
☐ 小气	xiǎoqi	p.208	형	인색하다, 쩨쩨하다
☐ 孝顺 ★	xiàoshùn	p.46	형 효성스럽다 동 효도하다, 공경하다
☐ 效率 ★	xiàolǜ	p.315	명	효율, 능률
☐ 歇	xiē	p.19	동	쉬다, 휴식하다
☐ 斜	xié	p.400	형	비스듬하다, 기울다
☐ 写作	xiězuò	p.267	동	글을 짓다, 창작하다

46

☐ 血	xiě	p.142	명	피, 혈액
☐ 心理 ★	xīnlǐ	p.291	명	심리, 심적 상태
☐ 心脏	xīnzàng	p.141	명	심장
☐ 欣赏 ★	xīnshǎng	p.470	동	감상하다
☐ 信号	xìnhào	p.368	명	신호, 사인
☐ 信任 ★	xìnrèn	p.352	동	신임하다, 신뢰하다
☐ 行动 ★	xíngdòng	p.485	명	행동
☐ 行人	xíngrén	p.103	명	행인, 통행인
☐ 行为 ★	xíngwéi	p.484	명	행위, 행동
☐ 形成	xíngchéng	p.317	동	형성되다, 이루어지다
☐ 形容	xíngróng	p.457	동	형용하다, 묘사하다
☐ 形式 ★	xíngshì	p.182	명	형식
☐ 形势	xíngshì	p.299	명	정세, 상황, 형편
☐ 形象	xíngxiàng	p.473	명	형상, 이미지
			형	구체적이고 생동감 있다, 생생하다
☐ 形状	xíngzhuàng	p.414	명	형상, 모양, 생김새
☐ 幸亏 ★	xìngkuī	p.233	부	다행히, 운 좋게
☐ 幸运	xìngyùn	p.293	형	행운이다, 운이 좋다
☐ 性质	xìngzhì	p.379	명	성질, 성분
☐ 兄弟	xiōngdì	p.45	명	형제
☐ 胸	xiōng	p.141	명	가슴, 흉부
☐ 休闲	xiūxián	p.73	동	한가롭게 보내다
☐ 修改 ★	xiūgǎi	p.266	동	수정하다, 고치다
☐ 虚心	xūxīn	p.210	형	겸허하다, 겸손하다
☐ 叙述	xùshù	p.243	동	서술하다, 진술하다
☐ 宣布 ★	xuānbù	p.506	동	선포하다, 공포하다, 발표하다

X

□ 宣传 ★	xuānchuán	p.370	동 선전하다, 홍보하다
□ 学历	xuélì	p.290	명 학력
□ 学术	xuéshù	p.260	명 학술
□ 学问	xuéwen	p.267	명 학문, 학식, 지식
□ 寻找	xúnzhǎo	p.182	동 찾다, 구하다
□ 询问	xúnwèn	p.301	동 물어보다, 알아보다
□ 训练 ★	xùnliàn	p.157	동 훈련하다
□ 迅速	xùnsù	p.52	형 신속하다, 재빠르다

Y

□ 押金	yājīn	p.66	명 보증금, 담보금
□ 牙齿	yáchǐ	p.141	명 치아
□ 延长	yáncháng	p.459	동 연장하다
□ 严肃	yánsù	p.247	형 엄숙하다, 진지하다
□ 演讲 ★	yǎnjiǎng	p.242	동 강연하다, 연설하다 명 강연, 연설
□ 宴会	yànhuì	p.194	명 연회, 파티
□ 阳台	yángtái	p.15	명 발코니, 베란다
□ 痒	yǎng	p.147	형 가렵다
□ 样式	yàngshì	p.74	명 모양, 양식, 스타일
□ 腰	yāo	p.142	명 허리
□ 摇	yáo	p.245	동 (좌우로) 젓다, 흔들어 움직이다
□ 咬	yǎo	p.147	동 물다
□ 要不	yàobù	p.183	접 그렇지 않으면
□ 业务 ★	yèwù	p.353	명 업무

□ 业余 ★	yèyú	p.178	형 여가의, 업무 외의 형 아마추어의, 비전문의
□ 夜	yè	p.124	명 밤, 밤중
□ 一辈子	yíbèizi	p.124	명 한평생, 일생
□ 一旦 ★	yídàn	p.489	부 일단, 만약 ~한다면
□ 一律	yílǜ	p.331	부 일률적으로
□ 一再	yízài	p.281	부 거듭, 반복해서, 여러 번
□ 一致 ★	yízhì	p.248	형 일치하다
□ 依然 ★	yīrán	p.477	부 여전히
□ 移动	yídòng	p.387	동 이동하다, 옮기다, 움직이다
□ 移民	yímín	p.503	동 이민하다 명 이민, 이민한 사람
□ 遗憾	yíhàn	p.116	형 아쉽다, 유감스럽다 명 유감
□ 疑问	yíwèn	p.248	명 의문, 의혹
□ 乙	yǐ	p.440	명 을[천간(天干)의 둘째]
□ 以及	yǐjí	p.117	접 및, 그리고
□ 以来	yǐlái	p.124	명 이래, 동안
□ 亿	yì	p.351	수 억
□ 义务	yìwù	p.503	명 의무
□ 议论	yìlùn	p.195	동 의논하다, 논의하다, 비판하다
□ 意外 ★	yìwài	p.298	형 의외다, 뜻밖이다 명 의외의 사고
□ 意义 ★	yìyì	p.306	명 의의, 의미
□ 因而 ★	yīn'ér	p.296	접 그러므로, 따라서
□ 因素 ★	yīnsù	p.281	명 요인, 요소, 조건
□ 银	yín	p.80	명 은
□ 印刷	yìnshuā	p.468	동 인쇄하다
□ 英俊	yīngjùn	p.207	형 잘생기다, 준수하다
□ 英雄	yīngxióng	p.484	명 영웅

☐ 迎接	yíngjiē	p.130	동	영접하다, 마중하다, 맞이하다
☐ 营养 ★	yíngyǎng	p.39	명	영양
☐ 营业 ★	yíngyè	p.350	동	영업하다
☐ 影子	yǐngzi	p.333	명	그림자
☐ 应付	yìngfu	p.283	동	대응하다, 대처하다
☐ 应用 ★	yìngyòng	p.399	동	응용하다, 사용하다
☐ 硬 ★	yìng	p.400	형	딱딱하다, 단단하다
☐ 硬件	yìngjiàn	p.364	명	하드웨어
☐ 拥抱	yōngbào	p.229	동	포옹하다, 껴안다
☐ 拥挤	yōngjǐ	p.101	형	혼잡하다, 붐비다 동 한곳으로 밀리다
☐ 勇气	yǒngqì	p.229	명	용기
☐ 用功 ★	yònggōng	p.263	동	열심히 공부하다, 애쓰다
☐ 用途 ★	yòngtú	p.328	명	용도
☐ 优惠	yōuhuì	p.58	형	특혜의, 우대의
☐ 优美	yōuměi	p.472	형	우아하고 아름답다
☐ 优势 ★	yōushì	p.296	명	우세, 장점
☐ 悠久 ★	yōujiǔ	p.446	형	유구하다
☐ 犹豫 ★	yóuyù	p.249	형	주저하다, 망설이다, 머뭇거리다
☐ 油炸	yóuzhá	p.34	동	기름에 튀기다
☐ 游览 ★	yóulǎn	p.109	동	유람하다
☐ 有利 ★	yǒulì	p.490	형	유리하다, 이롭다
☐ 幼儿园	yòu'éryuán	p.268	명	유치원
☐ 娱乐	yúlè	p.370	명	오락, 레크리에이션
			동	오락하다, 즐겁게 보내다
☐ 与其 ★	yǔqí	p.219	접	~하기보다는, ~하느니
☐ 语气	yǔqì	p.51	명	어투, 말투

☐ 玉米	yùmǐ	p.38	명	옥수수
☐ 预报	yùbào	p.324	명 예보 동	예보하다, 미리 알리다
☐ 预订	yùdìng	p.109	동	예약하다
☐ 预防	yùfáng	p.150	동	예방하다
☐ 元旦	Yuándàn	p.128	명	양력 1월 1일, 신정
☐ 员工	yuángōng	p.276	명	직원, 종업원
☐ 原料	yuánliào	p.435	명	원료
☐ 原则 ★	yuánzé	p.218	명	원칙
☐ 圆	yuán	p.401	형	둥글다
☐ 愿望	yuànwàng	p.311	명	소원, 희망, 바람
☐ 乐器	yuèqì	p.464	명	악기
☐ 晕 ★	yūn	p.148	형 어지럽다 동	기절하다
☐ 运气	yùnqi	p.314	명	운, 운세
☐ 运输 ★	yùnshū	p.352	동	운송하다, 운수하다
☐ 运用 ★	yùnyòng	p.371	동	운용하다, 활용하다

Z

☐ 灾害	zāihài	p.325	명	재해, 재난
☐ 再三 ★	zàisān	p.492	부	다시, 거듭, 몇 번씩
☐ 在乎 ★	zàihu	p.51	동	신경 쓰다, 마음에 두다
☐ 在于	zàiyú	p.318	동	~에 달려 있다
☐ 赞成	zànchéng	p.248	동	찬성하다, 동의하다
☐ 赞美	zànměi	p.472	동	찬미하다, 찬양하다
☐ 糟糕	zāogāo	p.98	형	엉망이 되다, 망치다, 아뿔싸

☐ 造成 ★	zàochéng	p.100	동	(좋지 않은 상황을) 초래하다, 야기하다
☐ 则	zé	p.510	양	조항, 문제, 편[항목, 문장을 이루는 조목의 수를 세는 단위]
			접	그러나, 오히려[대비, 역접을 나타냄]
☐ 责备	zébèi	p.199	동	(지적하여) 꾸짖다, 탓하다
☐ 摘 ★	zhāi	p.37	동	따다, 꺾다
☐ 窄 ★	zhǎi	p.103	형	(폭이) 좁다, 협소하다
☐ 粘贴	zhāntiē	p.367	동	붙이다, 바르다
☐ 展开	zhǎnkāi	p.251	동	전개하다, 벌이다, 펼치다
☐ 展览 ★	zhǎnlǎn	p.465	동	전람하다, 전시하다 명 전람, 전시(회)
☐ 占	zhàn	p.437	동	차지하다, 점령하다
☐ 战争	zhànzhēng	p.482	명	전쟁
☐ 长辈	zhǎngbèi	p.45	명	손윗사람, 연장자
☐ 涨	zhǎng	p.345	동	(수위, 물가 등이) 오르다
☐ 掌握 ★	zhǎngwò	p.381	동	장악하다, 파악하다, 정통하다
☐ 账户	zhànghù	p.367	명	계좌, 계정
☐ 招待	zhāodài	p.21	동	대접하다, 초대하다, 접대하다
☐ 着火	zháohuǒ	p.332	동	불나다, 불붙다
☐ 着凉	zháoliáng	p.139	동	감기에 걸리다
☐ 召开	zhàokāi	p.473	동	열다, 개최하다
☐ 照常	zhàocháng	p.131	동	평소대로 하다, 평소와 같다
☐ 哲学	zhéxué	p.269	명	철학
☐ 针对	zhēnduì	p.492	동	겨누다, 초점을 맞추다, 겨냥하다
☐ 珍惜 ★	zhēnxī	p.507	동	아끼다, 소중히 여기다
☐ 真实 ★	zhēnshí	p.453	형	진실하다
☐ 诊断	zhěnduàn	p.147	동	진단하다
☐ 阵	zhèn	p.326	양	차례, 바탕

☐ 振动	zhèndòng	p.283	동	진동하다
☐ 争论	zhēnglùn	p.240	동	논쟁하다, 쟁론하다
☐ 争取	zhēngqǔ	p.316	동	쟁취하다, 얻어내다
☐ 征求 ★	zhēngqiú	p.281	동	(의견을) 구하다, 묻다
☐ 睁	zhēng	p.81	동	(눈을) 뜨다
☐ 整个	zhěnggè	p.454	형	전체의, 전부의
☐ 整齐 ★	zhěngqí	p.22	형	가지런하다, 단정하다
☐ 整体	zhěngtǐ	p.438	명	전체, 전부
☐ 正	zhèng	p.250	부	바로, 딱
☐ 证件	zhèngjiàn	p.510	명	증명서, 증거 서류
☐ 证据	zhèngjù	p.482	명	증거
☐ 政府	zhèngfǔ	p.498	명	정부
☐ 政治	zhèngzhì	p.482	명	정치
☐ 挣	zhèng	p.53	동	(돈이나 재산 등을) 일하여 벌다
☐ 支	zhī	p.486	양	팀, 곡, 자루[막대 모양의 물건을 세는 단위]
☐ 支票	zhīpiào	p.352	명	수표
☐ 执照	zhízhào	p.100	명	면허증, 허가증
☐ 直	zhí	p.415	형	곧다
☐ 指导	zhǐdǎo	p.294	동	지도하다, 가르치다, 이끌어주다
☐ 指挥	zhǐhuī	p.103	동	지휘하다
☐ 至今	zhìjīn	p.126	부	지금까지, 여태껏, 오늘날까지
☐ 至于	zhìyú	p.453	개	~으로 말하면, ~에 관해서
			동	~의 정도에 이르다
☐ 志愿者	zhìyuànzhě	p.268	명	자원봉사자, 지원자
☐ 制定	zhìdìng	p.167	동	제정하다, 만들다, 세우다, 작성하다
☐ 制度	zhìdù	p.281	명	제도, 규정, 규칙

☐ 制造	zhìzào	p.433	동	제조하다, 만들다
☐ 制作 ★	zhìzuò	p.183	동	제작하다, 만들다
☐ 治疗 ★	zhìliáo	p.143	동	치료하다
☐ 秩序	zhìxù	p.505	명	질서
☐ 智慧 ★	zhìhuì	p.215	명	지혜
☐ 中介	zhōngjiè	p.300	명	중개, 매개
☐ 中心 ★	zhōngxīn	p.352	명	중심, 센터
☐ 中旬	zhōngxún	p.125	명	중순
☐ 种类 ★	zhǒnglèi	p.65	명	종류
☐ 重大	zhòngdà	p.316	형	중대하다, 무겁고 크다
☐ 重量 ★	zhòngliàng	p.439	명	중량, 무게
☐ 周到	zhōudào	p.215	형	치밀하다, 세심하다
☐ 猪	zhū	p.409	명	돼지
☐ 竹子 ★	zhúzi	p.409	명	대나무
☐ 逐步	zhúbù	p.353	부	점차, 한 걸음 한 걸음
☐ 逐渐 ★	zhújiàn	p.132	부	점차, 차츰
☐ 主持	zhǔchí	p.363	동	사회를 보다, 주관하다
☐ 主动 ★	zhǔdòng	p.200	형	주동적이다, 능동적이다, 자발적이다
☐ 主观	zhǔguān	p.199	형	주관적이다
☐ 主人	zhǔrén	p.503	명	주인
☐ 主任 ★	zhǔrèn	p.282	명	주임, 장
☐ 主题 ★	zhǔtí	p.241	명	주제
☐ 主席	zhǔxí	p.283	명	주석, 의장
☐ 主张	zhǔzhāng	p.245	동 주장하다 명 주장	
☐ 煮	zhǔ	p.34	동	삶다, 끓이다
☐ 注册	zhùcè	p.367	동	등록하다, 가입하다

□ 祝福	zhùfú	p.194	동 축복하다, 기원하다
□ 抓 ★	zhuā	p.414	동 잡다, 꽉 쥐다, 포착하다
□ 抓紧	zhuājǐn	p.292	동 서둘러 하다, 급히 하다
□ 专家	zhuānjiā	p.382	명 전문가
□ 专心	zhuānxīn	p.268	형 전념하다, 몰두하다
□ 转变	zhuǎnbiàn	p.382	동 전변하다, 바꾸다, 바뀌다
□ 转告	zhuǎngào	p.246	동 (말을) 전달하다, 전하다
□ 装	zhuāng	p.102	동 담다, 싣다
□ 装饰	zhuāngshì	p.23	명 장식(품) 동 장식하다, 치장하다
□ 装修 ★	zhuāngxiū	p.14	동 내장 공사를 하다, 인테리어 하다
□ 状况 ★	zhuàngkuàng	p.433	명 상황, 형편, 상태
□ 状态 ★	zhuàngtài	p.235	명 상태
□ 撞 ★	zhuàng	p.95	동 충돌하다, 부딪치다
□ 追	zhuī	p.492	동 뒤쫓다, 쫓아가다
□ 追求 ★	zhuīqiú	p.307	동 추구하다, 탐구하다
□ 咨询	zīxún	p.297	동 자문하다, 상담하다
□ 姿势 ★	zīshì	p.160	명 자세, 모양
□ 资格 ★	zīgé	p.292	명 자격
□ 资金	zījīn	p.344	명 자금
□ 资料 ★	zīliào	p.261	명 자료, 자재, 생필품
□ 资源 ★	zīyuán	p.326	명 자원
□ 紫	zǐ	p.67	형 자색의, 보라색의
□ 自从	zìcóng	p.124	개 ~에서, ~부터
□ 自动	zìdòng	p.375	형 (기계, 장치 등이) 자동적인
			부 자발적으로, 저절로
□ 自豪	zìháo	p.167	형 스스로 긍지를 느끼다, 자랑스럽게 생각하다

☐ 自觉	zìjué	p.317	형	자발적이다
☐ 自私	zìsī	p.215	형	이기적이다
☐ 自由	zìyóu	p.416	형 자유롭다 명 자유	
☐ 自愿	zìyuàn	p.507	동	자원하다
☐ 字母	zìmǔ	p.263	명	자모, 알파벳
☐ 字幕	zìmù	p.186	명	자막
☐ 综合	zōnghé	p.355	동	종합하다
☐ 总裁	zǒngcái	p.281	명	(기업의) 총수, 총재
☐ 总共	zǒnggòng	p.21	부	모두, 전부
☐ 总理	zǒnglǐ	p.498	명	총리
☐ 总算	zǒngsuàn	p.454	부	드디어, 마침내
☐ 总统	zǒngtǒng	p.497	명	대통령
☐ 总之 ★	zǒngzhī	p.316	접	아무튼, 결론적으로 말하면, 한마디로 말하면
☐ 阻止	zǔzhǐ	p.489	동	저지하다, 막다
☐ 组	zǔ	p.301	명	조, 그룹
☐ 组成 ★	zǔchéng	p.108	동	구성하다, 조직하다
☐ 组合	zǔhé	p.235	동	조합하다, 조립하다
☐ 组织	zǔzhī	p.166	동 조직하다, 기획하다, 마련하다 명 조직, 단체	
☐ 最初	zuìchū	p.131	명	최초, 처음
☐ 醉	zuì	p.39	동	(술에) 취하다
☐ 尊敬	zūnjìng	p.249	동	존경하다
☐ 遵守	zūnshǒu	p.102	동	준수하다, 지키다
☐ 作品 ★	zuòpǐn	p.464	명	작품, 창작품
☐ 作为	zuòwéi	p.509	명 행위 동 ~으로 여기다, ~으로 삼다 개 ~로서	
☐ 作文	zuòwén	p.269	명	작문, 글